L'industrie en Forêt-Noire

Le défi d'une industrie en moyenne montagne

Fidèle à sa volonté de maintenir vivant l'ensemble du catalogue et de continuer à rendre accessible à tous la richesse de son contenu, Les marques du groupe L'Harmattan proposent les ouvrages, même s'ils sont épuisés dans leur premier tirage, et les impriment à la demande.
Au vu de l'ancienneté de ce titre, un exemplaire original a été numérisé pour être réimprimé, ce qui pourrait altérer légèrement la qualité de certains passages.

site : www.librairieharmattan.com
diffusion.harmattan@wanadoo.fr
e.mail : harmattan1@wanadoo.fr

ISBN : 2-296-00071-1
EAN : 9782296000711

Cornelia Stubbe

La Forêt-Noire

Le défi d'une industrie en moyenne montagne

L'Harmattan
5-7, rue de l'École-Polytechnique ; 75005 Paris
FRANCE

L'Harmattan Hongrie
Könyvesbolt
Kossuth L. u. 14-16
1053 Budapest

Espace L'Harmattan Kinshasa
Fac..des Sc. Sociales, Pol. et Adm. ; BP243, KIN XI
Université de Kinshasa – RDC

L'Harmattan Italia
Via Degli Artisti, 15
10124 Torino
ITALIE

L'Harmattan Burkina Faso
1200 logements villa 96
12B2260
Ouagadougou 12

Allemagne d'hier et d'aujourd'hui

Collection dirigée par Thierry Feral

L'Histoire de l'Allemagne, bien qu'indissociable de celle de la France et de l'Europe, possède des facettes encore relativement méconnues. Le propos de cette collection est d'en rendre compte.
Constituée de volumes généralement réduits et facilement abordables pour un large public, elle est le fruit de travaux de chercheurs d'horizons très variés, tant par leur discipline, que leur culture ou leur âge.
Derrière ces pages, centrées sur le passé comme sur le présent, le lecteur soucieux de l'avenir trouvera motivation à une salutaire réflexion.

Dernières parutions

Gilles FREISSINIER, *La chute du mur de Berlin à la télévision française. De l'événement à l'histoire. 1961 – 2002*, 2005.
Thierry FERAL, *Suisse et nazisme*, 2005.
Xavier RIAUD, *Les dentistes allemands sous le troisième Reich*, 2005.
Georges SOLOVIEFF, *Cinq figures féminines méconnues du Romantisme allemand*, 2005.
Régis SCHLAGDENHAUFFEN, *La Bibliothèque Vide et le Mémorial de Berlin*, 2005.
Anne HENRY, *Shoah et témoignage*, 2005.
Sophie BOYER, *La femme chez Heinrich Heine et Charles Baudelaire : le langage moderne de l'amour*, 2005.
Hanania Alain AMAR et Thierry FERAL, *Le racisme : ténèbres des consciences. Essai*, 2004.
Didier CHAUVET, *Sophie Scholl. Une résistante allemande face au nazisme*, 2004.
Ludwig KLAGES, *La nature du rythme*, 2004.
Michèle WEINACHTER, *Valéry Giscard d'Estaing et l'Allemagne*, 2004.
Marie-Noëlle BRAND-CRÉMIEUX, *Les Français face à la réunification allemande*, 2004.
Stephan MARTENS (dir.), *L'Allemagne et la France. Une entente unique pour l'Europe*, Préface de Alain Juppé, 2004.

A mes parents

Je tiens à remercier l'ensemble des personnes interrogées, maires, responsables d'associations ou chefs d'entreprise, pour leur accueil au cours des nombreuses enquêtes menées en Forêt-Noire ayant servi de base à cet ouvrage. Grâce à leurs témoignages précieux, il était possible de faire participer le lecteur à un espace laboratoire « vécu » et « perçu ».

Mes remerciements les plus sincères s'adressent également au professeur Jean-Paul DIRY, mon directeur de thèse, pour son soutien continu et sa grande disponibilité tout au long de cette recherche ; à Frédérique VAN CELST du CERAMAC, pour la carthographie et mise en page de cet ouvrage, sans ses compétences et sa patience, cette publication n'aurait pas pu être menée à bien ; et à tous mes amis qui m'ont apporté leur encouragement et leurs réflexions durant ce travail.

INTRODUCTION

En pensant à la Forêt-Noire, on songe surtout à une région touristique, un territoire de moyenne montagne et de détente avec ses traditions et ses spécialités gastronomiques. On peut évoquer aussi les horloges à coucou, la forêt et le problème du dépérissement des forêts (« Waldsterben »), mais on ne l'assimile certainement pas à une région industrielle. Et pourtant, les chiffres soulignent la densité industrielle impressionnante du massif. En 1987, au moment du dernier recensement, 40,5 % de l'emploi total relevait du secteur secondaire, proportion plus élevée que celle du Land Bade-Wurtemberg (38 %) ou que la moyenne nationale (32 %).

Puisque l'industrie représente un élément aussi important pour l'activité de cette région de moyenne montagne, pourquoi les visiteurs n'en ont-ils pas conscience ? Comment s'explique cette industrialisation et quelle est son importance sur les plans national, européen ou même mondial ? Quel rôle joue-t-elle dans le Land Bade-Wurtemberg, l'un des *Länder* les plus « riches » en Allemagne selon le produit régional brut par habitant ? Ce territoire, soi-disant « périphérique » et « défavorisé » par le climat et la topographie, a-t-il des chances de développement dans un contexte de mutation technologique au sein d'une économie de marché de plus en plus ouverte ? Ou est-ce une région en danger, menacée par les pertes d'emploi et l'exode ? A une époque où toute localisation industrielle en Allemagne est très discutée en raison des coûts de production trop élevés (salaires et charges sociales, impôts, prix des terrains), mais aussi du fait de réglementations trop strictes et lourdes, quelles peuvent être les chances d'une région qui ajoute à ces difficultés des handicaps naturels ?

Un certain nombre d'économistes, de géographes et de sociologues[1], observant les inégalités spatiales considérables, soulignent les contrastes entre les régions qui gagnent et celles qui perdent. Dans les premières, ils rangent, tout d'abord, les technopôles, depuis le modeste parc d'innovation jusqu'aux complexes réunissant haute technologie et recherche et situés souvent à proximité d'une grande agglomération. Mais il peut s'agir aussi de régions artisanales et traditionnelles revivifiées par la sous-traitance et formant éventuellement des « districts »[2].

La Forêt-Noire entre-t-elle dans cette catégorie ? C'est une région de vieille tradition industrielle, avec de nombreux héritages, mais qui offre aussi de multiples formes de structures modernes, en particulier des petits parcs d'innovation. Comparée à d'autres régions allemandes, la concentration de centres de transfert de connaissances (Wissenstransferzentren) est même relativement élevée (Raumordnungsbericht 2000, p. 114). On peut noter aussi l'importante sous-traitance d'une branche dominante, ici l'industrie automobile. Cette alliance de la tradition et de la modernité prouve à l'évidence que pour un industriel, la Forêt-Noire n'a pas que des inconvénients mais qu'elle présente aussi des avantages. En poussant le paradoxe à son terme, les conditions naturelles si souvent dénoncées ne constituent-elles pas aujourd'hui un atout, comme le montre le slogan « travailler là où d'autres passent leurs vacances » (« Arbeiten, wo andere Ferien machen ») ? On l'aura compris, l'objectif de notre recherche est de mettre en évidence dans quelle mesure un massif montagneux peut s'industrialiser et quelles sont ses chances de se développer.

Notre recherche a été conduite dans une perspective géographique. Il nous a donc fallu analyser un territoire industriel, ce qui revient à examiner le rôle des héritages historiques mais aussi l'action des acteurs contemporains, qu'ils soient endogènes ou exogènes, tant il est vrai qu'actuellement, dans un pays développé, aucun territoire n'échappe à l'économie globale et aux forces du marché. La question est d'autant plus passionnante qu'il s'agit d'une région de moyenne montagne et rurale, autant d'adjectifs qui, théoriquement, sont défavorables à l'industrie.

Bien qu'il n'y ait pas de définition officielle en Allemagne du terme « ländlicher Raum » (espace rural), les experts adoptent généralement la typologie établie par l'Office fédéral du Bâtiment et de l'Aménagement du Territoire (BBR, Bundesamt für Bauwesen und Raumordnung) pour analyser la structure spatiale de l'Allemagne (Gebietskategorien der siedlungsstrukturelle Gebietstypen). Cette classification qui repose à la fois sur le « degré d'urbanisation » (Verdichtung) et sur la « centralité » (Zentralität)[3] différencie trois types de régions : les « régions à grandes agglomérations » (Agglomerationsräume oder Regionen mit Verdichtungsräumen), les « régions urbanisées » (Verstädterte Räume oder Regionen mit Verdichtungsansätzen) et les « régions à dominante rurale » (Ländliche Räume oder ländlich geprägte Regionen). Ces dernières représentent environ un tiers de la superficie du pays, rassemblent 16 % de la population, 14 % des emplois totaux et assurent 13 % des plus-values allemandes. La réflexion est donc fondée sur l'opposition classique entre centres et périphérie (Zentrum-Peripherie-Gefälle)[4]. En outre, à l'intérieur de chaque type, il est possible d'établir des sous-types ou encore une différenciation entre les villes et leurs alentours (Kern-Rand-Gefälle)[5]. L'espace rural, au sens où on l'entend en France, n'existe donc pas en tant que tel. C'est à l'intérieur de chaque grande catégorie de région, en fonction de la densité, du taux de population active, du semis urbain, qu'il est possible de délimiter des « campagnes » qui n'ont cependant aucune similitude avec les campagnes « profondes » françaises, vieillies et agricoles. En règle générale, il s'agit toujours de « campagnes urbanisées » avec des activités secondaires et tertiaires largement développées, jamais très éloignées des villes qui engendrent des mouvements pendulaires importants. Cependant, la Forêt-Noire n'est pas un espace homogène - les densités sont comprises entre 60 et 240 hab./km^2 -, mais elle est constituée d'une mosaïque de territoires ruraux ayant chacun leur personnalité. Elle ne présente pas non plus un espace industriel unique, mais une succession d'unités originales, avec une histoire et des développements différents. Il était donc nécessaire, pour approfondir l'enchaînement des causes et des conséquences dans le cadre de cette recherche, de choisir un espace industriel relativement homogène. Nous avons retenu le territoire le plus industrialisé de la Forêt-Noire, un ensemble de communes appartenant à la région administrative « Schwarzwald-Baar-Heuberg » (cf. Fig. 2 des communes où la zone d'étude est indiquée), afin d'obtenir un maximum d'informations concernant la situation de l'industrie - du fait de la densité des établissements - pour aboutir à des conclusions de valeur générale.

Selon la classification du BBR, cette contrée est considérée comme étant une « région à dominante rurale » avec, cependant, une tendance à l'urbanisation. Elle se caractérise par une absence de ville avec fonctions tertiaires supérieures (Oberzentrum) et ayant plus de cent mille habitants et, plus généralement, par une situation périphérique par rapport aux centres économiques de l'Allemagne. Peut-on imaginer un développement autonome ou bien la région dépend-elle des décisions et des impulsions extérieures venues des agglomérations périphériques ? Aux marges de l'espace étudié, Villingen-Schwenningen ne compte que quatre-vingt mille habitants, bien que cette ville remplisse des fonctions partielles de centralité supérieure, et Fribourg se situe à plus de soixante kilomètres de notre région d'études. En fait, la région est soumise à l'influence de Stuttgart, capitale du Land Bade-Wurtemberg, située à une centaine de kilomètres des communes qui nous intéressent.

Pour répondre à ces interrogations, il convient d'apporter une grande attention aux « facteurs de localisation » (Standortfaktoren). La liste en est longue et il faut faire des choix. Certains éléments sont fondamentaux, comme les conditions naturelles, le potentiel de main-d'œuvre, la situation par rapport aux voies de communication, donc des facteurs « durs » ou « classiques » qui influencent le développement des entreprise. Cependant, le monde change de plus en plus vite et la valeur des différents critères également. D'autres variables interviennent, en particulier dans les pays développés. Il s'agit de la formation, de la liaison entre recherche et entreprises et du cadre général de travail et de vie (paysage, loisirs, offre culturelle). Dans certains cas, l'espace lui-même est considéré comme un patrimoine qu'il convient de conserver, tendance qui s'oppose aussi au développement industriel générateur de nuisances. C'est dire la complexité du problème.

Cependant, pour discerner les chances de développement de la région étudiée, l'analyse de facteurs « objectifs » ne suffit pas. Il est aussi indispensable de connaître la perception des entrepreneurs au sujet des atouts et des handicaps de la région, les problèmes principaux qu'ils doivent affronter car, de leurs décisions, parfois irrationnelles, dépend le développement futur. La motivation et l'engagement des hommes qui gèrent les entreprises, leur aptitude à innover et surtout leur volonté plus ou moins grande de rester au « pays » - le bilan de l'établissement dût-il en souffrir - sont peut-être les éléments décisifs pour assurer l'avenir. Et c'est la raison pour laquelle nous avons privilégié l'évaluation de l'opinion des chefs d'entreprise. Nous avons voulu lier un état des lieux « objectif » et la perception plus ou moins « subjective » des entrepreneurs qui vivent, au quotidien, des conditions plus ou moins favorables. Bref, l'espace « vécu » et « perçu » est au moins aussi important que les variables économiques fondamentales pour comprendre les dynamiques positives ou récessives. Telle est notre hypothèse de travail principale. Il ne s'agit donc pas de savoir si la Forêt-Noire est un lieu d'implantation « idéal », mais de chercher plutôt les causes d'une implantation dans cette région et les raisons pour lesquelles les entreprises y restent, à une époque où toutes les frontières s'ouvrent et où de plus en plus d'entrepreneurs songent à délocaliser une partie de l'entreprise, en général l'unité productive, dans un pays à bas salaires. C'est pourquoi la méthode privilégiée est l'enquête directe auprès des entreprises par questionnaire semi-directif. Une centaine d'établissements ont ainsi été visités entre 1992 et 1994. Comme il se doit, les statistiques fournies par différents instituts et la bibliographie ont fourni les éléments indispensables pour appuyer et compléter les enquêtes de terrain.

L'approche a été conduite à différentes échelles, du massif à la commune. La première partie de cet ouvrage se rapporte à l'ensemble de la Forêt-Noire pour donner un aperçu global des structures géographiques et historiques, évoquer la tradition artisanale et le passage à l'industrie. Par une analyse de la répartition des emplois industriels, il est possible d'établir des cartes permettant de distinguer différentes unités économiques. Ces documents nous ont également permis de sélectionner notre zone d'étude. Cette étude statistique débouche sur une recherche sectorielle et donc sur la représentativité des différentes branches dans les différentes parties du massif.

La base de nos calculs et réflexions sera constituée par les communes que nous regrouperons dans des unités plus grandes, selon les besoins et les généralisations nécessaires. Il était en effet indispensable de travailler à grande échelle, car la Forêt-Noire est une unité naturelle dont ne tiennent pas compte les divisions administratives. La plupart des statistiques publiées (Chambre de Commerce, ANPE) le sont habituellement dans le cadre des *Landkreise*[6], unités supérieures aux communes et qui ne correspondent pas aux régions naturelles. Pour ajouter à ces difficultés, les statistiques annuelles ne concernent que 80 % du nombre d'emplois réels ; seuls les recensements touchent la totalité des

Fig. 1- La Forêt-Noire

Source : *Länderkarte Baden-Württemberg*, Alexander Weltatlas, Stuttgart, Klett, 1982.

Fig. 2 - Les communes de la Forêt-Noire

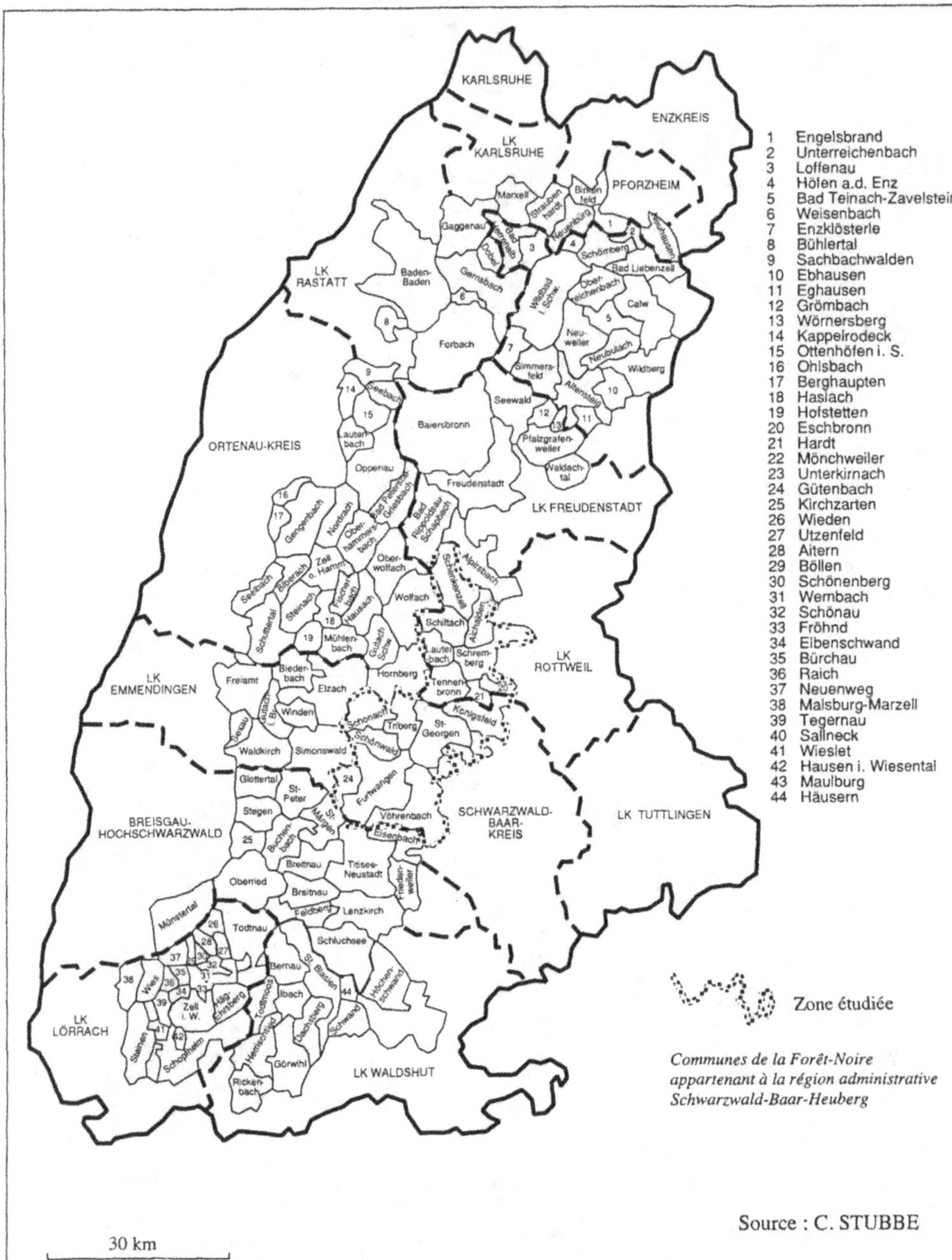

Fig. 3 - Les régions naturelles de la Forêt-Noire

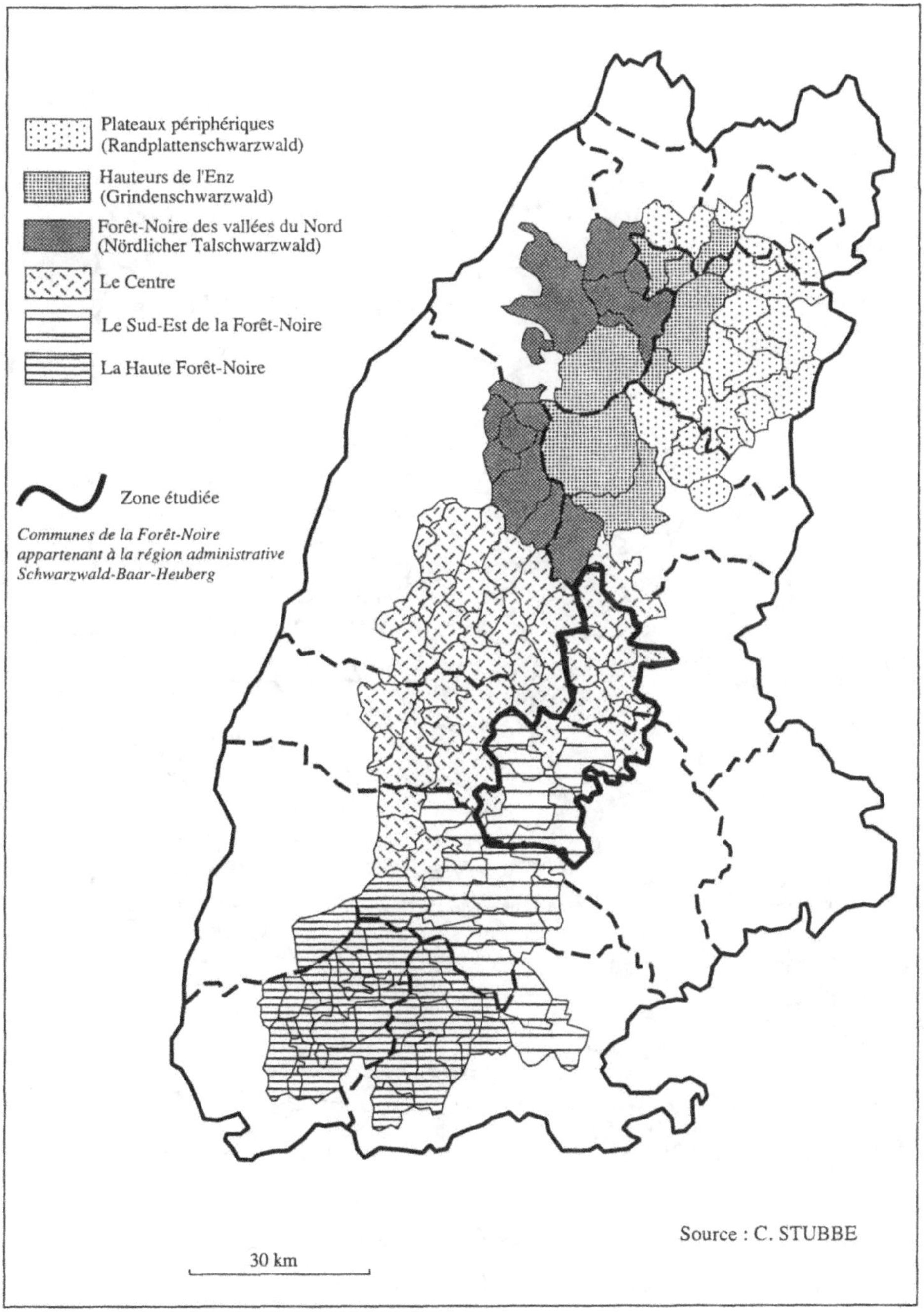

Fig. 4 - Les unités administratives du *Land Bade-Wurtemberg* le 01-01-1987

Source : Institut Statistique du Bade Wurtemberg, Stuttgart, 1987.

emplois, mais le dernier date de 1987 et l'avant-dernier de 1970[7]. En général, le recensement de 1987 a servi de base principale de calcul car les données sont communales. Mais parfois, il a fallu recourir aussi aux statistiques des Chambres de Commerce et d'Industrie ou du Centre de Planification Régionale (Regionalverband) qui sont effectuées pour chaque *Landkreis*.

Les deuxième et troisième parties présentent une analyse d'un nombre limité de facteurs de localisation (partie 2) pour examiner, ensuite, l'impact de ces facteurs sur l'évolution des entreprises. Puis, nous avons tenté de connaître les prévisions des chefs d'entreprise et des collectivités sur le développement régional. Dans cette optique, l'enquête directe constitue la source essentielle de notre étude. Cependant, nous nous sommes rapidement rendu compte qu'il était illusoire d'espérer obtenir, par ce biais, des chiffres exacts - à quelques exceptions - par exemple au sujet de l'évolution de l'emploi. Les résultats recueillis permettent toutefois, au-delà de la conjoncture, de souligner des tendances lourdes se rapportant aux facteurs de localisation. A cet égard, quatre grands thèmes ont été privilégiés :

(1) L'historique de l'entreprise et l'évolution de l'emploi depuis 1970.

(2) L'analyse détaillée d'un certain nombre de localisations et la perception des avantages et inconvénients de la région par les chefs d'entreprise.

(3) Les ressources humaines représentant un centre d'intérêt fondamental, l'accent a été mis sur cette variable sociale essentielle (qualité de la main-d'œuvre, encadrement...), en dépit des difficultés.

(4) Les perspectives de développement (ou au contraire les difficultés prévisibles), le thème de la situation européenne et la quête de nouveaux marchés à l'Est, permettant de placer la région d'étude dans un cadre plus vaste.

Retenons enfin que l'enquête a eu lieu durant une période de conjoncture économique difficile (entre 1992 et 1994), si bien que les entretiens ne furent pas toujours faciles à obtenir. Beaucoup de responsables ont été réticents, car méfiants à l'égard de l'utilisation qui serait faite des informations fournies. D'autres manquaient de temps. Par contre, ceux qui ont bien voulu participer se sont montrés très coopératifs et intéressés par le sujet. Grâce à leur franchise et leur ouverture d'esprit, cette recherche a pu être menée à bien et nous leur en sommes très reconnaissants. Évidemment, il s'agit souvent d'entreprises qui fonctionnent bien. Le danger est alors de sous-estimer les difficultés et de laisser entrevoir des résultats plus optimistes qu'ils ne le sont en réalité.

En poursuivant l'observation de notre espace laboratoire et en consultant les statistiques du *Land* Bade-Wurttemberg après 1993, on peut constater pour notre région que pour la plupart des communes le développement de la population et de l'industrie diminue jusqu'à 2000, puis on observe une légère reprise.

Globalement, l'évolution est plus dynamique dans les communes du *Landkreis* Rottweil (Hardt, Schramberg, Aichhalden).

Néanmoins, par rapport à 1993/1994, les communes industrielles le sont toujours. Seules les communes dont la situation géographique est très défavorable ont vu une perte plus importante dans leur secteur d'activité. Dans le même temps, ces pertes sont souvent compensées par un développement des services. Il est certain que la plupart de nos communes connaissent aujourd'hui des problèmes de développement en raison de leur situation en moyenne montagne, source d'obstacles à l'utilisation des surfaces, de leur éloignement des grands axes routiers et des difficultés climatiques. Tous ces éléments réunis représentent des handicaps non négligeables dans un monde de compétitivité mondiale et globale.

En revanche, la volonté des chefs d'entreprise, la compétence de la main-d'œuvre et leur identification avec l'entreprise constituent le facteur positif de la région. C'est le cadre géographique qui est le handicap majeur et fait la différence entre les communes – et ceci en 1987, 1994 et 2004. Pour cela, on peut dire que la situation globale n'a pas changé de façon sensible depuis nos enquêtes et hormis quelques variations (cf. Fig. 25 et 26) leurs résultats peuvent toujours être considérés comme valables pour la localisation industrielle des communes de notre zone de recherche.

Première partie

MOYENNE MONTAGNE ET TRADITION ARTISANALE

Chapitre 1

LA NATURE ET L'HISTOIRE

La Forêt-Noire n'est pas seulement une unité naturelle ou humaine. Elle offre une étonnante diversité et, d'un secteur à l'autre, l'habitat, les activités varient. Les vallées de la Wiese, de l'Elz, de la Glotter, de la Kinzig et de la Nagold présentent ainsi différents visages. Mais ces oppositions se manifestent aussi entre les hauts plateaux et les vallées. Il faut rappeler, de même, les coupures historiques et en particulier la séparation au XIXe siècle en deux entités politiques appartenant l'une au pays de Bade et l'autre au Wurtemberg, jusqu'au référendum du 9 décembre 1951 où la création d'un seul Land, le « Bade-Wurtemberg », fut décidée. Cette dualité a eu des conséquences économiques et sociales qui se manifestent encore aujourd'hui par différents héritages et dans les mentalités. Enfin, il ne faut pas oublier les différences dialectales entre le « francique » (fränkisch) du nord et « l'aleman » (alemannisch) du sud. Bref, au-delà du caractère montagnard de la région, les conditions naturelles et humaines sont à l'origine d'un véritable puzzle régional.

1.1. UN MASSIF FORTEMENT BOISÉ

1.1.1. Les contrastes morphologiques

Ni la topographie, ni la géologie ne font de la Forêt-Noire une unité naturelle. C'est le bois omniprésent qui lui donne son paysage original et qui a certainement incité les Alemans (Allemannen) à lui donner le nom de « Schwarzwald »[8]. Par le taux de boisement, elle occupe le premier rang parmi les régions allemandes.

La Forêt-Noire s'étend sur environ 6 000 km^2. Elle a grossièrement la forme d'un quadrilatère de 155 km de longueur et de 30 à 50 km de largeur d'est en ouest[9]. Deux fossés hercyniens orientés nord-ouest / sud-est divisent le massif en trois parties principales auxquelles correspond une topographie différente. La FORÊT-NOIRE DU NORD, moyennement soulevée, culmine à 1 164 m au Hornisgrinde : c'est une région où les hauts plateaux dominent. Cette Forêt-Noire du Nord est séparée par le fossé de Freudenstadt de la PARTIE CENTRALE, secteur le plus bas qui représente une auge géologique (geologische Mulde) entre les régions septentrionales et méridionales. Et finalement la PARTIE SUD, au-delà de la ligne Fribourg - Höllental - vallée de la Wutach, appelée le fossé de Bonndorf, est la partie la plus soulevée avec un paysage presque alpin et les formes les plus hardies : vallées profondes et sommets arrondis (le Feldberg avec 1 493 m et le Belchen avec 1 414 m) alternent et confèrent à la région toute son originalité.

Ces oppositions résultent tout d'abord de contrastes géologiques : la Forêt-Noire juxtapose en effet deux grands types de roches (Baukörper). Un socle cristallin formé vers la fin de l'ère primaire (das Paläozoikum/Oberdevon-Unterdevon) avec des roches magmatiques et métamorphiques, où dominent les gneiss avec des intrusions granitiques, a été aplani par l'érosion à l'époque permienne (Rumpfflächenbildung[10]). Sur ce socle, 2 000 m de sédiments se sont déposés au secondaire (das Mesozoikum). Il n'en reste aujourd'hui qu'une couche de grès d'épaisseur variable selon les régions. La fin de l'ère tertiaire et le début de l'ère quaternaire (Neozoikum-Pleistozän) furent marqués par la subsidence du fossé rhénan et le soulèvement du massif. La Forêt-Noire du Sud, qui fut la plus soulevée, a subi une érosion intense et n'a pas conservé la couche sédimentaire - à l'exception d'une pastille de grès à l'extrême est. On note par ailleurs une dissymétrie du massif avec des pentes fortes au sud-ouest et une inclinaison des couches (Ostabdachung) vers l'est et le nord[11]. Il en résulte un affleurement du socle au sud tandis que les grès prennent de plus en plus d'importance en allant vers le nord-est, surtout au nord de la Kinzig. En outre les limites du massif sont moins marquées au nord-est, car le grès disparaît progressivement sous la couche calcaire géologiquement plus récente (Muschelkalk).

Le travail de l'érosion fut différent sur les deux substrats : le granit, roche imperméable limite l'infiltration de l'eau, d'où un réseau hydrographique très dense et un découpage de la montagne intense, renforcé par les dénivellations et la faible altitude du niveau de base local - le fossé rhénan - ainsi que par la plus grande pluviosité à l'ouest. De profondes vallées (Kerbtäler), de 500 à 700 m de dénivellation[12] incisent le relief ; par contre, vers l'est, les affluents du Danube présentent des vallées larges et peu profondes (Muldentäler). Dans l'ensemble de la Forêt-Noire, la plupart des rivières appartiennent cependant au système rhénan.

Dans le grès plus perméable, le réseau hydrographique est moins dense. Les vallées, du moins dans leur partie inférieure, sont souvent étroites lorsqu'elles rencontrent le granit. Elles sont largement évasées à l'est, mais à l'ouest, vers le Rhin, elles deviennent profondes. Ainsi la Gutach, dans sa partie supérieure à 900 m d'altitude suit une large vallée (dans le grès) pour descendre subitement par une cascade très connue (Triberger Wasserfälle) - et attraction touristique - vers Triberg (dans le granit).

Par ailleurs, la morphologie des vallées dépend aussi de l'ampleur du soulèvement : elles sont plus larges lorsque les mouvements ont été mesurés ; c'est le cas pour certaines parties des vallées de la Kinzig, de la Rench, de la Murg ou de l'Elz. En outre, durant le quaternaire, les vallées du sud furent modelées par les glaciers ; des lacs et des moraines dans la région du Feldberg sont les témoins de cette glaciation.

1.1.2. Une montagne très arrosée

1.1.2.1. Le climat

La montagne a un climat plus rude que les bas pays périphériques : les températures sont plus basses avec une moyenne annuelle inférieure de 4,5° à 5°, les précipitations plus abondantes (800 à 2 000 mm). La région la plus humide est la Forêt-Noire du Nord ; au point culminant à Hornisgrinde, on relève 2 200 mm/an. En revanche, le Centre et le Sud sont protégés par les Vosges des vents d'ouest qui apportent la pluie. De ce fait, le Feldberg ne reçoit que 1 900 mm/an[13]. En accord avec le schéma général de la circulation atmosphérique, les versants occidentaux au vent (Luv) sont beaucoup plus arrosés que les versants orientaux sous le vent (Lee). D'une façon plus générale, les amplitudes sont moins marquées en montagne que dans la plaine, en raison d'une nébulosité plus fréquente, tout particulièrement en été dans l'après-midi. En revanche, en hiver les hautes pressions amènent du soleil en altitude, pendant que les vallées sont couvertes de brouillard en raison des « lacs froids » (Kaltluftseen) qui se forment juste au-dessus du sol[14], en occasionnant des inversions de températures.

20 % à 30 % des averses tombent sous forme de neige, ce qui procure à la Forêt-Noire une couverture neigeuse fréquente au-dessus de 1 000 m. Ce qui est un avantage pour le tourisme, est un inconvénient pour l'agriculture, car la période végétative ne dure que six mois, soit deux mois de moins qu'en plaine. Le manteau neigeux se prolonge dans certaines régions jusqu'en mai, tandis que les gelées nocturnes débutent très tôt en automne. Ainsi les conditions écologiques sont beaucoup plus dures dans la montagne. On peut, certes, cultiver des céréales, des pommes de terre et des plantes fourragères, mais dans beaucoup de régions la surface labourée, en raison des faibles rendements, a été remplacée par le pâturage ou l'exploitation forestière[15].

1.1.2.2. La végétation climatique : la forêt

Les paysages actuels de la Forêt-Noire n'ont rien de « naturel ». Ils ont été constamment modifiés par l'homme (Kulturlandschaft), d'où la transformation des facies végétaux depuis le pleistocène. Cependant, la forêt, même modifiée dans ses essences, reste une réalité fondamentale. C'est lors du rechauffement post-glaciaire (« Alleröd »-Interstadial)[16] vers 11 000 avant J.-C. qu'elle est apparue et s'est étendue. Aux époques froides antérieures, le massif était recouvert par la toundra.

La forêt, à l'origine, était une sorte de « forêt vierge » que l'homme n'avait pas encore modifiée. Ce n'est qu'à partir de l'an mille que la colonisation s'est étendue et que la montagne a été défrichée.

Comme souvent en montagne, l'étagement selon l'altitude et le climat a imposé sa marque. On distingue trois niveaux : jusqu'à environ 700 m d'altitude (étage collinéen - colline Stufe), il existe un boisement riche en feuillus (en particulier en chênes) et quelques sapins. À partir de 700 m, l'étage montagnard (montane Stufe) qui représente la surface la plus importante de la Forêt-Noire, se caractérise par un mélange de sapins et de hêtres. Puis à partir de 1 000 à 1 200 m le sapin rouge (Fichte) s'ajoute aux deux autres espèces pour donner son originalité au niveau subalpin[17]. Bref, la forêt mixte occupe l'essentiel du domaine forestier.

L'épicéa, l'arbre le plus répandu en Forêt-Noire d'aujourd'hui, s'est étendu lorsque l'homme, qui avait détruit le hêtre et le sapin en raison des défrichements (pour le pâturage, l'utilisation du bois pour la construction et le chauffage ou l'industrie), a entrepris un reboisement généralisé. Grâce à une croissance rapide, il s'est revélé être l'arbre le plus apte à la reconquête.

1.1.3. Le rôle de la sylviculture dans le passé et aujourd'hui

Si la forêt traditionnelle était mixte (Mischwald), avec des chênes et des hêtres, depuis le XIXe siècle, l'enrésinement s'est développé avec le sapin rouge (Fichte) et le pin, espèces ayant une croissance beaucoup plus rapide que les feuillus. C'est à partir de ce moment-là qu'on peut enfin parler d'une sylviculture et ces tendances n'ont fait que se renforcer. Aujourd'hui, environ les quatre cinquièmes des superficies boisées sont occupés par des conifères.

Tab. 1 - Les changements de composition de la flore entre 1868 et 1965

	1868	1965
Chênes	10 %	2,8 %
Hêtres	35 %	13,4 %
Sapins	30 %	22,4 %
Sapins rouges	25 %	48 %
Pins		10,3 %
Autres feuillus		3,1 %

Source : H. BRÜCKNER, 1981, p. 173.

Fig. 5 - Le boisement de la Forêt-Noire

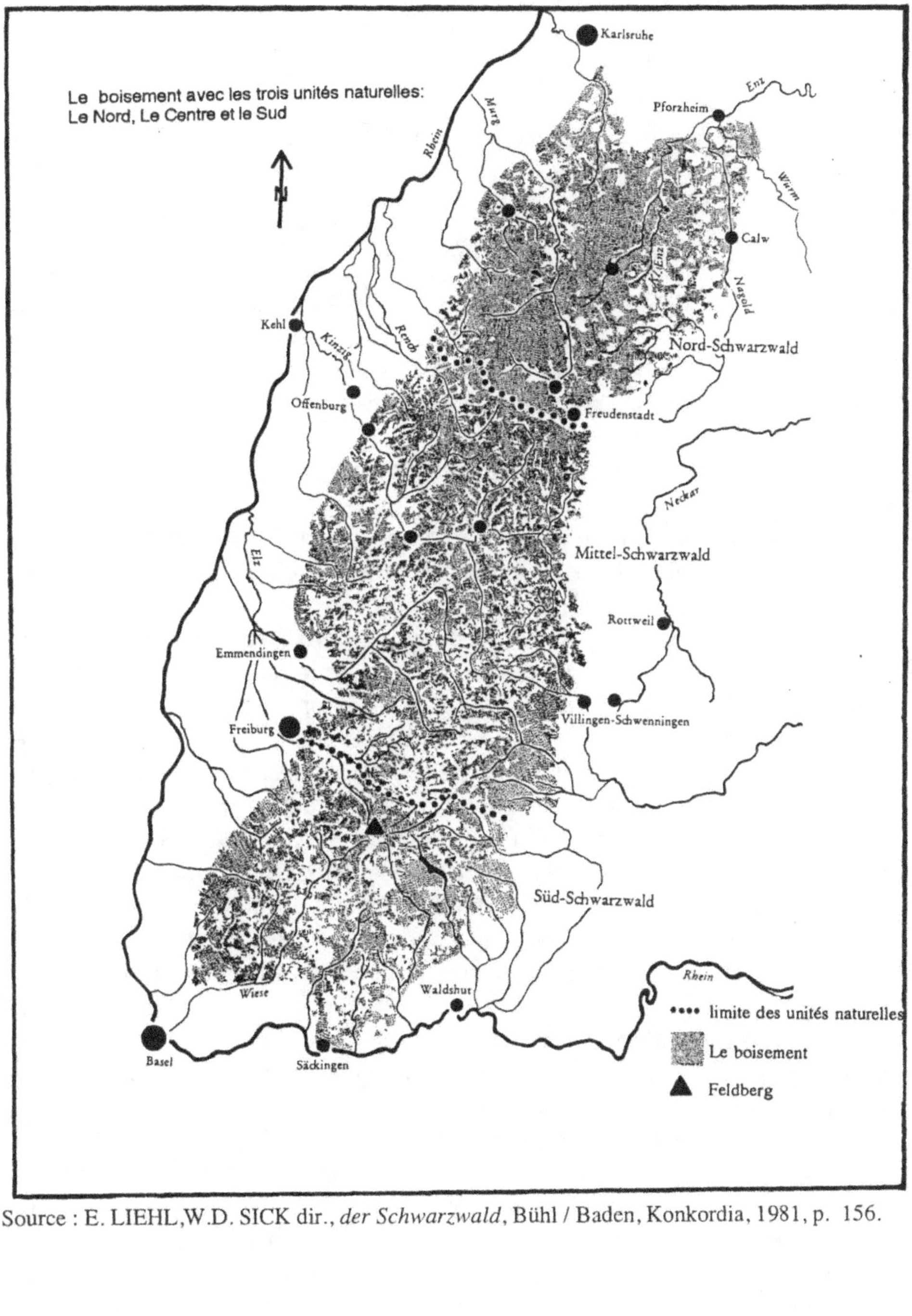

Source : E. LIEHL,W.D. SICK dir., *der Schwarzwald*, Bühl / Baden, Konkordia, 1981, p. 156.

À la fin des années 1970, 66 % du massif étaient couverts de forêt : 36,6 % étant en propriété privée, 27,4 % appartenant à l'État et 36 % étant en « Körperschaftswald »[18]. Pour les trois régions de la Forêt-Noire la répartition est différente. La partie NORD est la plus boisée avec 73 % de la superficie, dont 86,7 % en conifères ; contre 64 % dans la partie CENTRALE et 61 % dans la partie SUD, où la forêt alterne avec les pâturages, paysage typique du « Hochschwarzwald ».

La propriété privée est presque absente au NORD (13,4 % des surfaces contre 41,8 % de propriété d'Etat et 44,8 % de « Körperschaftswald »). Par contre dans la partie CENTRALE le secteur privé couvre 60 % des superficies. Dans la partie SUD, les différents types de propriété sont représentés à part égale[19].

Dans le NORD, l'exploitation forestière sur de grandes surfaces est en général conduite par l'Etat. Dans la partie CENTRALE, du fait d'une multitude de propriétés privées, le traitement du bois est moins organisé, mais c'est un support financier pour beaucoup de familles par la vente et les emplois qu'il peut fournir. Dans le SUD, la forêt est moins exploitée, car son rôle paysager et touristique est plus affirmé.

Aujourd'hui la forêt a une triple fonction : elle fournit des ressources, protège et constitue une aire de loisir[20].

Le bois est une matière première pour l'industrie des meubles et du papier, comme pour le bâtiment. Dans ce domaine, la RFA doit importer 50 % de ses besoins (4e poste d'importation)[21].

Chaque année, deux millions de m³ de bois peuvent être livré par la Forêt-Noire, une quantité qui se régénère aussitôt. L'exploitation d'aujourd'hui est fortement contrôlée. On ne peut plus déboiser n'importe comment, ni construire des chemins n'importe où. 80 % du bois est utilisé comme bois d'œuvre ; 16 % est destiné à la fabrication du papier et de la cellulose. Le bois de chauffage ne représente aujourd'hui que 4 % des volumes traités[22].

Les deux autres fonctions de la forêt sont davantage sociales. Il s'agit de protéger le paysage, car la forêt, grâce à ses racines profondes, est un bon régulateur pour le circuit d'eau et, en même temps, un filtre. Elle règle ainsi la quantité et la qualité de l'eau, fonction importante pour les fermes et communes de la Forêt-Noire. Elle protège les terres contre l'érosion du sol et freine la pollution de l'air.

Son rôle « **d'espace de détente et de repos** » pour les villes proches prend de plus en plus d'importance, d'autant plus que dans notre société, les besoins d'un environnement sain et calme augmentent. Le développement du tourisme de la Forêt-Noire est lié aux régions industrialisées périphériques. Ainsi, il existe des échanges constants entre les communes peu industrialisées qui présentent des possibilités de détente et de repos et les communes industrialisées qui offrent des emplois et retiennent, ainsi, la population sur place. Les touristes viennent surtout pour des séjours de courte durée. Ils sont issus des agglomérations proches comme Stuttgart, Karlsruhe ou Fribourg. Les séjours plus longs, d'une ou de deux semaines, sont plutôt pratiqués par les curistes, puisqu'il existe dans la Forêt-Noire de nombreuses stations thermales.

Cependant, toutes ces fonctions de la forêt sont actuellement menacées par le « Waldsterben », la mort des conifères.

1.1.4. Les différentes unités naturelles de la Forêt-Noire

La division de la Forêt-Noire en trois parties naturelles telle qu'elle a été exposée précédemment ne suffit pas pour une description exhaustive de la montagne, surtout si l'on veut établir des corrélations avec la géographie humaine ou analyser la situation industrielle. Le Nord, le Centre et le Sud sont encore à subdiviser pour comprendre des situations économiques différentes et qui trouvent en partie leurs explications dans des conditions physiques. Toutefois, il n'y a pas de subdivision officielle et les découpages proposés varient selon les auteurs. Certains partagent l'espace en très petites régions ; d'autres retiennent des unités plus larges, selon les besoins de la recherche. Ainsi l'institut statistique du Land Bade-Wurtemberg différencie trois unités en FORÊT-NOIRE DU NORD : les plateaux périphériques (die Randplatten), le « Grindenschwarzwald » avec les hauteurs de la Enz (Enzhöhen) et la Forêt-Noire des vallées du Nord (nördlicher Talschwarzwald). Le CENTRE est considéré comme un tout et le SUD est partagé entre une partie « Sud-Est » (Südöstlicher Schwarzwald) et la « Haute Forêt-Noire » (Hochschwarzwald) (cf. Fig. 3).

Ce choix, comme les termes retenus, n'est pas sans poser un certain nombre de problèmes. En effet, comme unité naturelle, la « Haute Forêt-Noire » ne devrait comprendre théoriquement que les parties les plus « hautes » de la montagne, or, selon les statistiques officielles du Bade-Wurtemberg, elle s'étend largement vers le sud[23]. Le même problème se pose pour la partie « Sud-Est » qui pourrait appartenir par sa structure géologique et morphologique au CENTRE, en particulier les communes au nord de Titisee-Neustadt. Comme c'est souvent le cas pour les unités naturelles, il n'y a pas de critères définitifs pour une ligne de séparation nette[24]. D'ailleurs, dans d'autres documents, ces deux parties sont appelées tout simplement « Forêt-Noire du Sud » (Südschwarzwald). Cependant, pour des raisons de statistiques et de calcul, j'ai gardé, pour la présentation de la Forêt-Noire dans son ensemble, la division et désignation de l'Institut statistique en ayant bien conscience de ces insuffisances. Parfois, je réserverai le terme de « Haute Forêt-Noire » à la région la plus élevée, du Wiesental (la vallée de la Wiese) et du Hotzenwald (la forêt des Hotzen)[25]. Cette acception plus restreinte sera alors signalée.

De même, pour le CENTRE il convient de souligner, sous certains aspects, les caractéristiques originales des grandes vallées comme celles de la Kinzig, de l'Elz et de la Rench. Il en est de même, au NORD, pour la vallée de la Murg.

De surcroît, à l'opposition nord-sud, il faut ajouter un contraste est-ouest (cf. Fig. 3 - *Les régions naturelles de la Forêt-Noire)*. On aboutit ainsi à ces contrastes, bien visibles pour tout voyageur.

La PARTIE NORD de la Forêt-Noire offre un visage assez simple : au nord de la vallée de la Rench, la couche de grès supérieur (oberer Buntsandstein) peu fertile est à l'origine d'une grande étendue de forêt. C'est le trait caractéristique fondamental de cette région, la plus boisée[26] du massif avec ses grands plateaux ou ses croupes souvent totalement couvertes par l'arbre.

Selon la morphologie, trois secteurs peuvent être distingués de l'est à l'ouest : le Nord-Est (le Randplattenschwarzwald) est une région intermédiaire entre les hauteurs de la montagne et les « Gäue » de l'est, bons pays agricoles grâce à une couche de lœss au-dessus du grès[27]. De plus, cette région a l'avantage de recevoir moins de précipitations, car elle est protégée par les hauteurs de la forêt à l'ouest.

Plus à l'ouest, le «Grindenschwarzwald» et les «Enzhöhen» (les hauts plateaux de la Enz) forment un ensemble en raison d'un facies du grès (mittlerer Buntsandstein) épais (220 m)[28] et particulièrement résistant. C'est une région très rude avec des altitudes approchant 1 000 m et des précipitations maximales. La forêt occupe presque la totalité de l'espace, d'où la faiblesse des densités.

Enfin le « nördliche Talschwarzwald » (la Forêt-Noire des vallées du Nord) est appelé ainsi à cause du grand nombre des vallées. Les roches granitiques imperméables et la forte pluviosité due à l'exposition à l'ouest en sont responsables.

Le **CENTRE** présente de larges vallées à l'ouest - la Kinzig et l'Elz -, contrastant avec les hauts plateaux tout à fait à l'est, à 700 / 800 m d'altitude, formés par la couche du grès supérieur (oberer Buntsandstein)[29]. Comparable au « Randplattenschwarzwald » du Nord-Est (les plateaux périphériques), c'est une région aux surfaces agricoles non négligeables.

Les lieux résultant du contact grès / granit sont particulièrement originaux lorsque la couche de grès s'élève en forme de marche au-dessus du socle granitique, comme c'est le cas de la vallée de la Gutach aux endroits où l'érosion a progressé dans le massif granitique de Triberg. Des vallées étroites et irrégulières avec des cascades, comme celle de Triberg, se sont formées.

Le principal problème tient à la limite indécise entre la PARTIE SUD et le CENTRE de la Forêt-Noire : passe-t-elle au sud du fossé de Bonndorf (Fribourg-Neustadt), ligne de faille du tertiaire, ou bien les vallées des affluents du Danube, autour de la Brigach et de la Breg, sont-elles déjà à ranger dans la Forêt-Noire du Sud ? Si le critère doit être l'altitude, la ligne Elz - Brigach, qui correspond géologiquement à la limite méridionale du massif granitique de Triberg, pourrait désigner la limite.

Dans la **PARTIE SUD** de la Forêt-Noire, il faut mettre à part la Haute Forêt-Noire, région la plus élevée et disséquée par de nombreuses vallées. Le point culminant de tout le massif, le Feldberg (1 493 m) a été couvert d'une calotte glaciaire dont les langues ont élargi les vallées, surtout celles du sud comme la vallée de l'Alb et de la Wiese. A l'ouest du Feldberg, on ne rencontre plus beaucoup de témoins de la glaciation en raison d'une forte érosion postglaciaire.

Au sud-ouest de cette partie la plus haute de la Forêt-Noire, se situe la vallée de la Wiese, région présentant des formations glaciaires ; tandis qu'au sud-est, le « Hotzenwald », vers 600 / 700 m, est composé de différentes roches granitiques et métamorphiques moins soulevées que la « Haute Forêt-Noire »[30].

1.1.5. Un peuplement tardif

Le peuplement de la Forêt-Noire se fit en trois phases.

Dans une première étape, entre le VIIIe et le Xe siècle, ce ne furent que de modestes essartages (Rodungen) en bordure de la montagne. De manière plus générale, le défrichement se fit du Xe au XIVe siècle, surtout le long des grandes vallées, mais aussi au cœur même de la forêt. L'initiative du peuplement revint aux monastères comme celui de St. Blasien[31] à partir du XIe siècle ou aux monastères de l'ordre St-Benoît comme St-Georgen, St-Peter, St-Märgen, St-Trudbert et St-Ulrich. Les noms de villages encore existants témoignent de leur rôle dans le peuplement. Il en est de même pour les noms des communes ayant une terminaison en « —kirch » / église (Waldkirch, Neukirch, Oberkirch) ou des toponymes comme Mönchweiler (le hameau du moine), Brüderhöfe (les fermes des frères), etc. Aux XIIe et XIIIe siècles, les Cisterciens (Zisterzienser) furent très actifs, en témoignent les fondations de Tennenbach, Bad Herrenalb et Friedenweiler. Dès le XIe siècle ces monastères ont été soutenus par les seigneurs laïques qui voulaient utiliser cette région pour accroître leur pouvoir. Jusqu'en 1218, la famille des Zähringer détint une sorte de monopole, mais après la mort de son dernier membre, la Forêt-Noire fut une région de fractionnement politique avec les « Staufer », les « Habsburger » (Autriche), les margraves de Bade, les comtes de Wurtemberg et la famille de Fürstenberg[32]. La rivalité entre les maisons de Bade et Wurtemberg continua de fait jusqu'en 1952 !

Le peuplement de la Forêt-Noire se fit avec des habitants des régions surpeuplées, les « Altsiedelländer » (régions de peuplement ancien) des bordures périphériques. Ils furent attirés par la promesse d'un assouplissement du régime seigneurial. En outre, dès le XIIIe siècle, la découverte des possibilités d'exploitation minière contribua également à renforcer les densités de population, et ce jusqu'au XVIe siècle.

La dernière vague de peuplement eut lieu au XVIIIe siècle grâce au développement d'artisanats liés à l'exploitation forestière comme les verreries, les scieries, les chantiers de charbon de bois et les fonderies, qui engendrèrent une nouvelle phase d'essartage. Au XIXe siècle, l'accroissement démographique lié à un excédent naturel poussa à une mise en valeur maximale des terroirs agricoles.

Parallèlement, la découverte de sources thermales a joué un rôle important dans l'essor du tourisme et, en même temps, du peuplement. Dès le XIXe siècle, de nombreuses villes d'eau apparurent (par exemple Wildbad, Bad Liebenzell, Baden-Baden, Bad Herrenalb dans le nord et Badenweiler dans le sud)[33].

Fig. 6 - Les lois de l'héritage selon les régions

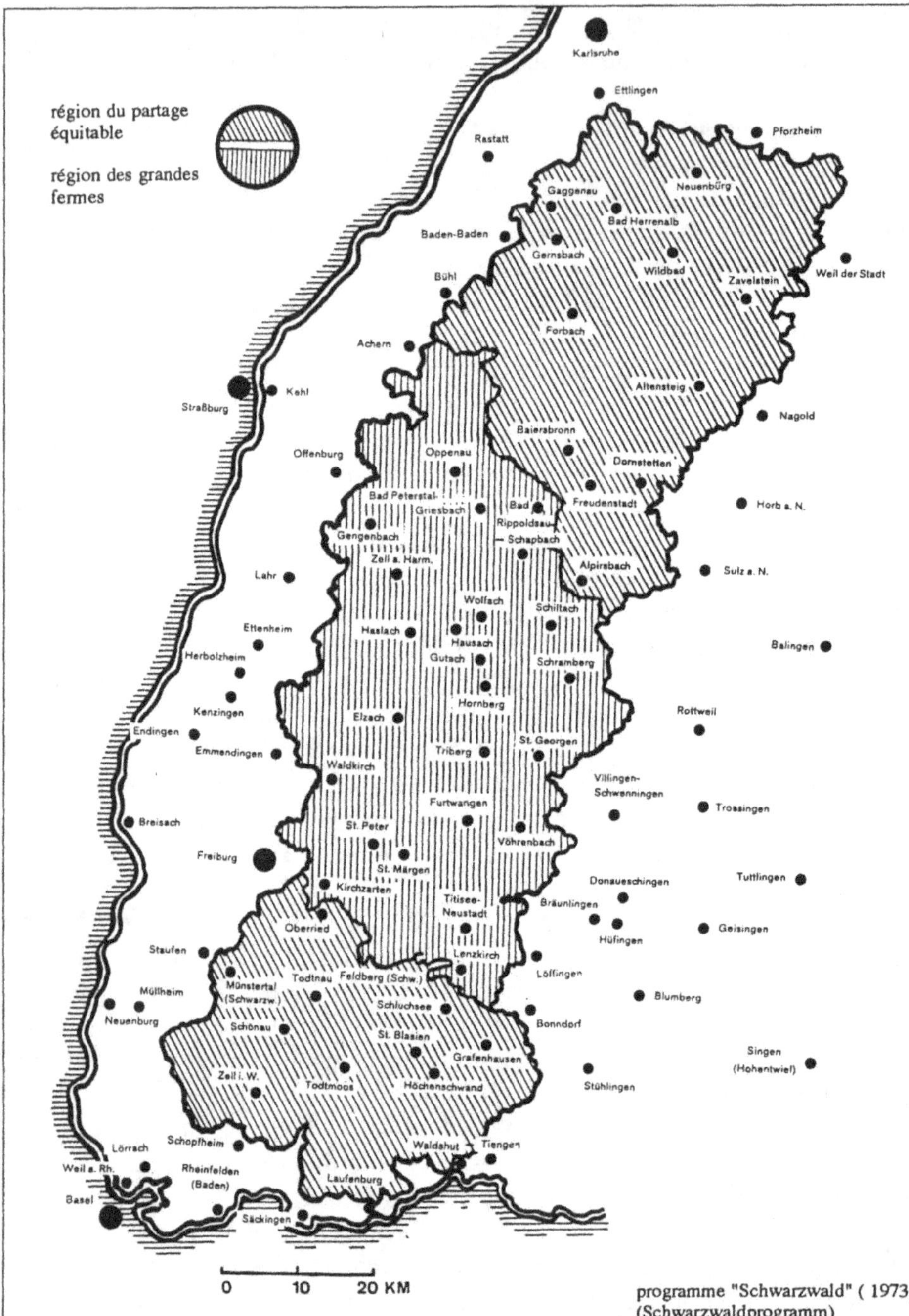

Source : E. LIEHL,W.D. SICK, *der Schwarzwald*, Bühl / Baden, Konkordia, 1981, p. 505.

1.2. UN ARTISANAT ET UNE INDUSTRIE PRÉCOCES

Outre l'agriculture, l'économie de la Forêt-Noire repose, depuis des siècles, sur la forêt, l'eau et les ressources du sous-sol exploitées de façon artisanale. En première analyse, cette pluriactivité résulte de la situation défavorable de l'agriculture caractérisée par de faibles rendements. De tout temps, des compléments ont été nécessaires pour vivre ou survivre. La richesse en bois, en eau, en mines de toutes sortes a ainsi permis une diversification des activités et a même parfois constitué le fondement de l'économie.

Cependant, les régions de moyenne montagne handicapées par les conditions naturelles et par une agriculture médiocre ne manquent pas. Pourtant, nombre de ces contrées n'ont pas su entreprendre un développement artisanal d'envergure. Cette économie duale, reposant à la fois sur l'agriculture et l'artisanat est typique, en fait, des moyennes montagnes du centre de l'Europe et en particulier des hautes terres de peuplement germanique.

Tab. 2 - La structure agricole dans les sept régions agricoles de la Fôret-Noire

Région	Forme d'habitat	Système d'héritage
1 - Forêt-Noire (Nord-Ouest)	village	partage équitable[1]
2- Forêt-Noire (Nord-Est)	village	partage équitable
3 - Forêt-Noire (Centre-Ouest)	grande ferme	partage équitable
4 - Forêt-Noire (Centre-Est)	grande ferme	un seul héritier[2]
5 - Forêt-Noire (Sud-Ouest)	village	un seul héritier
6 - Forêt-Noire (Sud)	village	partage équitable
7 - Forêt-Noire (Sud-Est)	village	partage équitable

1 - Terme allemand : Realteilung 2 - Terme allemand : Anerbenrecht

Source : H. Haubrich et al., 1991, p. 154.

Il faut ajouter que les règles de succession en agriculture ne sont probablement pas étrangères aux oppositions géographiques qui peuvent être notées quant à la répartition de l'industrie à l'intérieur du massif. En effet, selon la forme de l'habitat, la taille des exploitations et les systèmes d'héritage, il est possible de partager la Forêt-Noire en sept régions (voir Tab. 2).

Dans d'autres documents, on peut trouver une répartition plus générale des systèmes d'héritage (voir la carte du Schwarzwaldprogramm de 1973[34] (cf. Fig.6).

Les modes de succession, « ANERBENRECHT » ou « REALTEILUNG » ont sans nul doute joué un rôle important dans le développement de l'industrialisation.

L'« ANERBENRECHT » est une tradition du CENTRE et de la « Haute Forêt-Noire », jusqu'au Schluchsee : l'aîné[35], fils ou fille non mariée, héritait de la propriété entière. Il s'agissait de conserver le patrimoine dans son intégralité et de maintenir une ferme de dimension suffisante pour assurer la survie d'une famille. Dans ces régions, le nombre des fermes ne bougea presque pas du XVIe au XIXe siècle. Mais cette interdiction de partager l'héritage avait bien évidemment des conséquences pour les autres membres de la famille et, en particulier, pour les frères et sœurs de l'héritier. En dédommagement, ceux-ci recevaient de l'argent de l'aîné, mais la somme était trop modeste pour s'établir. Les cadets apprenaient donc un métier ou restaient à la ferme en tant que bonne ou valet. La même coutume réglait parfois jusqu'au dernier détail et, par contrat, l'entretien des vieux par les jeunes. Bref, toute une main-d'œuvre se trouvait disponible pour des tâches autres qu'agricoles.

Même pour les héritiers, la situation naturelle de la Forêt-Noire pouvait poser des problèmes. En raison des conditions physiques, ils étaient parfois obligés de chercher une deuxième source de revenus, fréquemment liée à l'exploitation de la forêt, partie intégrante de la ferme. Souvent les deux activités se pratiquaient de pair. Le paysan travaillait et dans son exploitation agricole et dans l'artisanat ou la forêt, soit comme « Zuerwerb », soit comme « Nebenerwerb » selon le temps passé hors de l'agriculture[36]. Toutefois, dans les deux cas l'agriculture restait souvent l'emploi principal.

En fait, ce phénomène de « Nebenerwerb » se rencontrait surtout dans les régions de « REALTEILUNGSRECHT », caractérisées par le partage équitable entre héritiers, en particulier dans les parties SUD - comme le « Hotzenwald » - et NORD de la Forêt-Noire[37]. Ici, chaque enfant recevait une part égale de l'héritage avec pour conséquence le morcellement des biens paternels. De générations en générations, l'agriculture se révéla de ce fait insuffisante pour assurer la vie des familles paysannes. Il était donc indispensable de chercher d'autres ressources pour survivre. Le salut ne pouvait provenir que de l'émigration, d'où l'exode rural précoce de ces régions, ou bien de l'artisanat ,qu'il s'agisse de l'exploitation de la forêt, ou de tout autre travail permettant de recevoir un salaire journalier. On les appelait « journaliers » (Tagelöhner). Ce fut ainsi que des activités artisanales se développèrent et que, plus tard, de petites industries furent vivement encouragées grâce à ce volant de main-d'œuvre. Ainsi, on comprend mieux le lien étroit existant durant des siècles entre l'agriculture et le développement des activités industrielles[38]. En dépit de ces tendances, au XVIIIe siècle, on constata, surtout dans les régions de la « Realteilung » comme par exemple dans le Hotzenwald, une véritable surpopulation. À la diminution de la taille des propriétés qui ne permettait plus de faire vivre une famille, s'ajoutait la surexploitation de la forêt. A certaines périodes, la seule solution reposa sur l'émigration vers l'étranger, jusqu'à ce que l'équilibre se rétablît[39]. Le phénomène se répéta au début du XIXe siècle, période d'une nouvelle explosion démographique à la suite de l'essor du travail

« à domicile » (cf. chap. 1.2.2.), ce qui conduisit à une violente crise économique. Suite à la famine de 1817, vingt-mille personnes voulurent partir aux États-Unis. Dans les années 1830-40 cette émigration sembla être, pour le gouvernement badois, la seule solution pour éviter le désastre, de sorte qu'il prit en charge les frais de voyage des plus pauvres. Cet exode, surtout celui du Hotzenwald, dura jusqu'au début du XXe siècle[40]. En définitive, la tendance constante à la surpopulation fut un puisant moteur du développement artisanal.

1.2.1. L'eau, le bois et les mines

Les premières activités reposèrent sur des ressources naturelles : le bois, mais aussi l'eau et le fer jouèrent très tôt un rôle économique important et favorisèrent le développement industriel.

La forêt fut utilisée non seulement pour le parcours du bétail mais aussi pour la résine et le miel, le bois étant recherché pour le chauffage et la fabrication des outils. A cette richesse essentielle s'ajouta celle provenant de multiples mines. La combinaison de la forêt et des gisements métalliques, grâce au travail acharné des monastères, entraîna très tôt un développement artisanal, voire une petite industrie.

1.2.1.1. L'utilisation directe du bois

Dès le XIIIe siècle, les rivières furent utilisées pour approvisionner en combustible les villes périphériques comme Fribourg, Karlsruhe, Bâle et Strasbourg. Plus localement, la voie d'eau permettait de ravitailler les usines sidérurgiques et les verreries. Au XVIIe et au XVIIIe siècles, la Forêt-Noire fut réputée pour les « sapins hollandais ». Elle devint un livreur important pour la construction navale des Pays-Bas, mais aussi de l'Angleterre, car le ravitaillement en bois par les provinces baltiques s'épuisait.

Ces **bois flottants** jouaient un rôle essentiel dans le commerce des vallées de la Murg, de l'Enz et de la Nagold (en FORÊT-NOIRE du NORD), mais aussi dans la vallée de la Kinzig au centre du massif. Des compagnies de bois flottants se créèrent, dont la plus ancienne (XIVe siècle) et la plus connue, la « Murgschifferschaft » (la société des navigateurs de la Murg) contrôla cinq mille hectares de forêt jusqu'au XIXe siècle. La concurrence des chemins de fer et la construction des routes firent reculer ce mode de transport. Le flottage du bois sur l'Enz, la Nagold et la Würm fut même interdit à partir de 1913[41].

Le bois fut aussi utilisé constamment pour **la construction et le chauffage**. La consommation de bois pour l'édification d'une grande maison de la Forêt-Noire a toujours été très élevée : la seule construction du bâtiment pouvait nécessiter 1 000 m^3 de bois, ce qui représente 275 troncs d'arbre à 3,5 m^3 (Festmeter). Pour une exploitation assez grande, le besoin de bois en tant que combustible demandait une propriété forestière de vingt à vingt-cinq hectares, en raison de la longueur des hivers. Il faut ajouter à cela la demande des villes.

Parallèlement, la forêt engendra, dès le XIIIe siècle, la naissance de multiples **scieries** grâce à l'utilisation de l'énergie hydraulique.

On exploita même **la résine,** en particulier au XVIIIIe siècle, dans la PARTIE NORD de la Forêt-Noire. La matière première était principalement utilisée dans le domaine médical, puis, grâce à la distillation, elle put être transformée en térébenthine qui servait, et sert encore aujourd'hui, de dissolvant[42].

La «Schnefelei» qui couvre toute une branche économique rassemblant tout métier intéressé par la fabrication des outils en bois comme les cuillères, les boîtes ou les cuves qu'on utilisait pour le vin, a été une activité importante. Il faut aussi prendre en considération les tourneurs (Drechsler), les menuisiers (Schreiner) et les charrons (Wagner), qui fabriquaient de grands tuyaux en bois pour l'eau et surtout les producteurs des « Schindeln » (Schindelmacher), petits morceaux de bois avec lesquels on couvre les énormes toits des belles maisons de la Forêt-Noire. Le travail minutieux demandait une grande habilité des mains et, surtout, beaucoup de patience : dans une journée de dix heures, un homme pouvait réaliser au maximum mille petites pièces.

Ces métiers se pratiquèrent de plus en plus à partir du XVIe siècle. On s'y consacrait à la maison, surtout pendant les longs mois d'hiver. Ils représentaient un bon complément à l'agriculture et constituaient souvent le « Nebenerwerb » (le revenu secondaire) idéal. Les premiers «artisanats à domicile » naquirent ainsi de la forêt.

1.2.1.2. Les mines

Dès le Xe siècle, les mines jouèrent un rôle fondamental. La présence de gisements d'argent dans la partie sud de la Forêt-Noire (autour du Feldberg et dans la vallée de Münster) fut même l'une des raisons de la colonisation du massif. Avec le développement du commerce, la demande en métaux pour la fabrication de la monnaie augmenta et, puisqu'en Europe centrale l'or n'existait pratiquement pas, l'argent était fort recherché. Ainsi, l'exploitation des mines d'argent mais aussi des minerais de fer, situées surtout dans la région de Neuenbürg au nord de la Forêt-Noire et au sud autour d'Eisenbach près de Neustadt, fut très lucrative.

L'essor de certains monastères comme Tennenbach, St-Ulrich, St-Trudpert et surtout St-Blasien est étroitement lié à l'exploitation des mines d'argent et aux bénéfices leur permettant d'acquérir une grande importance économique.

Après une régression entre les XIIe et XIVe siècles, les mines connurent à nouveau une grande activité au XVIIIe siècle, grâce à des innovations constantes, l'exploitation étant à vrai dire de plus en plus difficile. Au fer et à l'argent s'ajoutèrent d'autres métaux comme le cuivre, le zinc, le plomb, le cobalt, la fluorine et le sulfate de baryum. Les dernières mines, victimes de grands gisements produisant à moindre coût, fermèrent dans les années 1930.

Les héritages de cette exploitation minière sont nombreux. Beaucoup de villes du massif sont nées de cette activité et du commerce de l'argent. Il en est ainsi des agglomérations de la vallée de la Kinzig, de Fribourg et de Freudenstadt, dernière fondation en 1599. Avec la fin de l'extraction, certaines redevinrent des villages, à moins qu'elles ne trouvent d'autres sources de revenus. Pour les villes de la vallée de la Kinzig, ce furent « les sapins hollandais » ; pour le Wiesental, le textile et la fabrication des brosses et pour Fribourg, le travail des pierres précieuses.

La forêt était, bien entendu, l'auxiliaire indispensable pour l'exploitation minière puisqu'il fallait construire des puits, des galeries, mais également des rigoles pour évacuer l'eau, sans compter l'habitat des mineurs.

1.2.1.3. La sidérurgie et la verrerie

On comprend dès lors que la transformation du bois en **charbon de bois** soit également l'une des activités artisanales les plus anciennes de la Forêt-Noire. Entre les XVe et XIXe siècles, les paysans pratiquèrent souvent ce métier comme second emploi (Nebenerwerb) à côté de leur occupation principale.

Pendant longtemps, le charbon de bois fut indispensable pour la production de la fonte. Aux XVIIIe et XIXe siècles encore, la « charbonnerie » était très répandue dans la Forêt-Noire, soit à proximité des ateliers sidérurgiques, soit comme « charbonnerie ambulante » à l'intérieur de la montagne, dans les régions où le transport du bois était impossible, en particulier à cause du relief. La transformation du bois en charbon permettait une réduction des coûts de transport. Il était souvent plus rentable, en dépit des techniques de flottage, d'acheminer du charbon de bois plutôt que des troncs d'arbre plus lourds et plus volumineux. Une exploitation des régions de montagne de plus en plus élevée, de plus en plus éloignée du fond des vallées s'imposa peu à peu. La fabrication prenait du temps : une meule ou charbonnerie de petite taille, typique de la Forêt-Noire, nécessitait deux semaines pour transformer trente à soixante stères de bois[43]. C'est seulement dans la seconde moitié du XIXe siècle, lorsque la houille s'imposa, que le charbon de bois perdit peu à peu de son importance.

La sidérurgie se localisait surtout dans la FORÊT-NOIRE du SUD et elle était très liée à la fabrication du charbon de bois. Il fallait 10 000 m^3 de ligneux pour la production de cent tonnes de fer brut. Ainsi, une forge sidérurgique consommait en moyenne environ 50 ha/an[44]. Outre d'énormes besoins en bois, la sidérurgie nécessitait de l'énergie hydraulique, mais l'eau était partout présente en Forêt-Noire, et du minerai de fer. Le massif manquant de matière première, on le fit venir d'autres régions. La plupart de ces usines ont été la propriété des souverainetés territoriales qui les affermaient souvent à des gérants suisses, de Bâle et de Schaffhausen.

La révolution industrielle et le développement de la fonte au coke mirent les usines sidérurgiques de la Forêt-Noire hors jeu. Les dernières furent fermées en 1870. Quelques-unes furent réutilisées par l'industrie métallurgique de transformation ou comme usines textiles, en raison de leurs installations hydrauliques.

Également présente, surtout en FORÊT-NOIRE du SUD, **la verrerie** a joué un rôle très important dans le peuplement de la Forêt-Noire : au XVIe siècle, elle permit même une occupation des régions les plus retirées. L'exploitation de la forêt fut ainsi possible en des lieux où le transport du bois était problématique. Après une période de 60 à 70 ans, les environs d'une verrerie étaient déboisés à un tel point qu'il était préférable de changer d'emplacement plutôt que de transporter le bois nécessaire. Sur les lieux abandonnés, les paysans s'installaient éventuellement. Les verreries consommaient d'énormes masses de bois : pour 100 kilos de verre, on avait besoin de 200 m^3 de bois[45].

Les bouteilles, les verres et les miroirs furent distribués sur des marchés lointains grâce à des « colporteurs de verre » (Glasträger)[46] qui formèrent des compagnies de ventes bien organisées et agissant surtout en Suisse, en Alsace, et dans les *Länder* Palatinat et Bade-Wurtemberg.

Aux XVIIe et XVIIIe siècles, les verreries avaient presque toutes la même structure, avec une centaine de travailleurs chacune, comprenant les maîtres avec leur famille ainsi que les bûcherons, les flotteurs de bois, les conducteurs, les charbonniers et tous ceux qui travaillaient aux fours.

Aujourd'hui, il ne reste qu'une seule verrerie ancienne, celle d'Achern ; les autres furent fondées après la seconde guerre mondiale dans un but touristique (par exemple dans la vallée de l'enfer près de Fribourg, le « Höllental »).

Ces différentes activités, grosses consommatrices de bois, conduisirent à une véritable surexploitation forestière, menaçant l'existence même du massif. Il fallait à la fois protéger la forêt et reboiser. Les premières initiatives pour rétablir les surfaces détruites furent prises au XVIIIe siècle. Dès 1752, le gouvernement autrichien ordonna dans la région de Todtnau (Hochschwarzwald) la plantation d'arbres, en général des sapins rouges et des pins. Mais ces reboisements furent assez limités. Avec la sécularisation du début du XIXe siècle, beaucoup de domaines forestiers devinrent propriété nationale et, sous l'influence et le contrôle de l'État, un reboisement systématique fut entrepris[47]. La loi forestière badoise de 1833 a soumis toutes les surfaces boisées au contrôle de l'État (pays de Bade) et a rendu obligatoire une replantation (Wiederaufforstung) aussitôt après la coupe[48].

1.2.2. L'artisanat et la diversification des activités

À côté des activités liées directement à la forêt, un autre type d'artisanat s'est développé, fondé sur le travail à domicile (Heimarbeit), et qui n'a cessé de progresser. Cette organisation était idéale dans une région où toute la famille devait subvenir aux besoins, sans trop s'éloigner de la ferme et sans renoncer à l'agriculture, son occupation principale. Le paysan de la Forêt-Noire devenait « industriel agricole à domicile » (landwirtschaftlicher Hausindustrieller)[53]. Cette orientation, à la fois agricole et artisanale dans son ensemble, fut une des caractéristiques de la Forêt-Noire du Sud dès le XIXe siècle. Et ce travail à domicile permettait même aux héritiers pauvres et à une main-d'œuvre pléthorique d'acquérir parfois une petite terre. Il convient cependant de souligner de nombreuses nuances en fonction des régions et de la place respective de l'agriculture et de l'artisanat. Ainsi dans le Hotzenwald, l'agriculture resta la plus importante ; le travail à domicile fondé sur « l'industrie » textile demeura secondaire, tout en étant indispensable pour le maintien des exploitations. La situation était tout à fait différente pour l'horloger, avant tout artisan et de plus en plus indépendant de l'agriculture[50].

D'autres éléments favorisèrent la naissance et l'expansion de ce type de travail à partir du XVIIIe siècle. Les habitants de la Forêt-Noire sont des bricoleurs, habiles de leurs mains. Le travail du bois avait en fait préparé cette évolution. En plus, grâce aux verreries, ils savaient déjà distribuer leurs produits et les colporteurs de verre jouèrent un rôle important dans l'expansion de l'industrie à domicile, en raison des relations commerciales qu'ils entretenaient hors de la région, assurant ainsi des débouchés aux fabrications de la Forêt-Noire.

Mais ce qui a été certainement l'élément le plus décisif, ce fut la misère générale, résultant de la croissance démographique et d'une véritable surpopulation. Le rendement du sol n'était pas suffisant pour nourrir la famille, même pas avec un « Zuerwerb » dans une autre activité artisanale ou forestière. Il y eut alors de plus en plus de salariés journaliers cherchant du travail, souvent en vain. Avec la fermeture des mines, cette situation s'aggrava. Le gouvernement décida alors de soutenir ces artisanats « à domicile » pour empêcher « *cette fainéantise et la mendicité qui étaient nuisibles pour le pays et les hommes* »[51] en orientant les pauvres vers un « *travail d'utilité publique* »[52]. Cette éducation par l'industrie déboucha même sur des mesures répressives, par exemple lorsque les paysans furent obligés de travailler le cannage et d'employer quelqu'un qui sache rempailler pour apprendre la technique aux membres de la famille[53].

Tissage à domicile, fabrication des brosses et construction des pendules à « coucou » furent les principales activités de ces paysans-artisans.

Cet artisanat « à domicile » nécessitait toute une organisation ; il fallait apporter la matière première, ramasser le produit fini - bref, mettre en place une véritable chaîne de production. Des entrepreneurs individuels ou des sociétés étaient responsables de ces « filières » qui impliquaient une grande dépendance des producteurs. Cette situation caractérisa surtout l'industrie textile et le cannage, car dans ces cas, les entrepreneurs - appelés aussi « Verleger »[54] - fournissaient les machines et la matière première - les métiers et la paille ou le coton - et ils décidaient de tout par l'entremise d'intermédiaires, les « Fergger » qui, eux aussi, essayaient de tirer profit de la situation.

Pour la fabrication des horloges, la dépendance vis-à-vis des commerçants se manifesta très tôt. Dès 1840, la misère s'installa, du fait des crédits douteux, de la position puissante des « Packer » (les expéditeurs) et, par le « Trucksystem », les travailleurs furent souvent payés en marchandise et non pas en argent. En 1840, à Furtwangen, sur 126 horlogers il existait dix-huit expéditeurs ; dans l'unité administrative de Triberg, on en recensait 61 et dans celle de Neustadt 162. Dès cette époque, un horloger dépendait de « grossistes » pour se procurer certaines pièces et ces derniers s'occupaient également de la vente des horloges[55].

En revanche, pour l'élaboration des objets en bois (« Schneflerei ») et des brosses, l'indépendance des artisans dura jusqu'au XIXe siècle. Les paysans-ouvriers se procuraient la matière première, fabriquaient puis vendaient.

La population ne cessait d'augmenter. Dans le « Hotzenwald », en 1777, on dénombrait 17 415 habitants et, vingt ans plus tard, 24 472, soit une augmentation de 29 %[56]. Avec le blocus continental de Napoléon en 1808, l'importation du coton devint presque impossible et la paie diminua de moitié. Le pire fut atteint avec la famine de 1817. Un véritable cycle s'installa: à chaque amélioration de la situation de l'industrie à domicile, la population augmentait et les problèmes recommençaient. La crise suivante résulta d'une maladie de la pomme de terre, nourriture de base des pauvres. La mauvaise récolte de 1846/47 eut des conséquences catastrophiques pour beaucoup de familles de la Forêt-Noire du Sud : appauvrissement, endettement, vente de la ferme, croissance d'un prolétariat agricole sans terre. Le gouvernement envisagea même de payer l'émigration vers l'Amérique[57].

1.2.2.1. Le travail de la paille

On ne fabriqua pas uniquement des corbeilles en Forêt-Noire. Dès la fin du XVIIe siècle, on s'intéressa aussi au travail de la paille dans son ensemble (Strohflechterei) et, en particulier, à la fabrication des chapeaux de paille. Cette innovation fut introduite par les colporteurs de verre. Ainsi, cette activité fut pratiquée d'abord presque par distraction : elle représentait un moyen d'obtenir un peu d'argent de poche. Mais, avec l'intervention de l'État qui voulut institutionnaliser cette activité par une première loi de 1759 et en faire une industrie à domicile, elle devint une contrainte, contestée par la population. Il fallait couper le seigle avant qu'il ne fût mûr, ce qui privait une population déjà nombreuse de ressources alimentaires indispensables. Cependant, l'essor fut tel qu'en 1809, cette production apportait autant de bénéfices que la fabrication des horloges[58]. Les villes de Furtwangen, Triberg, Neustadt et Höchenschwand étaient les principaux centres d'impulsion. En 1850, une école pour rempaillage (Flechtschule) fut même créée à Furtwangen.

Cependant, la fabrication mécanique débuta bientôt en Italie. On pouvait désormais produire en une demi-heure le même nombre de chapeaux qu'en une dizaine d'heures de travail manuel. Certains mécanisèrent le travail à domicile.

Les prix baissèrent, il en résulta une nette concentration et beaucoup de familles perdirent un travail qui, jusque-là, se mariait bien avec les occupations à la maison ou à la ferme.

A la fin du XIXe siècle, la concurrence asiatique, et en particulier chinoise, porta le coup de grâce à cette activité. Aujourd'hui elle connaît une certaine renaissance, moins pour les chapeaux que pour les pantoufles de paille et les corbeilles, qui sont vendues au bord de la route et sur tous les marchés de la région, en liaison avec le développement touristique.

1.2.2.2. Le tissage à domicile

Dès la fin du XVIIIe siècle, cet artisanat se propagea dans les vallées de la Forêt-Noire à partir de la Suisse et des centres cotonniers comme Zurich, Aarau et Bâle. La vallée de la Wiese en fut la principale bénéficiaire. En 1758, la ville de Zell était le pôle principal de la vallée[59]. Partout, les mines fermaient et les habitants étaient en quête de nouvelles occupations. Le tissage à domicile joua le même rôle que la chapellerie dans la région de Furtwangen. Pour les entrepreneurs suisses, les conditions étaient idéales : chez eux, les salaires avaient tendance à augmenter, tandis qu'en Forêt-Noire la main-d'œuvre excédentaire acceptait des rémunérations assez basses. De surcroît, les ouvriers étaient habiles et ils savaient déjà tisser le lin et le chanvre.

Comme pour la chapellerie (Strohflecheterei), les autorités soutenaient la diffusion du tissage. Il en était de même de l'Église : ainsi, en 1754, l'abbé du monastère St. Blasien transforma les aumônes obligatoires pour les pauvres en aide à l'apprentissage pour tous ceux qui voulaient apprendre le métier.

Une véritable « industrie » se développa ainsi dans le sud de la Forêt-Noire. Elle atteint son apogée à la fin du XVIIIe siècle, entre 1780 et 1790. Des « donneurs d'ordre » (appelés « Verleger ») installaient les métiers chez les tisserands, distribuaient le fil et ramassaient les produits finis. On ne pouvait guère s'enrichir de ce travail, car les donneurs d'ordre essayaient constamment de baisser « la façon » en évoquant la « mauvaise qualité » du produit fini, et cela, pour en tirer profit. En général, le tissage restait l'emploi secondaire et l'agriculture l'occupation principale, schéma inverse de celui de la chapellerie. Cependant, ni l'un ni l'autre ne suffisait pour nourrir une famille.

Le passage à l'industrie aggrava la situation. Ce fut le monastère de St. Blasien qui fonda la première usine de la région en 1805. En 1821, l'entreprise employait déjà huit cents personnes, dont deux cents enfants en dessous de quinze ans[60]. De 1830 à 1850, des entreprises suisses ou alsaciennes s'installèrent pour détourner les taxes douanières après l'entrée du pays de Bade dans le « Zollverein »[61]. La richesse en eau amplifia le mouvement. Avec l'industrialisation, le tissage à domicile, qui devait cependant subsister ici et là jusqu'à la deuxième guerre mondiale, entra dans une phase de lent déclin.

1.2.2.3. La fabrication des horloges

C'est l'artisanat le plus connu, le plus décrit et le plus durable, car il existe toujours et il a joué un rôle décisif dans le développement de l'industrie en Forêt-Noire. Aujourd'hui encore, sauf exception, dominent de petites entreprises où le travail manuel a toujours sa place avec des ouvriers à domicile encore nombreux.

Il semble que le début de cet artisanat se situe vers la fin du XVIIe siècle[62], grâce aux colporteurs de verre qui auraient apporté les premières horloges d'un de leurs voyages en Bohème. Des artisans du bois de la région de St. Georgen et Neustadt copièrent ces horloges pour décorer leur maison (pour leur « Stube »)[63], puis peu à peu, passèrent au stade de la vente. C'est le clergé, une fois de plus, qui a beaucoup aidé au développement de cette fabrication : on cite toujours l'exemple du moine bénédictin Thaddäus Rinderle, mathématicien, appelé à l'Université de Fribourg et qui apprit l'art de la construction des pendules aux horlogers de la forêt.

Cette fabrication devint une source de revenus de plus en plus importante pour la petite paysannerie et les salariés à la journée. Elle a même changé les structures sociales, puisque ceux qui n'avaient rien hérité dans les régions de grandes exploitations (« geschlossene Hofgüter ») construisaient de petites maisons, des « Gewerbehäuschen » (ateliers industriels,) près des grandes fermes. On les appelait aussi les « Häusler », ce qui signifie habitant d'une petite maison à côté du logis parental[64]. Ce terme de « Häusler » ne se limitait d'ailleurs pas aux fabricants d'horloges, mais pouvait également désigner tout autre artisan, qui avait édifié sa maison non loin de la ferme parentale pour vivre de l'artisanat.

Ces fabricants de pendules ne se considéraient pas comme des paysans, mais comme des « industriels ». Le centre d'impulsion principal était Furtwangen et les localités majeures St. Georgen, Vöhrenbach, Kappel et Waldau. Les limites de l'aire horlogère correspondaient, dans l'ensemble, à celle où le travail de la paille était dominant.

En fait, l'horlogerie a toujours été étroitement liée à d'autres occupations artisanales, en particulier à celles qui dépendaient du bois, matériau de base pour la fabrication et la production du verre. Ce sont les colporteurs de verre qui firent connaître les horloges dans le monde entier. Dans les années 1740, 1750, 1760 - selon l'un des premiers chroniqueurs, le curé Jäck - on trouvait déjà, un peu partout en Europe, des horloges de la Forêt-Noire. Leur construction solide et, surtout, un prix imbattable expliquent leur succès. En outre, les horlogers ne cessèrent d'améliorer la qualité tout en gardant un prix attractif. En 1810, la Forêt-Noire produisait entre 150 000 à 200 000 horloges et, en 1840, ce chiffre avait doublé[65]. Certains d'artisans vendaient eux-mêmes leurs pendules à travers les pays européens, essayant par la même occasion de découvrir d'autres techniques de fabrication ou de repérer les améliorations possibles.

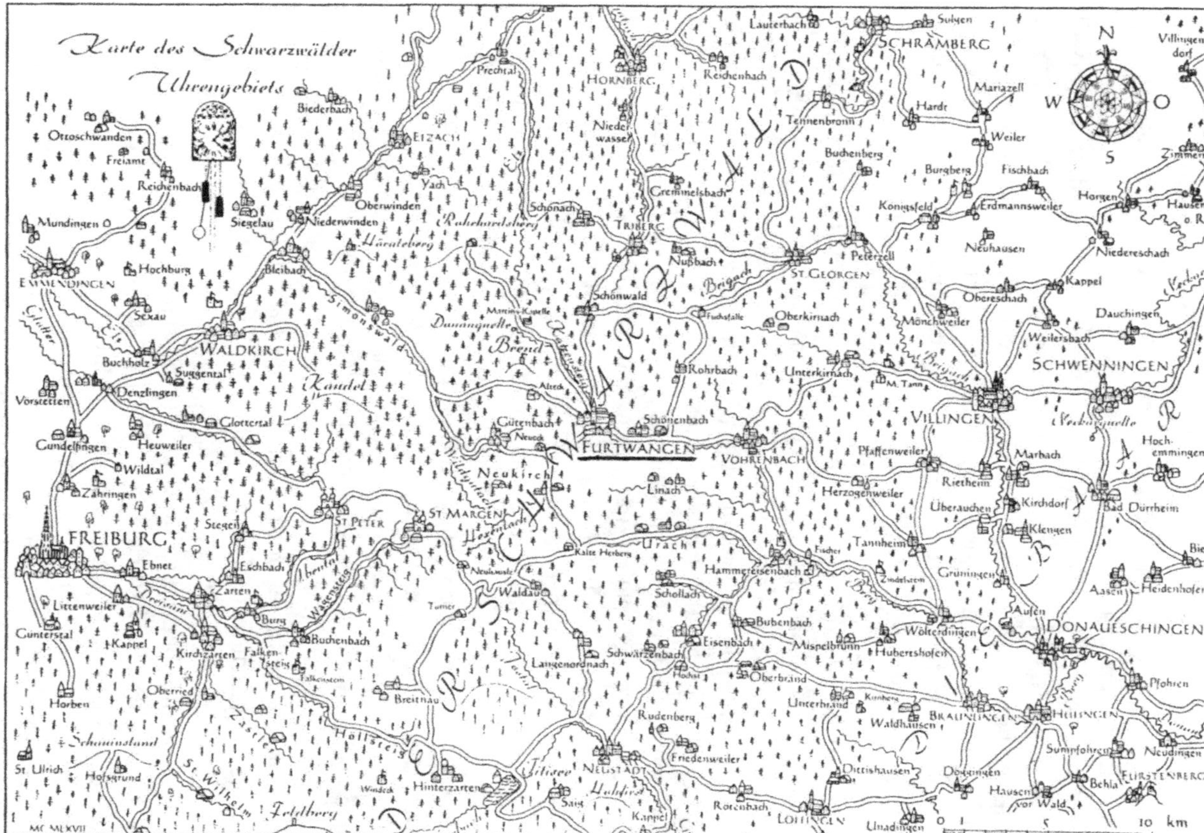

Source : Musée Allemand de l'horlogerie, Bureau d'architecture G. Kuner, Furtwangen.

Fig. 7 - La région horlogère de la Forêt-Noire (carte historique)

A l'exception des boîtiers, le bois fut de plus en plus remplacé par des parties métalliques. Et les modèles changèrent rapidement : les premières horloges furent des pendules, elles s'inspiraient des modèles qui sonnaient les heures, puis on fabriqua des réveils et, finalement, la fameuse pendule à « coucou », créée par Franz Ketterer de Schönwald en 1740[66], fit connaître la Forêt-Noire dans le monde entier et resta le premier produit d'exportation. Toutefois, la grande pendule, fonctionnant vingt-quatre heures de suite, avec cadran en bois laqué, représentait avant 1850 environ 50 % de la production.

Avec l'amélioration du mouvement des horloges, une division du travail apparut dès le XVIIIe siècle. Les premières formes de sous-traitance se développèrent : certains travailleurs à domicile se spécialisèrent dans les boîtiers, d'autres dans la production des cadrans ; on distinguait aussi les fondeurs et les outilleurs. Les dessinateurs de cadran étaient considérés comme de vrais artistes et ils étaient parfois mieux payés que les horlogers eux-mêmes. En effet, ces horloges n'étaient pas seulement un outil pour mesurer le temps, mais aussi une pièce de décor, ce qui peut expliquer leur succès durable. C'était un travail propre, par rapport à d'autres artisanats à domicile, comme la chapellerie et le tissage. Un travail d'avenir à cause de ses possibilités d'évolution technique et, en même temps, un travail dans lequel on pouvait utiliser les connaissances acquises dans le traitement du bois et les qualités des artisans de la région, en particulier cet « esprit de bricoleur » (Tüftlertum) si souvent évoqué. Mais ce qui était surtout différent, c'est que cette occupation a été choisie par les paysans eux-mêmes et non pas introduite et imposée par l'État. Elle rapportait plus d'argent que les autres activités à domicile et permettait de s'installer, si on le désirait, comme artisan, sans être soumis à un entrepreneur, un donneur d'ordre ou un commerçant étranger. On produisait alors soi-même et on vendait, soit par des « compagnies d'horlogers », soit directement en multipliant les contacts avec l'étranger.

La situation changea au début du XIXe siècle. La surproduction fit tomber les prix ; la qualité se dégrada, on essaya de se rattraper par la vente à l'étranger, avec comme conséquence une plus grande dépendance vis-à-vis des compagnies de vente[67]. Pour tenter de résoudre ces difficultés, l'État fonda une école d'horlogerie nationale qui améliora la technique[68]. La pendule représentant la maison d'un garde-barrière (« Bahnhäusleuhr »), un des modèles les plus connus, a été créée dans cette école. Mais l'établissement ne réussit pas à endiguer la régression de la production et la baisse des prix.

La fondation de l'usine JUNGHANS à Schramberg en 1861 marqua le début de la production industrielle. D'autres usines furent créées, entraînant le déclin de la fabrication artisanale. En 1873, on dénombrait encore 1 400 horlogers indépendants ; en 1880, on en recensait 1 034, mais seulement 132 en 1905. En revanche, à la fin du siècle, cinquante usines s'étaient installées dans le Sud-Est de la Forêt-Noire, principalement à St. Georgen, Triberg, Villingen, Furtwangen et Schonach, employant plusieurs milliers d'ouvriers dans leurs locaux et plus de mille travailleurs à domicile[69].

JUNGHANS a été la première usine de la Forêt-Noire à appliquer des méthodes américaines dans la production des pendules. En 1870, elle employait cent ouvriers qui finissaient chaque jour cent pendules[70]. Vingt ans après, elle en avait embauché trois mille qui élaboraient annuellement 2,5 millions de pièces[71]. Les « Yankee clocks from Badenia Black Forest » furent un grand succès industriel pour l'exportation.

Le temps des horlogers indépendants et bricoleurs était révolu. Désormais, les travailleurs à domicile œuvraient douze à quatorze heures par jour pour un salaire insignifiant et les ouvriers des usines reprenaient la tâche à la maison après une journée de dix heures.

La Forêt-Noire est donc une région rurale où l'agriculture et l'artisanat sont étroitement liés depuis le XVIIIe siècle. Cette économie duale résulte de la situation défavorable de l'agriculture qui nécessite un revenu secondaire.

Quel que soit le système d'héritage, les conséquences ont été identiques. Si l'aîné recevait la totalité du bien (Anerbenrecht), les frères et sœurs avaient besoin de trouver un emploi principal et, dans le cas d'un partage équitable, en règle générale, aucun héritier ne pouvait nourir une famille, les exploitations agricoles étant de plus en plus réduites. L'existence de ressources naturelles comme l'eau, les minéraux et surtout le bois, ainsi qu'un fort attachement au pays, ont engendré précocement un artisanat qui a limité l'exode vers les régions plus basses et vers les villes.

La forme la plus fréquente de cette pluriactivité a été le « travail à domicile » qui s'est développé en Forêt-Noire durant tout le XIXe siècle. Dans le cas de l'horlogerie, il s'agit même souvent d'une activité principale. Le producteur est devenu, peu à peu, indépendant de l'agriculture jusqu'à se transformer, parfois, en un véritable industriel. Le fait de vendre le produit à l'extérieur de la région, voire dans le monde entier, a non seulement permis d'augmenter les revenus, mais a débouché également sur une meilleure organisation pour assurer l'approvisionnement et la distribution. Ainsi, tout un système de commercialisation s'est mis en place avec, toutefois, comme inconvénient, une dépendance grandissante du producteur.

Ces différents éléments permettent de formuler l'hypothèse selon laquelle il s'agit d'une proto-industrie (terme créé par Franklin Mendels en 1969)[72], précédant et annonçant l'industrialisation future. Cette industrie à domicile, fondée sur un lien très étroit entre agriculture et artisanat, disposant d'un potentiel de main-d'œuvre rurale et fabriquant un produit pour un marché hors-région (überregionalen Markt) correspond bien à cette notion de « proto-industrie ». Si l'on peut constater une paupérisation accrue, spécialement dans le Hotzenwald, dans d'autres cas, des héritiers pauvres et sans terre ont pu, grâce à l'activité artisanale, réinvestir dans l'agriculture, acquérir des biens fonciers et développer une agriculture commerciale.

Cette proto-industrie a évolué différemment selon les régions ou les secteurs de production. Soit il y a eu passage à l'industrialisation, c'est le cas de l'horlogerie, par exemple. Plus généralement, les activités de la région Schwarzwald-Baar-Heuberg se sont orientées dans cette voie. Soit, au contraire, la proto-industrie a disparu sans engendrer une industrialisation. Il en est ainsi dans le Hotzenwald, où la population s'est révoltée contre l'institutionnalisation de l'industrie à domicile par l'État et où il y a eu exode.

Notes

1 - Voir le collectif sous la direction de BENKO (G.) et LIPIETZ (A.), *Les régions qui gagnent*, Districts et Réseaux : les nouveaux paradigmes de la géographie économique, Paris, PUF, 1992.

2 -Terme anglo-saxon inventé par l'économiste MARSHALL (A.), (1842-1924), réutilisé au cours des années 1970 par des économistes italiens, parmi eux BECCATINI (G.) - cf. série d'articles in Sciences Humaines, n° 8, févr.-mars 1995, *Régions et Mondialisation - Développement local, quels modèles ?*, pp. 35-47.

3- Ce terme de centralité (Zentralität) fait référence à la théorie classique des « lieux centraux » de Walter CHRISTALLER (1937), selon laquelle les fonctions tertiaires (commerces et services) fondent la distinction entre les types de communes. Ainsi, les centres d'ordre supérieur (Oberzentren) répondent à une demande de biens et services relativement rares. Les centres moyens (Mittelzentren) offrent des biens plus ordinaires et les petits centres (Unterzentren) ne couvrent que les besoins fondamentaux. A chaque type de centre correspond une aire de clientèle de plus en plus réduite.

4 - Terme utilisé dans la politique régionale (Regionalpolitik) et dans le domaine de l'aménagement du territoire (Raumordnung), voir ELTGES (M.), «Die Abgrenzung ländlicher Räume im Rahmen der Regionalpolitik der Europäischen Gemeinschaft, dargestellt am Beispiel der Bundesrepublik Deutschland», *in Materialien zu Raumentwicklung*, BfLR, Bonn, Heft 54/1993, p. 17.

5 - *Idem*, p. 17.

6 - Cf. Fig. 4 - *Unités administratives du Land Baden-Württemberg* du 01-01-1987, publiée par l'Institut statistique du Baden-Württemberg.

7 - Seuls les assurés sociaux sont recensés par les statistiques annuelles, soit la plupart des employés et des ouvriers. Cependant, les fonctionnaires, les professions libérales, les aides-familiaux et les travailleurs non imposables ne sont pas pris en compte (*Definitionen und Erläuterungen zum Gemeindestrukturdatenblatt*, Landratsamt Breisgau-Hochschwarzwald, Freiburg, 1993).

8 - On trouve pour la première fois le nom de « Svarzwald » en 868 dans un document de St. Gallen / Suisse. (MOHR (B.), «Der Schwarzwald», in BORCHERDT (Ch.) dir., *geographische Landeskunde von Baden-Württemberg*, Landeszentrale für politische Bildung Baden-Württemberg, Stuttgart, 1983, Bd. 8, p. 155).
En ce qui concerne le boisement de la Forêt-Noire ; cf. *infra*, chap. 1.1.3. *Le rôle de la sylviculture dans le passé et aujourd'hui.*

9 - MOHR (B.), *idem*, p. 155

10 - Terme allemand qui signifie « le tronc d'une surface en bloc » et qui est le reste de l'érosion.

11 - L'affaissement du fossé rhénan (Oberrheingraben) amena une inclinaison dissymétrique de la Forêt-Noire vers le Sud-Est, avec une façade ouest abrupte du côté rhénan et une fasçade orientale aux pentes plus modérées. Cette forme est appelée en allemand « Pultscholle » - une motte / un bloc en forme de pupitre, (cf. HAUBRICH (H.) et al., 1991, p . 36).
12 - HAUBRICH (H.) et al., 1991, p. 37.
13 - MOHR (B.), 1983, p.158
14 - La nuit, l'air froid plus lourd descend dans la vallée et s'y installe. Les pentes au-dessus des montagnes sont plus chaudes. L'air plus froid n'arrive pas à s'élever dans une situation de haute pression constante et forme du brouillard qui s'enrichit, de surcroît, de la pollution urbaine - ce sont ces « lacs froids ». En altitude, par contre, on trouve un soleil splendide avec des panoramas très dégagés (HAUBRICH (H.) et al., 1991, p. 42).
15 - HAUBRICH (H.) et al., 1991, p. 154 et MOHR (B.), 1983, p. 158.
16 - WILMANNS (O.), «Geschichtlich bedingte Züge in der heutigen Vegetation des Schwarzwaldes»,1978, in Liehl (E.), Sick (W.D.) dir., *der Schwarzwald*, Bühl / Baden, Konkordia, 1981, p. 133.
17 - BRÜCKNER (H.), «Die Entwicklung der Wälder des Schwarzwaldes durch die Nutzung vergangener Jahrhunderte und ihre heutige Bedeutung»,1977, in LIEHL (E.), SICK (W.D.) dir., *der Schwarzwald*, Bühl / Baden, Konkordia, 1981, p. 173 et, LESER (H.) et al., *Diercke Wörterbuch der Allgemeinen Geographie*, Band 1, München, Westermann, 1984.
18 - Une forêt qui appartient à une personne morale de droit public, ce qui peut être la commune par dd. (cf. LESER (H.) et al., *Diercke Wörterbuch der Allgemeinen Geographie*, 1984).
19 - Tous les chiffres in BRÜCKNER (H.), 1977, pp. 173-174 et cf. tableau *Les changements de composition de la flore entre 1868 et 1965*.
20 - BRÜCKNER (H.), 1977, pp. 176-77.
21 - *Idem*, p. 176.
22 - HAUBRICH (H.) et al., 1991, p. 176.
23 - Donc le terme « Haute Forêt-Noire » désigne soit une partie de la Forêt-Noire du Sud, soit une région plus restreinte, correspondant au Landkreis « Breisgau-Hochschwarzwald ». Cf. cartes, *Les unités administratives du Land Bade-Wurtemberg*, Institut Statistique du Land Bade-Wurtemberg, 1987.
24 - La ligne de séparation entre le Centre et le Sud-Est de la Forêt-Noire d'une part, et d'autre part, entre le Sud-Est et la Haute Forêt-Noire est difficile à fixer. Cf. Fig. 3 - *Les régions naturelles de la Forêt-Noire*.
25 - Désignation d'un peuple installé dans le Sud-Est. Le « Hotzen » fut une pièce d'étoffe qu'ils portaient.
26 - Pour le boisement cf. *supra*, chap. 1.1.3. *Le rôle de la sylviculture dans le passé et aujourd'hui*.
27 - *Das Land Baden-Württemberg*, Bd.1 Allgemeiner Teil, chap. «der Schwarzwald», Stuttgart 1977, p. 920.
28 - *Idem*, p. 920.
29 - *Idem*, p. 922.
30 - *Das Land Baden Württemberg*, 1977, pp. 918-924 et SICK (W.D.), « der Schwarzwald, Landeskundlicher Überblick », in LIEHL (E.), SICK (W.D.) dir., *der Schwarzwald*, Bühl / Baden, Konkordia, 1981, p. 531 et *carte géologique du Bade-Würtemberg 1: 500 000*, 1989.
31 - «St.» signifie «Sankt» (saint) - donc, ce sont des communes appelées d'après un Saint.
32 - Cartes couvrant les périodes 1070 à 1270 et fin XVIIIe siècle, in BURKHARDT (H.) et al dir., *Baden-Württemberg, Eine Heimat- und Landeskunde*, Stuttgart, Klett, 1988, p. 298 et p.317.
33 - HAUBRICH (H.) et al., 1991, pp. 84-94 et SICK (W.D.), 1981, pp. 531-533 et le chap. «Schwarzwald», in *das Land Baden-Württemberg*, 1977, p. 924 et 927-928.
34 - SICK (W.D.), 1981, p. 505.

35 - Ce droit apparut au XVe / XVIe siècle. Ce fut dans la majorité des cas l'aîné qui recevait l'héritage, mais il y eut également des régions où l'on appliqua la loi du minorat (par exemple dans la région de Triberg, Schonach et Schönwald). C'était le/la plus jeune qui héritait. De surcroît, cette loi interdisait de vendre la ferme en temps de crise. Aujourd'hui, cette loi s'appelle « Badisches Hofgütergesetz » (DORER (R.), OPP (K.) dir., *Schönwald in Vergangenheit und Gegenwart, ein Heimatbuch*, 1986, p. 439 et *Chronik der Gemeinde Schonach im Schwarzwald*, 1981, p. 443).

36 - Deux termes allemands qui sont à définir : la différence est à chercher dans le nombre d'heures consacrées à l'emploi extérieur à l'agriculture. Le « Zuerwerb » signifie un nombre d'heures allant de 480 à 960 par année ; par contre le « Nebenerwerb » dépasse les 960 heures par année (définitions dans : LESER (H.) et al., *Diercke Wörterbuch der Allgemeinen Geographie*, Band 1(A-M) + Band 2(N-Z), München, Westermann, 1984).

37 - Cf. Fig. 6 - *Les lois de l'héritage selon les régions*.

38 - Sur les lois d'héritage : cf. LIEHL (E.), SICK (W.D.) dir., *der Schwarzwald*, Bühl / Baden, Konkordia, 1981, p. 505 (cf. Fig. 7) et HOGGENMÜLLER (K.), HUG (W.), *Die Leute auf dem Wald*, Stuttgart, Theiss, 1987, pp. 57-60.

39 - HOGGENMÜLLER (K.), HUG (W.), 1987, pp. 70-73.

40 - *Idem*, p.187-191

41 - BRÜCKNER (H, 1977, p. 168).

42 - *Führer durch das Waldmuseum - im Schwarzwälder Freilichtmuseum «Vogtsbauernhof» in Gutach*, dir. par Forstdirektion Freiburg, 1989, pp. 24/25.

43 - *Idem*, p. 23.

44 - *Ibid*, p. 19.

45 - BRÜCKNER (H.), 1977, p. 170.

46 - Les compagnies des colporteurs de verre furent fondées vers la fin du XVIIe siècle. C'étaient de véritables coopératives dans lesquelles les colporteurs se réunissaient pour une meilleure organisation de la vente. Les différentes compagnies se rassemblèrent dans la «grande Compagnie» qui, en 1770, comptait 52 membres, dont la plupart étaient originaires de la région de Neustadt. Ces colporteurs distribuaient aussi, en même temps, d'autres produits de la Forêt-Noire, comme les corbeilles, les cuillères et les outils de bois (HOGGENMÜLLER (K.), HUG (W.), 1987, p. 98).

47 - BRÜCKNER (H.), 1977, p. 172.

48 - OTT (H.), « Die wirtschaftliche Entwicklung seit dem ausgehenden 18. Jahrhundert », 1978, in LIEHL (E.), SICK (W.D.) dir., *der Schwarzwald*, Bühl / Baden, Konkordia, 1981, p. 391.

49 - HOGGENMÜLLER (K.), HUG (W.), 1987, p. 138.

50 - Idem, p. 39 et cf. Chap. 1.2.2.3. *La fabrication des horloges*.

51 - HOGGENMÜLLER (K.), HUG (W.), 1987, p. 94.

52 - HAUBRICH (H.) et al., 1991, p. 178.

53 - HOGGENMÜLLER (K.), HUG (W.), 1987, p. 94 - impulsion d'en haut (Impulse von oben).

54 - Le « Verlagssystem » a été une forme d'organisation de ces « filières ». Aujourd'hui, ce sytème est connu dans le domaine de la presse où un « Verleger » (aujourd'hui «éditeur») polycopie, à ses propres frais, textes et images d'une tierce personne pour les revendre ensuite.

55 - HOGGENMÜLLER (K.), HUG (W.), 1987, pp. 135-152.

56 - Idem 1987, p. 182.

57 - Ibid. 1987, pp. 182-191.

58 - OESCHGER (B.), WEEGER (E.), *Schwarzwaldleben anno dazumal*, Stuttgart, DRW-Verlag, 1989, p. 87.

59 - HOGGENMÜLLER (K.), HUG (W.), 1987, p. 86.

60 - *Idem*, 1987, p. 210.

61 - Dès 1818, union douanière des États allemands sous la conduite de la Prusse, qui fut à l'origine de l'unité politique allemande. En 1831, la Bavière et le Wurtemberg se joignirent au Zollverein. En 1854, le Zollverein s'étendait sur toute l'Allemagne, excepté Lübeck et le Mecklembourg (1868), Brême et Hambourg (1888). Le Zollverein, qui avait fait l'union douanière et économique de l'Allemagne, transforma l'Allemagne en une grande puissance industrielle et contribua ainsi à son intégration politique.

62 - MÜHE (R.), KAHLERT (H.), *Uhren und Pendeluhren des Schwarzwaldes,* Deutsches Uhrenmuseum, Furtwangen, 1987, p. 3 et OESCHGER (B.), WEEGER (E.), 1989, p. 79.

63 - Pour la salle de séjour, la pièce unique où l'on vivait et travaillait.

64 - «Häusle» est le diminutif de «Haus» (maison).

65 - OESCHGER (B.), WEEGER (E.), 1989, p. 79 et 81.

66 - *Idem*,1989, p. 80.

67 - HOGGENMÜLLER (K.), HUG (W.), 1987, p. 191.

68 - C'est, aujourd'hui, la Fachhochschule de Furtwangen réputée pour la mécanique de précision et l'électronique. Une école dont la formation correspond à celle des IUP en France.

69 - OESCHGER (B.), WEEGER (E.), 1989, p. 83.

70 - *Idem*,1989, p. 79.

71 - Ibid., 1989, p. 84.

72 - Selon la conception de Mendels, la proto-industrie est un phénomène régional fondé sur trois éléments principaux : (1) Les produits ne sont pas destinés exclusivement au marché local ou régional. (2) Elle représente un emploi pour la population rurale, en majorité à titre d'activité secondaire. (3) Cette industrie rurale permet l'essor d'une agriculture commerciale. Les conséquences de cette proto-industrie furent : (1) une augmentation de la population ; (2) des bénéfices assurant le passage vers les manufactures ; (3) la naissance d'un type de commerçant très utile pour le développement de l'industrie ; (4) une agriculture qui commercialise de plus en plus de marchandises.

La proto-industrie fut donc une pré-industrialisation qui pouvait, en fonction des conditions locales, conduire soit à une industrialisation, soit à la fin de l'artisanat (CERMAN (M.) et OGILVIE (S.), *Theorien der Proto-Industrialisierung*, pp. 9-21, in CERMAN (M.) et OGILVIE (S.) dir., *Proto-Industrialisierung in Europa, Industrielle Produktion vor dem Fabrikzeitalter*, Wien, Verlag für Gesellschaftskritk, 1994).

Chapitre 2

UNE MONTAGNE INDUSTRIELLE

Le passage de l'artisanat à l'industrie s'effectua grâce à l'abondance des ressources naturelles comme le bois, le fer et l'eau, mais aussi en raison de la présence d'une main-d'œuvre déjà formée et techniquement douée, cette tradition des « Tüftler »[1] allemands. Il faut ajouter l'influence du capital suisse et des monastères locaux qui, de tout temps, jouèrent un rôle fondamental. Enfin, le développement des infrastructures et des moyens de communication, en particulier la construction des chemins de fer entre 1863 et 1873, favorisa les échanges accélérés.

Ainsi, par la ligne Offenburg - Villingen et la « Höllentalbahn » (chemin de fer), la partie centrale de la Forêt-Noire fut liée au réseau de circulation générale. Le Hotzenwald, par sa situation périphérique, constitue cependant une exception, d'où la faiblesse des investissements et l'ampleur de l'exode. On le nomma même « région sinistrée » (Notstandsgebiet), car entre 1852 et 1925, il perdit 16 479 personnes dans ses trente-neuf communes[2]. Ainsi, cette région acquit l'image d'une « forêt de fantômes » qu'elle a gardée jusqu'à nos jours : une région abandonnée et sauvage où la forêt est omniprésente.

Le grand avantage des activités artisanales de la Forêt-Noire résida dans leur flexibilité. A l'origine, elles étaient liées à des ressources naturelles, comme le fer, le charbon ou autres. Mais elles ont su s'adapter continuellement aux changements économiques et aux nouvelles technologies. Certains anciens artisans qui pratiquaient le travail à domicile devinrent, en élargissant leur production et en utilisant davantage de machines, de petits industriels « à domicile » - les exemples de l'horlogerie avec l'installation des « maisons industrielles », mais aussi du textile sont tout à fait révélateurs. Puis, par la création des premières usines, le début d'une véritable industrialisation fut engagé.

L'horlogerie de la Forêt-Noire est certainement la meilleure preuve qu'une activité artisanale peut survivre aux crises par l'innovation et l'adaptation permanente. Lorsqu'au milieu du XIXe siècle, elle fut menacée par la faillite en raison de la concurrence de l'Asie et de la baisse des prix sur le marché mondial, quelques horlogers ont su changer leurs méthodes de fabrication. Par la production de masse et l'investissement massif, ils ont pu être à nouveau compétitifs et affronter victorieusement la concurrence, comme le prouve l'exemple de JUNGHANS à Schramberg (pour la situation de l'horlogerie aujourd'hui : cf. chap. 2.2.1.1.).

En outre, beaucoup, profitant des qualités de la main-d'œuvre, ont élargi leur fabrication et de l'horlogerie découle aujourd'hui une série de branches industrielles comme la mécanique de précision, la construction mécanique et l'électronique.

De même, le tissage à domicile s'est transformé en une industrie textile qui, elle aussi, a été secouée par des crises graves, mais celles-ci ont été surmontées par des changements de structures. La fabrication des brosses constitue un autre cas. Artisans et industriels ont constamment cherché le salut dans l'élargissement de leurs activités industrielles.

Il en résulte aujourd'hui une production hautement spécialisée, une recherche constante d'innovations, une adaptation continuelle à la demande et aux nouveaux marchés.

2.1. PRÉSENTATION GÉNÉRALE

La Forêt-Noire ne constitue pas un espace industriel uniforme. En raison du relief, des régions industrialisées alternent avec des régions qui le sont peu et la répartition des branches industrielles dépend des héritages historiques. On note ainsi une concentration dans les vallées et en bordure de la montagne. En revanche, l'intérieur profond est resté pauvre en industries et, avec la crise agricole, un excédent de main-d'œuvre a en partie trouvé des emplois dans le développement du tourisme.

L'industrie est dispersée en une multitude de centres ou de petites villes qui existent depuis longtemps comme lieux d'artisanat et de commerce, profitant des rivières comme moyen de transport. Ainsi les vallées de l'Alb, de la Murg, de l'Enz et du Nagold dans la PARTIE NORD, celles de la Kinzig, de la Wolfach, de la Gutach et de l'Elz pour le CENTRE et celles de la Dreisam, de la Wiese et des deux seuls affluents du Danube, la Brigach et la Breg pour la PARTIE SUD de la Forêt Noire sont les principaux axes d'industrialisation. Les plus importants d'entre eux - la Murg, le Nagold, la Kinzig, la Wolfach, la Dreisam, la Brigach et la Breg - représentent aujourd'hui les grands axes de développement (Entwicklungsachsen) dans la PLANIFICATION RÉGIONALE. Ce qui signifie que c'est dans ces vallées et dans les différents centres régionaux qui les jalonnent - selon leur importance de « Oberzentrum », « Mittelzentrum » ou « Unterzentrum »[3] - que s'effectuent surtout les installations industrielles et qu'est entreprise une amélioration de leur infrastructure, nécessaire aussi bien pour l'industrialisation que pour le tourisme.

On notera que la vallée de la Wiese, située à l'extrémité sud de la Forêt-Noire, n'a pas ce rôle « d'axe de développement » (Entwicklungsachse), car c'est un cul-de-sac de direction nord-sud à partir du point culminant de la Forêt-Noire, le Feldberg. Cette trouée est seulement accessible par le sud, donc par la vallée du Haut-Rhin ainsi que par la Suisse et c'est uniquement dans cette direction qu'elle peut se développer[4].

Par opposition, les régions « vides d'industrie » sont, au Nord, les plateaux centraux de la montagne et, au Sud, le « Hotzenwald » et certains secteurs de la « Haute Forêt-Noire » (Hochsch-warzwald), autour du Feldberg et du Belchen. Ces régions sont soit trop élevées et en général très touristiques, donc, aujourd'hui, peu intéressées par l'industrie, soit trop boisées et parfois même relativement inaccessibles.

La question des moyens de transport, et de leur développement souhaité ou rejeté, fait partie de grandes discussions et controverses locales. Leur amélioration est considérée comme prioritaire par les industriels. Pour être compétitif, il faut avoir de bonnes voies de communication, surtout dans une région périphérique, défavorisée par ses conditions naturelles.

Ainsi, la liaison Ouest-Est pose nombre de problèmes depuis longtemps. Les liaisons entre la vallée du Rhin et la France, d'une part, et les régions à l'est de la Forêt-Noire dont le complexe industriel de Stuttgart et, d'autre part, au-delà, vers le Lac de Constance, mais aussi la Suisse et l'Autriche s'effectuent à hauteur de Strasbourg par les vallées de la Kinzig et de la Brigach. C'est l'axe d'industrialisation (Industrieachse) le plus ancien en Forêt-Noire avec, en particulier à l'est, la région du Schwarzwald-Baar-Heuberg.

La deuxième liaison est constituée par l'axe Fribourg-Donaueschingen-Villingen-Schwenningen par l'autoroute A81[5]. Dans la vallée de la Dreisam, très étroite dans sa partie orientale, existe déjà, du moins sur une grande partie, une route à quatre voies (vierspurige Straße). L'autoroute de la Forêt-Noire, prévue dans cette vallée depuis 1965, est considérée par certains comme une liaison idéale entre les régions industrielles de l'Ouest (vallées du Rhin) et celles de l'Est (autour de Villingen-Schwenningen). Elle favoriserait aussi l'accessibilité des régions touristiques, soulagerait les routes nationales et, surtout, réduirait le trafic à grande distance (Fernverkehr) sur les petites routes[6]. Cette autoroute est rejetée par une partie de la population, surtout des Fribourgeois, qui craint la destruction du paysage et les conséquences écologiques d'une infrastructure lourde.

En outre, les opposants au projet craignent que la Forêt-Noire devienne une région de transit (Durchgangsverkehr) pour toute circulation France - Italie ou France – Suisse / Autriche. Le nombre des poids lourds qui se contentent de traverser le massif n'est, en effet, plus à négliger aujourd'hui[7]. Une expansion du trafic pourrait avoir des conséquences plutôt négatives pour le massif en écornant l'image touristique positive de la région. A la longue, les éventuels gains industriels pourraient être annulés par les pertes touristiques. C'est dire la complexité du problème et la difficulté à résoudre les conflits d'intérêts. Pour l'instant, l'autoroute n'est pas programmée dans un avenir proche, mais la B31 (Bundesstraße 31 - route nationale) sera élargie à quatre voies. Elle est classée comme « prioritaire » dans le plan d'équipement routier (gesamtdeutscher Verkehrswegeplan). Le ministère des transports a commencé les travaux à l'automne 1991[8].

2.2. LES PRINCIPALES BRANCHES INDUSTRIELLES

En général, les conditions naturelles de la Forêt-Noire, région de moyenne montagne et défavorisée où les moyens de transports restent difficiles, expliquent la faiblesse de l'industrie lourde et, au contraire, le rôle primordial de l'industrie légère fondée sur une multitude de petites et moyennes entreprises spécialisées et proposant des produits de haute qualité. Cette orientation exige des employés qualifiés en formation constante et implique surtout une aptitude à répondre aux variations du marché et une grande flexibilité pour s'adapter à la demande. Ainsi, toute la Forêt Noire industrielle se trouve « *sous pression d'adaptation constante* »[9] et les années 1970, du fait des innovations technologiques et de la récession économique mondiale, ont amené un changement notable des structures industrielles de la Forêt-Noire.

Dans ce chapitre sera présentée la situation actuelle des secteurs industriels les plus importants de la Forêt-Noire, en utilisant les chiffres du dernier recensement de l'Institut Statistique du Land Bade-Wurtemberg. Le but est de cerner l'importance de chaque branche industrielle selon le nombre d'emplois et non selon le chiffre d'affaires. Ont été pris en considération les huit groupes d'activités suivants : chimie, plasturgie, électronique et mécanique de précision, bois et papier, textile et cuir, transformation de l'acier (dont la construction mécanique et l'automobile), production de métaux et agro-alimentaire avec le tabac. Les données statistiques se rapportent aux trois grandes régions naturelles de la Forêt-Noire : le Nord, le Centre et le Sud. Le Nord est subdivisé en *Schwarzwald-Randplatten, Grindenschwarzwald et Enzhöhen*, et *nördlicher Talschwarzwald*, tandis que le Sud compte deux unités : la partie Sud-Est *(südöstlicher Schwarzwald)* et la Haute Forêt-Noire (*Hochschwarzwald).* La commune constitue l'unité administrative de base.

Ce choix n'est pas sans poser de problèmes. Au niveau communal, les branches industrielles retenues sont parfois trop larges pour une analyse significative. Il en est ainsi pour le groupement « construction mécanique, traitement de l'acier, automobile et informatique » qui rassemble des activités très différentes par leurs fonctions, par leur importance quantitative - en ce qui concerne les emplois - et surtout par leur répartition régionale. L'informatique représente certainement le secteur ayant le moins d'emplois, mais a bénéficié d'une forte expansion ces dernières années et continue à se développer actuellement. La même question se pose pour le groupement « mécanique de précision, électronique, ferblanterie et articles en métal », qui inclut l'horlogerie, une activité qui n'est représentée que localement, mais qui joue alors un rôle extrêmement important. Bref, les chiffres communaux, trop imprécis sur la nature de l'industrie, sont difficiles à utiliser.

Les statistiques des *Landkreise*[10] sont nettement plus détaillées, mais surgit alors un problème d'ordre géographique car la plupart sont à cheval sur la montagne et l'avant-pays, ce qui rend ces données inutilisables dans l'étude. Du moins peut-on en tirer quelques enseignements. C'est pourquoi des enquêtes de terrain ont été indispensables pour obtenir un tableau industriel précis de certaines vallées.

Graph. 1 - Les activités industrielles de la Forêt-Noire (1987)

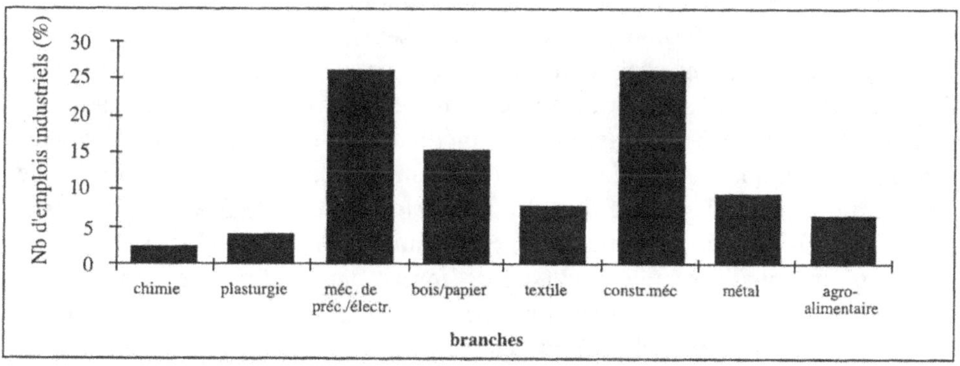

Source : établi d'après le recensement de 1987 du Land Bade-Wurtemberg (propres calculs).
Méthode : Le graphique représente l'importance des différentes branches pour l'ensemble de la Forêt-Noire.
Remarques : Le groupe mécanique de précision et électronique (méc. de préc./électr.) comprend également l'horlogerie et la ferblanterie ; celui de la construction mécanique (constr. méc.) inclut la transformation de l'acier (inexistante en Forêt-Noire), l'automobile et la construction des appareils d'informatique.

En 1987, pour l'ensemble de la Forêt-Noire, ce sont les industries de biens de consommation et surtout d'équipement qui dominent. Les branches actuelles les plus importantes et les plus typiques sont la mécanique de précision, l'horlogerie, la construction mécanique et l'électronique, suivies par la fabrication d'outillage, de ferblanterie et d'articles en métal. Ainsi, la moitié des emplois industriels[11] de l'ensemble de la Forêt-Noire relève en 1987[12], d'une part, de la MÉCANIQUE DE PRÉCISION avec l'ÉLECTRONIQUE et la fabrication des ARTICLES MÉTALLIQUES (25,8 %) et, d'autre part, de la CONSTRUCTION MÉCANIQUE avec la TRANSFORMATION DE

L'ACIER, l'AUTOMOBILE et l'INFORMATIQUE (25,8 % également)[13]. Le bois et l'industrie du papier prennent la troisième place avec 15,3 % des emplois. En quatrième position, se trouve la production et le travail du métal avec seulement 9,3 % des postes de travail, la cinquième place étant tenue par le textile et le cuir. En sixième position, se trouve l'agro-alimentaire[14]. Il s'agit de la transformation du lait, mais également des brûleries de « Schnaps » et des salaisons, produits réputés de la Forêt-Noire et qui sont surtout liés au tourisme. En revanche, la chimie et l'industrie des matières plastiques sont presque absentes de la Forêt-Noire, à l'exception de Waldachtal dans le Nord (85 % des emplois du secondaire) et de Göhrwihl dans le Sud (61,5 %), deux petites communes de quatre mille à cinq mille habitants.

Au total, l'industrie légère l'emporte donc d'une façon écrasante.

2.2.1. La mécanique de précision, l'horlogerie et l'électronique

Les trois secteurs sont historiquement liés : c'est à partir de l'horlogerie que s'est développée la mécanique de précision puis plus tard l'électronique. Dans un premier temps, de nombreux ateliers ont frabriqué les pièces nécessaires à l'horlogerie, puis ils ont acquis leur indépendance en s'appuyant sur une main-d'œuvre habile et à l'esprit bricoleur, comme le montre par exemple l'industrie hautement spécialisée des instruments médicaux à Tuttlingen. Ces héritages historiques expliquent le poids de ces trois branches dans la région d'origine de l'horlogerie. Près de la moitié de ces emplois industriels (48,5 %) se situe dans la partie **SUD-EST** de la Forêt-Noire. Pour huit communes, plus de 30 % du nombre d'emplois du secteur secondaire s'inscrit dans la branche « mécanique de précision et autres ». Furtwangen, St. Georgen, Schönwald, Schonach, Unterkirnach et Vöhrenbach offrent des records avec des pourcentages compris entre 40 % et 70 %[15].

La deuxième région de la Forêt-Noire orientée vers ces branches (33,5 %) est le **NORD-EST**, en particulier les plateaux Est (Schwarzwald-Randplatten), en raison de l'influence des deux grands centres industriels que sont Pforzheim, également ville horlogère, et Stuttgart. Dans cette région, la branche fournit, avec la construction mécanique (20,5 %), plus de la moitié des emplois (54 %).

En ce qui concerne tout le **CENTRE** de la Forêt-Noire, le groupe de la mécanique de précision est également en tête mais avec un poids moindre (25,8 %). Cette partie de la Forêt-Noire présente davantage d'équilibre entre les différents secteurs (cf. Graph. 2).

On recense, toutefois, de nombreuses bourgades horlogères à l'est mais aussi dans les grandes vallées comme celle de l'Elz et surtout de la Kinzig, axe important d'industrialisation et de développement pour la Forêt-Noire. Certaines communes comme Schramberg, Tennenbronn, Eschbronn et Gütenbach vivent largement de la mécanique de précision (40 % à 85 % des emplois).

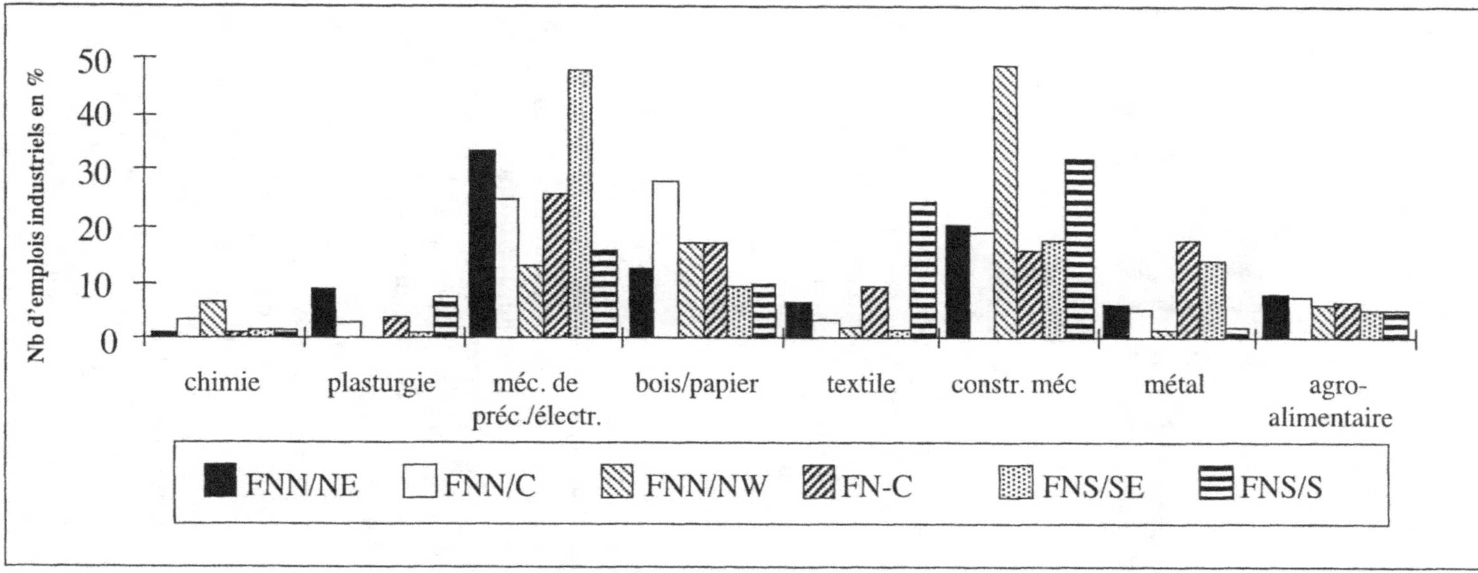

Source : établi d'après le recensement 1987 du Bade-Wurtemberg (propres calculs).
Remarques : Le graphique indique la valeur relative des emplois industriels par rapport au nombre d'emplois total par régions naturelles de la Forêt-Noire. Il reflète alors l'importance des différentes branches (ou groupement de branches) par région naturelle.

Légende :

FNN/NE	Forêt-Noire Nord/ Nord-Est
FNN/C	Forêt-Noire Nord/Centre
FNN/NW	Forêt-Noire Nord/Nord-Ouest
FN - C	Forêt-Noire Centrale
FNS/SE	Forêt-Noire Sud/Sud-Est
FNS/S	Forêt-Noire Sud/Sud

Graph. 2 - Les répartitions des activités industrielles sur les unités naturelles de la Forêt-Noire

Graph. 3 - Répartition des emplois industriels dans le groupe mécanique de précision électronique et ferblanterie en Forêt-Noire (1987)

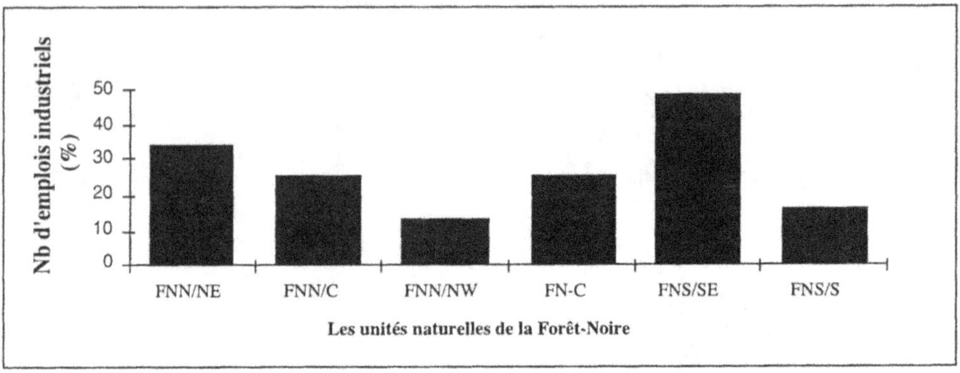

Source : D'après les chiffres du recensement de 1987 du Bade-Wurtemberg (propres calculs).

La plupart de ces communes ont été liées à l'horlogerie. Aujourd'hui, les unes, comme Schramberg, sont encore spécialisées dans cette activité, les autres, comme St. Georgen, se sont orientées vers la mécanique de précision ou l'électronique. Il s'agit alors quasiment d'une mono-activité, situation redoutable en période de crise et de difficulté.

2.2.1.1. La situation actuelle de l'horlogerie

En dépit des difficultés que cette activité a connues, elle a réussi à conserver sa place parmi les industries de la Forêt-Noire. En 1986, 90 % de la production horlogère de la RFA (chiffres avant l'unification) sont effectués dans la Forêt-Noire ou ses abords immédiats, dans deux cent cinquante entreprises - dont cent trente ont moins de vingt employés - situées surtout à **Pforzheim** pour les montres et dans la région de Schramberg, Triberg, Neustadt et Villingen-Schwenningen (**SUD-EST** de la Forêt-Noire) pour les horloges et pendules. La production est surtout destinée à l'exportation, en particulier pour les pendules, dont 70 % prennent le chemin de l'étranger[17].

Depuis 1970, ce secteur est confronté à une redoutable récession, résultant des variations monétaires et surtout des fluctuations du dollar - les États-Unis ont été longtemps le premier importateur -, de la concurrence des pays à bas salaires et d'une évolution technologique rapide. On a utilisé de plus en plus de plastique, ce qui se traduit par une réduction des heures de travail nécessaires ; le passage des rouages mécaniques aux rouages électroniques à base de quartz implique des conséquences semblables. De plus, la concurrence américaine et japonaise est très rude. Ainsi en 1974, le marché allemand a été inondé par les montres LED, produit électronique américain très bon marché. Du fait de ces innovations, consécutives de surcroît à la récession économique mondiale entre 1970 et 1987, cette branche a perdu plus de la moitié de ses emplois, ce qui a gravement affecté les régions de Pforzheim et de Schramberg/Schwenningen. Aujourd'hui, après des réductions continuelles de personnel liées aux mesures de rationalisation et d'externalisation (geringere Fertigungdstiefe), cette industrie compte entre 11 000 et 12 000 personnes (dans les entreprises de plus de 20 salariés)[18]. Par rapport à 1960, le nombre d'emplois a baissé des deux-tiers. En revanche, le volume de production s'est accru, ce qui témoigne des gains de productivité : en 1960 un employé produisait 1 000 pendules par an ; en 1986 le chiffre est de 5 600[19].

Grâce à sa flexibilité et à sa capacité d'adaptation, d'une part, et au développement de la mécanique de précision et à l'électronique, d'autre part, l'horlogerie est installée sur de nouvelles bases et résiste tant bien que mal à la pression internationale. Néanmoins, ce secteur qui vit surtout de l'exportation dépend totalement du marché mondial, ce qui n'est pas sans danger. Ainsi, au début de 1987 avec la baisse du dollar, la production a été réduite de 15,5 % par rapport à l'année précédente, l'exportation de 8 %, les États-Unis étant le troisième importateur après la France et la Suisse[20].

Le principal danger provient de la concurrence des pays asiatiques et de leurs bas salaires. L'Allemagne et la Forêt-Noire réagissent en automatisant les procédés de fabrication, ce qui implique des changements structurels importants : le coup de main artisanal n'est plus demandé, les travailleurs sont réduits à des fonctions de simples contrôleurs. On a cependant besoin de travailleurs hautement qualifiés comme les informaticiens ou les installateurs des chaînes de production. La formation est au cœur du problème, d'où l'importance pour la région de la Fachhochschule de Furtwangen[21], spécialisée dans la mécanique de précision et l'électronique et qui offre des filières d'enseignement orientées vers la Haute Technologie. La liaison étroite entre horlogerie, mécanique de précision et électronique est ainsi de plus en plus marquée.

En définitive, si des entreprises ont disparu, certaines PME ont réussi à s'adapter en innovant continuellement. De plus en plus d'établissements sont spécialisés dans une seule opération : les boîtiers, les rouages ou les cadrans. Ils travaillent en liaison étroite avec les entreprises d'assemblage. Cette sous-traitance, qui semble avoir fait ses preuves, est très répandue aujourd'hui en Forêt-Noire. Par ailleurs, le grand nombre de travailleurs à domicile - typique de cette branche - donne aux entreprises la possibilité de réagir en souplesse lorsque des accidents conjoncturels surviennent, car c'est une main-d'œuvre plus « flexible ».

2.2.1.2. La mécanique de précision

D'anciennes industries, à l'origine proches de l'horlogerie, sont devenues peu à peu indépendantes. C'est le cas de la mécanique de précision et de l'électronique. Ces deux branches se rencontrent partout en Forêt-Noire, mais surtout dans la partie **SUD-EST**[22], région d'origine des horloges. Dans les villes comme Neustadt, Lenzkirch, Eisenbach, Furtwangen et St. Georgen, l'horlogerie en déclin a été remplacée peu à peu par une pléiade d'industries métallurgiques. On trouve aujourd'hui, dans la région de Furtwangen, des fabrications diversifiées et théoriquement sans risque (krisensicher) comme la fabrication des outils, ou des pièces tournées de précision (Präzisionsdrehteile), des mécanismes de commande ; mais aussi des entreprises qui se sont spécialisées dans la fabrication des moteurs et des articles de bureau. Dans la région de Triberg, Schonach et Schönwald où l'horlogerie tient toujours une place importante, des établissements divers élaborent des pièces tournées et des outils. Schramberg est une exception : la suprématie de l'horlogerie persiste grâce à JUNGHANS.

Ces nouvelles branches industrielles se sont développées grâce à l'abondance de la main-d'œuvre. Ce sont en effet des activités qui ont, de ce point de vue, des besoins élevés, et les régions horlogères touchées par la crise présentaient des disponibilités importantes. De plus, les ouvriers offraient toutes les qualités nécessaires pour la mécanique de précision ou l'électronique.

On peut citer, comme exemple de reconversion, Carl HAAS à Schramberg, usine de ressorts qui occupe actuellement 380 employés. Depuis 1970, une filiale de cette entreprise s'est spécialisée dans la construction d'appareils laser pour couper, forer, souder et graver des inscriptions sur de très petites pièces. Elle apporte aujourd'hui un quart du chiffre d'affaires de HAAS. En 1960, 80 % des ventes de cette entreprise étaient issues de l'horlogerie ; en 1988, la proportion est tombée à 10 % ; la moitié des ressorts fabriqués est destinée aujourd'hui à l'exportation. Autre cas : IMS MORAT & FILS à Eisenbach en Haute-Forêt-Noire ; ses 420 employés élaborent des roues dentées en métal et en matières synthétiques, des engrenages et des commandes à distance. Dernier exemple, HUGER BAROMETER de Villingen, une petite entreprise de quatre-vingts personnes qui construit des baromètres, pour les stations météorologiques[23].

Selon une évolution analogue, Tuttlingen[24] est devenu le « centre mondial des instruments chirurgicaux ». Dans cette ville, on recense deux cent cinquante entreprises de toutes tailles mais toujours très spécialisées dans le même domaine et entretenant des relations commerciales avec le monde entier (80 % de la production est destiné à l'exportation)[25]. Le chiffre d'affaires de ce secteur, à Tuttlingen et dans les communes avoisinantes, s'élève entre 400 et 500 millions de DM, dont la moitié pour une seule entreprise, AESCULAP SA qui élabore des produits très diversifiés, depuis les instruments jusqu'aux conteneurs stériles, en passant par les implants et les prothèses articulaires, les moteurs et les centrifugeuses, soit quelques 17 000 articles différents[26]. Jusqu'en 2004, cette entreprise a élargi sa gamme de produits à 25 000 articles.

Cette société fut créée en 1867 par Gottfried Jetter, un coutelier. A l'époque, on dénombrait, dans la région, 170 ateliers de coutellerie. Dans les années 1880 à 1890, beaucoup de jeunes ont appris à fabriquer des instruments et se sont installés à leur propre compte. C'est une nouvelle preuve de la flexibilité des habitants de la Forêt-Noire et de leur capacité à s'adapter à une situation économique changeante, car cette industrie coutelière est née à la suite de la première crise de l'horlogerie (1830).

En fait, Tuttlingen ne se contente pas de fabriquer des instruments. Tout un réseau de fournisseurs, de sous-traitants vit en symbiose avec la ville (forgerons, ateliers de polissage, de fraisage, de graveurs, fabricants de vis ou de ressorts). Les dons des habitants de la Forêt-Noire et leur talent de bricoleur si utiles pour l'horlogerie trouvent un prolongement dans cette production hautement spécialisée.

Tuttlingen est en marge de la région naturelle de la Forêt-Noire, mais cette branche d'activité s'est également développée dans d'autres communes horlogères comme par exemple à Lenzkirch, où la société ATMOS élabore des appareils pour « l'otho-rhino-laryngologie »[27].

2.3.1.3. L'électronique

Également développé à la suite des crises de l'horlogerie, ce secteur anime aujourd'hui, dans le **SUD-EST,** la région de Furtwangen, St.-Georgen, Schramberg, Schiltach, Hornberg et au **NORD-EST**, Pforzheim et les alentours de Calw.

« Cette restructuration due aux nouvelles technologies s'est généralisée très rapidement. Un grand nombre de petites et moyennes entreprises, souvent très récentes, ont trouvé un nouveau champ d'action dans l'opto-électronique, dans les techniques de mesure, de commande et de communication, dans l'électronique appliquée à la médecine, dans le traitement de l'information »[28].

Beaucoup d'entreprises de la Forêt-Noire ont acquis une réputation dans les filières micro-électroniques utilisées dans le domaine des biens de consommation et d'équipement et ont conquis un marché, national ou international. Comme pour la mécanique de précision, l'essor tient à un milieu humain original : une main-d'œuvre habile, à l'esprit bricoleur (« Tüftler »), ayant un grand savoir-faire (know-how) et rendue libre par le déclin de l'horlogerie ; une industrie « propre », élément important pour une région touristique comme la Forêt-Noire ; une activité qui ne dépend pas d'une ressource naturelle et qu'on peut implanter partout. Pourtant, la concurrence des pays asiatiques et à bas salaires menace constamment cette branche, comme en témoignent les problèmes de DUAL à St.-Georgen.

L'adaptation rapide aux changements du marché est donc primordiale : les PME de la région sont constamment obligées de dénicher de nouveaux domaines d'application pour leurs produits, d'où l'importance de la Fachhochschule de Furtwangen, aujourd'hui spécialisée dans les formations techniques.

L'innovation est vitale et il n'est donc pas étonnant que les dépenses de recherche d'une entreprise puissent s'élever jusqu'à 10 % de son chiffre d'affaires, ce qui peut poser des problèmes, surtout pour les plus petites. Mais, pour être compétitif, il faut investir et imposer constamment de nouveaux produits sur le marché. C'est le cas par exemple de l'entreprise TESTOTERM à Lenzkirch, spécialisée dans les techniques de mesures (Meßtechnik), d'Erwin SICK SARL à Waldkirch qui a choisi l'opto-électronique (Optoelektronik), ou encore de la société ENDRESS et HAINER de Maulburg près de Lörrach, orientée vers les techniques de mesure et de réglage (Meß-und Regeltechnik).

L'introduction des semi-conducteurs (Halbleiter), éléments de base dans l'électronique, a eu dans un premier temps des conséquences désastreuses pour les industries traditionnelles, l'horlogerie et la mécanique de précision, mais aussi pour la fabrication de matériel hi-fi (Unterhaltungselektronik), car des milliers d'employés furent licenciés. Aujourd'hui, beaucoup d'industriels ont réussi à s'adapter aux nouvelles techniques et de nouvelles entreprises ont été créées. Un bon exemple est fourni par la société MANNESMANN KIENZLE à Villingen qui fabriquait des horodateurs de parking (Parkuhren) et des taximètres (Taxameter), mais qui est devenue aujourd'hui - après entrée d'un groupe de Düsseldorf dans le capital - une entreprise moderne qui repose sur les techniques d'information et de communication (Informations-und Kommunika-tionstechnik)[29].

L'électronique, la mécanique et la ferblanterie se rencontrent dans les mêmes régions (le SE et le N et NE) ; cette dernière est très concentrée dans le Nord à Birkenfeld. Cette branche est également présente dans la vallée de la Kinzig où ne se sont implantées ni électronique ni mécanique de précision. Ces localisations montrent que l'électronique et la mécanique de précision sont fortement liées à l'horlogerie, il s'agit d'industries dérivées (Folgeindustrien)[30].

2.2.2. La construction mécanique et l'informatique

Pour ce groupe se pose le même problème statistique que pour le groupe précédent. L'absence de chiffres détaillés selon les branches est un véritable problème. Cependant, les statistiques des *Landkreise*[31] permettent de tirer quelques conclusions.

Ainsi, on constate que l'automobile joue un rôle surtout dans le **Landkreis de Rastatt**, grâce à la ville de Gaggenau et à la présence de l'entreprise BENZ. Gaggenau est dominée par l'industrie métallurgique qui fournit 78 % des emplois industriels. Les trois quarts de ceux qui travaillent dans la métallurgie sont employés par DAIMLER-BENZ, la plus grande entreprise de la Forêt-Noire, avec 7 800 employés (1990). Il s'agit à l'origine d'une forge, créée en 1873 par Theodor Bergmann. Puis, à partir de 1893, la construction automobile débuta et, en 1900, les premiers poids lourds et autocars furent conçus. Après maints changements de propriétaires entre 1905 et 1926, l'usine revint à Daimler-Benz, qui poursuivit la fabrication des poids lourds, tout en spécialisant son unité de Gaggenau dans la construction de « Unimog », modèle pionnier et universel de véhicule utilitaire. En 1990, l'usine a fabriqué 10 000 Unimog et MB-trac (autre modèle) dont 40 % sont destinés à l'exportation. Avec mille trois cents personnes dans la production, Daimler-Benz produit chaque jour, à Gaggenau, quarante véhicules de dix-neuf types différents, sans compter vingt-six types de base de boîtes de vitesses pour les véhicules utilitaires. On notera l'importance du nouveau centre de formation, construit en 1984, destiné non seulement aux apprentis de l'usine – 650, orientés vers douze métiers différents - mais aussi aux cadres moyens et supérieurs[32].

Graph. 4 - Répartition des emplois industriels dans le groupe construction mécanique et informatique en Forêt-Noire (1987)

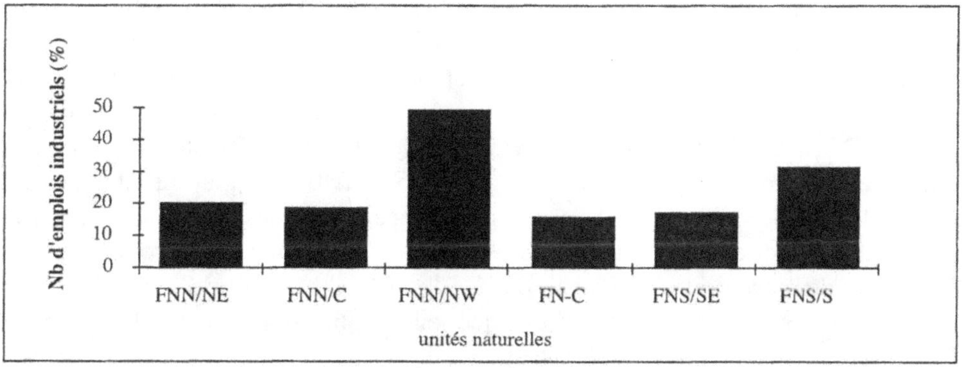

Source : établi d'après le recensement de 1987 de Bade-Wurtemberg (propre calculs).
Remarques : Dans la statistique allemande, ce groupe inclut également l'acier et l'automobile, mais ce sont deux branches à négliger pour la Forêt-Noire. Il n'y a que des sous-traitants de l'automobile.

L'expansion en surface n'étant plus possible à Gaggenau, l'entreprise a cherché un autre terrain et a réussi à obtenir - après un long conflit avec les protecteurs de l'environnement - la permission de s'implanter dans un parc naturel près de Rastatt[33] !

A part Gaggenau, l'industrie automobile se rencontre aussi dans le Nord-Est de la Forêt-Noire, près de Nagold, en liaison avec la proximité de Stuttgart, grand centre de l'industrie d'automobile (Benz à Sindelfingen).

La construction mécanique est une branche importante pour la Forêt-Noire, branche qui est également la première du *Land* Bade-Wurtemberg (18,3 %[34] ; RFA : 13,9 %[35]).

C'est une activité à haute technologie car, aujourd'hui, chez la plupart des constructeurs, l'ordinateur et plus généralement l'informatique jouent un rôle fondamental. Les machines-outils (Werkzeugmaschinen) ne se conçoivent pas sans commande électronique. Les chaînes de fabrication (Rechnerverknüpfung) sont maintenant semi et entièrement automatisées (teil- bis vollautomatisiert)[36].

En Forêt-Noire, il s'agit souvent de petites et moyennes entreprises (PME), en général hautement spécialisées. C'est le cas de J.G.WEISSER et FILS à St.-Georgen qui est constructeur de « chaînes-robots » pour l'industrie automobile et qui exporte un tiers de sa production[37], de Hans KALTENBACH à Lörrach, fabricant international de scies circulaires pour métaux dont 65 % prennent le chemin de l'étranger. BENZ WERKZEUGE et MASCHINENBAU de Haslach dans la vallée de la Kinzig, en dépit d'une structure familiale, fournit toute l'industrie automobile en pièces diverses et appareils périphériques (Peripheriegeräte) pour machines-outils à commande numérique (CNC-Werkzeugmaschinen). On peut aussi citer EKATO à Schopfheim, fabricant de mélangeurs et brasseurs (Rühr-und Mischgeräte) pour les énormes cuves et bacs des grandes boulangeries, ou IKA-JANKE & KUNGEL à Staufen (en bordure de la Forêt-Noire), qui se livre à la même production mais avec des appareils de petite dimension pour les laboratoires de cliniques et universités. Il faut évoquer également la construction des chasse-neiges (Schneeräummaschinen) de SCHMIDT à St. Blasien (Haute-Forêt-Noire) et de KÜPPER-WEISSER à Bräunlingen (près de Donaueschingen dans le Sud-Est). On pourrait citer encore la société BIEG d'Elzach, l'un des plus gros spécialistes des pierres précieuses à utilisation industrielle et partenaire des fabricants d'instruments médicaux et de l'industrie de mécanique de précision.

La région où la construction mécanique joue le plus grand rôle est la vallée de la Wiese dans la Haute Forêt-Noire : elle occupe ici 34 % des actifs du secondaire[38]. L'industrie textile et la fabrication des brosses en sont à l'origine. Todtnau est ainsi un centre de fabrication des machines à brosse et couvre les trois quarts de la production allemande. ZAHORANSKY, spécialiste des machines à brosses à dents (Zahnbürstenmaschinen) fournit les deux-tiers de la production mondiale. PLEUCO, grande entreprise construisant des moteurs d'automobiles, s'est installée dans la vallée de la Wiese après la destruction totale de son usine de Krefeld en 1943 et assure aujourd'hui l'existence d'une foule de sous-traitants. Ainsi, grâce à l'implantation de l'industrie métallurgique, cette vallée a connu une restructuration économique à la suite de la crise du textile.

Dans le CENTRE où la mécanique de précision et l'électronique se sont développées à la suite de l'horlogerie, la construction mécanique a la même importance que le travail du métal et le bois[39]. Les statistiques concernant les *Landkreise* (publication des Chambres de Commerce du Land Bade-Wurtemberg) nous indiquent que dans les *Landkreise* d'Ortenau, Emmendingen, Rottweil, Freudenstadt et Breisgau-Hochschwarzwald c'est la construction mécanique qui est la branche la plus importante à l'intérieur de ce groupe. On peut supposer qu'il en est de même pour les communes de la Forêt-Noire, mais par faute de statistiques plus détaillées, une telle affirmation est difficile à prouver.

Pour conclure ce chapitre sur les branches industrielles majeures de la Forêt-Noire, une comparaison avec leur situation au niveau du *Land* Bade-Wurtemberg et au niveau national est nécessaire. Ainsi le groupement « mécanique de précision, électronique, horlogerie et ferblanterie » représente 25,8 % du nombre d'emplois dans l'industrie de transformation de la Forêt-Noire[40] et 24,5 %[41] dans le *Land*. Ces deux chiffres sont supérieurs à la moyenne nationale (20,2%)[42]. En ce qui concerne le groupement « construction mécanique, acier, automobile et informatique » c'est l'inverse : 25,8 % pour la Forêt-Noire, 34 % dans le *Land* Bade-Wurtemberg et 27,3 %[43] au niveau national.

Ces données nous indiquent que le groupement mécanique de précision, électronique et autres joue en Forêt-Noire un rôle fondamental. Pour la construction mécanique, en revanche, le niveau atteint par le massif est inférieur à celui du *Land* et de la nation. Globalement, la construction mécanique se rencontre un peu partout. On retiendra, néanmoins, une localisation privilégiée dans la vallée de la Wiese et dans les anciens centres horlogers comme à Furtwangen, Schramberg, Schiltach et St. Georgen au Sud-Est. En revanche, l'industrie automobile (chaîne de montage) est peu représentée en Forêt-Noire - sauf à Gaggenau et dans le Wiesental, à Zell -, mais elle joue un rôle important comme donneur d'ordre pour de multiples sous-traitants.

2.2.3. Le bois et le papier

Que cette branche ait encore une certaine importance en Forêt-Noire n'est guère surprenant puisque c'est une région de moyenne montagne et de forêt, dans laquelle l'exploitation du bois a toujours été une source de revenus. C'est une activité de base et l'on rencontre partout des entreprises de toute taille intéressées par la filière bois.

C'est aussi le secteur le plus important par le nombre d'emplois, dans les régions moins « industrialisées » comme les plateaux du **NORD** (Grindenschwarzwald)[44], les vallées très encaissées du Nord[45] ou du Sud, le Hotzenwald[46]. Il s'agit de territoires qui sont encore très boisés, peu peuplés - la vraie Forêt-Noire - et où cette industrie s'est installée grâce à la matière première. Elle résulte aussi d'héritages historiques comme dans la vallée de la Murg (cf. Graph. 5), où il existe une très vieille tradition, depuis l'époque des bois flottants[47]. En revanche, dans le CENTRE et la partie SUD-EST, le bois ne prend que la troisième ou quatrième place, en raison de l'importance des autres activités industrielles.

L'épicentre de cette activité reste la **vallée de la Murg**, marquée depuis la fin du XIXe siècle par l'industrie du papier qui, en 1987[48], fournissait 81 % des emplois à Weisenbach, 80 % à Forbach, 72 % à Gernsbach et 86 % à Gengenbach. Le centre de formation de l'industrie papetière allemande, installé à Gernsbach et qui, depuis 1956, s'occupe de la formation continue pour les employés, a renforcé le rôle de cette industrie. D'autres vallées, comme celles de l'Alb et de la Rench, sont aussi touchées par cette activité.

Graph. 5 - Répartition des emplois industriels dans le bois/papier en Forêt-Noire (1987)

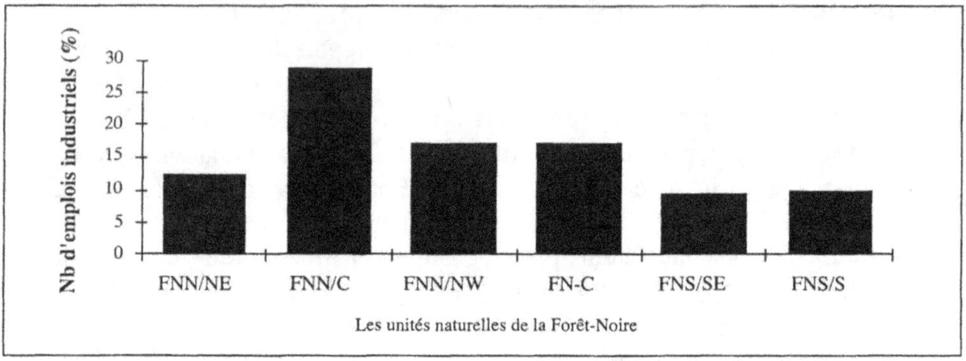

Source : établi d'après le recensement de 1987 du Bade-Wurtemberg (propres calculs).

Aujourd'hui, on peut observer un glissement des grandes entreprises vers la vallée du Rhin, favorisée par les moyens de transport et par les possibilités d'extension des usines alors que les vallées de montagne sont handicapées par le manque de place. Ajoutons que l'on utilise de plus en plus de cellulose importée et que, par souci d'économie et d'écologie, on produit davantage de papier recyclé, d'où une moindre dépendance des bois locaux. Les fermetures d'entreprises, comme en 1976 celle de Titisee-Neustadt (Breisgau-Hochschwarzwald), ou celles de Forbach (Murgtal) et de Zell am Hammersbach / Kinzigtal, ne sont donc guère surprenantes.

Il faut y ajouter les problèmes environnementaux dus à cette branche, mais la situation s'est améliorée - depuis 1975 - grâce à une législation plus stricte au sujet de la propreté de l'eau et à la construction de stations d'épuration[50].

2.2.4. Le textile

En quatrième position seulement pour l'ensemble de la Forêt-Noire, cette branche industrielle, héritage d'une vieille tradition artisanale joue localement un rôle encore non négligeable.

Deux régions se détachent : la première se trouve dans la partie **SUD** (le « Hochschwarzwald ») avec 24,3 % des emplois. La vallée de la Wiese et le Hotzenwald[50] offrent encore localement des structures presque mono-industrielles : ainsi à Hausen i.W. (60,7 % des emplois), Schoenau i.Schwarzwald (52,3 %), Steinen (43,5 %), Tegernau (67,5 %), Wieslet (87,5 %), Rickenbach (46,3 %)[51]. Dans l'ensemble de la vallée de la Wiese, 37 % des emplois relèvent du textile (34 % de la construction mécanique)[52]. Les entreprises, ravitaillées en matières premières par la chimie rhénane, ont connu de graves difficultés du fait de la concurrence des pays à bas salaires, mais aussi en raison d'une certaine inertie quant aux méthodes de production et d'un manque de réponses aux demandes du marché. Ainsi, en 1960, 75 % des employés de l'industrie de Zell travaillaient dans le textile, à peine le tiers en 1987. La plus grande des entreprises, la ZELL-SCHÖNAU S.A., qui fabrique des articles de lingerie, a dû encore licencier mille personnes en 1989 et a décidé de fermer en 1990 l'usine de Zell, plus une filature et usine de tissage. La fermeture des usines a eu pour conséquence un développement des mouvements pendulaires vers la partie basse de la vallée ou vers la Suisse et même des départs définitifs[53].

Graph. 6 - Répartition des emplois industriels dans le textile en Forêt-Noire (1987)

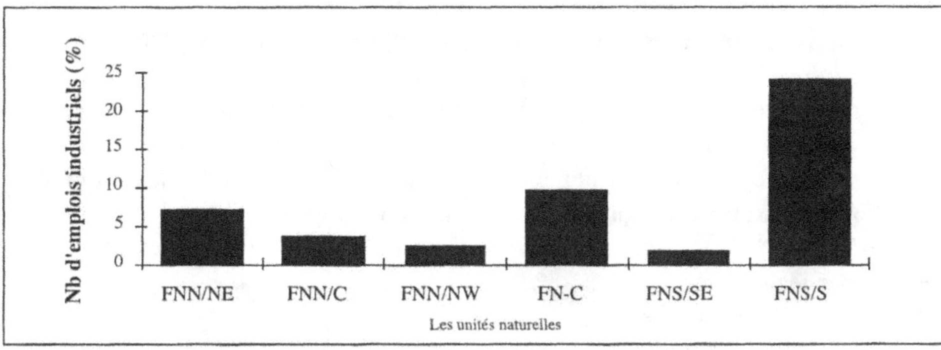

Source : établi d'après le recensement de 1987 du Bade-Wurtemberg (propres calculs).

Graph. 7 - Répartition des emplois industriels par branches sur les trois régions de la Forêt-Noire (1987)

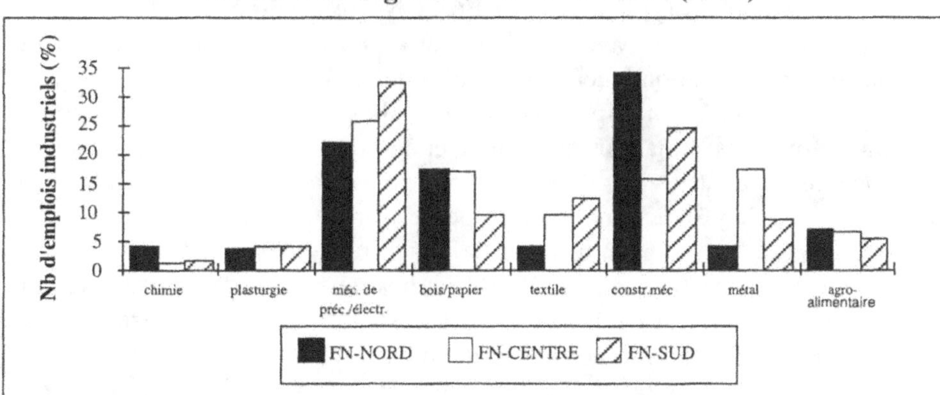

Source : D'après le recensement de 1987 du Land Bade-Wurtemberg (propres calculs).

La deuxième région est la vallée de l'Elz dans le « mittlerer Schwarzwald » (**la partie Centrale**). Le textile, qui a dominé pendant longtemps dans cette vallée, tient encore une place considérable à Gutach où l'entreprise GÜTERMANN, fabricant mondialement connu de fils à coudre, emploie 89,5 % des ouvriers de la commune. C'est l'une des quatre plus grandes sociétés allemandes de cette branche. Cependant, dans cette vallée, l'industrie métallurgique et surtout l'électronique et la mécanique de précision ont aujourd'hui pris le relais du textile (textile : 28,5 %, industrie métallurgique : 62 %)[54].

2.3. LE POIDS DES PETITES ET MOYENNES ENTREPRISES

En Forêt-Noire, la plupart des entreprises sont des PME. En 1977, seulement neuf d'entre elles rassemblaient plus de mille salariés dont trois plus de trois mille personnes[55]. La grande exception est l'entreprise BENZ de Gaggenau avec ses huit mille postes de travail.

Un grand nombre d'entreprises de type familial compte même moins de vingt personnes. Ceci n'est pas sans conséquences sur les statistiques qui, en général, ne tiennent pas compte des établissements de moins de vingt employés. Pour les communes du *Landkreis* Breisgau-Hochschwarzwald qui font partie de la Forêt-Noire, cela signifie par exemple que 41 %[56] des entreprises et des employés sont exclus des données publiées. Beaucoup de petites communes de la Forêt-Noire où la totalité des PME ont moins de vingt personnes sont donc ignorées par les statistiques.

Pourquoi cette structure en petites entreprises ? Une des raisons est historique. Les établissements ont souvent pour origine un artisanat local, voire de simples ateliers à domicile. La mentalité des habitants, cette fameuse « mentalité de bricoleur » (die Tüftler), a été décisive pour le développement des branches industrielles typiques de la Forêt-Noire comme la mécanique de précision ou l'électronique, avec une fabrication parfois peu automatisée et où l'homme et sa qualification jouent encore un rôle important.

Ces PME offrent de multiples avantages : elles sont flexibles et s'adaptent rapidement aux transformations du marché et à la demande des consommateurs. La chance de l'industrie dans la Forêt-Noire, c'est la haute spécialisation des établissements et la production rapide de petites séries pour combler un créneau. Les usines sont ainsi moins exposées à la concurrence des grandes entreprises. Pour ces raisons et en liaison avec les difficultés de transport dans cette région de montagne, l'industrie de la Forêt-Noire est une industrie légère de haut niveau technologique et à fort cœfficient de main-d'œuvre.

Il faut ajouter que, pour une région touristique comme la Forêt-Noire, ces PME sont moins polluantes que les grandes entreprises. Un argument qui éveille de plus en plus d'intérêt chez une population très sensibilisée à la protection de la nature.

2.4. L'ACTIVITÉ INDUSTRIELLE : OPPOSITIONS TERRITORIALES ET ÉVOLUTION RÉCENTE

Comment peut-on juger le degré d'industrialisation ? L'étude s'appuie sur le nombre d'emplois dans l'industrie de transformation. En ce qui concerne le secteur secondaire, la statistique allemande établit une différence entre l'industrie « de production » (terme plus large - Produzierendes Gewerbe) et l'industrie « de transformation » (Verarbeitendes Gewerbe) qui exclut l'énergie, l'eau (Wasserwirtschaft), les mines (Bergbau) et le bâtiment (Baugewerbe)[57]. C'est donc en calculant le rapport entre le nombre d'emplois dits de « transformation » et le nombre d'emplois total par commune qu'il est possible, à cette échelle, de mesurer le rôle de l'industrie (cf. Fig. 8)[58].

Un autre critère possible est celui retenu par **le taux d'industrialisation (Industriedichte oder Industriebesatz)** qui indique le nombre de personnes travaillant dans l'industrie de transformation pour mille habitants. C'est un chiffre qui met en relation le nombre des habitants d'une commune et le nombre d'emplois industriels localisés dans cette commune, sans prendre en compte les mouvements pendulaires. On ne sait donc pas où résident les actifs qui occupent les emplois. Il en résulte que ce taux n'est pas assimilable au pourcentage de la population active d'une commune travaillant dans le secondaire de transformation. On établit, par ce calcul, la densité des emplois par rapport à la population locale[59].

Pour l'ensemble de la Forêt-Noire, on relève une moyenne de 169 personnes employées dans l'industrie de transformation pour mille habitants (1987). Localement il existe des différences énormes : ainsi le taux d'industrialisation varie entre 258,8 pour la moyenne des communes de la Forêt-Noire appartenant aux *Landkreise* Schwarzwald-Baar et Rottweil, région de forte industrialisation et 95,5 pour la *« Haute-Forêt-Noire »*, secteur peu touché par l'industrie[60].

En comparant avec l'ensemble du *Land* Bade-Wurtemberg (183,2 en 1987), on notera qu'une région de population limitée peut offrir un taux d'industrialisation beaucoup plus élevé que celui d'une grande ville car, dans ce dernier cas, le secteur tertiaire joue un rôle plus important tandis que le nombre de personnes inactives (les jeunes en-dessous de 15 ans et les retraités) est plus élevé. Dans notre région de moyenne montagne, les « vieux » travaillent encore longtemps, soit dans l'agriculture, soit dans l'artisanat à domicile. Les services sont, en général, moins développés et offrent peu d'emplois. Il en résulte que, en Forêt-Noire, c'est l'industrie ou parfois le tourisme qui procurent les emplois. Ainsi à Stuttgart, le Taux d'Industrialisation (TI) était de 227,5 en 1987[61], et en Forêt-Noire, dans la région très industrialisée du Schwarzwald-Baar-Heuberg, la commune de St. Georgen montre un T.I. de 368 ; Schonach, petite commune, spécialisée dans l'horlogerie atteint 277,5 ; Schramberg : 337,2 ; Schiltach : 460 ; Eisenbach (Haute Forêt-Noire) : 54 ; Wembach, une toute petite commune de la vallée de la Wiese, avec seulement 246 habitants, présente un T.I. de 1 038 et offre plus d'emplois industriels (253 en 1987) qu'elle n'a d'habitants[62].

Ces données relatives ne doivent pas masquer les chiffres en valeur absolue. Les régions urbaines comme celles de Stuttgart retrouvent alors toute leur prééminence. De plus, il ne faut pas oublier que la moyenne du *Land* Bade-Wurtemberg comprend, d'une part, des centres d'industrialisation avec un taux très élevé, parfois supérieur à celui des communes de la Forêt-Noire (comme par exemple la région de Stuttgart)[63] et, d'autre part, des régions rurales avec peu d'industrie.

Un autre problème statistique est dû à la taille des entreprises. En général, les statistiques officielles ne prennent en compte que les entreprises de plus de 20 personnes. Pour nos calculs personnels fondés sur le recensement du Bade-Wurtemberg de 1987, il a semblé indispensable de retenir les entreprises à partir d'un salarié assuré social (sozialversicherungspflichtiger Arbeitnehmer). Toute autre démarche donnerait des résultats inexacts en raison du poids considérable des PME, souvent de très petite dimension. Ainsi, dans la région de la « Haute-Forêt-Noire », région peu industrialisée selon le taux d'industrialisation, 41 % des salariés travaillent dans des entreprises ayant moins de 20 salariés - ce qui reviendrait à sous-estimer le secteur secondaire si on ne prenait pas en compte ce chiffre dans l'analyse des emplois. Pour la région Schwarzwald-Baar-Heuberg, en « expansion » et très industrialisée, le rôle des petits établissements est moins important, car la part des entreprises d'une certaine dimension est déterminante : ainsi, dans les communes de Forêt-Noire du *Landkreis* Rottweil seulement 11,3 % des salariés travaillent dans des entreprises ayant moins de vingt salariés et dans les communes du *Landkreis* Schwarzwald-Baar la proportion ne s'élève qu'à 24,3 %, chiffres qui sont cependant non négligeables.

En dépit de cette réserve, cet indice permet de discerner les régions fortement industrialisées et celles qui le sont moins. Ainsi, par exemple, le « Grindenschwarzwald » (les hauteurs centrales - indice T.I. : 120) et les « Randplatten » (les plateaux Est - indice T.I. : 138,8) dans le Nord de la Forêt-Noire sont des contrées de faible industrialisation, avec cependant des taux supérieurs à ceux de la Haute Forêt-Noire (indice : 95,5). En observant la carte (Fig. 8), on se rend compte également que la division du massif en trois ou même six régions naturelles n'apporte pas d'information satisfaisante sur l'industrialisation, car les espaces industriels sont beaucoup plus réduits. Les moyennes de régions trop grandes contribuent à sous-estimer leur impact réel.

2.4.1. La répartition des emplois industriels en 1987

L'étude de la carte du *Nombre d'emplois dans l'industrie de transformation en 1987 en Forêt-Noire* (Fig. 8) montre le rôle de l'industrie dans les différentes régions de la montagne.

En moyenne, pour l'ensemble du massif, 40,5 %[64] des emplois totaux relèvent de l'industrie de transformation, chiffre supérieur à la moyenne allemande avant la réunification[65] (31,7 %)[66], ou à celle du *Land* Bade-Wurtemberg (37,8 %)[67]. C'est dire le rôle dominant de l'industrie dans l'économie de la Forêt-Noire.

Ces données globales marquent néanmoins des écarts importants. Dans certaines communes, plus de 55 % des emplois sont industriels. C'est le cas du Schwarzwald-Baar-Heuberg (56,3 % en 1987), la région d'origine de l'horlogerie, mais aussi des communes tout à fait au Nord de la Forêt-Noire, à proximité des grandes villes auxquelles les collectivités offrent des zones d'activités aux conditions avantageuses. On remarque aussi, tout à fait au Sud, dans la partie inférieure de la vallée de la Wiese, l'existence de communes fortement industrialisées. Malgré le pourcentage élevé des emplois industriels (52,3 %), cette vallée dans son ensemble doit être plutôt considérée comme un espace mixte, car alternent des communes fortement et faiblement industrialisées. Les autres régions industrielles sont les vallées de la Kinzig, de l'Elz et la partie inférieure de la vallée de la Murg ou encore les communes au Sud de Calw, dans le « Randplatten-Schwarzwald », du fait de la proximité de Stuttgart.

En dehors de la « Haute Forêt-Noire », les secteurs peu touchés par l'activité secondaire sont, dans le Nord, les hauts plateaux du « Grindenschwarzwald » et, dans le Sud, le « Hotzenwald »[68] qui fut pendant longtemps l'une des principales régions d'exode rural de la Forêt-Noire. Les conditions naturelles, et en particulier l'absence de grande vallée canalisant les transports, sont à l'origine de cette désaffection.

Les autres régions de la Forêt-Noire sont de caractère mixte : ainsi par exemple dans le Centre, les communes proches de la vallée du Rhin ont peu d'industrie, ce type d'activités se concentrant dans le grand couloir rhénan, mais, en allant vers l'intérieur de la forêt, l'industrialisation s'accroît.

Il apparaît en définitive que c'est l'ensellement tectonique de la **Forêt-Noire centrale** qui se prêtait apparemment le mieux à une industrialisation[69]. C'est la région où se sont développés les anciens artisanats, fondés sur l'horlogerie et la fabrication des corbeilles et chapeaux de paille. De là sont issues les premières industries. C'est donc une contrée de longue tradition, où la proto-industrie précède l'industrie actuelle. C'est aussi la contrée ayant les conditions naturelles les plus favorables : de larges vallées, des dénivellations plus faibles ont permis la mise en place d'un réseau de transport moderne. En revanche, la **partie Nord** de la Forêt-Noire offre un double visage : elle est assez industrialisée sur la périphérie du fait d'influences extérieures, mais peu industrialisée à l'intérieur. C'est finalement le **Sud** de la Forêt-Noire qui est, à l'exception de la basse vallée de la Wiese, la région la moins industrialisée.

Fig. 8 - Nombre d'emplois dans l'industrie de transformation par rapport au nombre de l'emploi total

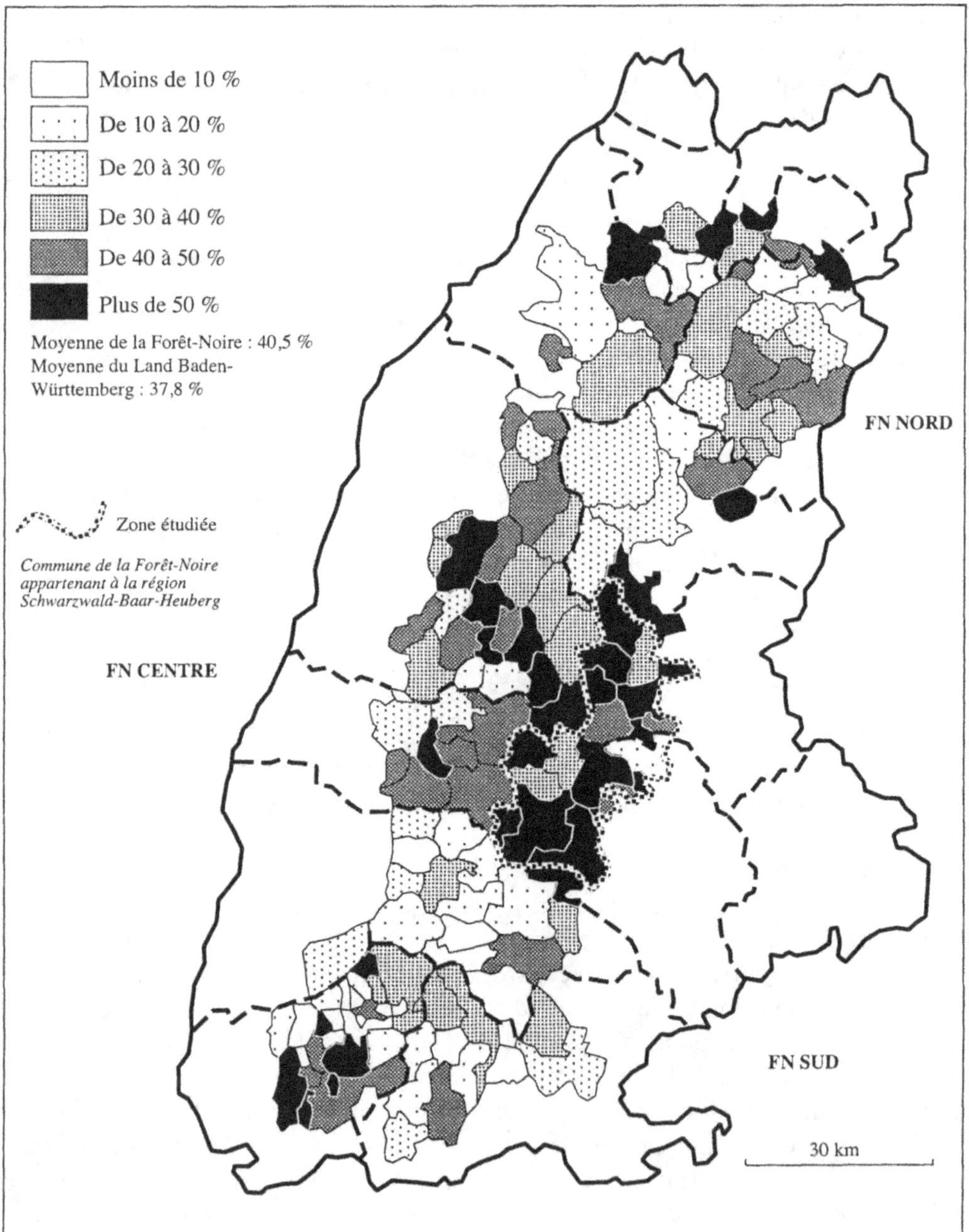

Sources : D'après le recensement du Bade-Wurtemberg - 1987 - C. STUBBE.

Fig. 9 - Évolution du nombre d'emplois dans l'industrie de transformation en Forêt-Noire

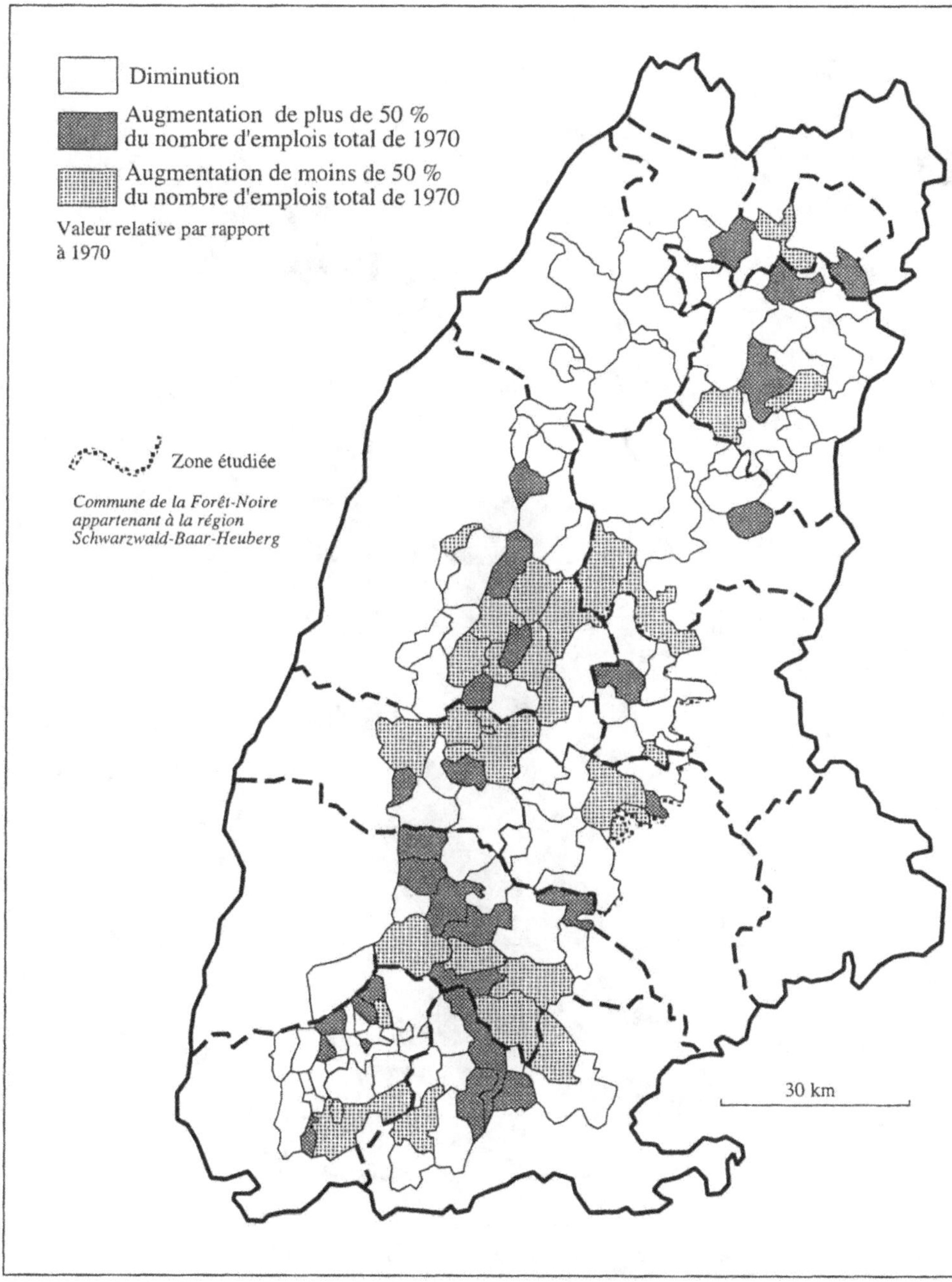

Source : D'après le recensement du Bade-Wurtemberg - 1987 - C. STUBBE.

Fig. 10 - Évolution du nombre total d'emplois entre 1970 et 1987

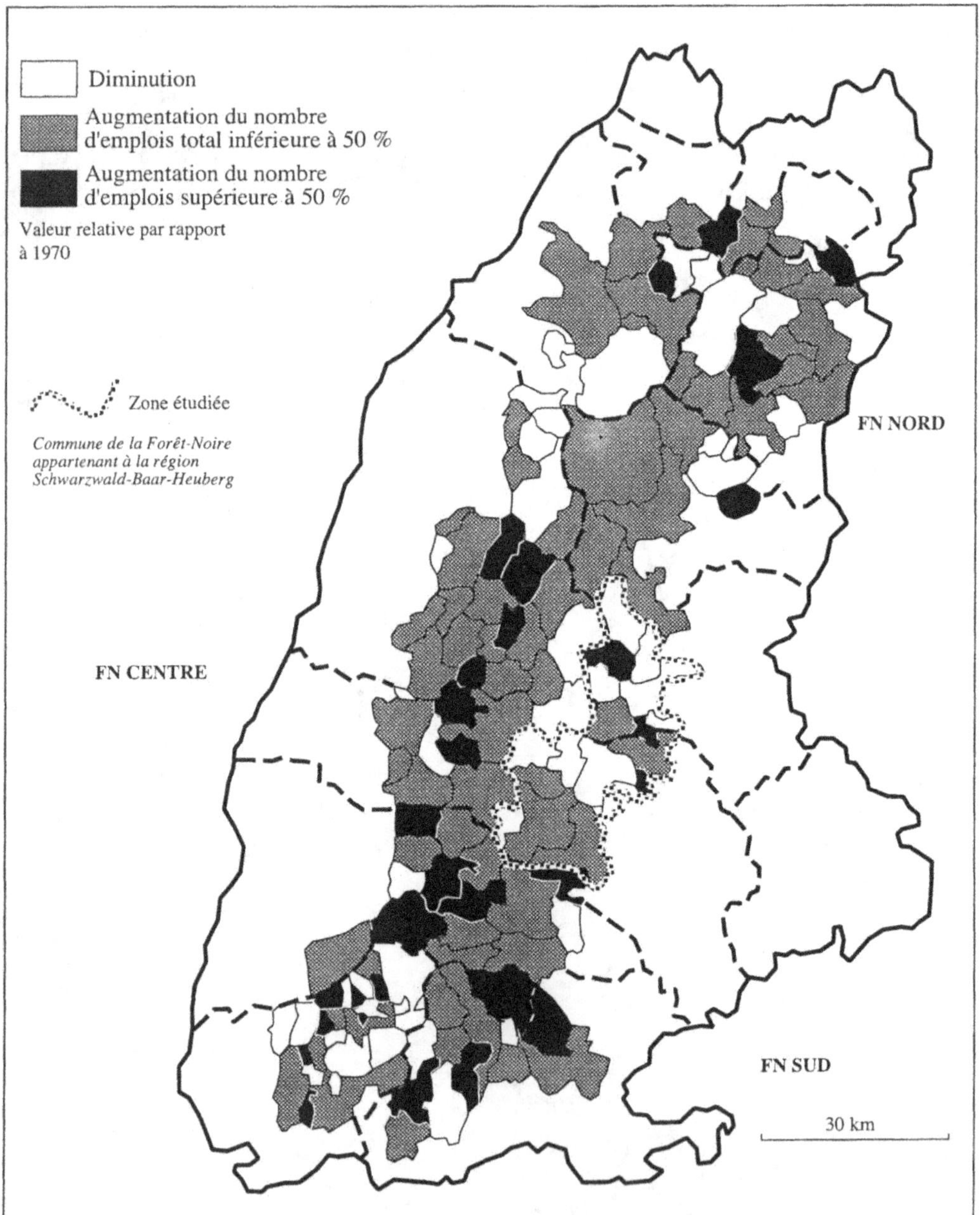

Source : D'après le recensement du Bade-Wurtemberg - 1987 - C.STUBBE.

Fig. 11 - La population en Forêt-Noire Évolution 1970-1987

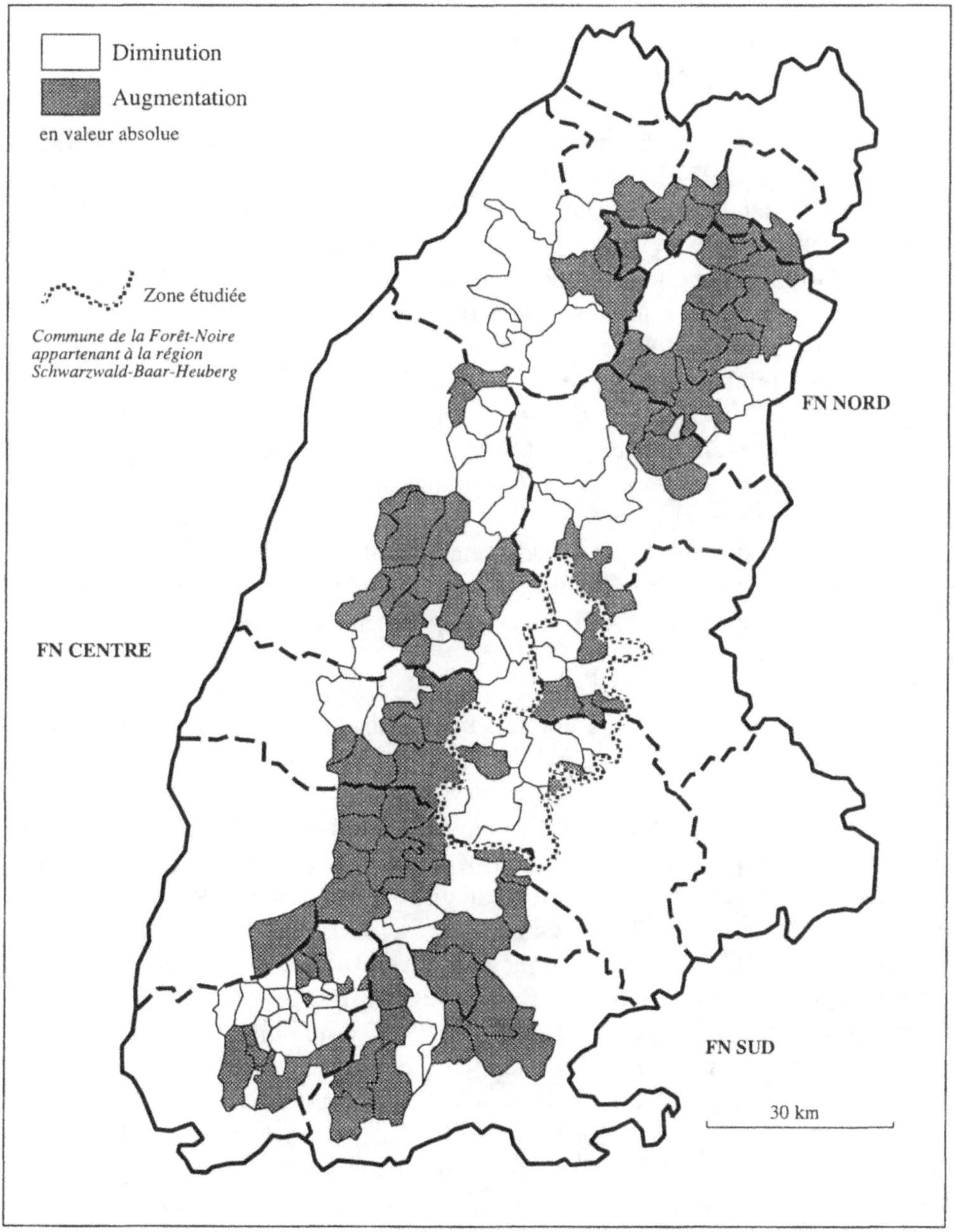

Source : D'après le recensement du Bade-Wurtemberg - 1987 - C.STUBBE.

2.4.2. L'évolution du nombre d'emplois (1970-1987)

Il est intéressant de comparer l'évolution du nombre d'emplois industriels des différentes régions avec l'évolution de la population durant la même période (cf. Fig. 9 et 11[70]).

En général, on peut constater que les régions fortement industrialisées en 1987 ont enregistré une évolution plutôt négative des emplois industriels et de la population entre 1970 et 1987 : plus le poids du secteur secondaire était important, plus leur bilan est négatif et vice versa. Ainsi, le **Schwarzwald-Baar-Heuberg** a perdu 7 277 habitants ; le nombre d'emplois industriels a régressé de presque 11 %, tandis que le taux d'industrialisation passait de 283 à 258. Par contre, **la vallée de la Wiese,** région mixte, n'enregistre qu'une diminution de 7 % en ce qui concerne les emplois industriels. La population est restée presque stable (- 514 habitants) et le taux d'industrialisation s'est accru. Au contraire, les régions ayant peu d'industrie comme la Haute Forêt-Noire et le Hotzenwald montrent une tendance positive. Ainsi, la **Haute Forêt-Noire** a connu une augmentation de la population de 6 669 personnes, malgré une perte d'emplois industriels de 8 %. Ici, le tourisme a favorisé la création d'activités tertiaires. Tout se passe, en définitive, comme si les dynamiques n'étaient plus industrielles.

Dans le **Hotzenwald**, région traditionnellement affectée par un fort exode, neuf communes sur douze accroissent leur population. Dans cette région, se manifestent de plus en plus, par un développement de la périurbanisation, des influences rhénanes.

La situation des emplois est assez équilibrée : sept communes contre six ont des augmentations du nombre d'emplois mais, dans la plupart des cas, le secteur a perdu en importance.

Le **Centre de la Forêt-Noire**, sauf les communes à l'Est qui sont très industrialisées et qui ont une évolution négative, est très varié. Les communes des parties plus basses connaissent souvent une augmentation de leur population : ainsi, dans la vallée de l'Elz, proche de la ville de Fribourg ou la vallée de la Kinzig où des Rhénans (Bewohner des Rheintals) se sont installés. Les phénomènes de périurbanisation ne sont pas étrangers à cette transformation. En revanche, à l'amont, on rencontre davantage de communes ayant perdu des emplois et des habitants. Cependant, au total, l'ensemble de la région du Centre a connu une légère augmentation de la population, contrastant avec le bilan négatif du nombre d'emplois dû à la concurrence des villes de la vallée du Rhin mieux équipées en zones industrielles et aux conditions de transport défavorables en dehors des grandes vallées. Le nombre d'emplois augmente seulement dans les petites communes ayant encore des capacités d'accueil libres.

A l'exception des alentours de Pforzheim, la **Forêt-Noire du Nord** est, dans l'ensemble, une région qui perd des emplois industriels. Les raisons de cette régression tiennent à l'isolement et au climat rude des hauteurs, ainsi qu'à la concurrence des villes de la vallée du Rhin ou de l'agglomération de Stuttgart. Paradoxalement, la population a augmenté surtout dans le Nord et l'Est. Le « Randplatten-Schwarzwald » offre le meilleur bilan, non seulement du Nord, mais de toutes les grandes unités naturelles de la Forêt-Noire : augmentation de la population, de la population active totale et légère croissance du nombre d'emplois dans l'industrie de transformation[71].

2.5. PROBLÈMES ACTUELS ET PERSPECTIVES DE L'INDUSTRIE EN FORÊT-NOIRE

Le but primordial pour cette région de moyenne montagne est d'aboutir à une situation telle que les différents secteurs économiques ne s'opposent pas mais se complètent. L'agriculture perdra de plus en plus d'importance, si bien que l'avenir de la région repose sur une symbiose industrie et tourisme.

Les branches industrielles, comme la mécanique de précision et l'électronique rendent possible cet accord : ce sont des branches « propres », sans pollution pour l'environnement, qui offrent des emplois pour la main-d'œuvre typique de la Forêt-Noire ; des branches qui se développent constamment et qui sont bien adaptées aux PME de la région ; des branches modernes qui offrent des taux de profit intéressants.

Mais la réussite implique certaines conditions : il faut investir dans la recherche, intégrer les innovations, s'adapter constamment au marché car ce sont des branches hautement exportatrices, comme la fabrication des instruments chirurgicaux (80 % vendus à l'étranger)[72], ou l'horlogerie (50 %[73], et même 70 % pour les pendules)[74]. Ces secteurs, très sensibles à la concurrence, doivent se plier aux conditions du marché mondial et se diversifier, sinon l'enchaînement des crises avec perte d'emplois est inéluctable. Cela implique « des recherches et études intensives, la rationalisation - quand il le faut - et l'automatisation de la production, la création de nouveaux produits, des stratégies commerciales affinées et l'utilisation de matières synthétiques »[75]. Bien que le mouvement soit lent, ces mutations techniques ont conduit à une diminution du nombre des emplois dans ces branches. Pour compenser ces diminutions, l'État a aidé l'industrie par des mesures de subvention à la création d'entreprises utilisant la main-d'œuvre disponible.

De plus, depuis la réunification, les entrepreneurs espèrent profiter des possibilités d'investissements dans l'ancienne RDA. Ils comptent également conquérir une part des marchés de l'Europe de l'Est.

L'histoire de l'industrie de la Forêt-Noire est en définitive l'histoire d'une vieille industrie artisanale qui a su évoluer jusqu'à la haute technologie. C'est pourquoi l'expression clé, la formule magique, est « transfert de technologie ». Pour y parvenir, la coopération entre les centres de recherche, l'enseignement universitaire et les entreprises est absolument nécessaire.

La fondation STEINBEIS, créée à Stuttgart en 1971, dont le but est d'encourager l'industrie et le commerce, a joué un rôle important dans la transformation du *Land* Bade-Wurtemberg. Depuis 1983, son objectif principal est, avant tout, d'aider les PMI pour qu'elles réussissent à s'adapter aux changements technologiques permanents. Cette fondation a été à l'origine de plusieurs centres de transfert (Transfertzentren), en général en coopération avec des Fachhochschulen (FH) régionales. Pour la région de la Forêt-Noire, la FH FURTWANGEN, située dans le *Landkreis* Schwarzwald-Baar-Heuberg, a joué un rôle important dans le développement industriel de ce secteur[76] (cf. aussi *infra* chap. 5.2.6. *Le rôle de la recherche*).

L'INSTITUT FRAUENHOF (Frauenhofer Gesellschaft) à Fribourg, grand institut de recherche représenté pratiquement partout en Allemagne, est le centre de recherche le plus connu de la région. Il exécute des analyses de marché dans le but d'améliorer les procédés de production et de réaliser des prototypes.

L'industrie de la Forêt-Noire d'aujourd'hui n'est plus une industrie fondée sur des ressources naturelles ou sur une main-d'œuvre bon marché. C'est une industrie spécialisée, réclamant de la main-d'œuvre de qualité. Le principal danger réside dans une structure trop peu diversifiée. Aussi, certaines régions ou communes ont-elles vécu, vers la fin des années 1970, une grave récession. Il en a été ainsi pour le Schwarzwald-Baar-Heuberg, et tout spécialement pour la commune de St. Georgen avec JUNGHANS, KIENZLE, DUAL (Steidinger) et SABA, entreprises de mécanique de précision, d'horlogerie ou d'électronique qui ont souffert de la concurrence asiatique. Cependant, beaucoup d'affaires ont fait preuve de flexibilité et se sont adaptées aux nouvelles conditions économiques.

Mais les problèmes et perspectives de l'industrie de la Forêt-Noire sont aussi très liés aux autres secteurs économiques. La région a-t-elle besoin de garder une agriculture pour conserver un paysage attrayant ? Doit-elle protéger la nature et l'environnement, fondements du développement touristique ? Pour les uns, la fonction paysagère de l'agriculture ne se conçoit pas sans des structures agraires viables, productives et compétitives, ce qui pose problème en ces temps difficiles de marchés surchargés. Pour les autres, cette agriculture de montagne n'a aucune chance - même avec des subventions - du fait de la concurrence européenne. Qui voudrait travailler dans des conditions aussi difficiles (relief, climat, problèmes de transport) ? Certainement pas les jeunes qui préfèrent louer des chambres « à la ferme » tout en travaillant dans les industries les plus proches.

Pour la protection de la nature et de l'environnement, les experts de cette question sont partisans d'un tourisme « doux » (sanfter Tourismus), ce qui veut dire « réglementer » les loisirs[77]. Il s'agit aussi d'améliorer les conditions de circulation en obligeant les touristes à utiliser plus fréquemment le train, ce qui implique une amélioration de ce mode de transport. Il convient de baliser les chemins de randonnée, de limiter les zones pour le sport (VTT ou ski) et de freiner la construction de maisons, d'immeubles ou de résidences secondaires.

Ne faut-il pas cependant, aider l'agriculture de certains secteurs du massif comme, par exemple, en « Haute Forêt-Noire » (le « Hochschwarzwald »), où les conditions ne sont pas favorables à une industrialisation et où le tourisme, phénomène saisonnier, est insuffisant pour contenir une émigration - au moins temporaire - vers les vallées[78] ?

Dans la région administrative du « Südlicher Oberrhein », on commence à prendre conscience de ces problèmes et on se demande si l'économie de la Forêt-Noire peut être limitée au seul tourisme, avec des risques de surexploitation à certaines saisons et de désertification à d'autres périodes. A Fribourg, l'institut de Recherches Régionales en Europe (EURES) a publié, en septembre 1990, une étude sur « les perspectives d'un développement écologique de la région Südbaden »[79]. Dans ce document, les auteurs essayent d'exposer les influences et interdépendances des différentes branches économiques et soulignent qu'une industrialisation moderne doit prendre en compte l'ensemble de la situation et qu'elle ne peut plus se concevoir sous le seul angle de la rentabilité et du profit, mais aussi s'attacher à « ce qu'elle apporte à la région ». Dans une deuxième partie, cette étude s'intéresse spécialement au développement d'un tourisme « doux ».

Pour la Forêt-Noire, il faut veiller à maintenir l'ensemble des trois secteurs économiques de façon à ce qu'ils se complètent mutuellement, et que l'industrialisation soit compatible avec l'agriculture et le tourisme. Agriculture et industrie doivent s'épauler en étant localement proches, pour que la population reste sur place. Par ailleurs, il est indispensable que le tourisme, comme l'industrie, ne détruise pas le paysage. L'agriculture, de son côté, a pour mission de lier la population au sol et, en protégeant la nature, de garantir la base du tourisme. La dominance ou le monopole de l'un des trois secteurs comporte toujours des désavantages pour une région.

Notes

1 - Les bricoleurs.
2 - HOGGENMÜLLER (K.), HUG (W.), 1987, p. 233.

3 - Termes allemands de classification des villes selon l'importance de leur aire d'influence (zentralörtliche Bedeutung) ; classification hiérarchique d'après W. CHRISTALLER, cf. *carte Axes de développement et centres urbains (Zentrale Orte)*, fig. 10.

4 - Cf. carte topographique de la Forêt-Noire au début de cette étude.

5 - Autoroute de Stuttgart au Lac de Constance.

6 - SCHNEIDER (H.), « Eine Autobahn durch den Schwarzwald », in *Südlicher Schwarzwald*, Merian, No 11/XXXI, pp. 160/161.

7 - Le centre de planification de la région Schwarzwald-Baar-Heuberg propose de développer les chemins de fer aussi bien pour le transport des marchandises que pour les touristes. Pour ces derniers, on songe au système de « Park and Ride » : on laisse sa voiture sur de grands parkings et on continue en train (informations reçues lors d'une conférence en octobre 1990 de M. Rainer Kaufmann, sous-directeur de l'Union de la Planification Régionale Schwarzwald-Baar-Heuberg).

8 - Article dans la *Badischen Zeitung* (journal quotidien de Fribourg) du 11/12.8.91.

9 - MOHR (B.), LEIER (K.), « Wirtschaftsräume unter Anpassungsdruck - erläutert am Beispiel des Schwarzwälder Uhrengebiets », in *Regio Basiliensis* XXIX, 1988, pp. 179-194.

10 - *IHK-Atlas*, Industrie-Ansiedlung, Daten und Fakten aus den 12 Kammerbezirken Baden-Württembergs, Arbeitsgemeinschaft der Industrie- und Handelskammern in Baden-Wurttemberg, Stuttgart, Klett, 1/89 (Publication des Chambres de Commerce du Land Bade-Wurtemberg).

11 - Les emplois industriels ne concernent en général, dans cette étude, que l'industrie de transformation (*verarbeitendes Gewerbe*). Le bâtiment est donc exclu.

12 - Année du dernier recensement en Allemagne, donc base de tous les calculs de cette étude.

13 - Chiffre supérieur à celui du *Land* Bade-Wurtemberg (24,5 %).

14 - Nous avons conservé le groupement des branches proposé par l'Institut statistique du Bade-Wurtemberg et les groupements du recensement 1987.

15 - Selon nos propres calculs issus du recensement de 1987.

16 - Selon nos propres calculs issus du recensement de 1987.

17 - HAUBRICH (H.) et al, 1991, p. 185 et MOHR (B.), LEIER (K.), 1988, p.180.

18- Les statistiques des emplois industriels (Industriebeschäftigte) ne prennent en compte que les entreprises ayant plus de 20 employés.

19 - MOHR (B.), LEIER (K.), 1988, p.182.

20 - *Idem*, p.180.

21 - La *Fachhochschule* est une formation supérieure comparable à un IUP en France - une formation professionnelle.

22 - Cf. Graph. 3 : *La répartition des emplois dans le groupe : mécanique de précision et autres en Forêt-Noire (1987)* et Fig. 8 : *Nombre d'emplois dans l'industrie de transformation par rapport au nombre d'emploi total* - par commune *(1987)*.

23 - PLANKENHORN (U.) dir., *Innovation aus Ttradition, Südbaden - vielseitige Wirtschaft im Herzen Europas*, Freiburg, Schillinger KG, 1988, pp. 49-51.

24 - Bien que Tuttlingen n'appartienne pas à la Forêt-Noire, son influence (Auswirkungen) se remarque jusque dans le massif.

25 - PLANKENHORN (U.) dir., 1988, p. 53.

26 - *Idem*, p. 56.

27 - *Ibid.*, 1988, pp. 53-59.

28 - PLANKENHORN (U.) dir., 1988, p. 64.

29 - *Idem*, 1988, p. 61.

30 - Cf. Graph.2 : *La répartition des activités industrielles dans les unités naturelles de la Forêt-Noire.*

31 - *IHK-Atlas*, Baden-Würtemberg, 1/89.

32 - HAUBRICH (H.), 1991, pp. 190-193.

33 - Cette implantation a été souhaitée par la commune, en raison d'un fort taux de chômage

(8 %), *Süddeutsche Zeitung* du 1.9.88.
34 - Wirtschaftsstatistik für Baden-Württemberg, publication de l'Institut Statistique du *Land* Bade-Wurtemberg.
35 - Chiffres de la situation économique de la RFA, Institut der Deutschen Witschaft (IDW), édition 1989. La construction mécanique est également la première branche au niveau national depuis 1989. Au niveau mondial, la RFA est encore à la troisième place, en 1986, après les États-Unis et le Japon (PLANKENHORN (U.),1988, p. 74). Elle se trouve en 1987, avec 22 % de l'exportation des machines des pays industriels de l'Ouest, en première position avant les États-Unis (18 %) et le Japon (17 %), *Wirtschaft im Südwesten* 9/89, p. 3. La construction mécanique est le premier employeur de l'industrie allemande avec plus d'un million d'actifs et une structure de PME, car la plupart des entreprises ont moins de 200 employés (PLANKENHORN (U.), 1988, p. 74).
36 - PLANKENHORN (U.), 1988, p. 74.
37 - HAUBRICH (H.) et al.,1991, p. 193.
38 - Concerne le groupe entier, mais comme le montrent les statistiques des *Landkreise* (cf. *IHK-Atlas*, Baden-Würtemberg,1/89), le traitement d'acier et les chaînes de montage d'automobiles n'existent pratiquement pas, donc c'est la construction mécanique qui offre ce nombre d'emplois.
39 - Cf. Graph. 2, *Répartition des activités industrielles sur les unités naturelles de la Forêt-Noire* (1987).
40 - Selon nos propres calculs issus du recensement de Baden-Württemberg de 1987.
41 - Selon nos propres calculs issus du recensement du Baden-Württemberg de 1987 - *Arbeitsstättenzählung 1970 und 1987 für das Land Baden-Würtemberg.*
42 - Tab. 69 *Kennzahlen wichtiger Gewerbezweige 1988*, in IDW, 1989 - Ce chiffre ne concerne que les entreprises ayant plus de 20 employés.
43 - *Idem*. En revanche, les chiffres du recensement de 1987 se rapportant à la Forêt-Noire tiennent compte de l'ensemble des entreprises ! Les données ne sont pas tout à fait comparables (cf. *infra*, remarques dans chap. 2.4. concernant « l'indice d'industrialisation », un problème statistique).
44 - Cf. Graph. 2, *Répartition des activités industrielles sur les unités naturelles de la Forêt-Noire* (1987), cf. *supra*.
45 - La région du « Nördlicher Talschwarzwald », si on exclut la construction mécanique qui occupe la première place en raison de l'usine Benz de Gaggenau (cf. *supra*).
46 - Dans le Sud de la Forêt-Noire (cf. FNS/S sur le Graph. 5).
47 - C'est la raison pour laquelle le chiffre est le plus élevé, dans toute la Forêt-Noire, en ce qui concerne le nombre d'emplois dans le bois : 28,5 %.
48 - Selon nos propres calculs issus du recensement de 1987.
49 - MOHR (B.), « Industrie im Schwarzwald. Aspekte regionaler und sektoraler Entwicklungen, Strukturen und Probleme », 1978, in LIEHL (E.), SICK (W.D.) dir., *der Schwarzwald*, 1981, p. 434.
50 - *IHK-Atlas*, Baden-Würtemberg, 1/89 - Ce sont les *Landkreise* Lörrach et Waldshut qui sont concernés.
51 - Selon nos propres calculs (le recensement du Bade-Wurtemberg de 1987).
52 - *Idem*.
53 - HAUBRICH (H.) et al., 1991, pp. 186-188.
54 - Selon nos propres calculs (recensement de 1987).
55 - MOHR (B.), 1978, p. 431.
56 - Selon nos propres calculs d'après le recensement de 1987 effectué sur la base des lieux de travail (Arbeitsstättenzählung), donc des entreprises à partir d'un seul employé.
57 - Pour le jugement de la situation industrielle, les statistiques s'appuient, en général, uniquement sur l'industrie de transformation - en particulier les chiffres publiés par l'Institut Statistique de Stuttgart - qui est donc également la base des calculs du présent travail.
58 - Établi selon mes propres calculs d'après le recensement de 1987 (cf. *infra* chap. 2.4.1.).

59 - La définition indique qu'il s'agit du nombre d'emplois dans l'industrie de transformation par rapport à 1 000 habitants - *Wirtschaft im Südwesten* 5/90, p. 5.
60 - Chiffres calculés selon le recensement de 1987.
61 - Date du dernier recensement en Allemagne.
62 - Dans le cas de Wembach, il est évident que ce sont des emplois occupés par des salariés venant de l'extérieur de la commune (Pendler). Cf. Fig. 8 - *Nombre d'emplois dans l'industrie de transformation par rapport au nombre d'emplois total, 1987*.
63 - Ainsi, dans le Landkreis Böblingen, région industrielle au sud de Stuttgart et centre de l'industrie automobile - Mercedes-Benz et Porsche -, cet indice s'élève à 287, tout en ne comprenant que les employés des entreprises ayant plus de 20 personnes.
64 - Recensement en 1987.
65 - Après la réunification, le IDW (Institut der deutschen Wirtschaft) indique pour l'Allemagne de l'Ouest des baisses continues pour les années suivantes : 30,3 % pour 1992 ; 28,9 % pour 1993 et 27,8% pour 1994. Il en est de même pour l'Allemagne de l'Est, mais avec une baisse plus marquée entre 1992 et 1993 : 36,6 % en 1992 ; 17,9 % en 1993 et 16,6 % en 1994. (IDW, *Zahlen zur wirtschaftlichen Entwicklung der Bundesrepublik Deutschland*, Köln 1995). Après cette date, le IDW ne fait plus de distinction entre les deux Allemagnes.
66 - IDW, 1989 - Institut der Deutschen Wirtschaft Köln (Institut de l'économie allemande à Cologne).
67 - Recensement 1987.
68 - Cf. Fig. 8 - *Nombre d'emplois dans l'industrie de transformation par rapport au nombre d'emplois total , 1987* - établie sur propres calculs selon le recensement de 1987.
69 - *Idem*.
70 - Établis également sur propres calculs selon le recensement de 1987.
71 - Cf. Fig. 9 et 11.
72 - PLANKENHORN (U.), 1988, p. 53.
73 - *Idem*, p. 46.
74 - MOHR (B.), LEIER (K.), 1988, p. 180.
75 - PLANKENHORN (U.),1988, pp. 44-46.
76 - DINIUS (G.), « Die Steinbeis-Stiftung : Hilfe für den Technologie-Wandel », in *Schwarzwälder Bote*, Sonderbeilage du 12.Okt.1989, n°236, et BECHTLE (L.), « Die Zukunft im Griff », in *Schwarzwald*, Merianheft du 11 nov.1989.
77 - Dans la région du Feldberg, le premier « Ranger » surveille le comportement des touristes pour assurer la protection de cette région presque alpine, devenue fragile par l'érosion causée par une utilisation touristique trop intense (*Rheinischer Merkur*, n°23, 9.8.91).
78 - Ces problèmes sont discutés dans les Centres de Planification Régionale ; informations recueillies lors d'un entretien en octobre 1990 avec M. KAUFMANN, sous-directeur du Centre Schwarzwald-Baar-Heuberg à Villingen-Schwenningen.
79 - SCHLEICHER-TAPPESER (R.), ROSENBERGER-BALZ (C.), HEY (C.), *Perspektiven ökologischer Regional-entwicklung in Südbaden*, EURES, Report n°1, sept. 1990.

Deuxième partie

LA LOCALISATION DES ENTREPRISES :

ATOUTS ET HANDICAPS

D'UNE MOYENNE MONTAGNE

L'implantation des entreprises dépend de facteurs objectifs qui ont depuis longtemps été analysés par les économistes : la présence de matières premières et de sources d'énergie, des moyens de transport performants, une main-d'œuvre nombreuse et qualifiée, des débouchés locaux ou nationaux.

Cependant, ces éléments ne suffisent pas à comprendre la localisation des industries. D'autres variables plus subjectives et souvent irrationnelles peuvent intervenir. Il en est ainsi de l'attachement à une région, d'un esprit industriel et entrepreneurial. En définitive, la perception de l'espace par les industriels est au moins aussi importante que les éléments objectifs et rationnels.

Chapitre 3

UNE RÉGION TRES INDUSTRIALISÉE LE « SCHWARZWALD-BAAR-HEUBERG »

Cette région est non seulement très industrialisée, mais présente aussi tous les clichés liés généralement à la « Forêt-Noire ». C'est à Gutach que l'on fabrique ce fameux chapeau avec boules rouges en laine (le « Bollenhut ») ; c'est ici également que l'on peut trouver de très beaux exemples de la maison typique de la Forêt-Noire. Enfin, c'est surtout dans cette contrée qu'a commencé l'histoire de la fameuse horloge à « coucou » et ainsi, d'une certaine manière, qu'a débuté l'industrialisation moderne de la Forêt-Noire.

Cette activité clé est née à Furtwangen et a évolué vers une industrie très diversifiée, typique de la région mais aussi de toute la partie sud du massif. Une industrie qui réclame peu de matières premières, mais à haute valeur ajoutée et qui exige une main-d'œuvre qualifiée. C'est aussi une activité « propre » pour l'environnement ce qui est un atout essentiel, compte tenu de l'importance du tourisme.

Ce qui est aujourd'hui fondamental, c'est que cette industrie est capable de s'adapter rapidement à tout changement structurel lié aux nouvelles technologies.

La situation du Schwarzwald-Baar-Heuberg par rapport à la « Haute Forêt-Noire » lui donne des avantages : le relief moins tyrannique se prête mieux à une implantation industrielle ; de surcroît elle est bien située par rapport à d'autres régions industrielles importantes comme le « Mittlerer Neckarraum », l'agglomération de Stuttgart ou le Lac de Constance. Grâce à l'autoroute A81, la région du Schwarzwald-Baar-Heuberg est liée à ces deux régions. Elle est proche de la frontière suisse et, de ce fait, non loin de l'Autriche et de l'Italie. Vers la France, les liaisons par Bâle ou par la vallée de la Kinzig et Strasbourg sont plus difficiles, mais elles pourraient être améliorées par un aménagement des routes ou des chemins de fer. Cette région a donc une situation européenne assez centrale. Certes, par rapport au *Land* Bade-Wurtemberg, elle reste périphérique et marquée par la moyenne montagne, mais, comparée à l'intérieur de la montagne, elle offre d'incontestables atouts.

3.1. LA SITUATION GÉOGRAPHIQUE

Le problème de la non-conformité entre régions naturelles et administratives, déjà évoqué[1], est ici fort gênant. Les données de la Chambre de Commerce et d'Industrie du Schwarzwald-Baar-Heuberg à Villingen concernent les trois *Landkreise* SCHWARZWALD-BAAR, ROTTWEIL et TUTTLINGEN. Or, notre étude ne prend en compte qu'une partie du Schwarzwald-Baar-Kreis et une partie du Landkreis Rottweil (cf. Fig. 2 et 12). Il est donc nécessaire de descendre au niveau communal puis d'agréger les chiffres de Aichhalden, Hardt, Lauterbach, Schenkenzell, Schiltach, Schramberg, Tennenbronn et Eschbronn du *Landkreis* ROTTWEIl ; de Gütenbach, Königsfeld, Mönchweiler et Triberg du SCHWARZWALD-BAAR-KREIS, communes qui appartiennent toutes au « MITTLERER SCHWARZWALD » (la Forêt-Noire Centrale) et enfin de Furtwangen, St. Georgen, Schönwald, Schonach, Unterkirnach et Vöhrenbach du SCHWARZWALD-BAAR-KREIS mais qui sont rattachées au « SÜDÖSTLICHER SCHWARZWALD » (la Forêt-Noire du Sud-Est)[2].

La Forêt-Noire offre ici deux visages différents : le côté Ouest avec des vallées profondes, comme celles de la Kinzig, de la Gutach ou de l'Elz qui découpent fortement la montagne et la partie Est au relief moins heurté et qui descend doucement vers le Danube.

A l'Ouest, la couche de grés a presque complètement disparu et on rencontre surtout des formes arrondies, typiques des montagnes du primaire, gneissiques ou granitiques. Dans ces roches résistantes, les rivières ont entaillé des vallées étroites avec parfois des chutes d'eaux impressionnantes comme celle de la Gutach à Triberg. Cependant, dans l'ensemble, cette « Mittlerer Schwarzwald » (la Forêt-Noire médiane) reste peu élevée : son point culminant, le Rohrhardsberg, dépasse à peine 1 150 m.

Le côté Est est encore couvert d'une couche de grés, ce qui s'explique par une érosion moins forte en raison d'une altitude plus basse. À la limite du socle primaire, le contact avec la couverture gréseuse se marque dans le paysage par un talus bien visible avec des pentes raides ; en revanche, vers l'est, de bas plateaux s'étalent vers le Danube.

C'est aussi ici, dans la région de Furtwangen, Triberg et St. Georgen que se situe la « lutte pour la ligne de partage des eaux » (der Kampf um die Wasserscheide !). Du fait de la dissymétrie du relief, les eaux en direction du Rhin - Kinzig, Gutach, Schiltach - coulent plus vite avec une pente plus forte. Une partie des affluents du Danube a été capturée et seules deux rivières, la Brigach et la Breg, se dirigent vers le grand fleuve d'Europe centrale[3].

3.2. LE RÔLE DE L'AGRICULTURE

La forêt tient une place majeure dans les paysages. Il s'agit surtout d'épicéas (Fichten) de plantation. Environ 70 % des surfaces agricoles sont utilisées

Fig. 12 - Les unités naturelles de la région *Schwarzwaald-Baar-Heuberg*

Source : Regionalverband Schwarzwald-Baar-Heuberg, Regionalplan, Villingen-Schwenningen, 1977.

comme pâturages ; les champs occupent une place modeste, dans les vallées, sur les sols plus secs. La couche de grés forme une sorte de haut plateau avec des clairières (Rodungsflächen) assez vastes. C'est une région de transition qui annonce le paysage ouvert de la région du « BAAR » à l'est de la Forêt-Noire, deuxième ensemble naturel de la région administrative SCHWARZWALD-BAAR-HEUBERG (cf. Fig. 12). Par rapport à la montagne, le BAAR, grâce à des éléments plus favorables - relief, sol et climat - est davantage orienté vers la production agricole, en dépit d'une période végétative assez courte du fait de la longueur des hivers et d'un climat assez rude. Dans le langage populaire, on dit : « *sur le Baar il y a 5 mois d'hiver et 7 mois où il fait froid* »[4].

Dans la région choisie pour une étude détaillée, les sols, le relief, le climat avec une pluviosité de 1 000 à 1 800 mm/an et la fréquence des pentes parfois si raides que l'utilisation des machines s'avère parfois impossible, ne permettent pas une exploitation agricole intensive. C'est pourquoi les pâturages dominent le paysage comme presque partout en Forêt-Noire. Il convient cependant de souligner les différences entre la partie Ouest plus découpée et la partie Est plus plate et plus ouverte.

Quelques statistiques de 1977 pour les deux *Landkreise* concernés, le Schwarzwald-Baar et Rottweil confirment cette analyse[5].

Tab. 3 - L'utilisation du sol dans les *Kreise* « Schwarzwald Baar » et « Rottweil »

	Schwarzwald-Baar	Rottweil
Forêt	45,8 %	50,0 %
Superficies agricoles dont • *terres cultivées* • pâturages	42,9 % *35,0 %* 63,2 %	38,0 % *48,4 %* 49,4 %

Cette différence d'utilisation du sol entre les *Landkreise* Schwarzwald-Baar et Rottweil reflète les contrastes géologiques : dans le *Landkreis* Rottweil, la couche de grés présente un paysage plus ouvert et davantage de possibilités pour les cultures. Surtout, ce *Landkreis* est en partie installé sur le calcaire coquillier (Muschelkalk), superposé au grès, qui correspond à la région naturelle « Oberes GÄU »[6]. De là dérivent des sols favorables aux labours. La superficie consacrée aux cultures est donc plus importante dans le Landkreis Rottweil.

Par contre le *Landkreis* Schwarzwald-Baar appartient davantage à la Forêt-Noire avec des conditions moins favorables à l'agriculture : sols dérivant des granits ou des grés, relief plus marqué, climat plus humide et plus froid. En conséquence, la place des pâturages s'affirme davantage.

En fait, dans la montagne et dans ses abords immédiats, l'agriculture en repli apparaît en général comme une activité secondaire, une sorte d'assurance en cas de crise dans l'industrie et de perte d'emploi.

3.3. UNE INDUSTRIE DOMINANTE

3.3.1. Des statistiques sans équivoque

En fait, l'industrie fournit la majorité des emplois comme en témoignent les données suivantes :

Graph. 8 - La région Schwarzwald-Baar-Heuberg (communes de la Forêt-Noire) : population active par secteur économique en 1987

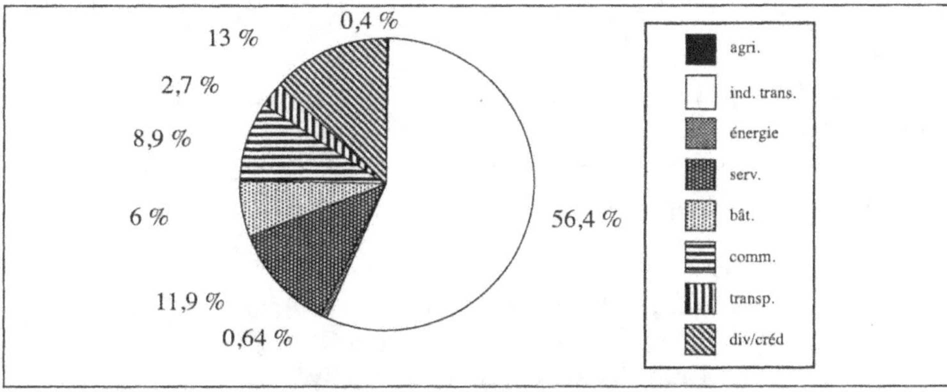

Source : Selon nos calculs issus du recensement de 1987 (Land Bade-Wurtemberg). Les chiffres ne se rapportent qu'aux communes de la Forêt-Noire.

Ces chiffres sont à comparer à la répartition des emplois par secteur des deux *Landkreise* entre 1961 et 1987 et à la situation de l'ensemble du Land Bad-Wurtemberg en 1987 :

Graph. 9 - Schwarzwald-Baar-Kreis[7] : Erwerbstätige (population active)

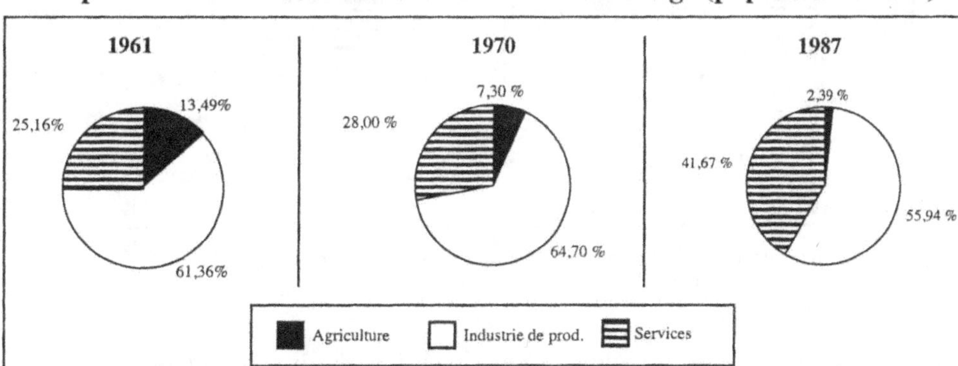

Source : IHK Schwarzwald-Baar-Heuberg, Der Kammerbezirk in Zahlen '89 – tableau : « Erwerbstätigkeit nach, Wirtschaftsbereichen », Volkszählungen 1961, 1970 und 1987. « L'industrie» comprend ici l'industrie de production, donc industrie de transformation + mines, eaux, énergie et bâtiment (calculs personnels).

Graph. 10 - Landkreis Rottweil[8] : Erwerbstätige (population active)

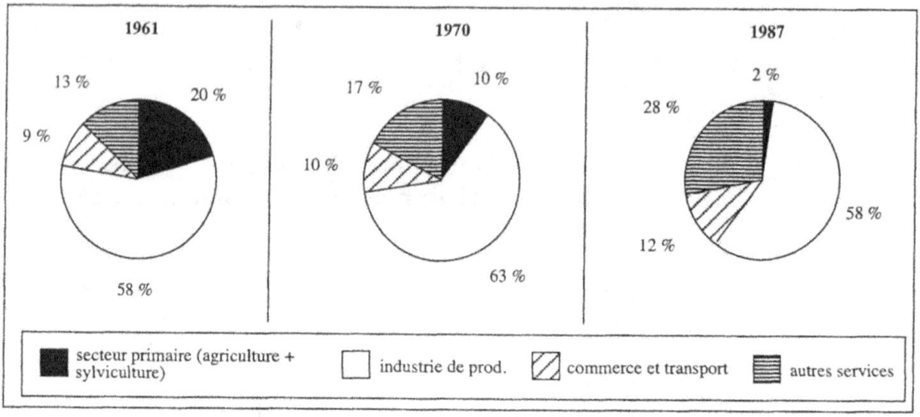

Source : cf. Schwarzwald-Baar-Kreis.

Graph. 11 - La région Schwarzwald-Baar-Heuberg et le Bade Wurtemberg (1987) : Erwerbstätige (population active)

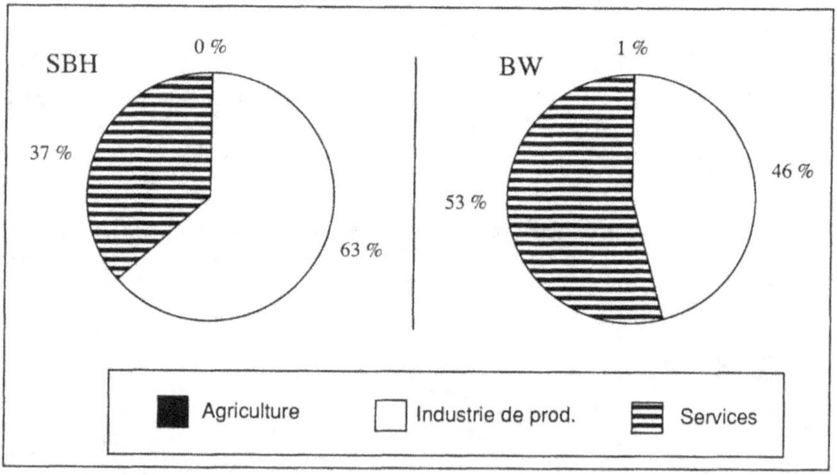

Source : Recensement du Land Bade-Wurttemberg 1987 (propres calculs).

En 1987, pour les communes de ces deux *Landkreise* faisant partie de la région naturelle « La Forêt Noire », donc notre centre d'intérêt, la répartition des trois secteurs économiques était la suivante :

Graph. 12 - Les communes du Schwarzwald-Baar-Kreis : (1987)[9] : Erwerbstätige (population active)

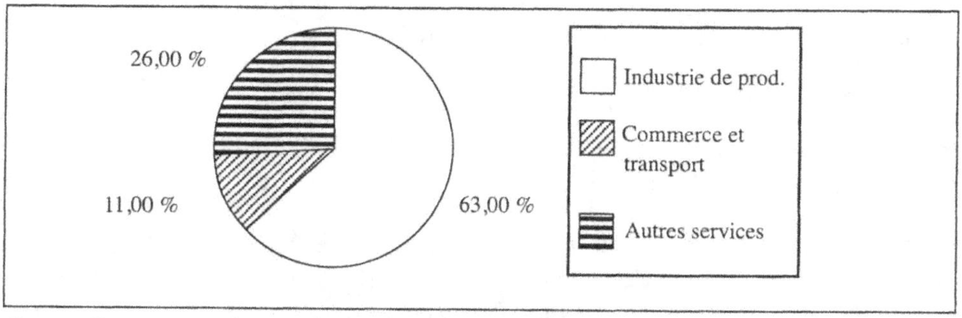

Source : Recensement du Land Bade-Wurttemberg 1987 (propres calculs).

Graph. 13 - Les communes du Landkreis Rottweil : Erwerbstätige (population active)

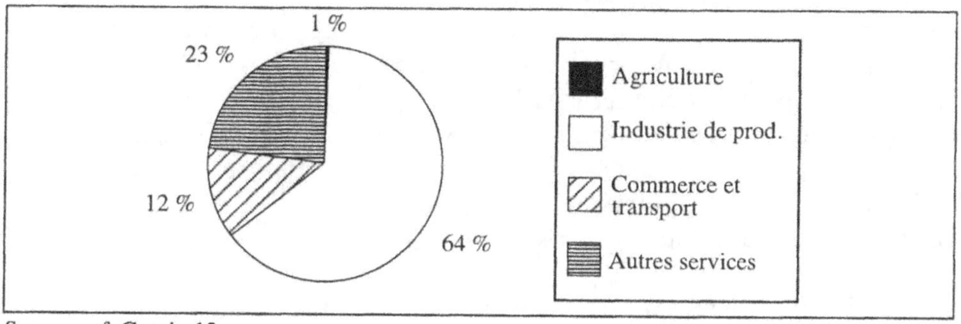

Source : cf. Graph. 12

Graph. 14 - Les communes de la Forêt-Noire, faisant partie des deux Landkreise (la région de recherche) : Erwerbstätige (population active)

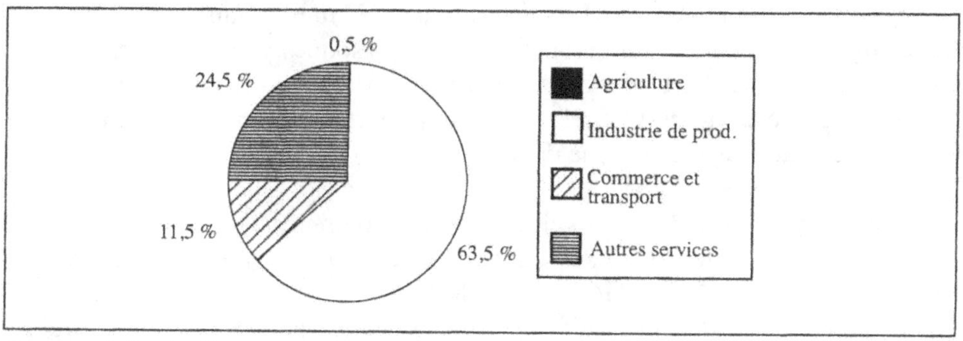

Source : cf. Graph. 12

En ce qui concerne l'industrie et les services, ces chiffres montrent que la situation dans les communes de la Forêt-Noire est presque identique à celle des *Landkreise* dans leur ensemble. Partout, le secteur secondaire est dominant et tient une place exceptionnelle. Il s'agit bien d'une région industrielle. Même si l'on établit la comparaison avec le *Land* Bade-Wurtemberg, la Forêt-Noire n'est pas une région défavorisée, du moins si l'on en croit la répartition de la population active. Or, ce *Bundesland* est actuellement l'un des plus « riches » d'Allemagne.

D'autres indices témoignent de cette forte industrialisation du Schwarzwald-Baar-Heuberg. Ainsi, le taux d'industrialisation (Industriedichte, Industriebesatz) est le plus élevé du Regierungsbezirk Freiburg[10] (taux de 137). Or, les communes de la Forêt-Noire du Schwarzwald-Baar-Heuberg dépassent le taux de l'ensemble de la région. En 1988, ce taux d'industrialisation, calculé en établissant le rapport entre les emplois industriels et la population pour 1 000 habitants, est de 189 dans le Schwarzwald-Baar-*Kreis*, de 175 pour le *Kreis* Rottweil et de 186 pour l'ensemble de la région Schwarzwald-Baar-Heuberg. A la même date, pour **les communes de la Forêt-Noire**, ce taux s'élève à 291 pour le Schwarzwald-Baar-Kreis, à 239,5 pour le Landkreis de Rottweil et pour l'ensemble de la région Schwarzwald-Baar-Heuberg à 265,2. Ces taux sont bien supérieurs à ceux du *Land* Bade-Wurtemberg (taux 183,2 en 1987) et même de l'agglomération de Stuttgart (227,5)[11], pourtant une des régions les plus industrialisées du pays.

Selon la Fig. 8, *Le nombre d'emplois dans l'industrie de transformation par rapport au nombre d'emplois total* (en valeur relative), les deux régions se fondent en un seul espace industriel avec une offre d'emplois dans l'industrie de transformation très élevée, ce qui peut, en première analyse, paraître surprenant pour une région rurale ! Les chiffres exprimés en valeur relative ont cependant tendance à surévaluer l'industrie. D'une part, en l'absence de ville importante[12], les services et les commerces tiennent une place réduite. D'autre part, les taux d'industrialisation incluent un grand nombre de personnes venant de l'extérieur de chaque commune. Cette remarque concerne particulièrement les communes sises à proximité d'une agglomération plus importante, comme par exemple Mönchweiler (taux de 305) proche de Villingen.

Les statistiques exprimées en valeur absolue montrent aussi la puissance de l'industrie. En 1987, plus de 23 000 emplois industriels étaient recensés dans les communes de la Forêt-Noire des deux Landkreise.

Cette industrialisation engendre de fortes densités pour une région rurale (161 hab./km^2 pour les communes de Forêt-Noire du Kreis Schwarzwald-Baar). Dans l'ensemble, le *Landkreis* Rottweil est moins peuplé (166 hab./km^2)[13] que son voisin (189 hab./km²) mais, pour les communes de la Forêt-Noire, la situation est inverse. Les communes du *Landkreis* Rottweil ayant un pourcentage d'emplois élevé dans les branches « mécanique de précision » et « électronique » ont connu une évolution positive de la population entre 1970 et 1987 (cf. Fig. 11). En revanche, dans la région *Schwarzwald-Baar-Kreis,* seule la commune de Mönchweiler a enregistré une croissance de la population grâce à son évolution industrielle positive.

Tab. 4 - Nombre d'emplois industriels dans les communes de la Forêt-Noire en 1987

	Communes du Landkreis Schwarzwald-Baar 1987	Communes du Landkreis Rottweil 1987
Population	51 870	38 934
Nombre d'emplois totaux	24 451	17 390
Nombre d'emplois industriels (transf.)	**13 613**	**9 978**

Source : Recensement du Land Bade-Wurtemberg en 1987 (entreprises à partir d'un employé).

La Fig. 9 - *Évolution du nombre d'emplois dans l'industrie de transformation en Forêt-Noire* présente un visage différent, ce qui suppose d'importants mouvements de travailleurs entre les différentes communes.

3.3.2. Une industrialisation qui vient de loin

Pour comprendre pourquoi l'industrialisation est, ici, plus forte que dans d'autres régions de la Forêt-Noire, il faut examiner l'histoire de ces contrées pour analyser ensuite la situation actuelle de l'industrie : les différentes branches et leurs structures, les points forts et les handicaps de cette région.

Comme dans toute la Forêt-Noire, l'artisanat est à l'origine de l'industrialisation de la région Schwarzwald-Baar-Heuberg. Dès le XVIe siècle, les verreries jouèrent un rôle important avec une structure commerciale bien organisée reposant sur une séparation précoce entre la production et la distribution. Plus les verreries - en quête de bois - s'enfonçaient dans la forêt, plus elles avaient besoin de vendeurs ambulants pour mieux faire connaître leurs produits sur des marchés extérieurs. Ces vendeurs, profitant de leur position, créèrent des coopératives commerciales, les « compagnies de verre », pour distribuer par leurs propres établissements, parfois situés à l'étranger, les produits des verreries et également d'autres articles artisanaux. Dans la région du Schwarzwald-Baar-Kreis, Furtwangen et Neukirch furent les sièges de ces compagnies.

Bien qu'au XVIIe siècle les mines et la sidérurgie - par exemple Hammereisenbach avait déjà, en 1523, une usine sidérurgique[14] - fussent aussi présentes, ce fut surtout la fabrication des horloges et leur distribution presque « mondiale » qui donna l'impulsion décisive.

L'origine (Keimzelle) de cette industrie artisanale « typique » de la Forêt-Noire se situe à Triberg, Furtwangen, Neukirch et St. Georgen. A partir de ces noyaux initiaux, la fabrication se répandit au XVIIIe siècle et au début du XIXe siècle dans le « mittlerer Schwarzwald » (la Forêt-Noire centrale). Toutefois, le début d'une production industrielle, dans les villes voisines de Schramberg[15] et Schwenningen - appartenant au Wurtemberg -, porta un rude coup à la fabrication artisanale de la Forêt-Noire badoise qui vécut sa première crise. En 1850, par la création de l'école des horlogers à Furtwangen, le gouvernement tenta de limiter le déclin de la fabrication artisanale[16].

Le passage de l'artisanat à la production industrielle ne se fit pas du jour au lendemain. L'artisanat sous la forme de travail à domicile (Heimarbeit) n'a jamais totalement disparu de la Forêt-Noire et de la région, car c'est un travail complémentaire idéal pour l'agriculture. Cette fabrication à domicile se pratique encore aujourd'hui dans l'horlogerie. Ainsi, en octobre 1990, sur les cent soixante employés de l'un des établissements de Schonach, cent dix étaient des « Heimarbeiter » (travailleurs à domicile)[17]. Cette situation est bien adaptée aux conditions de la montagne : l'entreprise est plus flexible et a moins de contraintes si la demande diminue ; elle n'a pas besoin de bâtiments importants, car les pendules à « coucou » sont fréquemment assemblées par les travailleurs à domicile. Pour l'ouvrier, c'est un travail compatible avec un autre emploi car il ne réclame pas d'horaires fixes.

L'horlogerie ne fut pas la seule activité. D'autres entreprises, issues de l'agriculture ou du commerce furent fondées, parfois même avant 1800. Parmi celles qui furent créées entre 1800 et 1850 dans la région Schwarzwald-Baar-Heuberg, cinquante-trois existaient encore au lendemain de la Seconde Guerre mondiale[18]. Il s'agissait surtout de moulins, de scieries, de tuileries et de petites brasseries.

Néanmoins, le développement de l'industrie se fit lentement : en 1869, on comptait pour la région de Villingen[19] seulement sept usines horlogères et quinze autres établissements employant plus de vingt travailleurs. Fait exceptionnel pour cette époque, la faïencerie de Hornberg, en pleine Forêt-Noire, occupait quatre cents travailleurs.

C'est à partir du noyau horloger que la diversification s'effectua peu à peu. Il suffit de citer l'exemple des frères Steidinger à St. Georgen (Forêt-Noire). À l'origine fabricants de pendules, ils commencèrent en 1897 à produire des phonographes et, en 1971, leur entreprise DUAL s'était hissée au troisième rang mondial. On peut aussi retenir le cas de SABA, créée en 1918 à Villingen et dont les responsables, issus d'une vieille famille horlogère, choisirent de développer la production de postes de radio. En peu de temps, l'affaire devint la plus grande entreprise de la région de Villingen avec un chiffre d'affaires de 17,4 millions RM[20] en 1938.

Dès l'origine, l'exportation joua un rôle décisif. En 1926, les ventes à l'étranger d'harmonicas et d'accordéons de la région de Trossingen (*Landkreis Tuttlingen*) représentaient 90 % de la production, celles de l'industrie horlogère de la région de Villingen et St. Georgen (Schwarzwald-Baar-Kreis) 70-75 % ; 66 % du chiffre d'affaires de l'industrie des armes du *Landkreis* Rottweil et celle des instruments chirurgicaux à 60 %[21].

Ce qui est typique de la région, c'est que même durant les crises - et elles furent nombreuses depuis le début du siècle - les créations d'entreprises se poursuivirent, avec souvent pour origine de petits artisans qui eurent assez de courage et d'idées pour se lancer dans l'aventure. Ces fameux « Tüftler » ont été poussés par l'espoir de s'affranchir des malheurs de la crise économique. Ce comportement anti-cyclique, cet esprit pionnier est sans nul doute un des atouts fondamentaux de la Forêt-Noire.

Ce furent souvent aussi les années de crise qui provoquèrent des changements décisifs dans les méthodes de production, dans la gamme de produits existants, dans les structures des entreprises et dans la distribution. Ainsi, l'orientation vers les industries actuelles de cette région - la mécanique de précision et l'électronique, la transformation des métaux et la construction mécanique - date de la période comprise entre la fin de la Première Guerre mondiale et le début des années trente. Les causes de l'essor industriel ne résident ni dans les ressources en matière première ni dans la proximité d'un grand marché de consommateurs mais dans la qualité de la main-d'œuvre. C'est la raison pour laquelle l'industrie de transformation, qui demande peu de ressources, mais exige une main-d'œuvre abondante (arbeitsintensive Industrie), est ici dominante.

Ainsi, depuis le XVIIIe siècle, ces entrepreneurs, enracinés dans leur terroir, ont toujours joué un rôle essentiel dans l'industrialisation de la Forêt-Noire. Ils ont constamment lutté pour se maintenir, pour ne pas quitter la région et conserver le contrôle des marchés. Ils ont appris à s'adapter rapidement à des situations variées, un produit de qualité garantissant un prix plus élevé et des perspectives de bénéfices. Cette capacité d'adaptation à des situations économiques changeantes est restée jusqu'à aujourd'hui leur atout principal et a rendu possible le fait que cette région, peu avantagée par sa situation géographique, reste l'une des régions les plus industrialisées du *Land* Bade-Wurtemberg.

3.3.3. Une industrie diversifiée fondée sur de petites et moyennes entreprises

En observant la Fig. 8, on remarque aussitôt la forte industrialisation des communes de notre région. Pour la majorité, le taux dépasse les 50 % et se situe ainsi au-dessus de la moyenne. Certaines se caractérisent même par des chiffres exceptionnels comme, par exemple, Gütenbach (67,3 %), St. Georgen (65,3 %), Mönchweiler (71,5 %) ou Schiltach (71,3 %).

La structure économique repose à 80 % sur l'industrie de transformation et principalement des activités dérivant de l'horlogerie. Presque la moitié des emplois industriels (43,5 %) relève de la mécanique de précision et de l'électronique. Dans le *Landkreis* Schwarzwald-Baar, berceau de l'horlogerie, 53,3 % des emplois industriels appartiennent à ces branches. Les centres traditionnels comme Furtwangen, St. Georgen, Schonach, Schönwald et Vöhrenbach sont toujours des centres industriels majeurs avec 40 à 70 % des emplois qui se rangent dans le groupe « mécanique de précision ».

Cette industrie n'a plus rien de traditionnel. Elle recourt aux technologies ultra-modernes aussi bien pour le développement que pour la production ou l'administration. Ainsi, la mécanique de précision s'est orientée vers la micro-mécanique et l'électronique vers la micro-électronique, des activités en mutation rapide et qui doivent s'adapter constamment. De multiples débouchés sont possibles vers la technique médicale (Medizintechnik), les télécommunications, le laser (Lasertechnik), la cybernétique (Kybernetik), la robotique (Roboter) ou la haute fréquence (Hochfrequenztechnologie). Un développement suivi de ces domaines peut être le garant d'une croissance économique prospère de la région[22].

Certaines branches hautement spécialisées ont installé leurs unités principales en Forêt-Noire, avec des ventes non seulement sur des marchés européens, mais également dans le monde entier. Il en est ainsi pour la fabrication des **instruments médicaux** ou des **pièces de décolletage de haute précision** (Präzisionsdrehteile), atouts économiques fondamentaux de la région et également de l'horlogerie. L'**horlogerie** elle-même est maintenant une industrie moderne. Il en est de même pour la fabrication de ventilateurs (Ventilatoren) et la production de conducteurs isolés et de câbles spéciaux ou d'interrupteurs. D'autres exemples pourraient être cités.

La technologie moderne est également déterminante pour le **travail du métal** (19,3 % des emplois industriels de transformation) et la construction mécanique (17,36 %). La région est l'un des fournisseurs mondiaux de machines-outils à commande numérique et de tout engin relevant de l'automatisation industrielle.

En quatrième position - par le nombre d'emplois industriels - se situe le **travail du bois** (8,3 %), mais avec une part très inférieure à la moyenne de la Forêt-Noire (15,35 %). Le chiffre est un peu étonnant car 45 % de la région est boisée. Toutefois, un quart seulement de la forêt est exploité, l'essentiel remplissant une fonction de détente et de protection de la nature. Pour cette région fortement industrialisée, les bonnes relations entre industrie et nature sont primordiales pour qu'elle conserve son côté attractif. Des règles strictes d'exploitation forestière sont

Fig. 13 - L'accessibilité de la Région *Schwarzwald-Baar-Heuberg*

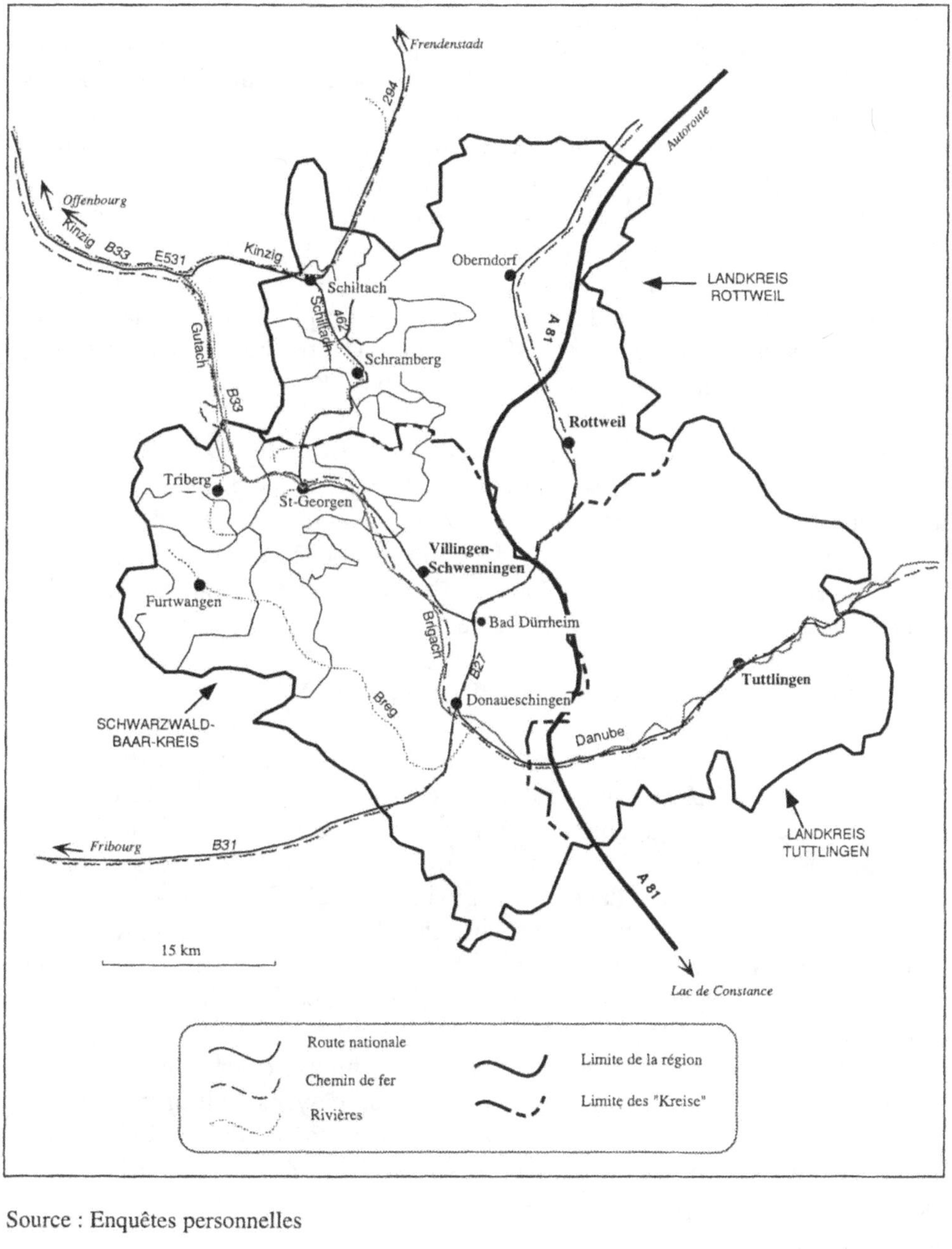

Source : Enquêtes personnelles

à respecter, en ce qui concerne les coupes et les méthodes d'exploitation, et les fonds boisés (Waldbestände) sont fortement contrôlés.

Comme dans toute la Forêt-Noire, les entreprises sont avant tout des PME (entre 20 et 50 personnes). La majorité d'entre elles ont moins de cent employés, ce qui s'explique par leurs origines artisanales. Cependant, les entreprises sont plus grandes dans cette région « très industrialisée » qu'en « Haute Forêt-Noire » ; ici, seulement 19 % du nombre d'emplois industriels se trouvent dans des petites entreprises de moins de vingt employés. Il s'agit souvent de sous-traitants spécialisés dans les pièces détachées ou les composants pour des systèmes de fabrication à base numérique.

La main-d'œuvre employée présente une double caractéristique. D'une part, l'emploi féminin est important (en 1978 : 35 % pour toute la région Schwarzwald-Baar-Heuberg ; ce taux a baissé en 1994 : 28 % des entreprises enquêtées)[23] en particulier dans la mécanique de précision, branche dans laquelle les mains habiles sont recherchées. D'autre part, les travailleurs étrangers occupent une place de choix dans la région[24].

Deux autres traits caractéristiques méritent d'être soulignés. Il faut relever, d'une part, l'importance des travailleurs à domicile pour l'assemblage et la sculpture sur bois dans l'horlogerie. D'autre part, un grand nombre de personnes font la navette entre lieu de travail et lieu de résidence et parcourent parfois quotidiennement jusqu'à trente kilomètres[25]. Phénomène typique d'une région où beaucoup d'agriculteurs ont une double activité.

3.4. Problèmes et perspectives : la fin d'une époque ?

« Travailler là où d'autres passent leurs vacances » est le slogan officiel de la région *Schwarzwald-Baar*, qui souligne ainsi la liaison entre l'industrie et le tourisme : une région agréable et une industrie « propre », une industrie qui n'est pas nuisible pour l'environnement. Par ailleurs, les trois secteurs économiques se complètent dans cette région : l'agriculteur offre des « vacances à la ferme » et le touriste, ou le curiste, est un acheteur potentiel des produits de la région. Néanmoins, l'emploi principal reste en général industriel. Une activité parallèle dans l'agriculture ou le tourisme garantit une certaine indépendance économique dans des situations conjoncturelles changeantes.

Le grand atout de la région réside dans ces interrelations entre les trois secteurs économiques. S'y ajoute un bon réseau de moyens de transport avec le sud du Bade-Wurtemberg et vers Stuttgart, la grande agglomération industrielle. C'est donc une région industrielle qui bénéficie d'une forte attraction (grâce à son paysage) et d'une image positive, des arguments de plus en plus importants dans la société contemporaine.

Suffisent-ils cependant à assurer l'expansion ?

En consultant les cartes *Évolution du nombre d'emplois dans l'industrie de transformation entre 1970 et 1987* (Fig. 9), *La population en Forêt-Noire, Évolution entre 1970 et 1987* (Fig. 11), *Nombre d'emplois dans l'industrie de transformation par rapport au nombre d'emplois total en 1987* (Fig. 8) *et Évolution du nombre total d'emplois entre 1970 et 1987* (Fig. 10)[26], on constate que cette région fortement industrialisée présente un bilan négatif, aussi bien pour l'évolution de la population (- 7 277 habitants) que pour le nombre d'emplois industriels (- 4 188 personnes en valeur absolue et - 10,8 % de perte pour le secteur « industrie de transformation »). Il en est de même pour le taux d'industrialisation (283,3 en 1970 et 258,8 en 1987). Le nombre d'emplois total indique par contre une légère augmentation de + 484 personnes, ce qui signifie une progression du secteur tertiaire[27].

Fig. 14 - Nombre d'emplois industriels (salariés assurés) par rapport au nombre d'emplois total (1993)

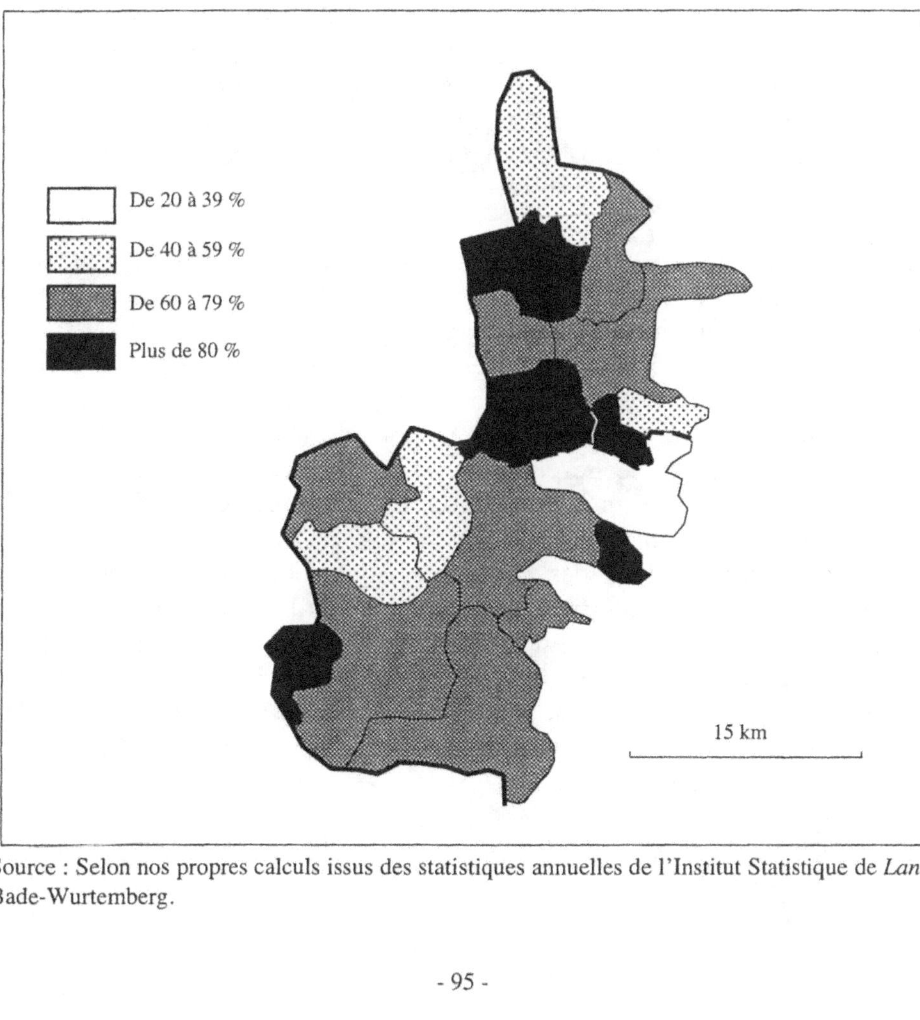

Source : Selon nos propres calculs issus des statistiques annuelles de l'Institut Statistique de *Land* Bade-Wurtemberg.

Compte tenu du niveau atteint et des réductions d'emplois liées aux mutations technologiques, cette évolution n'a rien de surprenant. Cependant, les données de certaines communes sont inquiétantes : ainsi Schönwald a perdu 33 % de ses emplois industriels entre 1970 et 1987[28]. Cette régression s'explique par la crise de l'horlogerie, branche dominante pendant longtemps, (années 1970 / 75) et par la crise de l'électronique, et du domaine hi-fi (fin 1970 / début 1980), surtout à St. Georgen avec la faillite de l'entreprise DUAL.

Cette perte d'emplois a eu des conséquences sur l'évolution démographique (cf. Fig. 11 et Fig. 16). Les gens ont quitté la région pour chercher des emplois dans les centres industriels de proximité, comme Villingen-Schwenningen ou Rottweil, ou plus éloignés encore.

Cependant, la corrélation n'est pas toujours nette. Ainsi, Schönwald, petite ville horlogère, a perdu beaucoup d'emplois (-33 % par rapport à l'année 1970), mais a enregistré une augmentation de population grâce à un effort vers le tourisme. C'est aujourd'hui une petite station d'hiver (ski de fond) et d'été. D'autres communes ont bénéficié de la proximité de centres plus importants : c'est le cas de Unterkirnach, proche de Villingen-Schwenningen, pour qui la petite commune représente un lieu de résidence plus agréable. En ce qui concerne les installations industrielles, elle offre aussi des terrains moins chers. Il en est de même pour Mönchweiler ou pour Hardt par rapport à Schramberg.

D'évidence, la région du Schwarzwald-Baar-Heuberg - comme d'ailleurs presque toute la Forêt-Noire - est aujourd'hui une région économique « sous pression d'adaptation constante »[29], ce qui signifie que sa situation industrielle dépend de branches qui sont soumises à des changements technologiques permanents. Ceci implique d'indispensables restructurations, une reconversion technologique de l'horlogerie à la micro-électronique, une grande ouverture face aux innovations et une recherche constante de produits moins chers, de meilleure qualité et la conquête de nouveaux créneaux. Ceci exige des investissements, surtout dans la recherche, ce qui est parfois difficile pour les PME. Malgré leur flexibilité, elles doivent fréquemment chercher un soutien auprès des grands groupes industriels et risquent de perdre ainsi leur autonomie. Dans ce cas, les emplois de la région sont dépendants de l'extérieur. La région du *Schwarzwald-Baar-Heuberg* a reconnu ce problème et installé des centres de transfert de technologie favorisant la diffusion de l'innovation, comme celui de Furtwangen ou l'Institut de recherche pour la micro-technique à Villingen-Schwenningen (cf. Chap. 5.2.6).

Notes

1 - Cf. supra, introduction.
2 - Unités naturelles selon l'Institut Statistique de Stuttgart - et cf. Fig. 2 *Les communes de la Forêt-Noire* et Fig. 3 - *Les régions naturelles de la Forêt-Noire*.
3 - MOHR (B.), *der Schwarzwald*, 1983, p.155-191 et BURKHARDT (H.) dir., *Baden-Würtemberg, eine Heimat- und Landeskunde*, Stuttgart, Klett, 1988, pp. 79-80 et Regionalverband Schwarzwald-Baar-Heuberg, *Landschaftsrahmenplan für die Region Schwarzwald-Baar-Heuberg*, Okt. 1989.
4 - Landkreis Schwarzwald-Baar dir., *Der Schwarzwald-Baar-Kreis*, Stuttgart, Theiss, 1977, pp. 327-328.
5 - *Das Land Baden-Würtemberg*, Bd VI, Regierungsbezirk Freiburg, 1982, (« Rottweil » p. 461, » Schwarzwald-Baar-Kreis » p. 539). Ces données statistiques se rapportent donc aux deux Landkreise entiers, mais on peut présumer que ce résultat est également valable pour nos communes étudiées.
6 - Ce nom signifie en allemand : région plate et, en général, agricole, car le sol est assez fertile. Cf. Fig. 16 : *Les unités naturelles de la région Schwarzwald-Baar-Heuberg*.
7 - Le *Landkreis* « Schwarzwald-Baar » en entier!
8 - Le *Landkreis* « Rottweil » en entier !
9 - Selon nos propres calculs issus du recensement du Land Bade-Wurtemberg 1987, par l'Institut statistique de Stuttgart.
10 - Région administrative supérieure aux *Landkreise*. Autour de la ville de Fribourg, cette région comprend 9 *Landkreise*, soit tout le Sud-Est du Land Bade-Wurtemberg - cf. Fig. 4 - *Les unités administratives du Land Bade-Wurtemberg* de l'Institut Statistique de Stuttgart.
11 - Également recensement de 1987, concernant les entreprises ayant au moins d'un salarié. Ce chiffre ne se rapporte qu'à la ville même ; certains *Landkreise* très industrialisés des alentours de Stuttgart ont un taux beaucoup plus élevé : par exemple, Böblingen, centre de l'industrie automobile (287) ou Göppingen (271,8).
12 - Les grandes villes de la région comme Villingen-Schwenningen, Donaueschingen, Blumberg et Rottweil ne font pas partie de la Forêt-Noire. Cf. *carte topographique* (Fig. 1).
13 - IHK Schwarzwald-Baar-Heuberg, *der Kammerbezirk in Zahlen 1989*, - chiffres de 1988.
14 - Mais la fabrication de la fonte au coke ruina cette filière et ces usines furent fermées vers la fin du XIXe siècle.
15 - Avec la famille Junghans en 1861 - cf. supra, chap.1.2.2.3. *La fabrication des horloges*.
16 - Reinhold Dietl, « Industrie, Handel, Dienstleistungen », in Landkreis Schwarzwald-Baar dir., *Der Schwarzwald-Baar-Kreis*, Stuttgart, Theiss, 1977, pp. 355-358 et l'article : « Mehr Höhen als Täler », *Wirtschaft im Südwesten*, Okt. 82, p. 452.
17 - Chiffres obtenus lors d'une visite de cette entreprise en oct. 1990 – Entreprise Anton Schneider&Söhne GmbH&Co - entretien avec M. Jürgen Schneider.
18 - Cf. *Wirtschaft im Südwesten*, Okt. 1982, article : « Mehr Höhen als Täler », p. 452.
19 - Villingen est la « capitale » du *Landkreis* Schwarzwald-Baar, c'est pourquoi elle sert ici d'exemple.
20 - RM = Reichsmark (le mark du Troisième Reich).
21 - *Wirtschaft im Südwesten* 10/82, p. 456.
22 - MARQUARDT (J.), « Elektrotechnik und Elektronik geben der Region viele Impulse », in *Schwarzwälder Bote*, Sonderbeilage, vom 12. Okt. 1989, n°236.
23 - Voir l'enquête (chap. 5.2.2. *Main-d'œuvre*).
24 - Cf. chap. 5.2.2. *Main-d'œuvre* - dans les entreprises enquêtées, on recense environ 10 % de travailleurs étrangers.
25 - Enquêtes menées auprès des chefs d'entreprise entre 1992 et 1994.

26 - La région concernée, les communes de la Forêt-Noire de la région administrative Schwarzwald-Baar-Heuberg, est entourée sur chaque carte.

27 - Selon nos propres calculs.

28 - Selon nos propres calculs d'après les recensements de 1970 et 1987.

29 - Cf. article de MOHR (B.), LEIER (K.), « Wirtschaftsräume unter Anpassungsdruck », in *Regio Basiliensis XXIX*, 1988, pp. 179-194.

Chapitre 4

PRÉSENTATION DES COMMUNES ÉTUDIÉES ET DE LA MÉTHODOLOGIE DE RECHERCHE

4.1. L'ENQUÊTE DE TERRAIN PRIVILIGIÉE

Afin de pouvoir mieux appréhender cette région très industrialisée et de mieux connaître ses atouts et ses handicaps, il était indispensable de mener des enquêtes auprès des chefs d'entreprise, d'une part, et de l'administration, d'autre part.

L'objectif de ce travail de terrain a été de démontrer les hypothèses formulées quant aux problèmes de la région et à son avenir. D'une manière plus spécifique, on voulait connaître les raisons poussant les entreprises à s'installer en Forêt-Noire, région soi-disant défavorisée, et leurs jugements concernant ce territoire en tant que lieu d'implantation industrielle.

La région SCHWARZWALD-BAAR-HEUBERG a été choisie comme région d'investigation en raison de son taux d'industrialisation « élevé » : dans la majorité des communes, plus de 50 % des emplois peuvent être qualifiés d'industriels[1]. Il a été ainsi possible de recueillir de nombreuses informations sur l'organisation des filières industrielles, l'origine des capitaux, etc. Par contre, compte tenu de la structure hétérogène de cette montagne, il faudra se montrer prudent avant de généraliser les résultats. Les explications ne seront probablement valables que pour cette partie de la Forêt-Noire avec ses conditions spécifiques. L'extrapolation des résultats obtenus à d'autres régions de la Forêt-Noire devra être vérifiée par d'autres enquêtes.

En 1987, pour onze des dix-huit communes de la région SCHWARZWALD-BAAR-HEUBERG, situées dans la massif de la Forêt-Noire, plus de la moitié des emplois sont industriels[2] et neuf d'entre elles, situées en majorité dans le *Kreis* Schwarzwald-Baar, ont même un taux d'industrialisation[3] supérieur à celui du

Land Bade-Wurtemberg (183) (cf. chap. 2.4 et 3.3.1)[4]. Seules quatre communes (Unterkirnach, Tennenbronn et Aichhalden) ont un taux d'industrialisation plus bas et comptent entre 40 et 50 % d'emplois industriels[5]. On note cependant deux exceptions, deux communes qui ne sont pas industrialisées : Schönwald et Königsfeld, située à 1 007 m d'altitude, ont misé sur le tourisme. **Königsfeld** est une commune totalement à part, car elle abrite la confrérie « Herrenhuter Brüdergemeine» qui a ses origines en Bohème-Moravie. « Ces frères moraves » sont aussi installés en Saxe et en Suisse. Königsfeld est ainsi un lieu de rencontre des prêtres, mais aussi de détente et de repos pour les missionnaires, avant de reprendre la route. La fonction religieuse est donc essentielle.

4.1.1. Les critères de sélection des entreprises

L'objectif était de choisir des entreprises représentatives des différentes branches mais de tailles différentes (en excluant celles de moins de dix employés). L'idée de départ était de discerner s'il existait des branches plus ou moins favorables à un développement industriel dans une région de moyenne montagne. Pour être exhaustif, il était souhaitable de s'adresser à plus de la moitié des entreprises d'une commune, ce qui ne fut pas toujours possible par manque de source fiable sur le nombre exact d'entreprises de plus de dix salariés ou simplement par impossibilité d'obtenir un entretien de la part des responsables.

Les annuaires recensant les entreprises ne sont pas toujours cohérents. Par ailleurs, il faut regretter que les données informatisées de la Chambre de Commerce ne soient pas toujours actualisées. En effet, les organismes consulaires ne peuvent obliger les entreprises à leur communiquer des informations. Rappelons qu'en Allemagne, l'inscription à une Chambre de Commerce est facultative. En outre, dans une situation conjoncturelle morose comme ce fut le cas durant la période des enquêtes (d'octobre 1992 à l'été 1994), les entreprises furent souvent réticentes à délivrer des informations. Enfin, il faut souligner une grande turbulence financière et géographique des établissements, en particulier pour certaines communes comme Mönchweiler et Hardt. La situation est donc fort mouvante. C'est pourquoi la liste fournie par la Chambre de Commerce a dû être complétée et vérifiée sur place.

Il ne fut pas toujours facile d'obtenir un entretien. Les entreprises en bonne santé étaient a priori plus ouvertes que celles en difficulté. Cependant, affirmer que toutes les entreprises qui ne m'ont pas reçue étaient en crise ne serait certainement pas justifié. Par principe, certains dirigeants, comme DOLD à Furtwangen, ne veulent pas donner d'interview. D'autres, comme JUNGHANS à Schramberg, se sont imposés des limites, par exemple de ne travailler qu'avec certaines universités. Enfin, quelques chefs d'entreprise étaient débordés et n'ont pas cru bon de donner suite à ma demande d'entretien.

Le refus d'interview, s'il provient surtout d'entreprises en difficulté, est un handicap, car si seules répondent des affaires qui fonctionnent bien, le bilan risque de refléter une situation positive et optimiste qui ne l'est pas en réalité. Cependant, l'échantillon est en définitive très large. Il a même été possible de recueillir des informations sur des entreprises qui ont fait faillite ultérieurement - ce qui prouve que la situation peut très vite changer et que les chefs d'entreprise ne s'y attendaient probablement pas. Ce fut le cas de deux entreprises interrogées de St. Georgen, MATHIAS BÄUERLE et HEINEMANN. Au total, sur les 178 entreprises de la zone étudiée, 94 ont été visitées.

4.1.2. Le déroulement de l'enquête

La méthode d'investigation a évolué. Un questionnaire a tout d'abord été envoyé par courrier. 10 % des entreprises ont répondu. Bien que les réponses aient été, à notre grande surprise, généralement très complètes, leur nombre était insuffisant et il a donc fallu se résoudre à conduire des interviews en direct.

Dans cette seconde étape, par crainte des refus, j'ai rarement eu recours au téléphone. J'espérais avoir plus de succès en me présentant personnellement. La méthode a donné des résultats, mais il a fallu souvent me déplacer deux fois, car la première visite ne servait, dans la plupart des cas, qu'à fixer un autre rendez-vous. Parfois, le premier contact a eu lieu par téléphone et les chefs d'entreprise m'ont reçue à une date convenue. Dans la plupart des cas, l'entretien a duré de une à deux heures. Les interviews les plus longues résultèrent d'un rendez-vous pris longtemps à l'avance, comme si les interlocuteurs s'étaient bien préparés.

La période de mon enquête correspond à trois phases distinctes : 1992, début de la crise (mais les responsables sont encore optimistes) ; 1993 - début 1994, déclin et pessimisme très répandu et puis, à partir de la mi-94, retour de l'optimisme.

4.2. LES RÉSULTATS GLOBAUX DE L'ENQUÊTE

Nous avons interrogé 94 entreprises sur les 178 ayant plus de dix salariés, ce qui représente 53,4 % des entreprises des quatorze communes concernées. Le pourcentage par commune varie de 33 à 80 %. Les taux les plus bas sont ceux de St. Georgen, Vöhrenbach et Unterkirnach. St. Georgen compte beaucoup d'entreprises, surtout des petites, et après en avoir interrogé dix-sept, issues de toutes les branches industrielles, il a semblé possible d'arrêter l'enquête.

Les entreprises visitées rassemblent environ 62 % des emplois industriels de la région. Les taux les plus bas sont à Unterkirnach (27 %) et Triberg (37 %). En revanche, à Tennenbronn, la totalité des entrepreneurs, à l'exception d'un petit établissement, a été interrogée (cf. Graph. 15 et 16).

Cependant, ces chiffres (en valeurs absolue et relative) sont approximatifs, car les sources statistiques sont hétérogènes. Il n'a pas été possible d'obtenir toutes les indications au même moment, les enquêtes s'étalant de 1992 à 1994.

Graph. 15 - Nombre d'entreprises par commune (entreprises totales et entreprises interrogées)

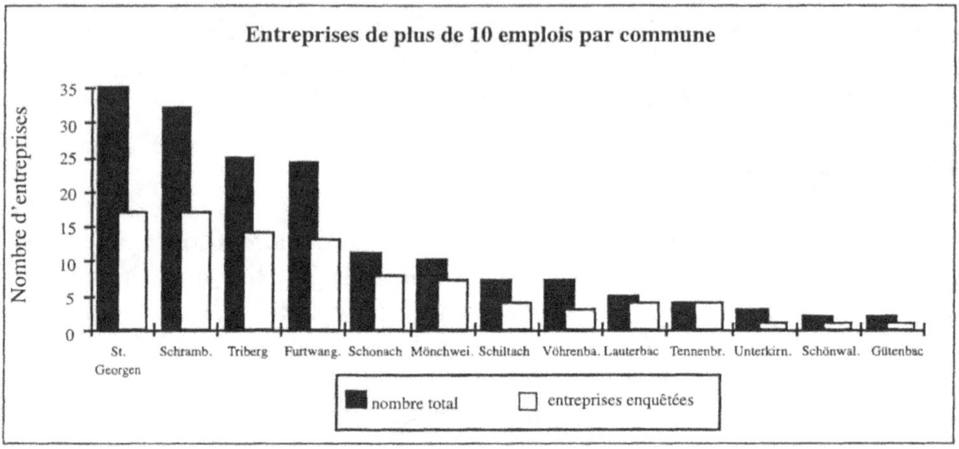

Source : enquêtes menées entre 1992 et 1994.

Graph. 16 - Pourcentage d'entreprises et d'emplois concernés par l'enquête par rapport au nombre d'entreprises et d'emplois totaux

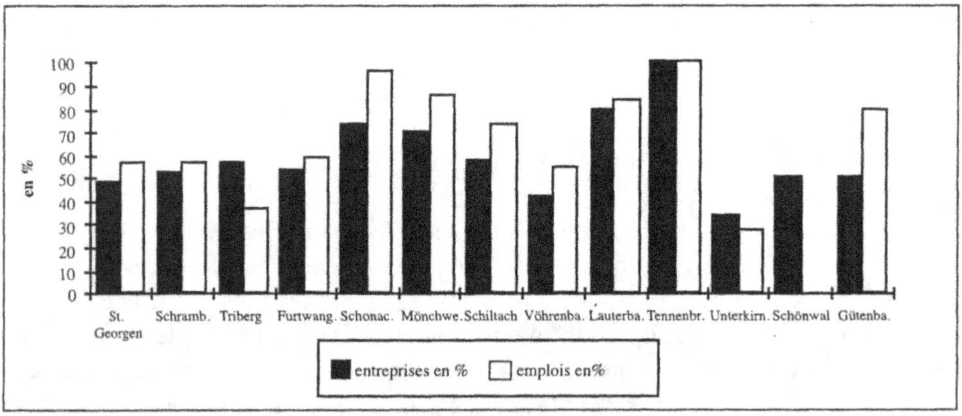

Source : Enquêtes menées entre 1992 et 1994.

Remarques : La représentativité du nombre d'emplois est difficile à calculer, car les chiffres des sources officielles ne sont pas suffisamment actuels, d'une part, et, d'autre part, en-dehors des recensements, la totalité des entreprises existantes n'est pas enregistrée.

Les données quantitatives doivent donc être considérées à titre indicatif. Elles sont, en général, le reflet des réponses d'une majorité d'entreprises (plus de 50 %), concernant plus de la moitié des emplois locaux.

Graph. 17 - Représentativité de l'échantillon selon la taille des entreprises (1992-1994) en valeur absolue

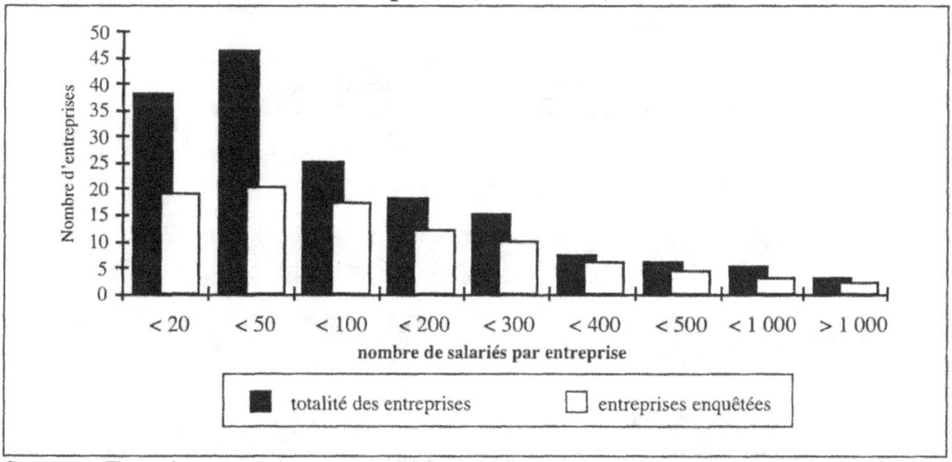

Source : Enquêtes menées entre 1992 et 1994.

Dans l'ensemble de notre région d'études, ce sont les **petites entreprises** qui dominent, ce qui reflète l'image de la Forêt-Noire dans son ensemble. La moitié d'entre elles comptent moins de cinquante salariés et 80 % moins de trois cents. Pour les entreprises interrogées, la situation est identique : l'échantillon retenu est donc représentatif.

Sur les 94 entreprises visitées, on en recense quinze avec plus de trois cents salariés, dont trois à **Furtwangen**: l'entreprise SIEDLE, techniques de télécommunication (Haustelekommunikation), qui compte 524 salariés; REINER, construction d'appareils (Apparatebau) avec 517 salariés et KOEPFER, fabrication de machines-outils avec 337 emplois. A **St. Georgen** on dénombre également 3 entreprises de ce type : la plus grande est GRÄSSLIN (techniques de précision et systèmes d'automatisation - Präzisionstechnik und Automatisationssysteme) avec 423 emplois ; WEISSER & FILS, machines-outils (420) et SCHMIDT, techniques de précision et systèmes d'automatisation (300). A **Schonach**, il s'agit de l'entreprise SBS, techniques de précision (300 emplois) et à **Mönchweiler** de ZEYKO, fabricant de meubles de cuisines avec 482 emplois. La ville de **Schramberg** abrite quatre de ces grandes entreprises : deux dans le domaine de la mécanique de précision - KERN & LIEBERS (1 063), CARL HAAS (380) -, une entreprise de meubles, MOSER (422) et une dans l'électronique, SCHWEIZER ELEKTRONIK (830). Enfin à **Schiltach,** sur quatre entreprises interrogées, trois comptent plus de trois cents

Graph. 18 - Répartition des entreprises interrogées selon la taille des établissements en 1992-1994

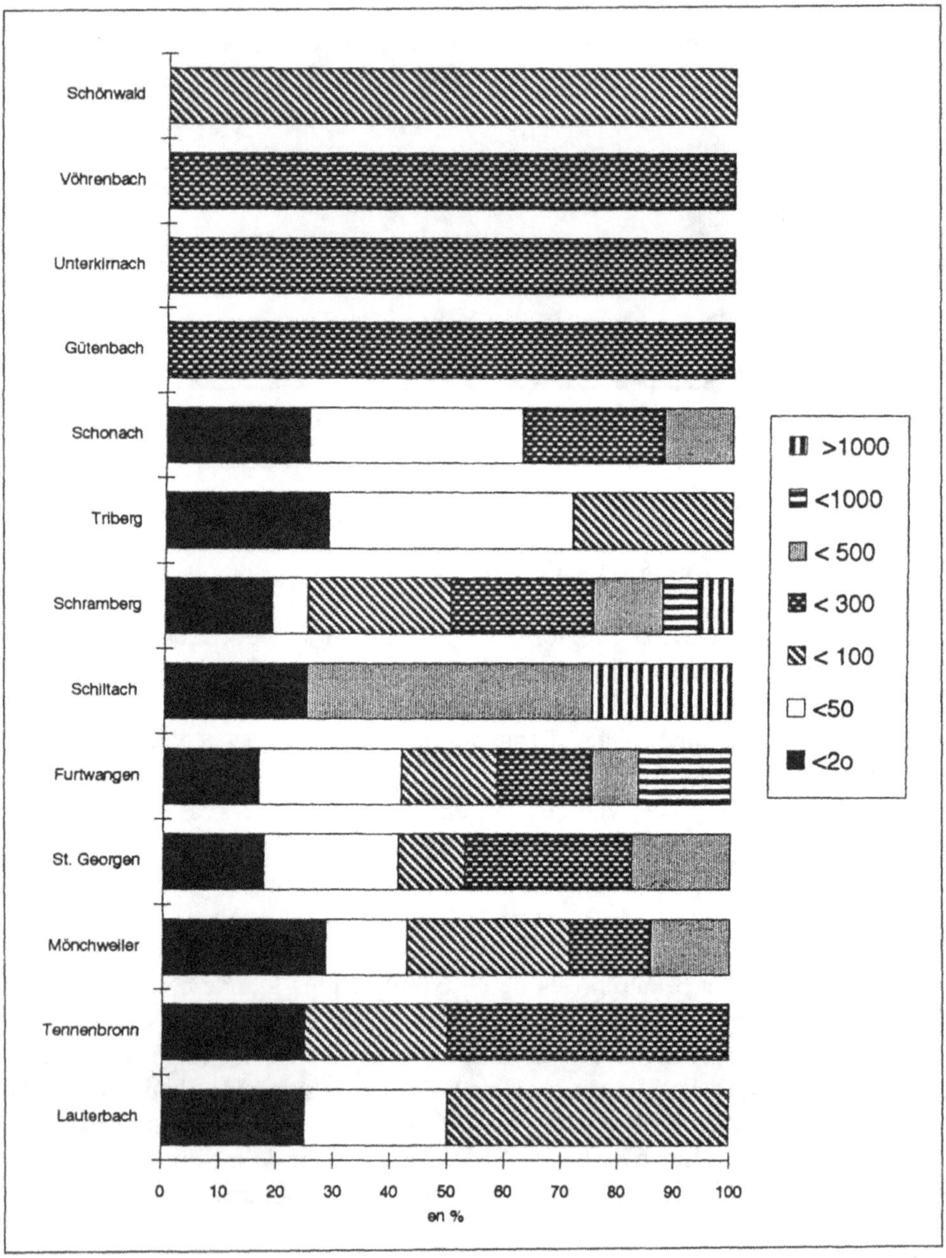

Source : Enquêtes menées entre 1992 et 1994.

emplois, spécialisées soit dans la mécanique de précision comme GRIESHABER (376), soit dans le traitement des métaux comme LES FRÈRES GRIESHABER (300) ou HANSGROHE. Cette dernière, mondialement connue, offre le plus grand nombre d'emplois (en 1999 : 1 150 à Schiltach et 320 près de Offenbourg dans la vallée du Rhin).

Graph. 19 - Représentativité de l'échantillon en fonction des secteurs d'activités en 1992-94 (valeur absolue)

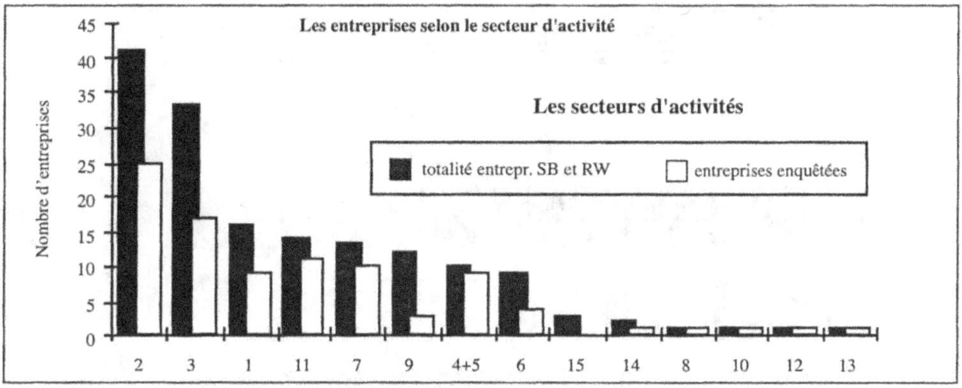

Source : Enquêtes menées entre 1992 et 1994 ; totalité des entreprises : 178 entreprises ; nombre d'entreprises enquêtées : 94.
SB : Schwarzwald-Baar-Kreis ; **RW** : Kreis Rottweil

Secteurs d'activité	
1 - Horlogerie	8 - Jouets
2 - Mécanique de précision	9 - Electronique
3 - Transformation des métaux	10 - Informatique
4 - Construction mécanique	11 - Plasturgie
5 - Machines-outils	12 - Emaillerie
6 - Haute technologie	13 - Chimie
7 - Bois	14 - Textile
	15 - Agro-alimentaire

Au total, trois entreprises dépassent donc les cinq cents emplois - REINER et SIEDLE à Furtwangen et SCHWEIZER ELECTRONIC à Schramberg[6] - et deux les mille - KERN, Hugo & LIEBERS à Schramberg et HANSGROHE à Schiltach. La structure dominante dans cette région la plus industrialisée de la Forêt-Noire est donc fondée sur une multitude de PME.

On notera que la ville de **Triberg** est dominée par des entreprises ayant entre vingt et cinquante emplois. Une seule usine dépasse les trois cents emplois. C'est une ville avec une vieille tradition artisanale qui a gardé une structure fondée sur les entreprises familiales. En raison de la situation géographique, le manque de surfaces disponibles pour une grande entreprise est sans doute le handicap majeur.

Graph. 20 - Répartition des entreprises interrogées par secteur d'activité sur les différentes communes (1992-1994)

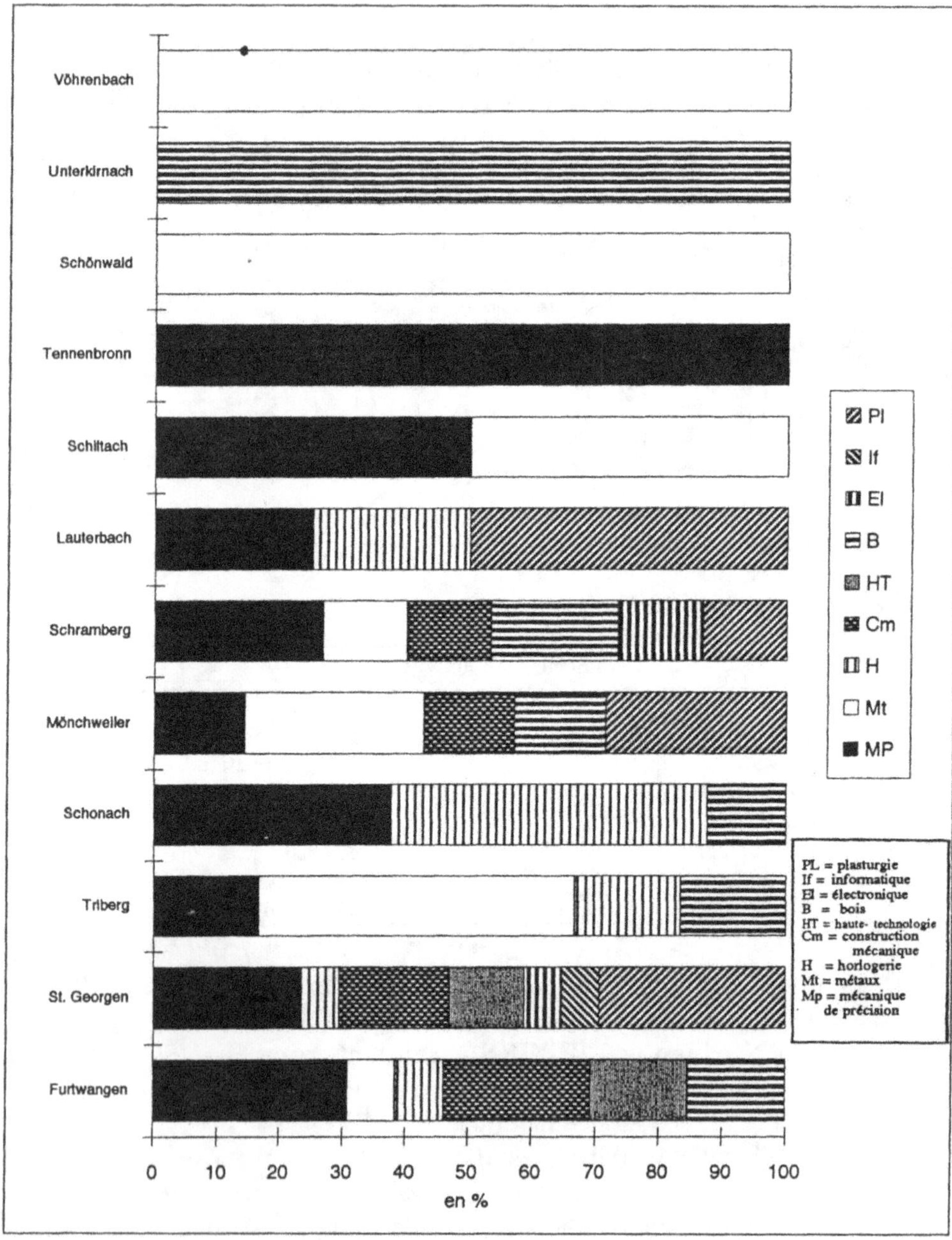

Source : Enquêtes menées entre 1992 et 1994.

Il faut aussi constater qu'un cinquième des entreprises interrogées ont entre dix et vingt emplois. C'est un chiffre considérable qui n'apparaît guère dans les statistiques, lesquelles ne prennent en compte que les établissements ayant un minimum de vingt emplois (ainsi les données statistiques publiées par les Chambres de Commerce). Si l'on y ajoute les entreprises de moins de dix emplois, nombreuses en Forêt-Noire, le pourcentage de celles qui n'apparaissent pas dans les chiffres officiels devient encore plus important.

Un quart de la totalité des entreprises de notre région de recherche travaille dans le **domaine** de la mécanique de précision et un cinquième dans la transformation des métaux[7]. Ici aussi, notre choix d'entreprises est représentatif de la région. En troisième position, on rencontre l'horlogerie, puis les matières plastiques et le bois et enfin l'électronique et la construction mécanique[8]. D'après le nombre d'emplois, la hiérarchie varie et c'est la construction mécanique plus les machines-outils qui se trouvent en quatrième position.

En ce qui concerne la **répartition communale**, on peut constater une certaine concentration de la mécanique de précision à Furtwangen, St. Georgen, Schramberg, Schiltach et surtout à Tennenbronn, où elle apparaît même comme la branche unique après la fermeture d'une entreprise de télécommunications. Toutes ces communes - à l'exception de Tennenbronn - ont connu une tradition horlogère qui n'est pas sans rapport avec la mécanique de précision.

La transformation des métaux domine à Triberg, mais aussi à Vöhrenbach, Schiltach et Schramberg. Il s'agit souvent de sous-traitants liés, dans notre région, à l'horlogerie ou à la mécanique de précision. Elle s'est développée dans une logique de division de travail, soit près des centres de l'horlogerie comme Vöhrenbach et Schiltach par rapport à Furtwangen et Schramberg, soit dans la même commune, ce qui est le cas de Schramberg et Triberg.

La vieille tradition artisanale de la Forêt-Noire, l'horlogerie, n'a gardé qu'un seul « centre », spécialisé aujourd'hui dans les horloges à coucou : Schonach, où plus de la moitié des entreprises travaille encore pour cette branche.

La fabrication des matières plastiques est située surtout à St. Georgen. C'est également une industrie qui s'est développée à la suite de l'horlogerie et de la mécanique de précision, des branches dans lesquelles on utilisait de plus en plus des matières plastiques à la place du métal pour produire moins cher et être plus compétitif face à la concurrence asiatique. Le plastique est une matière assez contestée en Allemagne. Les entreprises traitant le plastique doivent lutter contre sa mauvaise réputation et la fabrication doit s'accommoder de nombreuses règlementations, spécialement du côté des Américains. Malgré ces handicaps, elle reste une matière très répandue dans la production industrielle, souvent en liaison directe avec des domaines très innovateurs comme l'électrotechnique. En général, ces entreprises ont toutes été créées après 1945.

Graph. 21 - Représentativité de l'échantillon en fonction des dates de création d'entreprise

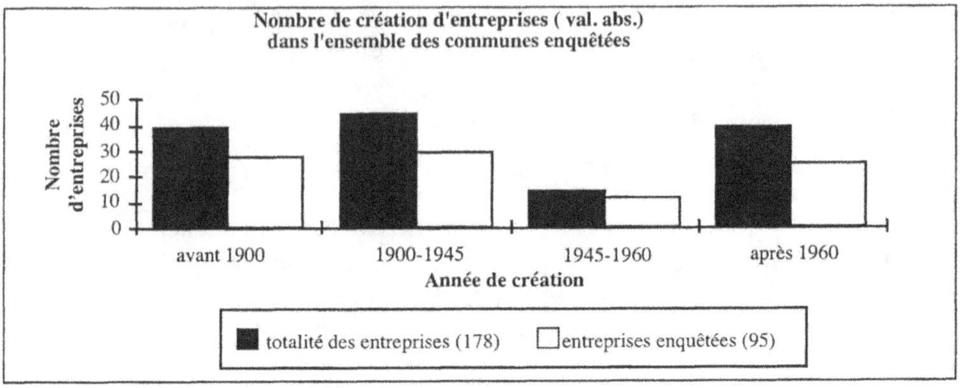

Source : Enquête menée entre 1992 et 1994.

En ce qui concerne **la date de création** des entreprises, les premières fondations du XIXe siècle se situent dans les vieux centres industriels et les villes d'horlogerie comme Furtwangen, St. Georgen, Triberg et Schramberg. Un cinquième de l'ensemble des entreprises fonctionnait avant 1900. Au début du XXe siècle et jusqu'avant la Deuxième Guerre mondiale, des entreprises se créèrent partout, en particulier à Triberg. Les années 1945-1960 sont plus calmes, les entreprises ayant à faire face aux conséquences de la guerre. Mais un nouveau départ s'effectue après 1960 et surtout dans les années 1980. Ainsi à St. Georgen, ville qui a beaucoup souffert des crises et de la concurrence asiatique, la volonté de créer, de lutter pour survivre se matérialise par la fondation de six des dix-sept entreprises interrogées. Ce sont toutes des entreprises qui essaient de se spécialiser, de trouver des créneaux porteurs comme, par exemple, la production de systèmes de nettoyage pour les distributeurs de bières dans les bars et cafés ou dans le domaine de l'environnement. C'est aussi à cette époque que fut créé, avec des aides du *Land*, le Centre de technologie à St. Georgen (1984), une pépinière qui a rendu possible la création de dix-huit petites entreprises de « high-tech », soit environ cent cinquante emplois (enquête en 1992).

Les années de haute croissance se traduisirent aussi à Mönchweiler et à Hardt par la fondation de zones industrielles et des créations d'entreprises. Il en est de même à Schramberg, grâce à la commune voisine de Sulgen et à sa zone industrielle.

4.3. PRÉSENTATION DES COMMUNES ÉTUDIÉES : LA VARIÉTÉ DES TERRITOIRES

Pour mieux comprendre l'interprétation des données recueillies au cours de l'enquête, il est indispensable de présenter chacune des communes de la région.

Leur situation topographique et historique très différente a certainement influencé leur développement économique actuel.

Les communes appartiennent administrativement à deux *Landkreise* différents[9] : *Landkreis Rottweil* et *Schwarzwald-Baar-Kreis*. En application de la théorie des places centrales (Zentrale Orte) de Christaller, on peut constater que les communes avec une infrastructure tertiaire inférieure se regroupent autour des pôles plus importants, autrement dit que les centres d'ordre inférieur (Unterzentren) dépendent de centres d'ordre supérieur (Mittel - oder Oberzentren). Ainsi dans la région étudiée, Schramberg est la ville la plus importante comme « Mittelzentrum », mais avec une influence plus marquée sur les communes du *Landkreis Rottweil*, comme Schiltach (elle-même centre inférieur pour Schenkenzell), Aichhalden, Lauterbach, Tennenbronn et Hardt (voir Fig. 15). Schramberg, qui a toujours appartenu par son histoire au Wurtemberg et non au pays de Bade, se présente comme une sorte d'enclave, ce qui a limité son influence sur les villes et communes qui l'entourent.

Les communes du *Kreis Schwarzwald-Baar* sont desservies par la ville de Villingen-Schwenningen. Comparable à Schramberg, c'est aussi un « Mittelzentrum », mais avec des fonctions partielles de « Oberzentrum » pour tout le sud de la Forêt-Noire. Bien que cette ville soit située géographiquement en limite du massif[10], elle se veut la « métropole de la Forêt-Noire » (Schwarzwald-Metropole / Schwarzwald-Hauptstadt) et, en tant que centre d'ordre supérieur (Oberzentrum), elle dispose de toute l'infrastructure tertiaire (« zentrale Güter ») nécessaire à la population et à la région. Quelle que soit l'échelle retenue, elle joue un rôle non négligeable dans toute la Forêt-Noire du sud-ouest. A titre d'exemple, le développement économique des deux petites communes Mönchweiler et Unterkirnach est fortement lié à son influence.

Il faut aussi distinguer des centres d'ordre inférieur (Unter- und Kleinzentrum) comme Furtwangen, dont dépend Gütenbach, et Triberg qui accomplit la même mission pour Schonach et Schönwald (cf. Fig. 15). Enfin deux communes manifestent une indépendance certaine : St. Georgen, petite ville de montagne avec la tradition industrielle la plus ancienne, certainement la ville la plus touchée par les différentes crises ; Königsfeld, lieu pratiquement isolé en liaison avec son histoire religieuse.

4.3.1. Les communes offrant des atouts pour un développement industriel

D'un point de vue topographique, ce sont les communes les plus à l'est qui disposent du maximum d'avantages pour un développement industriel. La montagne s'incline doucement vers le bassin de Souabe-Franconie, d'où la rareté des vallées profondes et l'extension des plateaux. Ainsi (du sud au nord)

Fig. 15 - Communes étudiées et unités administratives

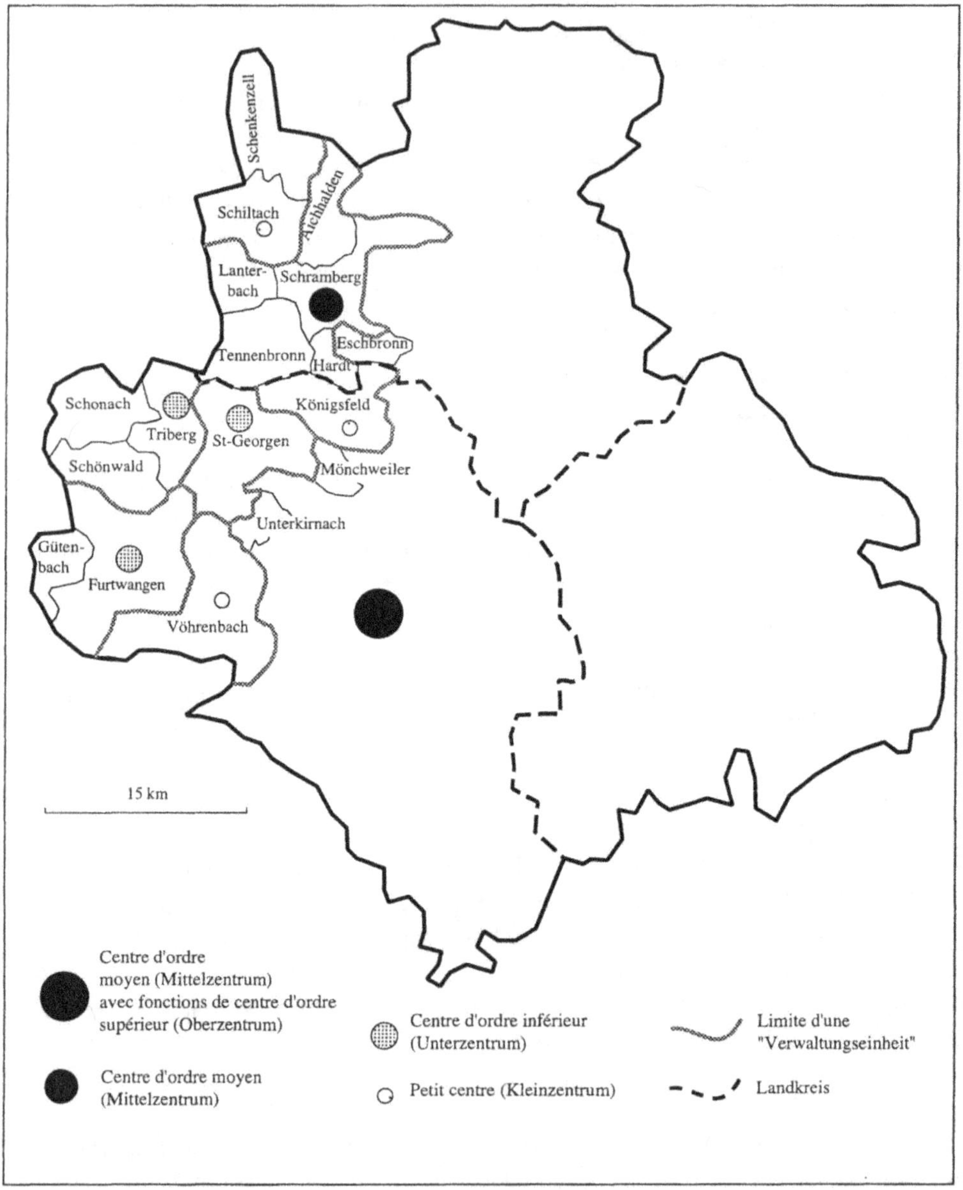

Source : Selon les enquêtes menées entre 1992 et 1994.

UNTERKIRNACH, MÖNCHWEILER, KÖNIGSFELD, HARDT et AICHHALDEN (cf. Fig. 15), localisées sur ces surfaces planes, disposent de vastes espaces peu tourmentés et donc favorables à une implantation industrielle. A cet avantage s'ajoutent également les proximités de Villingen-Schwenningen et de l'autoroute Stuttgart-Lac de Constance.

Mönchweiler, Unterkirnach et Hardt, petites communes ayant une **population** actuelle (1992) comprise entre deux mille cinq cents et trois mille habitants, ont « profité » de ces atouts. Ce sont les trois communes qui présentent le bilan démographique le plus encourageant. Entre 1970 et 1987[11], Hardt, la plus petite, a enregistré un gain de 477 personnes (27 %), Unterkirnach de 306 personnes (18 %) et Mönchweiler de 361 personnes (14 %).

De même, pour **l'évolution du nombre des emplois industriels entre 1970 et 1987**, ces trois unités, à l'exception de Schiltach (augmentation des emplois industriels de 56 %), sont les seules à offrir un bilan positif. Durant cette période, 63 emplois industriels se sont ajoutés à **Hardt** (+ 30,5 %) tandis que 45 étaient créés à **Unterkirnach** (+ 14 %). Le record appartient à **Mönchweiler** avec un solde positif de 373 emplois industriels (+ 69 %). Toutefois, à une époque où la tertiarisation de l'économie s'impose, ces créations représentent en valeur relative un faible taux d'augmentation des emplois industriels (1,1 %).

L'essor de **Mönchweiler (cf. photos 1 à 3)** résulte de la création d'une zone d'activités (Gewerbegebiet) dans les années 1970. La commune a ainsi pu offrir des terrains aménagés à des entreprises des environs qui songeaient à s'agrandir, mais n'avaient pas de possibilités sur place. Plusieurs établissements de taille non négligeable se sont installés ici (ainsi, ZEYKO en mai 1993 ; AZ-ARMATUREN en mars 1992 ; WIHA qui a gardé son siège principal à Schonach mais a créé une filiale à Mönchweiler en 1965, laquelle a été transférée dans la zone d'activités en 1989 ; de même, WEIßER UND GRIESHABER, implanté depuis 1971 à Mönchweiler, qui a rejoint la zone d'activités en 1991).

L'industrialisation de **Hardt** est plus récente. C'est seulement à partir de 1960 qu'une filiale de l'horlogerie STAIGER de St. Georgen et, en 1970, une filiale commune à STAIGER et KUNDO (UTS - Uhrentechnik Schwarzwald) ont choisi cette commune pour assurer leur extension. On notera que ce sont des entreprises de St. Georgen qui se sont installées à Hardt et qui ont déclenché son développement industriel et non celles de Schramberg pourtant plus proche (cf. Fig. 15). Cette dernière ville n'a pas besoin de Hardt en raison des possibilités offertes par les terrains de Sulgen situés à proximité immédiate. Cette commune a d'ailleurs été rattachée à Schramberg en 1939. Par contre, pour St. Georgen, si on veut éviter Villingen-Schwenningen, Hardt se situe à mi-chemin de l'autoroute A81 en direction de Stuttgart. En 1980/81, Hardt a créé une première zone d'activité (Gewerbegebiet) de cinq hectares pour six entreprises (la « Weilerstraße ») et, à partir de 1990, elle a étendu cette zone sur des terrains

Photo 1 - Mönchweiler - Mai 1994

Cette commune est située à l'extrémité est de notre région d'étude. C'est une région de transition entre la Forêt-Noire et le Baar, avec des plateaux plus favorables à une implantation industrielle.

Photo 2 - Mönchweiler - Mai 1994

D'origine agricole, la commune vit aujourd'hui grâce à ses entreprises. Notons que son attrait touristique reste limité.

voisins (la « Mariazellerstraße Süd »). Actuellement, la commune met en exploitation (Erschließung) le « Reutermoos », trait d'union entre les deux zones déjà existantes.

Photo 3 - AZ Armatures (1967) : 68 salariés

L'une des entreprises délocalisée à Mönchweiler (depuis Schonach) lors de l'aménagement de la zone d'activités. Une entreprise moderne, innovante et dynamique.

Entre 1987 et 1992[12], **le bilan démographique** des communes de Hardt et de Mönchweiler reste toujours positif, bien que la croissance soit ralentie (8,3 % et 2,6 %), mais Unterkirnach, également à proximité de Villingen-Schwenningen, témoigne d'une véritable explosion avec une augmentation de 50 % de sa population.

En ce qui concerne **l'évolution du nombre d'emplois industriels** entre **1987 et 1993**, les chiffres ne peuvent pas être comparés avec ceux de la période 1970-1987, car, en dehors des recensements, l'Institut statistique (Statistisches Landesamt) fournit des données à partir de l'enregistrement officiel, ce dernier concernant uniquement les salariés assurés (sozialversicherung-spflichtig beschäftigte Arbeitnehmer)[13] soit environ 80 % du total des salariés. Ces statistiques donnent néanmoins une idée de l'évolution : elles indiquent une augmentation de 31 % des emplois industriels pour Mönchweiler, de 21,7 % pour Hardt et de 15 % pour Unterkirnach qui occupent donc les 3e, 4e et 6e rangs de l'ensemble des communes étudiées.

Fig. 16 - Évolution de la population (en valeur relative)

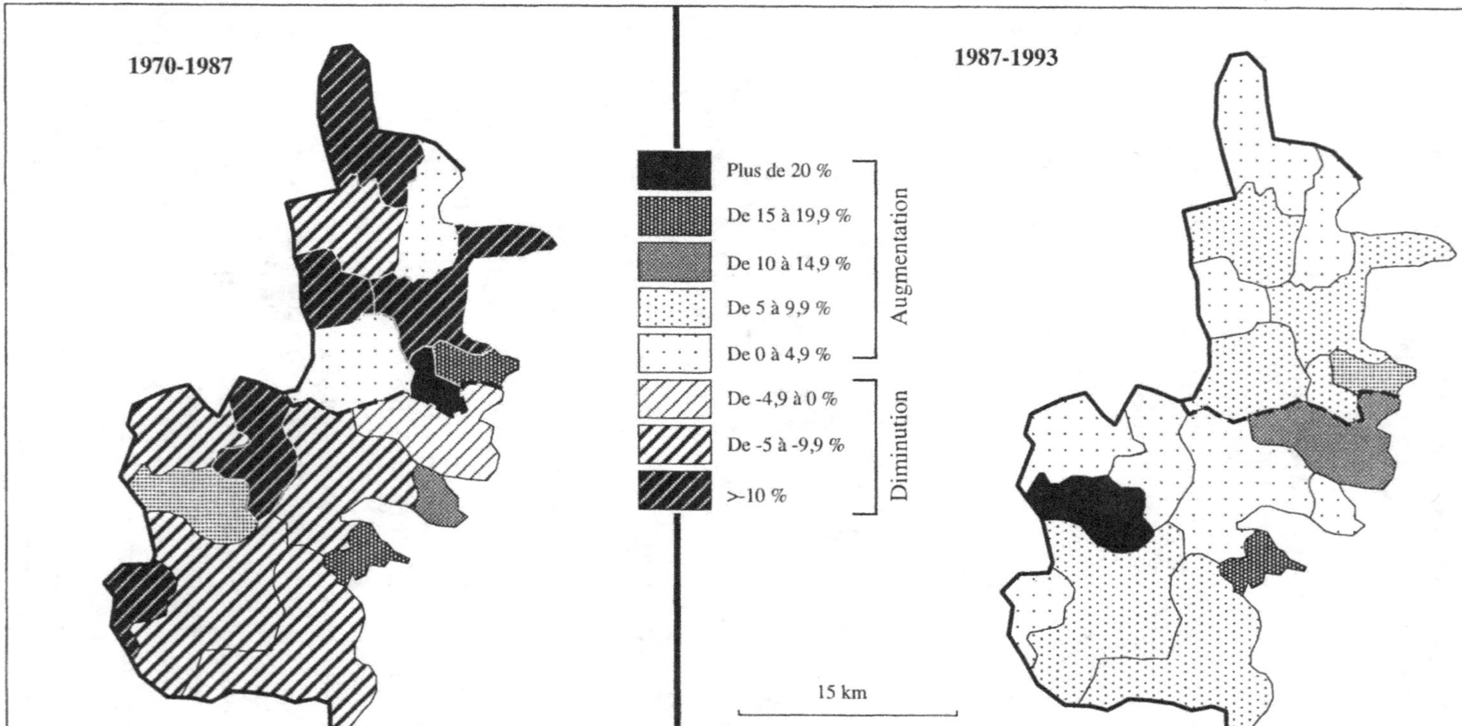

Source : Recensements de 1970 et 1987 du *Land* Bade-Wurtemberg (propres calculs).

Source : Établi d'après les statistiques annuelles de l'Institut Statistique du *Land* Bade-Wurtemberg (propres calculs).

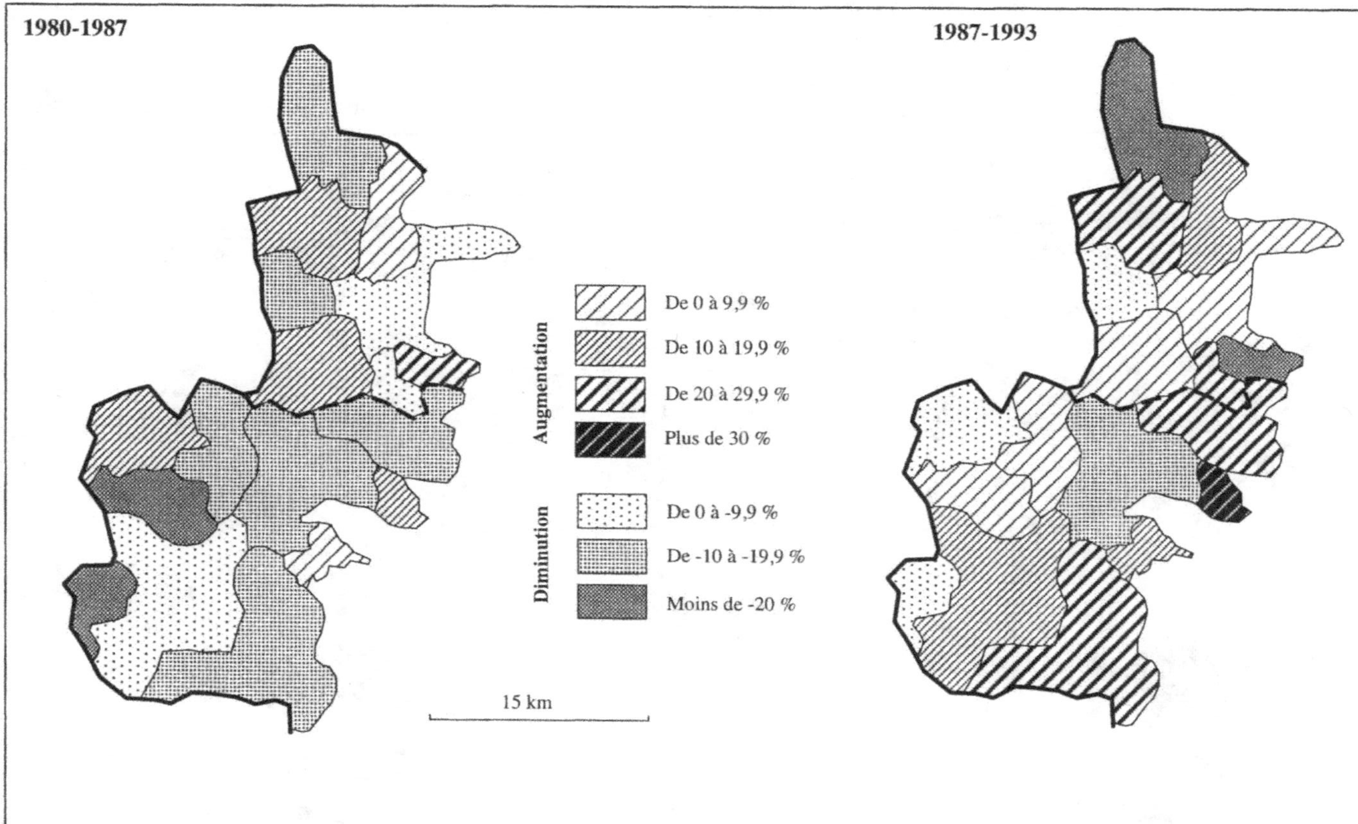

Source : Établi d'après le recensement du Bade-Wurtemberg de 1987.

Fig. 17 - Évolution de l'emploi total

Fig. 18 - Évolution des emplois industriels (industries de production) salariés assurés – en valeur relative (%)

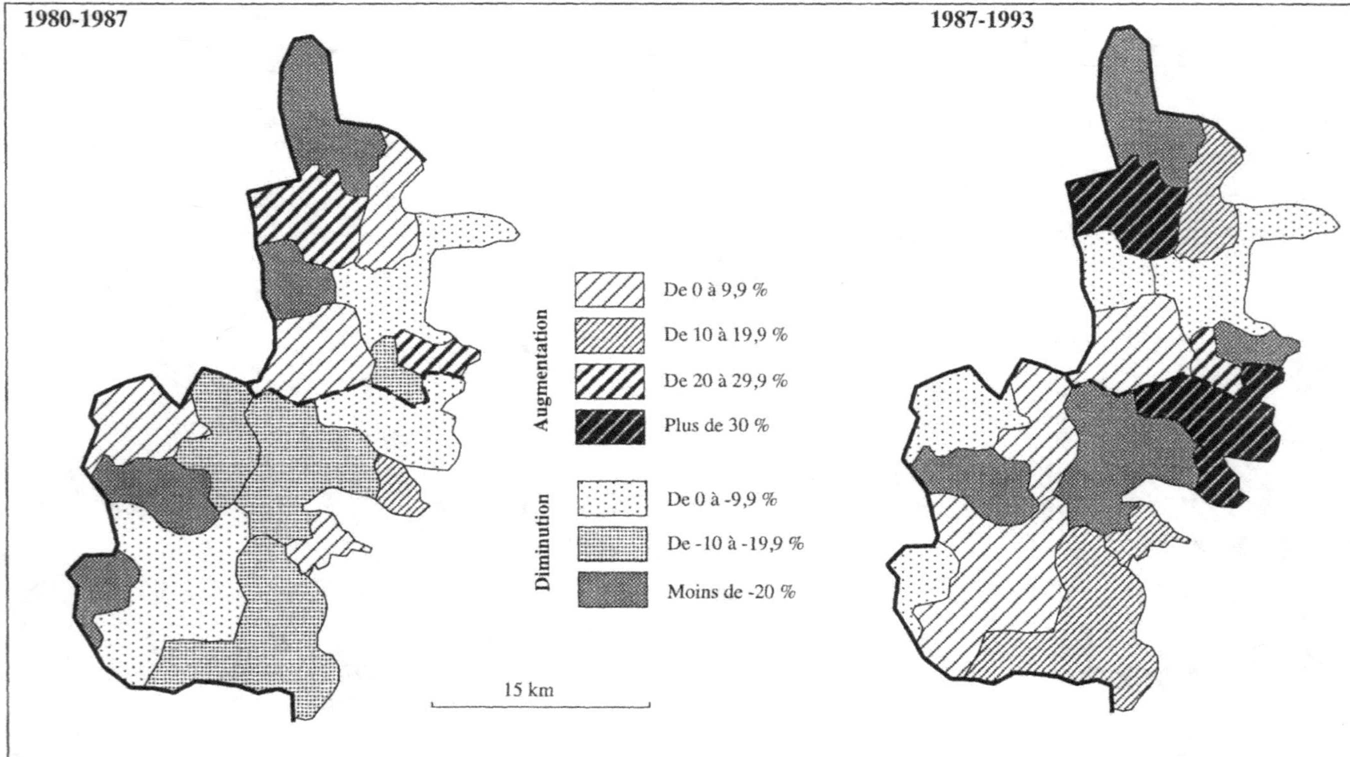

Source : D'après le recensement du Bade-Wurtemberg de 1987

En principe, les communes de **Königsfeld, Aichhalden et Eschbronn** connaissent les mêmes avantages que les communes précédentes mais, pour différentes raisons, elles ont connu un autre type de développement. **Königsfeld,** pendant longtemps, ne fut guère intéressée par l'industrie ; ce n'est que récemment qu'elle s'interrogea sur une telle opportunité. Après des bilans négatifs en termes démographique et économique (emplois totaux et industriels) entre 1970 et 1987, la commune se montre aujourd'hui très active. De 1987 à 1993, la population s'est accrue de 13,5 %, les emplois totaux de 29 % et les emplois industriels de 35,8 %, ce qui la met actuellement à la première place. Cependant, ces chiffres exprimés en valeur relative ne doivent pas être surévalués : leur importance est due à la quasi inexistence de l'industrie dans la période antérieure.

Pour **Aichhalden**, l'évolution est un peu analogue : aux bilans négatifs entre 1970 et 1987 succèdent, depuis 1987, des bilans positifs. Ce fut une commune longtemps agricole, située entre Schiltach et Schramberg, deux localités qui, au contraire, bénéficièrent d'une industrialisation importante. Les avantages liés aux espaces plats et à la proximité de l'autoroute sont seulement apparus lorsque ces deux villes ont commencé à manquer d'espaces industriels.

Eschbronn, sise entre Schramberg et Hardt, a le bilan le plus négatif de l'ensemble des communes prises en considération, de 1970 à 1987 comme de 1987 à 1993 : perte d'emplois totaux[14], perte d'emplois industriels encore plus importante (-42 % entre 1970 et 1987 et -51,5% entre 1987 et 1993)[15] caractérisent cette commune formée de plusieurs petits villages très agricoles. L'évolution régressive s'explique en partie par le comportement des autorités publiques peu favorables à l'industrialisation.

4.3.2. Les communes handicapées

Triberg

Contrairement à ces communes théoriquement « bien situées », il existe des communes de fond de vallée présentant beaucoup de handicaps pour une industrialisation. C'est le cas de Triberg, petite ville à 680 m d'altitude dans la vallée de la Gutach, affluent de la Kinzig. Si la Kinzig et la Gutach constituent le lien naturel entre le fossé rhénan (Offenburg) et l'axe Villingen Schwenningen - Lac de Constance, cette vallée de la Gutach taillée dans le granit (Triberger Granitmassiv) est trop en crise pour favoriser le développement des communications et l'extension urbaine. En raison de l'étroitesse du site, la ville est dans l'impossibilité d'offrir des surfaces suffisamment vastes pour les entreprises et même pour la construction des maisons privées. Il n'est donc guère surprenant que Triberg perde des habitants. De toutes les communes étudiées entre 1970 et 1987, c'est même ici que l'on enregistre le déclin maximal (- 25 % record du Bade-Wurtemberg). La diminution du nombre d'emplois, surtout industriels (- 34 %), est l'une des

Fig. 19 - Les conditions géographiques des communes étudiées

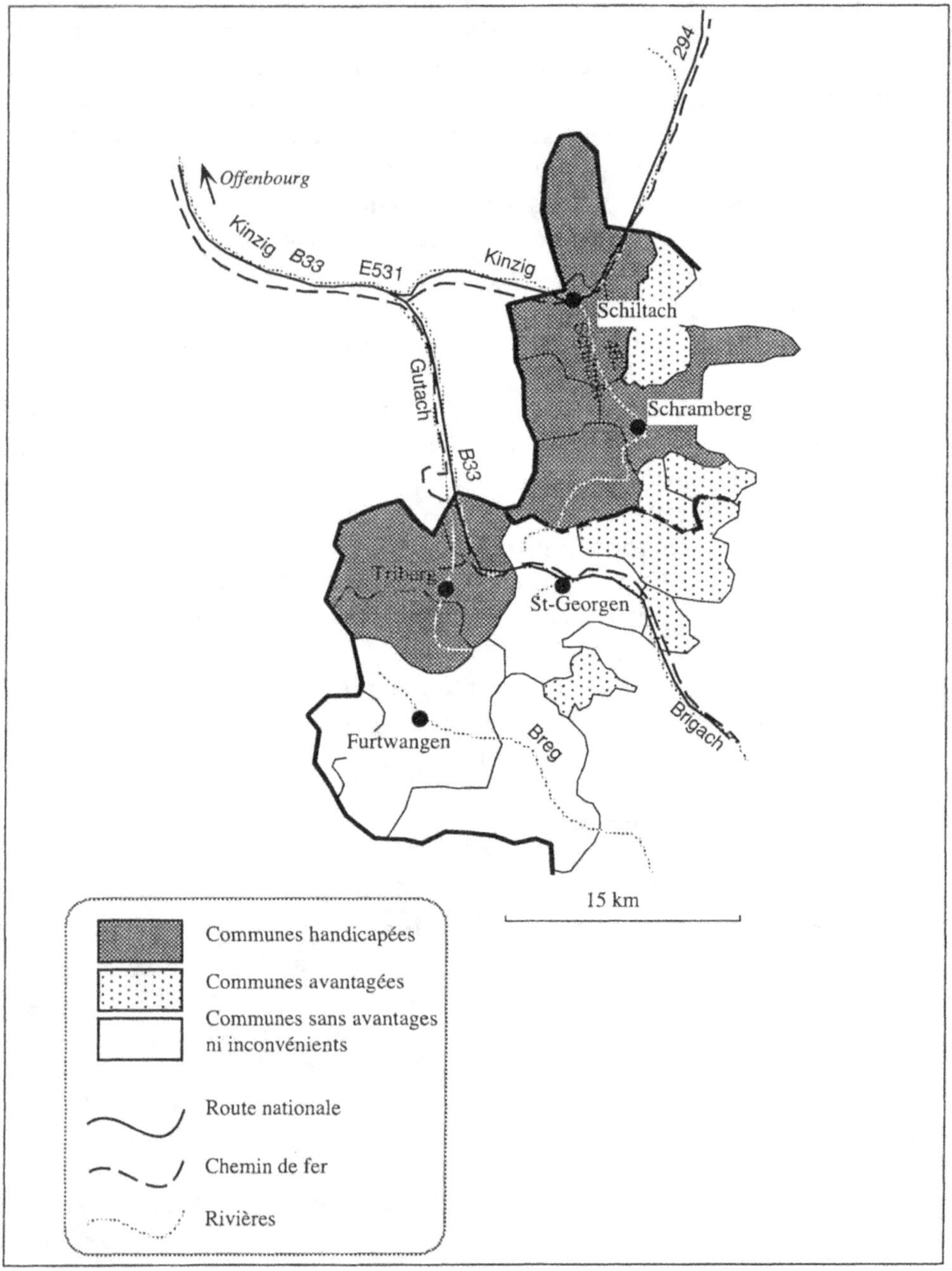

Source : propre élaboration.

raisons principales de cette régression. Dans cet important centre d'horlogerie, l'exode est causé non seulement par la baisse du nombre d'emplois, mais aussi par une offre peu qualifiée. La commune manque d'emplois pour les jeunes sortant du collège ou du lycée. Cependant, depuis 1987, la situation s'améliore, au moins relativement. On peut même constater qu'avec la crise, entre 1991 et 1993, la chute a été moindre que dans d'autres communes (en ce qui concerne les emplois industriels, Triberg -8 %, St. Georgen -14 %, Schramberg -9 % ou Schönwald -23 %)[16]. C'est certainement la structure industrielle fondée sur de petites entreprises parfois proches de l'artisanat qui a permis de limiter les dégâts, surtout si l'on compare à St. Georgen, sa voisine.

La commune de Triberg, ville depuis 1326, jouit pourtant d'une richesse naturelle qui la distingue des autres : de bonnes conditions climatiques, un air riche en ozone et presque jamais de brouillard. De plus, on a pu constater, dès 1932, une radioactivité de l'air bénéfique à la santé, grâce aux nombreuses sources et au sol - surtout dans les environs des chutes de Triberg[17]. Ainsi, depuis les années 1930, Triberg est ville thermale ayant le titre de station climatique (« heilklimatischer Kurort »), ce qui a attiré de nombreux touristes. Cependant, malgré les efforts de la ville qui a créé de nouveaux thermes avec un équipement moderne, la commune n'est pas devenue un lieu de séjour de longue durée. Le passage reste essentiel : on vient à Triberg pour contempler les chutes et acheter une pendule à coucou. Le manque d'espace a empêché la mise en place d'une grande infrastructure touristique. La pollution de l'air par un grand nombre d'autocars et une circulation difficile en ville sont la rançon à payer pour accueillir les 500 000 visiteurs qui, chaque année, se rendent aux chutes. Cet engorgement détourne une partie de la clientèle qui renonce à passer ses vacances dans la station. Le tourisme reste cependant pour Triberg la deuxième source de revenus après l'industrie[18].

Schönwald

Au sud de Triberg,Schönwald, située sur les hauteurs - c'est le village le plus haut de la zone étudiée -, a toujours plus stimulé le tourisme que l'industrie[19]. La vue, un air pur, les possibilités d'excursions pour tous âges en été et de ski de fond en hiver, une pression atmosphérique plus basse donc moins de brouillard et une situation sur la route touristique, la « Schwarzwald-Hochstraße », sont à l'origine de cette vocation. Une grande partie de son territoire est « protégée », avec interdiction de construire, ce qui limite les possibilités d'implantation industrielle.

De plus, l'infrastructure ferroviaire est inexistante et les routes sont très fréquentées par des touristes peu pressés. Ce n'est donc pas une situation favorable à l'industrie, surtout pour des entreprises qui, travaillant en externalisation, ont besoin d'un bon réseau de communication et pour qui le transport représente un facteur essentiel. Ainsi, une grande entreprise (de 300 emplois) a quitté Schönwald en 1991 pour s'installer à St. Georgen.

Schönwald reste avant tout un village touristique : depuis la construction de la « Schwarzwaldbahn » en 1837, les hôtels se sont installés et, grâce à ses avantages naturels, la commune porte depuis 1975 le titre de station climatique (« heilklimatischer Kurort »). C'est surtout un lieu de vacances familiales et 60 % des clients sont des couples, avec ou sans enfants, au-dessus de 45 ans. C'est aussi un lieu de séjour pour une clientèle exigeante en ce qui concerne l'hébergement.

Beaucoup de nouveaux habitants venant de l'Allemagne de l'Est se sont installés dans la commune, si bien que la population s'est accrue de 24 % entre 1987 et 1993[20].

Schonach

À l'opposé de Schönwald par rapport à Triberg se situe Schonach (cf. Fig. 15), une commune entre 800 et 1 150 m d'altitude avec une vieille tradition artisanale (Kübler, Schindler, Schnitzer / sculpteurs, Glasbläser / souffleurs de verre, et Strohflechter / rempailleurs), un des grands centres de l'horlogerie traditionnelle, spécialisé dans la pendule à coucou. Des huit entreprises interrogées, sept fabriquent des pendules tout en ayant diversifié leurs activités vers le traitement des métaux. La pendule à coucou « est un produit qui se vendra toujours », disent-ils, parce que c'est une pièce de décoration ayant presque la valeur d'une antiquité[21]. Cependant, Schonach, qui produisait 700 000 horloges à coucou en 1970, n'en fabrique plus que la moitié aujourd'hui.

La commune connaît les mêmes avantages climatiques et paysagers que Schönwald et aussi les mêmes problèmes. Il faut trouver des espaces permettant l'extension des entreprises locales, tout en sauvegardant la nature et en maintenant les surfaces protégées (Landschaftsschutzgebiete). En plus, le village souffre de l'absence de gare, de route nationale et de l'éloignement de toute autoroute. *« Nous nous trouvons à 'l'ombre de toute circulation' (Wir befinden uns im Verkehrsschatten) »* se plaint le maire. Il en résulte des délocalisations partielles, parfois même des départs définitifs. Ainsi, deux entreprises se sont installées à Mönchweiler - l'une en 1965 et l'autre en 1992 - occasionnant une perte de 150 emplois environ pour la commune.

Schonach enregistre la croissance la plus faible depuis 1987 (1,7%)[22]. Elle connaît une perte d'emplois industriels faible mais régulière. Le tourisme est donc une activité essentielle et le village est principalement connu pour les sports d'hiver et ses champions de disciplines nordiques : ski de fond et saut (médaille d'or en 1988 pour Hans-Peter Pohl, médaille d'argent en 1976 pour Urban Hettich).

Schramberg (cf. photo 4)

La situation topographique de Schramberg est comparable à celle de Triberg : la ville est installée dans un site étroit, lieu de convergence de cinq vallées, d'où son nom « Fünf-Täler-Stadt » (ville des 5 vallées). Elle a résolu le problème de manque d'espace grâce à l'annexion en 1939 de la commune voisine de Sulgen.

Située sur les hauteurs à l'est de Schramberg, plus proche de l'autoroute A81 vers Stuttgart, Sulgen dispose de place et une zone d'activités importante (Gewerbegebiet), dont les capacités ne sont pas encore épuisées, y a été implantée.

Photo 4 - Schramberg (mai 1993)

Schramberg est la plus grande ville de notre région et elle a vécu une histoire originale en raison de sa situation frontalière entre deux états, le Bade et le Wurtemberg. C'est une ville récente, petite bourgade du XVIe siècle, qui a obtenu le titre de « ville » en 1867 seulement, grâce à une industrialisation remarquable pour cette époque. Remarquable en raison de sa topographie tourmentée, de son emplacement à la limite de deux états depuis 1806 - date à laquelle elle fait défaut aux Habsbourg pour rejoindre le Wurtemberg - et de sa mauvaise desserte routière. Cet enclavement a été aggravé en 1810 lorsque le Wurtemberg et les pays de Bade ont définitivement fixé leur frontière : Schiltach au nord de Schramberg, dans la vallée de la Kinzig, et Tennenbronn au sud rejoignirent le pays de Bade, alors que Schramberg et Lauterbach à l'ouest restèrent dans le Wurtemberg[23].

En dépit de ces difficultés, Schramberg était, vers 1860, la plus grande ville industrielle de la région avec deux grandes entreprises (Großbetriebe), des écoles secondaires et professionnelles et une association industrielle (Gewerbeverein). Le protestantisme et le piétisme, pour lesquels le travail était primordial pour le bien-être de l'homme, ne sont sans doute pas étrangers à ce succès. Pour éduquer le peuple, le Wurtemberg créa dans tout le royaume - donc aussi à Schramberg - des écoles de l'industrie (Industrieschulen), ce qui soutint le développement industriel de la ville. À partir des années 1870, de grandes entreprises - qui, parfois, existent encore aujourd'hui - furent créées comme, par exemple, en 1884, la Hamburg-Amerikanische Uhrenfabrik (HAU), transformée aujourd'hui en parc d'activités. Il faut aussi citer HUGO KERN (1888), CARL HAAS (1904), GUSTAV MAIER (1893) et MOSER (1897) qui, actuellement, sont soit des entreprises d'horlogerie, soit des sous-traitants pour ce secteur (le traitement des métaux ou du bois). Une spécialisation de la ville dans la mécanique de précision s'est ensuite affirmée, ce qui n'était pas forcément avantageux pour elle. L'entreprise la plus importante reste JUNGHANS, fondée en 1861 et mondialement connue. Comptant déjà, en 1895, mille deux cents salariés[24], elle demeure encore aujourd'hui, avec ses mille trois cents ouvriers[25], la plus grande affaire de Schramberg. La ville s'identifie à l'entreprise : longtemps la plus grande fabrique mondiale de montres, elle est, avec KERN & LIEBERS à Schramberg-Sulgen (1 100 salariés) et HANSGROHE à Schiltach (1 150 salariés), l'un des employeurs majeurs de la région.

La construction de la ligne ferroviaire dans la vallée (Schwarzwaldbahn en 1873) renforça l'enclavement de la ville. En raison de la frontière politique, le pays de Bade ne voulait pas que la ligne passe sur un territoire wurtembergeois. Pour atteindre Schramberg, il fallut construire une bretelle jusqu'à Schiltach. Ce tronçon fonctionna à peine soixante-dix ans (de 1892 à 1959), si bien qu'aujourd'hui la ville n'est plus desservie par la voie ferrée. Il fallut attendre la fin des années 1960 pour constater une amélioration des routes. Elle devint possible grâce à la création d'un seul Land « Bade-Wurtemberg » (en 1952). Avec l'élargissement de la route entre Rottweil et Freudenstadt qui dessert Schramberg et Schiltach et son classement comme route nationale, puis l'ouverture de l'autoroute A81 entre Stuttgart et le Lac de Constance, Schramberg a été enfin désenclavée[26].

Aujourd'hui, du fait de l'accroissement de la circulation à travers la Forêt-Noire, Schramberg doit lutter contre la surcharge de ses routes et les bouchons qui engorgent la ville. Elle cherche des solutions en songeant à des voies de contournement, ce qui signifie, en raison de sa situation topographique, la construction de tunnels et des investissements considérables.

L'expression « ville industrielle » s'applique parfaitement à Schramberg : en 1987, 58 % des emplois relevaient de l'industrie (contre 38 % dans le Land Bade-Wurtemberg)[27]. Mais une orientation trop exclusive vers la mécanique de précision dérivant de l'horlogerie, le manque de diversification ou une diversification trop tardive et la dépendance vis-à-vis de l'automobile en raison du poids dominant de la sous-traitance l'ont conduite à la crise. Dans les années 1970, la création du mouvement à quartz et la concurrence des pays asiatiques eurent de graves conséquences. À cette évolution technologique s'est ajoutée la politique de l'entreprise JUNGHANS qui désirait conserver son emprise sur la région. Jusqu'aux années 1960/70, JUNGHANS (avec ses 6 000 salariés) dominait totalement le tissu industriel et tout développement passait par elle. Les salaires payés par JUNGHANS, relativement élevés, empêchaient d'autres entreprises de s'installer. La crise et la récession ont durement touché Schramberg avec un déficit de commandes, des faillites d'entreprises et un chômage touchant 7,5 % de la population active en 1993[28].

Les chiffres indiquent, pour la période 1970 à 1987, une perte de population de 11 % et une régression des emplois secondaires de 19,5 %. Des travailleurs sont partis à Stuttgart chez BENZ, qui offrait des débouchés. Mais cette perte fut moins grave qu'à St. Georgen (- 58 %) et à Triberg (- 34 %), villes également frappées par la concurrence asiatique. Le bilan des emplois industriels entre 1980 et 1987 (chiffre qui se rapporte, rappelons-le, à 80 % des effectifs) montre un déficit de - 3,5 % et, pour la période de 1987 à 1993, un repli de - 0,5 %, ce qui est donc, au total, moins grave que ne le perçoivent le maire et les chefs d'entreprise. Bien d'autres communes ont enregistré davantage de pertes d'emplois. À Schramberg comme ailleurs, certaines sont dues aux délocalisations partielles d'entreprises en Allemagne de l'Est (en Thuringe), en République Tchèque, en Croatie ou au Portugal.

Les statistiques globales masquent en fait la diversité des situations : certaines entreprises luttent contre l'échec et la faillite tandis que d'autres réussissent à s'adapter à un nouveau marché, à se diversifier, à innover pour défendre leur position et rendre possible leur maintien dans une région à laquelle elles sont attachées : les salaires sont moins élevés que dans les grandes agglomérations, la main-d'œuvre est qualifiée, sérieuse et exemplaire dans son travail[29].

Schramberg présente, en 1994, l'image d'une ville à la fois traditionnelle et dynamique. Son centre a été rénové et transformé en zone piétonne grâce à un premier contournement récemment achevé. Il ne reste que peu d'entreprises au cœur de la cité car la majorité s'est installée dans la zone industrielle de Sulgen ou, pour les plus petites, dans le parc d'activités de l'ancienne entreprise Hamburg-Amerikanische-Uhrenfabrik (HAU). Une répartition des rôles semble s'effectuer : Schramberg, la vieille ville, rassemble les fonctions administratives, commerciales et sanitaires, donc l'ensemble du tertiaire, tandis que Sulgen, sur les hauteurs, avec une belle vue et davantage de soleil, offre des espaces à vocations industrielles, résidentielles et récréatives. Le plan d'occupation du sol joue désormais un rôle important dans ce zonage géographique.

Schiltach (cf. photos 5 et 6)

Au nord de Schramberg se situe Schiltach, petite ville au noyau historique, très bien restaurée avec de belles maisons à colombages. Sa situation topographique est plutôt défavorable à l'industrie, car elle aussi est installée dans une vallée assez étroite, au confluent de la Schiltach et de la Kinzig .

Dans cette ville fondée au XIIIe siècle, l'artisanat se développa très tôt en raison de sa position au bord de la « Kinzigstraße », ancienne voie romaine et

Photo 5 - Schiltach (août 1991)

BBS (1970) : 480 salariés. Pour que cette entreprise, sous-traitante de l'automobile et spécialisée dans la production de jantes pour voitures de course, s'installe en ce lieu, la commune a dû déplacer le cours de la rivière Schiltach. Cet aménagement n'a pas été accueilli favorablement par l'ensemble de la population, mais la commune ne voulait pas perdre une entreprise aussi importante.

Photo 6 - Schiltach (août 1991)

Schiltach attire aussi des touristes grâce à ses belles maisons à colombages.

l'une des rares routes possibles pour traverser la Forêt-Noire de la vallée du Rhin et de Strasbourg, vers les pays du Neckar et du Danube. Au pied de la partie la plus difficile de la route et avant de grimper sur les plateaux, il fallait des ateliers, des écuries et des auberges. Toutes sortes d'artisanat naquirent : des forgerons (Schmied), des charrons (Wagner), des selliers (Sattler), des tisserands (Weber), des tailleurs (Schneider), des cordonniers (Schuster), des potiers (Hafner / Töpfer) et des tanneurs (Gerber). Ainsi, la petite bourgade obtint le droit de tenir marché dès 1430. Grâce aux bois qui l'entouraient, elle fut également un des centres du flottage du bois avec de nombreux bûcherons, flotteurs et négociants en bois qui vendaient les sapins jusqu'en Hollande.

Le XIXe siècle fut marqué par de profondes mutations et d'abord des changements politiques. Après avoir appartenu durant quatre cents ans au Wurtemberg, elle fut annexée par le grand-duché de Bade à partir de 1810, et cette nouvelle appartenance entraîna aussi des transformations commerciales en raison de la frontière entre le pays de Bade et le Wurtemberg. Puis, l'industrialisation fit naître des entreprises, surtout des fabriques de draps grâce à l'eau claire et douce. Enfin, en 1886, la construction de la ligne ferroviaire Hausach-Freudenstadt fit de Schiltach une station ferroviaire[30].

Aujourd'hui, Schiltach est à la fois touristique et très industrialisée[31] : en 1993, trois entreprises offrent 1 826 emplois sur 2 412 (industries de production) pour 4 100 habitants, soit un taux d'industrialisation de 558[32] (le Bade-Wurtemberg a un taux de 183), le plus élevé de notre zone d'étude. Elle a connu une évolution comparable à celle de Mönchweiler, avec cependant des chiffres moins favorables entre 1970 et 1987. Malgré la globalisation et l'internationalisation, cette situation positive se confirme toujours en 2002 : quatre entreprises offrent 2 400 emplois pour 4 057 habitants.

Malgré son implantation dans un site étroit, l'industrie de Schiltach connaît une situation stable et forte grâce à des entreprises florissantes mondialement connues comme HANSGROHE (robinetterie), BBS (génie automobile / Kraftfahrzeugtechnik), connue pour ses jantes de voitures de courses) et VEGA Grieshaber (appareillages médicaux et industriels). Cette dernière entreprise est venue de Wolfach, commune voisine, en 1979[33]. Même pendant la période de crise de 1993, la ville n'a perdu que vingt emplois sur deux mille quatre cents au total, données à comparer avec celles de Mönchweiler qui en a perdu quatre-vingt-dix sur mille.

Cette forte industrialisation a aussi des conséquences négatives. C'est une ville où l'industrie et l'habitat sont mélangés, ce qui n'est pas sans poser de problèmes. L'entreprise la plus ancienne, HANSGROHE, a connu une telle extension (entre 1985 et 1988 / 1989, elle est passée de 790 à 940 salariés[34], soit un tiers des emplois industriels de la ville) que le manque de place est apparu au grand jour. La firme a installé une seconde usine spécialisée dans la galvanisation, dans la zone d'activités près de la gare, mais elle n'a pas pu acquérir un terrain suffisamment vaste pour y rebâtir l'entreprise dans son ensemble. La première usine se trouve toujours en centre-ville, dans une zone d'assainissement (Sanierungsgebiet) où elle ne peut plus s'étendre faute d'espace. Elle doit mener sa production sur trois étages, ce qui pose des problèmes de manutention. Pour la population, cette intégration des entreprises dans la ville représente une gêne (Beeinträchtigung) en raison des nuisances sonores et de la circulation des voitures et des camions.

La ville doit donc satisfaire les attentes des entreprises pour les maintenir sur place en tant qu'employeurs principaux et sources d'impôts, mais aussi se plier aux demandes de la population tout en satisfaisant les touristes. Aujourd'hui, elle n'est plus intéressée par de nouvelles installations d'entreprises car elle est, en fait, saturée. Elle ne pourra pas recommencer des travaux comparables à ceux engagés en faveur de BBS pour laquelle elle a déplacé le lit de la Schiltach[35].

Lauterbach

C'est une commune de 3 400 habitants en 1992, située dans la vallée du Lauterbach, à l'ouest de Schramberg et qui lui a toujours été liée. Connue depuis 1275, elle dépendait historiquement des seigneurs de Schramberg, puis fut cédée avec Schramberg à l'Autriche en 1583 et appartint au Wurtemberg de 1805 à 1952, date de la création du Land Bade-Wurtemberg. Entre 1810 (séparation définitive entre le grand-duché de Bade et le royaume de Wurtemberg) et 1952, Lauterbach fut entourée du territoire badois, ce qui ne facilitait pas le commerce, du moins jusqu'en 1871, date de la formation du Reich de Bismarck, de la déclaration des « Freiheitsgesetze » (des lois libérales) et de l'annulation des nationalités fédérales (Länderstaatszugehörigkeiten). Mais cette commune ne fut pas seulement défavorisée par sa situation politique, elle le fut aussi par sa situation géographique : à 540 m, située dans une vallée transversale à la Schiltach et cernée par de fortes pentes, elle se trouvait loin de toute circulation (im Verkehrsschatten).

Vers la fin du XIXe siècle, la situation économique de Lauterbach s'améliora. Ce fut tout d'abord grâce à l'arrivée du chemin de fer dans la vallée de la Kinzig (1878). Par ailleurs, la « Schwarzwaldbahn » (construite entre 1866 et 1873) passait à Hornberg. Puis la liaison de Schramberg à la ligne ferroviaire principale, en 1892, a également joué son rôle. La proximité de Schramberg représentait une offre d'emplois pour les habitants de Lauterbach et incitait à des créations d'entreprises à Lauterbach même. Dès 1866, on recensait trois usines de peignes, une entreprise pour des baguettes dorées (Goldleisten) et une qui fabriquait des boîtiers pour des horloges[36].

Aujourd'hui, Lauterbach est surtout un lieu de tourisme et de repos. Sa tradition comme ville de cure est liée aux activités d'un médecin et prêtre, le Dr. Ludwig Stemmer, qui s'installa dans la cité de 1884 à 1908. Grâce à sa méthode naturelle de guérison (Naturheilkunde) et de traitements à l'eau froide (selon

Kneipp), la commune a connu à cette époque une véritable explosion touristique ; « *autour de 1900, elle fut le 'nombril du monde' (der Nabel der Welt)* »[37]. Aujourd'hui, elle dispose de plusieurs hôtels, d'une maison de cure, d'une belle piscine (à l'ozone !), d'une clinique, de multiples services tertiaires et d'un centre réaménagé.

Après la mort du Dr. Stemmer en 1908, le tourisme régressa et, malgré tous les efforts entrepris, Lauterbach n'a plus jamais atteint le niveau de la fin du XIXe siècle. Mais son point fort est resté le tourisme qui profite des nombreuses possibilités de promenades en hiver comme en été. Elle est entourée de sites protégés grâce à sa faune et à sa flore exceptionnelles. La station thermale continue d'attirer une certaine clientèle. L'histoire de Lauterbach et de son développement démontre l'énorme influence que peut avoir une seule personne active et créative pour cette région.

Comme lieu d'implantation industrielle, Lauterbach est plutôt défavorisée : la vallée est étroite avec peu de possibilités d'élargissement, sauf travaux très coûteux et, là où il y aurait de la place, se situent les espaces protégés, interdits à la construction. Comme employeurs principaux, on dénombre aujourd'hui cinq entreprises avec environ 270 emplois industriels sur les 425 que compte la localité (juin 1993). Cependant, cette offre est insuffisante pour la population (3 379 hab.)[38]. Beaucoup d'actifs doivent se rendre (pendeln) jusqu'à Schramberg ou Schiltach, où se sont installées, dans les années 1980, deux grandes entreprises de Lauterbach, d'où une perte de 26 % des emplois industriels (159 emplois) entre 1980 et 1987 et une nouvelle ponction de 15 % entre 1991 et 1993, pendant la dernière récession[39].

Tennenbronn (cf. photo 7)

En amont de Schramberg se trouve la commune de Tennenbronn, située également dans la coupure de la Schiltach, mais dans un secteur où la vallée moins profonde s'élargit. Nous sommes en effet ici dans la partie gréseuse. C'est une commune d'une superficie de 3 552 ha avec des dénivelés de 467 m.

Historiquement, cette commune, créée par le monastère de St. Georgen en 1179, a connu une situation politique très changeante, appartenant successivement au Wurtemberg (1444), à l'Autriche (1583), à nouveau au Wurtemberg (1806) et enfin au Pays de Bade (depuis 1810). Depuis le début du XIXe siècle (durant la période badoise), elle a appartenu à différentes administrations : le Rhin supérieur (Oberrheinkreis), Triberg, Villingen et, finalement, Rottweil depuis 1973.

Grâce à la construction de la route L 175 entre St. Georgen et Schramberg (de 1875 à 1878), la commune a bénéficié d'une ouverture, d'une part, vers le sud, vers St. Georgen et la ligne ferroviaire en direction d'Offenburg / vallée du Rhin ou de Villingen- Schwenningen / Lac de Constance et, d'autre part, vers le nord, vers Schramberg, Rottweil et Stuttgart, le centre industriel du Land.

Les entreprises se sont installées à la périphérie du bourg, surtout en aval, dans la partie la plus large de la vallée et elles ont encore des possibilités d'extension. Cependant, la plus grande s'est implantée entre St. Georgen et Tennenbronn, donc en amont, là où la vallée est étroite, en construisant des bâtiments le long de la rivière.

Photo 7 - Tennenbronn (mai 1993)

Schneider (1938) : 270 salariés. Entreprise spécialisée dans le matériel de bureau. Elle est implantée dans la vallée de Schiltach, à l'amont du village, là où la vallée est très étroite. Elle s'est pourtant constamment étendue, ce que reflètent les différents styles de bâtiments. Aujourd'hui, les possibilités sont limitées. L'entreprise a créé, en 1990, une filiale en aval de la commune, SKT, qui compte également 270 salariés et qui est spécialisée dans les roulements à billes de petite taille. En outre, Schneider s'est implanté en Allemagne de l'Est.

Avec ses 3 883 habitants en 1993[40], Tennenbronn est aujourd'hui un bourg fortement industrialisé, surtout grâce à une de ses entreprises qui a connu une grande expansion depuis 1987. La commune vit principalement de deux employeurs offrant environ 820 postes de travail industriels sur les 935 recensés et ce, sur un total de 1 160 emplois en 1993[41]. Cette situation n'est pas sans risque en temps de récession et, fin 1993, Tennenbronn a subi de plein fouet la fermeture de l'une des deux entreprises et la perte de 300 emplois d'un coup, perte s'ajoutant aux 173 emplois industriels effacés entre 1991 et 1993. Jusqu'en 1991, l'évolution avait été positive, surtout entre 1987 et 1991, avec une augmentation de l'emploi total de 20,5 % et de 22 % des emplois industriels, tandis que la population s'accroissait légèrement[42]. Cette tendance positive s'explique alors par l'ouverture des frontières vers l'Est, à la suite de la réunification, et des effets des mouvements migratoires sur la commune.

Mais dans son ensemble, la situation de Tennenbronn est peu favorable à l'industrie. Le bourg est à l'écart des grands axes et dispose de peu d'espace. Selon le maire, seules des PME-PMI sont envisageables. Même dans ce cas, toute extension est difficile. La commune a été victime de la délocalisation partielle de son entreprise la plus ancienne vers les « Nouveaux Länder » (de l'ancienne Allemagne de l'Est - die neuen Bundesländer). Il est donc difficile d'envisager une expansion industrielle de Tennenbronn. Au mieux, peut-on espérer maintenir les emplois existants[43] en comptant sur l'attachement au pays des chefs d'entreprise.

La commune songe surtout à développer le tourisme avec, par exemple, un village de vacances implanté sur les hauteurs qui entourent le village. L'objectif de Tennenbronn est, en fait, de conserver un juste équilibre entre activités industrielles et tertiaires.

4.3.3. Les communes sans avantages ni inconvénients spécifiques

Restent **St. Georgen et Furtwangen**, deux petites villes voisines et anciens centres d'horlogerie, mais avec un destin bien différent.

La première fut une véritable ville industrielle, avec le développement d'entreprises reposant sur la volonté de quelques entrepreneurs lors du changement de siècle. Mais elle est aussi connue pour son déclin industriel. C'est la troisième ville de la Forêt-Noire par sa population, 14 500 habitants en 1992 (après Schramberg et Baiersbronn) et la deuxième dans notre zone d'étude, après Schramberg.

L'autre, plus petite avec 10 500 habitants (1992), fut marquée par un développement moins explosif, mais plus régulier. Elle a été beaucoup moins touchée par les crises. À l'origine de l'industrialisation de Furtwangen, on trouve l'horlogerie, comme à St. Georgen. Mais probablement grâce à la création de l'école horlogère du grand-duché badois dès 1850, ses entreprises ont mieux réussi à s'adapter aux changements de la vie économique.

St. Georgen

Issue du monastère de St. Georgen et créée en 1084, la ville de St Georgen était encore très modeste vers la fin du XVIIIe siècle avec cinquante-quatre maisons bourgeoises et quatre bâtiments relevant du monastère[44]. Ce ne fut qu'en 1891 qu'elle put devenir une véritable ville grâce à sa forte industrialisation : « *La ville de St.Georgen est actuellement une des villes industrielles les plus florissantes de la Forêt-Noire badoise. Elle a connu une forte relance économique ces dernières années grâce à son éternelle volonté de vouloir avancer*»[45]. À cette époque, on dénombrait déjà huit commerces, soixante-sept entreprises artisanales et onze usines industrielles (Fabrikanlagen) avec 582 ouvriers, ainsi que seize ateliers d'horlogerie et une association industrielle active.

Ce fut au départ un des grands centres horlogers (comme Furtwangen,Triberg, Villingen ou Neustadt) avec, au début du XXe siècle, le plus grand nombre d'horlogers indépendants de la Forêt-Noire badoise. Cette fabrication se faisait surtout sous forme d'industrie à domicile (Hausindustrie), à laquelle toute la famille - femmes et enfants inclus - participait. Sans cette main-d'œuvre travailleuse et entreprenante, St. Georgen ne serait jamais devenue une ville industrielle. Il n'y avait ni eau, ni fer, ni charbon. Ce n'est qu'en 1839 qu'on peut atteindre la localité par une vraie route. Mais de cette main-d'œuvre, travailleuse et fortement motivée, émergèrent de véritables entrepreneurs. Leur travail de pionnier dans le domaine de la formation, comme celui du fabricant Weisser, créateur d'une entreprise de machines-outils en 1856, et l'existence d'une école professionnelle (Gewerbeschule) firent progresser l'industrialisation entre 1850 et 1914. Vingt entreprises furent créées à la suite de multiples initiatives locales[46]. Tout tournait autour de l'horlogerie. À côté de l'horlogerie proprement dite, certaines usines fabriquaient les outils indispensables. D'autres étaient spécialisées dans le décolletage (Stanzereien), la fonderie, mais aussi dans la fabrication d'aiguilles. Ce qui rendait puissant et cohérent cet ensemble d'entreprises, c'était leur structure familiale et l'entraide entre les familles. Entre 1850 et 1890 changèrent, non seulement la structure économique de la ville, mais également sa structure sociale, du fait de l'émergence d'une classe entrepreneuriale qui joua un rôle fondamental dans le destin de la ville. L'ouverture, en 1873, de la ligne ferroviaire, la Schwarzwaldbahn, qui passait par Triberg et St. Georgen et qui les reliait au réseau international, fut également très importante pour l'industrialisation de St. Georgen.

Avec la crise économique mondiale de 1929, St. Georgen fut confrontée aux premières fermetures d'entreprises. Celles qui résistaient commencèrent à se diversifier, dans les domaines de la mécanique de précision, de la construction mécanique, du traitement des métaux et plus tard dans l'électronique, toutes branches à fort cœfficient de main-d'œuvre, typiques de la Forêt-Noire d'aujourd'hui. L'entreprise la plus connue de St. Georgen fut DUAL, fondée par les frères Steidinger (et appelée « DUAL » depuis 1935). L'entreprise fabriquait des mécanismes d'entraînement pour tourne-disques (Antriebselemente für Plattenspieler) et avait connu, dès les années 1920, une forte expansion.

Le développement reprit après 1945 et, en 1964, St. Georgen réussit à dépasser Rottweil, ville impériale, en nombre d'emplois industriels[47]. Le grand atout de ces entreprises familiales était leur capacité permanente d'adaptation sans doute plus rapide que celle d'une grande entreprise.

Les années 1960 à 1970 furent une époque de haute conjoncture avec création de nouvelles entreprises ou agrandissement de celles qui existaient, toujours grâce à leur infinie capacité d'innovation (Innovationskraft) et à leurs idées créatives associées à une structure de production optimale[48].

Les difficultés de l'horlogerie allemande et, en particulier, celle de la Forêt-Noire à partir 1970, causées par le succès des montres électroniques japonaises ou américaines, touchèrent l'horlogerie spécialisée de St. Georgen, mais l'Etat subventionna le développement du mouvement Quartz. En revanche, dans les années 1980, la secousse fut plus rude. Deux grandes entreprises firent faillite : l'entreprise de construction mécanique Heinemann (en 1980) et DUAL (début 1982) avec 1 800 salariés, entraînant de surcroît de nombreuses pertes d'emplois chez les sous-traitants. Ce fut une catastrophe car c'était l'emblème de St. Georgen, le porte-drapeau (Aushängeschild) de la croissance économique qui disparaissait. En 1984, on comptait 10 % de chômeurs.

Le nombre des entreprises est passé de 78 à 92 entre 1980 et 1987. Les PME n'ont pas disparu, mais la densification est nette. Ce qui peut menacer de plus en plus l'existence des entreprises c'est la perte, à l'occasion des héritages ou lors d'un rachat, de la créativité et de l'esprit de pionnier (ce qui est arrivé à SABA, à DUAL en passant sous le contrôle de Thomson-Brandt ou à M Bäuerle).

Aujourd'hui St. Georgen est une ville installée sur une petite colline, d'où son nom de « Bergstadt » (ville sur la montagne). Elle a connu, grâce à son industrialisation, une forte augmentation de population en un siècle, passant de 2 600 à 14 500 habitants. Malgré les efforts des entreprises pour se diversifier, le poids de l'industrie horlogère reste sans doute excessif.

Depuis les années 1970, St. Georgen connaît une réduction d'emplois. Entre 1970 et 1987, ce fut une perte de 21,5 % pour les emplois industriels[49], c'est-à-dire plus qu'à Schramberg (- 19,5) et Furtwangen (- 3,5%), mais moins qu'à Triberg (- 33,7%) ou Gütenbach (- 55%). Entre 1987 et 1991[50], parmi les communes de notre zone d'étude, St. Georgen occupait l'avant-dernière place avec, à nouveau, un effacement de 10 % des emplois industriels. Depuis 1991 et la récession générale, la situation s'est encore aggravée (- 13,8 %). Le secteur le plus fragilisé par la concurrence asiatique reste l'horlogerie. Aussi, les deux grandes entreprises Kundo et Staiger ont fusionné en 1991, entraînant une réduction d'effectifs de 40 %. L'emplacement des entreprises traditionnelles souvent intégrées dans la ville n'est plus favorable à une industrie moderne (manutention difficile à cause de la disposition des bâtiments). C'est un handicap, et pour le développement de la ville, et pour celui des entreprises.

Dans l'ensemble, St. Georgen est handicapée par le manque de surfaces disponibles et par son éloignement de l'autoroute[51]. Mais subsiste toujours une forte capacité d'innovation du côté des entreprises (comme Grässlin, Schmidt Feintechnik et Kundo-Systemtechnik). La création d'un centre de transfert technologique avec, en 1984, fondation d'une pépinière installée dans un ancien bâtiment de DUAL et hébergeant dix-huit petites entreprises high-tech avec cent cinquante nouveaux emplois, en est une preuve.

Gütenbach et Vöhrenbach

Deux autres communes forment une unité administrative avec Furtwangen et, bien que l'une d'elles, Gütenbach, connaisse plutôt des conditions physiques défavorables tandis que l'autre Vöhrenbach semble plus avantagée, elles sont présentées ici à cause de leur lien direct avec Furtwangen.

À l'ouest de Furtwangen, à 530 m d'altitude, se situe **Gütenbach** (cf. photo 8), petite commune de 1 500 habitants. Non loin du village, à l'est sur les hauteurs de Neukirch, se trouve la ligne de partage des eaux entre la mer du Nord et la mer Noire. Les rivières à l'est de cette ligne se dirigent doucement vers le Danube. Par contre, celles à l'ouest ont creusé des vallées profondes vers le Rhin, souvent avec des cascades et des gorges, d'où un relief tourmenté, peu favorable à l'industrie.

Photo 8 - Gütenbach (septembre 1993)

Faller (1946) : 190 salariés. Importante entreprise spécialisée dans la fabrication des maquettes pour trains miniatures (Modellbau). C'est une entreprise traditionnelle, issue comme beaucoup de l'horlogerie. Elle contrôle aujourd'hui plusieurs filiales.

En 1640 déjà, c'était un village d'horlogers encore plus actif que Furtwangen. En 1800, on comptait quatre-vingts horlogers pour huit cents habitants. En 1884-85, la première fabrication « industrielle » fut expérimentée dans un appentis de la famille Faller : c'était donc plutôt encore une « industrie maison » (Hausindustrie). La deuxième affaire était déjà une «vraie» usine. Située près de la rivière, la « Badische Uhrenfabrik » (Baduf) fut la propriété de Leo Faller & fils, de 1887 à 1930. Puis fut fondée l'entreprise du frère Friedrich Faller (1894), ainsi qu'une quatrième, bâtie également en 1894 mais qui disparut rapidement. Après la secousse due à la crise des années 1930, dès 1933-1934, de nouvelles créations eurent lieu. HANHART, de Schwenningen, cherchait des locaux pour une production moins coûteuse qu'à Schwenningen et, en 1938, il s'installa dans les bâtiments de l'ancienne usine Faller, la *Baduf*, qui avait fait faillite. Ce fut aussi le cas de SCHATZ de Triberg qui s'installa à Gütenbach. Toutes les deux étaient des entreprises d'horlogerie : HANHART fabriquait des montres de poche (Taschenuhren) et surtout des chronomètres (Stoppuhren) et Schatz des pendules (Großuhren) et des horloges à coucou (Kuckucksuhren). SCHATZ, sans héritier masculin, a cessé sa production en 1987. HANHART s'est maintenue pendant la guerre grâce à la production pour l'armement et, après un démontage presque complet par les Français, l'entreprise a repris lentement après 1948, date de la réforme monétaire. Aujourd'hui (1993), elle connaît de grandes difficultés. En cherchant à se diversifier, elle a essayé de pénétrer sur le marché de la technique de communication interne mais elle s'est heurtée à la concurrence de Furtwangen, où se trouve l'entreprise SSS SIEDLE qui détient 80 % du marché mondial.

Un autre membre de la famille Faller a créé l'entreprise FALLER, maison spécialisée dans le modélisme, d'abord en bois, puis, à partir du début des années 1950, en matière plastique. L'apogée fut atteint, dans les années 1960, par la fabrication de jeux de pièces détachées pour bricoleurs (Selbstbauerkästen) et par l'invention d'une colle spéciale pour matières plastiques. L'entreprise eut jusqu'à mille salariés, dont beaucoup étaient issus des communes voisines (pendelten)[52]. Des filiales existaient à Denzlingen, Braunau/Inn et Broggingen/Kaiserstuhl. En juillet 1993, l'entreprise ne compte plus que 193 employés[53], soit plus de la moitié des emplois industriels de Gütenbach (313 en 1993[54]). FALLER a subi de plein fouet la concurrence de Hong-Kong et les efforts de diversification n'ont rencontré qu'un maigre succès. Une partie de la fabrication a été transférée dans la vallée du Rhin, à Denzlingen, non pas à cause de la situation géographique, du climat ou de la topographie, mais surtout en raison de meilleures conditions de transport. Là-bas, l'entreprise bénéficie d'un embranchement ferroviaire[55].

Gütenbach est totalement sous l'influence de Furtwangen. D'une part, la commune profite : de la « Fachhochschule » qui a créé un centre de transfert technologique entre la formation supérieure et les entreprises ; de la formation d'une main-d'œuvre spécialisée grâce à cet établissement (formation supérieure professionnelle de quatre ans). Mais, d'autre part, la commune n'a ni surfaces disponibles, étant donné sa situation topographique, ni grands moyens de communication - pas de route nationale, pas de ligne ferroviaire -, si bien que les entreprises s'installent plus facilement à Furtwangen.

Les chiffres soulignent cette situation négative. De 1970 à 1987, Gütenbach montre l'évolution la plus régressive de la région d'étude (- 45 % pour l'emploi total et - 55,7 % pour les emplois industriels)[56]. De 1987 à 1993 le bilan reste défavorable avec - 5,7 % (emplois industriels)[57].

Gütenbach a mis en place une zone d'activités à mi-chemin de Furtwangen, sur les hauteurs, en espérant ainsi coopérer plus facilement avec cette dernière. Comme il y a peu de chance que de nouvelles entreprises venues de l'extérieur s'installent à Gütenbach, la politique de la commune est surtout d'aider les entreprises existantes à rester sur place ou à s'agrandir. Un autre objectif est de donner aux «bricoleurs» de Gütenbach une aide à l'installation, grâce à des subventions et à la mise à disposition de terrains[58].

De l'autre côté de Furtwangen, avec une orientation vers l'est, se trouve **Vöhrenbach,** une grande commune de 7 047 ha, à 800 m d'altitude et peuplée seulement de 4 341 habitants (en 1992), soit une densité relativement faible (61 hab./km^2). Grâce à son exposition orientale, elle a connu une évolution plus favorable que Gütenbach. Jusqu'en 1987, la tendance a été plutôt négative. Depuis 1987, la commune se place en cinquième position, aussi bien pour l'évolution de l'emploi total que pour celle de l'emploi industriel, après Mönchweiler et Königsfeld du Landkreis Schwarzwald-Baar et Schiltach et Hardt du Landkreis Rottweil, elle offre même un meilleur bilan que celui de Furtwangen. On ne dénombre pas moins de cinq entreprises ayant de cent à deux cents salariés. La commune profite de sa situation dans une vallée plus large, peu éloignée de Villingen et de l'autoroute.

Ce bilan positif n'est pas sans ombre. D'une part, la sous-traitance domine avec des entreprises très dépendantes d'autres branches comme l'automobile, le bâtiment et le sanitaire. D'autre part, le manque de surface disponible pour l'activité industrielle est à déplorer, car la vallée est préservée et sous la surveillance étroite des services de la protection de la nature et des eaux (Naturschutz- und Wasserwirtschaftsamt).

4.3.4. Essai de typologie

À partir de ces éléments, il est possible de parvenir à une classification des communes.

Certaines ont connu une évolution positive depuis 1987, grâce à leur situation géographique favorable. Elles sont situées sur les plateaux de l'est, à la limite même de la Forêt-Noire. Elles disposent d'espace et bénéficient de moyens de communication rapides, car elles se situent à proximité de l'autoroute : c'est le cas de Mönchsweiler, Hardt et Aichhalden. D'autres profitent du voisinage de Villingen-Schwenningen et de ses services (fonction de centralité). C'est le cas de Unterkirnach et de Vöhrenbach. En général, dans ce premier groupe, on recense de petites communes, ayant de 1 500 à 4 500 habitants et situées à une altitude de 800 m.

Le deuxième groupe est formé par les centres industriels de tradition ancienne situés dans des vallées plus ou moins profondes comme Furtwangen,

Triberg, St. Georgen et Schramberg. À l'exception de Furtwangen, elles ont toutes connu une évolution négative depuis les années 1970. Différentes raisons expliquent leur faiblesse : une trop longue suprématie de l'horlogerie, la concurrence asiatique dans l'électronique au début des années 1980 et, plus tard, malgré les efforts de diversification, une trop grande dépendance vis-à-vis de l'automobile, ce qui les rend vulnérables. Pour Schramberg s'ajoute encore une situation politique difficile : c'est la seule ville du Wurtemberg dans une région badoise. De petites communes avec un passé artisanal, et dont le développement est lié à ces centres en raison de leur proximité et de leur histoire, telles que Tennenbronn et Schonach, font également partie de ce deuxième groupe. Le cas de Gütenbach est cependant original car, bien qu'elle soit aujourd'hui liée à Furtwangen, son développement industriel a été relativement autonome en raison de sa situation géographique.

Le troisième groupe est représenté par les communes ayant un faible développement industriel. Elles misent alors sur leurs atouts touristiques : il s'agit de Lauterbach, Schönwald et Königsfeld.

La ville de Schiltach, avec sa vieille tradition artisanale, est une exception. Bien qu'elle soit située dans une vallée, ne dispose pas de beaucoup de surface et soit loin de l'autoroute et de Villingen-Schwenningen, elle a toujours eu - au moins depuis les années 1970 - un développement très positif, le plus positif de notre zone d'étude. Ses entreprises sont toujours très innovantes, à l'image de HANSGROHE qui a obtenu le Prix de l'environnement 1994 du *Land* Bade-Wurtemberg pour l'utilisation de matériaux recyclables, sa méthode de galvanisation ultra-moderne et sans déchets ou encore pour l'installation de capteurs photovoltaïques (Photovoltaikanlage)[59].

Notes

1 - Chiffre calculé selon le recensement de 1987. Selon l'enregistrement officiel des salariés, donc les « sozialversicherungspflichtigen Arbeitnehmer », qui prend en compte 80 % de tous les salariés réels, le taux des emplois industriels se tient même entre 87 % et 60 % pour 1987 (l'année du dernier recensement) et, pour 1993, entre 87 % et 45 % (chiffres du Statistisches Landesamt Baden-Württemberg à Stuttgart).
2 - Cf. Fig. 8 - *Nombre d'emplois dans l'industrie de transformation par rapport au nombre d'emploi total en 1987* et Fig. 14 (1993).
3 - Emplois industriels pour 1 000 habitants.
4 - Chiffre calculé selon le recensement 1987.
5 - Recensement de 1987
6 - Sur les 178 entreprises de notre région d'étude, 5 sont à ranger dans cette catégorie (dont 3 de plus de 1 000 salariés).
7 - Par rapport aux informations statistiques du recensement de 1987, qui regroupe les trois branches mécanique de précision, horlogerie et électronique, mes recherches permettent des distinctions entre ces trois branches, relevant la mécanique de précision comme la branche la plus importante, mais non pas suivie par l'électronique.

8 - Dans mes statistiques, j'ai mis dans un groupe les machines-outils et la construction mécanique car les entreprises font en général les deux.

9 - Dans la hiérarchie administrative (Commune - *Landkreis* - Région - *Regierungsbezirk* et *Land*), le *Landkreis* se situe entre la commune et la région. Les *Landkreise* concernés - **Rottweil** et **Schwarzwald-Baar** - forment, avec un troisième *Landkreis* -Tuttlingen -, la région **Schwarzwald-Baar-Heuberg.** Cette région dépend du *Regierungsbezirk* Fribourg avec deux autres régions : « Südlicher Oberrhein » à l'ouest et « Hochrhein-Bodensee » au sud (voir Fig. 4 - *Les unités administrative du Land Bade-Wurtemberg).*

10 - Dans ce travail, toute ville à la limite de la Forêt-Noire a été exclue car les processus de développement ne sont pas identiques. Dans la montagne, l'industrialisation démarra par le travail à domicile effectué dans les exploitations agricoles. Ce n'est pas le cas pour Villingen-Schwenningen.

11 - Toutes les indications concernant les années 1970-1987 relèvent des recensements de mai 1970 et mai 1987, chiffres du Statistisches Landesamt Bade-Wurtemberg à Stuttgart. Il n'y a pas eu d'autres recensements après, jusqu'à aujourd'hui (2004).

12 - Toutes indications entre 1987 et 1993 : Statistisches Landesamt Bade-Wurtemberg à Stuttgart, statistiques annuelles.

13 - Les recensements, comme les statistiques annuelles des salariés assurés, se rapportent au lieu de travail. Les salariés sont donc comptés dans la commune où se trouve l'entreprise qui les emploie. Ce chiffre inclut donc tous ceux qui viennent travailler de l'extérieur dans une commune par migration pendulaire (Einpendler).

14 - Recensement 1987 et statistiques annuelles du *Land* Bade-Wurtemberg.

15 - Recensement 1987 et statistiques annuelles du *Land* Bade-Wurtemberg.

16 - Propres calculs selon les indications du Statistisches Landesamt Baden-Württemberg.

17 - Maier (W.), Lienhard (K.), *Geschichte der Stadt Triberg*, sous la direction du Heimat- und Gewerbeverein Triberg, 1964, pp. 135 / 136.

18 - Entretien avec M. Martin, maire de Triberg, le 26 août 1993.

19 - En 1987, 34 % des emplois de Schönwald étaient industriels, ce qui était le taux le plus faible après Königsfeld (13 %). Entretien avec M. Schmidt, maire de Schönwald, le 29 octobre 1993.

20 - Statistisches Landesamt Bade-Wurtemberg, statistiques annuelles.

21 - Opinions de M. Haas, maire de Schonach, lors de l'entretien du 23 août 1993 et de M. Gasche le 23 août 1993. M. Gasche est président d'une association pour la promotion des horloges de la Forêt-Noire (Förderverein Schwarzwalduhr).

22 - Selon nos propres calculs issus des chiffres de l'Institut statistique du Land Bade-Wurtemberg (Statistisches Landesamt Baden-Würtemberg), statistiques annuelles.

23 - *Momentaufnahmen Schramberg, Ein Lesebuch 1867-1992, 125 Jahre Stadtrecht Schramberg*, 1992, p. 14 et p.110.

24 - Idem, p. 28.

25 - Firmenprofile 1993 / 94.

26 - *Momentaufnahmen Schranberg*, 1992, p. 118 ff.

27 - Recensement de 1987.

28 - Entretien avec Dr. Zinell, maire de Schramberg, le 29 octobre 1993.

29 - M. Dr. Zinell, maire de Schramberg, le 29 octobre 1993.

30 - Pour la partie historique : publication de la ville de Schiltach, *Einladung zum Kennenlernen, Stadt Schiltach im Schwarzwald*, dir. par l'office de tourisme de la ville de Schiltach, 1984.

31 - A Schiltach 85,5 % des emplois sont des emplois industriels - chiffres de 1993, valeur relative des salariés assurés. Au recensement de 1987, 71,5 % de la population active de Mönchweiler et Schiltach relevaient du secteur secondaire - tous salariés inclus. Tous les chiffres suivants sont calculés selon les statistiques de l'institut statistique du *Land* Bade-Wurtemberg.

32 - Le taux d'industrialisation (Industriedichte) indique le nombre d'emplois industriels pour 1 000 habitants.

33 - VEGA, voulant s'agrandir, ne pouvait pas obtenir un terrain de Wolfach, alors que Schiltach avait ouvert une zone d'activités (ein Gewerbegebiet ausweisen) près de la gare, avec des surfaces

disponibles dont les entreprises locales n'avaient pas besoin. Actuellement, il n'y a plus de surfaces disponibles à Schiltach.
34 - *Gemengelagen - Pilotstudie zur Standortsicherung von Gewerbebetrieben und Stabilisierung von Gemengelagen*, dir. par le Innenministerium Baden-Württemberg, Stuttgart, déc. 1990, p. 30.
35 - Interview de M. Krumbach, Hauptamtsleiter de Schiltach, le 29 octobre 1993.
36 - Pour la partie historique : *Lauterbach - am Fuße des Fohrenbühl, württembergischer Schwarzwald - Führer durch den Kurort, seine nähere und weitere Umgebung*, Fremdenverkehrsverein Lauterbach, 1932, et SCHLAYER (M.), *Lauterbach als Kur- und Fremdenverkehrsort, dans 100 Jahre Luftkurort Lauterbach 1884-1984*, dir. par la commune de Lauterbach et le syndicat d'initiative de Lauterbach, 1984.
37 - Entretien le 1er septembre 1994 avec M. Schlayer, maire de Lauterbach depuis 1962.
38 - Chiffres issus de mes recherches, à comparer avec les chiffres actuels de l'institut statistique du *Land* Bade-Wurtemberg. Selon les statistiques officielles, on dénombrait 650 emplois au total en juin 1993.
39 - Idem.
40 -Selon nos propres calculs issus des chiffres de l'Institut statistique du *Land* Bade-Wurtemberg (statistisches Landesamt), 31 décembre 1993.
41 - Idem juin 1993 et propre recherche en août 1993.
42 - Selon nos propres calculs.
43 - Entretien avec M. Dold, maire de Tennenbronn, le 30 août 1994.
44 -GRAMLICH (W.), « St. Georgen vor 200 Jahren », *in 100 Jahre Stadterhebung St. Georgen im Schwarzwald, 1891-1991*, Festschrift, dir. par la ville de St. Georgen, 1991, p. 32.
45 - Lettre de la commune St. Georgen au ministère de l'intérieur du *Land* Bade le 4 décembre 1891, *in 100 Jahre Stadterhebung St. Georgen im Schwarzwald*, 1991, p. 1.
46 - J.G.Weisser, machines-outil (1856) ; l'horlogerie la plus grande à l'époque, Phil.Haas&Söhne (1867-1928), la fabrication de machines de Heinemann(1877), la fonderie Hölzle, Hackenjos & Co (1904-1965), etc. – *in 100 Jahre Stadterhebung St. Georgen im Schwarzwald,* 1991, pp.10-13.
47 - Fin 1945, St. Georgen comptait 1 000 salariés sur les 20 entreprises et, en 1948, déjà 2 200. Chiffres dans *in 100 Jahre Stadterhebung St. Georgen im Schwarzwald*, 1991, p. 19.
48 - Papst Motoren (1948) : Herrmann Papst qui détenait 100 brevets d'invention allemands et 400 étrangers fut certainement l'un des petits entrepreneurs les plus créatifs et novateurs ; Schmidt Feintechnik qui connut un énorme succès dans le domaine du matériel de papeterie jusqu'à aujourd'hui ; ou Kundo qui s'est spécialisé très tôt dans les montres à quartz et les réveils digitaux.
49 - Recensement de 1987, donc les lieux de travail à partir d'un seul emploi.
50 - Chiffres des statistiques annuelles qui ne comprennent que les salariés assurés, donc environ 80 % des emplois réels.
51 - Désavantages indiqués par Monsieur le maire.
52 - Aujourd'hui, il y a 400 personnes qui se dirigent vers l'extérieur pour travailler - renseignement de M. Krieg, maire de Gütenbach, entretien le 29 juillet 1993.
53 - Enquête personnelle chez Faller en juillet 1993.
54 - Statistiques officielles de l'institut statistique du *Land* Bade-Wurtemberg - salariés assurés ! (statistiques annuelles).
55 - Informations sur l'histoire de Gütenbach obtenues lors de l'entretien avec M. Oswald Scherzinger, ancien constructeur chez Faller et responsable du musée local et du *Heimatblättle* (revue locale), Heimat und Geschichtsverein Gütenbach, 1 et 2/1991.
56 - Recensement de 1970 et 1987 (propre calcul).
57 - Statistiques officielles - salariés assurés (propre calcul).
58 - Entretien avec M. Krieg, le 29 juillet 1993.
59 - Wirtschaft im Südwesten No 3 / 95 , p.19.

Fig. 20 - Essai de typologie des espaces allemands

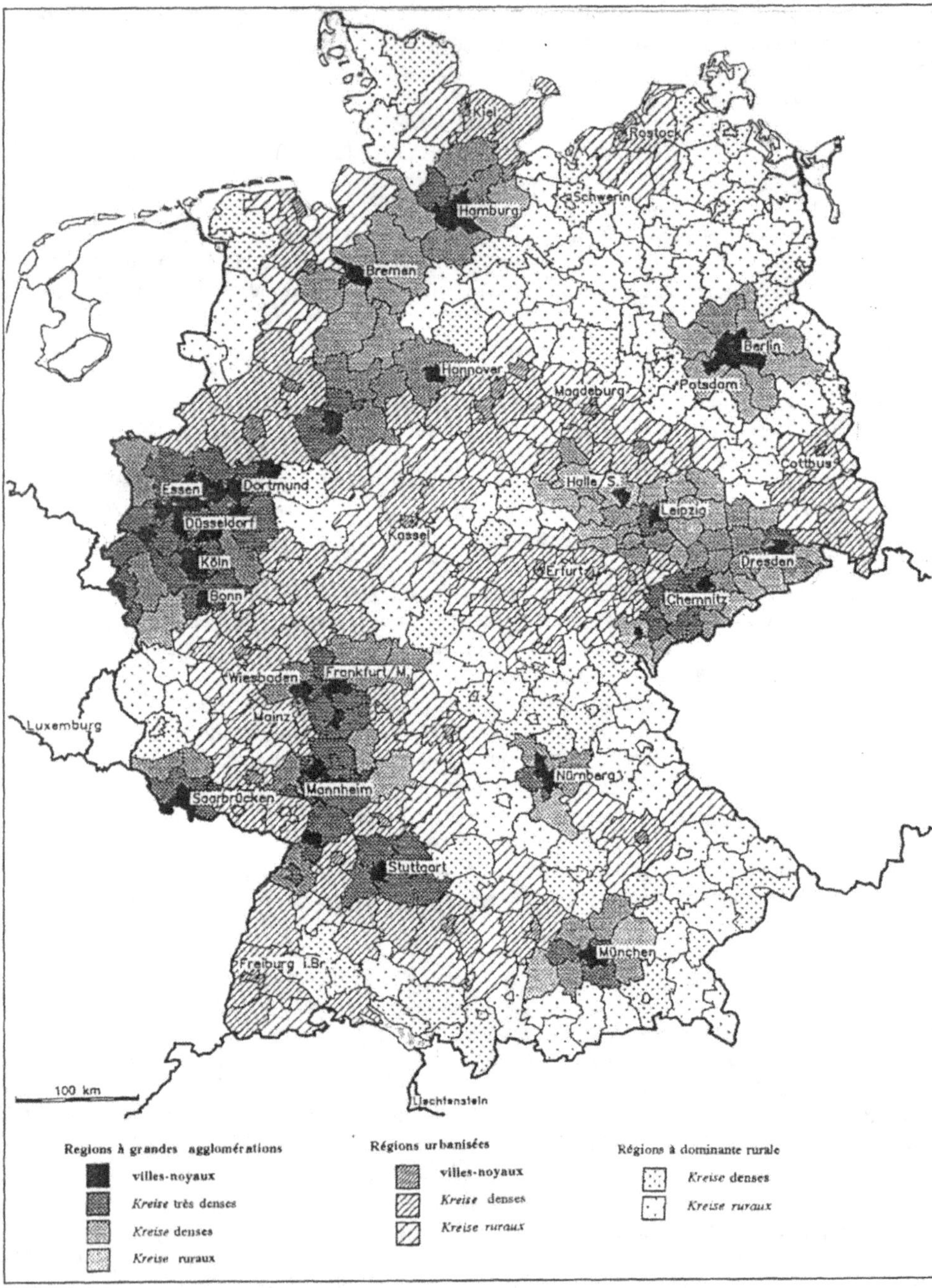

Source : Bundesforschungsanstalt für Landeskunde und Raumordnung, Arbeitspapier 8/1994, *Strategien für periphere ländliche Räume,* Bonn, 1994, p. 54.

Chapitre 5

LES FACTEURS DE LOCALISATION INDUSTRIELLE

L'examen des localisations industrielles peut-être envisagé selon deux approches. L'une est théorique et repose sur des modèles économiques. Il s'agit alors de discerner si la région étudiée s'inscrit dans l'un de ces modèles. L'autre est plus empirique. Elle découle largement des enquêtes de terrain et du questionnaire rempli par les entreprises. Les deux voies seront successivement explorées.

5.1. ESSAI THÉORIQUE : LIEU D'IMPLANTATION INDUSTRIELLE (Standortfrage) ET FACTEURS DE LOCALISATION (Standortfaktoren)

Le but de ce chapitre n'est pas de présenter un tableau exhaustif de toutes les réflexions théoriques émises au sujet des localisations industrielles. Il s'agit surtout de chercher à savoir si les différentes approches correspondent à la situation de notre région d'étude. Une région de moyenne montagne, comme la Forêt-Noire, peut-elle encore être un lieu d'implantation industrielle ? Aujourd'hui, dans un pays développé, comme l'Allemagne, confronté à de multiples problèmes d'implantation industrielle (allgemeine Standortdiskussion Deutschland), une région défavorisée par sa situation géographique (climat, pentes, voies de communication) peut-elle se maintenir en tant qu'espace industriel ?

Pour répondre à ces questions, il est nécessaire de présenter, tout d'abord, un bref aperçu des théories de localisation, pour situer la problématique de notre recherche et pour analyser, dans un second temps, l'impact des différents facteurs de localisation sur la région. Il nous faudra sélectionner un certain nombre de variables majeures et établir les corrélations dominantes.

5.1.1. Bref rappel sur les différentes théories de la localisation industrielle (Industriestandorttheorien)

Grâce au concept du « lieu d'implantation », depuis la deuxième moitié du XIXe siècle, les économistes ont fourni aux chefs d'entreprise un jeu de critères objectifs pour choisir la localisation optimale (optimaler Standort) de leurs usines. Ces critères, soit typiques d'une branche, soit plus généraux, furent appelés « facteurs de localisation »[1] (Standortfaktoren)[2]. Plusieurs hypothèses furent ébauchées. Dans un premier temps, elles se rapportèrent à l'entreprise indépendante travaillant à l'intérieur d'un état national[3].

Le premier des théoriciens de la localisation industrielle fut *Alfred Weber* (avec son ouvrage « Über den Standort der Industrien » de 1909). Pour lui, la localisation optimale (optimaler Standort) correspond au point de moindre coût de production et, en particulier, de moindre coût des transports (Transportkostenminimalpunkt). Les dépenses liées, en amont, à l'acheminement des matières premières ou des semi-produits et, en aval, à l'accession au marché de consommation, bref, le système de transport, représentent le facteur décisif dans le choix d'implantation d'une usine.

Les économistes comme *Palander* (1935), *Hoover* (1937) et *Smith* (1966) ont enrichi le modèle un peu simple de Weber, mais se sont, eux aussi, intéressés à la minimisation des coûts de production (Kostenminimierung). Puis, d'autres ont élargi ces modèles et ont réfléchi au rôle de l'industrie dans l'espace (Raumstruktur der gesamten Industrie) comme, par exemple, *Lösch* (1940) pour qui la maximalisation des bénéfices (Gewinnmaximierung) est l'élément le plus important. Et d'autres encore, comme *Isard* (1956), *Lefeber* (1958) et *Böventer* (1962), ont fondé une théorie de l'équilibre spatial (Theorie des räumlichen Gleichgewichts).

De nombreux auteurs ont donc traité la question du lieu où une entreprise doit s'implanter pour être rentable. Toutefois, le monde économique change continuellement et les conditions du choix de la meilleure implantation doivent tenir compte de ces mutations. Or, les théories s'affranchissent parfois de cette complexité. Ainsi, le modèle de *Weber* qui repose sur l'idée d'un triangle spatial, construit sur la base de la localisation des matières premières, de la main-d'œuvre et du marché, a été critiqué parce que trop simplifié. On lui reproche de se fonder sur des conditions trop homogènes et de s'appuyer sur une simple corrélation entre la distance et le poids des matières premières, pour les frais de transport, ou sur une main d'œuvre immobile.

Aujourd'hui, la théorie de Weber ne fournit plus les critères décisifs pour le choix d'un lieu d'implantation car, grâce aux améliorations apportées aux voies de communication et au matériel utilisé, le facteur « transport » joue un rôle de moins en moins important. Il en est de même pour le facteur « matières premières » qui comptait beaucoup pour l'industrie lourde. Aujourd'hui, cette dernière n'est plus la branche d'activité dominante. Et rares sont les lieux d'implantation choisis en fonction de la présence de matières premières (Rohstoffstandorte).

Certes, le coût d'acheminement (Beförderungskosten) des matières ou des produits semi-finis ou finis reste toujours un élément à ne pas négliger, surtout dans des régions de montagne, mais ce n'est plus la variable décisive pour l'installation d'une industrie légère.

En ce qui concerne les entreprises de la Forêt-Noire, la localisation est plus « héritée » que « raisonnée ». Mais l'étude des facteurs de localisation peut également servir à analyser les liens principaux entre territoires et entreprises car, selon Bernadette Mérenne-Schoumaker, toute implantation d'activité résulte à la fois des caractéristiques des territoires et de celles des entreprises[4].

En conséquence, l'objectif de notre recherche n'est pas de savoir où il faut s'installer, mais plutôt d'analyser dans quelle mesure une installation dans un lieu précis - la Forêt-Noire, dans notre cas - rencontre des conditions favorables ou défavorables. Car, même si les entreprises n'ont pas choisi leur localisation, l'analyse des facteurs d'implantation, donc des avantages et inconvénients d'une localisation, est un moyen de souligner les dangers possibles guettant une région industrielle et de mettre en garde les entrepreneurs. À l'inverse, elle permet aussi d'expliquer les raisons d'une industrialisation « réussie ».

Nous retiendrons donc plutôt un autre concept, celui de « behavioral approach », l'approche behavioriste (Verhaltenstheore-tischer Ansatz[5]), qui ne recherche pas ce que l'on « doit faire » pour définir le lieu d'implantation optimal (optimaler Standort), mais qui essaie d'expliquer ce qui « a été fait et pourquoi ». En définitive, l'idée « d'implantation satisfaisante » (zufriedenstellender Standort) – avec l'industrie qui se maintient ou se développe car elle bénéficie de facteurs favorables - est sans doute plus opérationnelle que le concept de localisation « optimale », avec des usines s'implantant dans un lieu idéal. En général, l'entrepreneur n'a pas toutes les informations nécessaires pour comparer toutes les localisations possibles dans l'optique du principe de maximalisation des bénéfices. Selon le degré de ses connaissances, il choisit une localisation plus ou moins pertinente. C'est un être émotif qui retient parfois un site pour des raisons affectives, échappant à toute logique rationnelle, comme le lieu de naissance ou de vacances ou encore l'héritage des biens fonciers. C'est, par exemple, le cas de l'entreprise SIEMENS qu'Ernst Siemens a implanté à Munich car sa sœur y habitait et qu'il était un skieur passionné. Bien qu'à l'époque, la ville ne soutînt pas du tout ce projet, elle est aujourd'hui le siège social de cette entreprise géante[6]. La notion d'optimisation (Optimierungskonzept) est remplacée par un concept de satisfaction (Zufriedenheitskonzept). Il est évident cependant que, si certains facteurs « objectifs » ne sont pas réunis, l'entreprise court à l'échec. Elle est constamment obligée - comme nous le dit A. Fischer - « *d'adapter en permanence son organisation et sa structure aux conséquences des multiples contraintes* »[7] pour subsister dans un monde concurrentiel.

Les structures économiques changent constamment et une localisation positive à un moment donné ne le reste pas obligatoirement. Elle peut rencontrer des difficultés lorsque d'autres lieux bénéficient d'avantages nouveaux, d'où la nécessité pour l'entreprise de s'adapter en permanence aux changements. Dans leurs efforts, les entreprises cherchent en général à rester sur place. Elles n'ont recours à un transfert spatial[8] que lorsqu'elles ont épuisé toutes autres possibilités d'adaptation comme la rationalisation, la mécanisation ou une division fonctionnelle de l'organisation. Une délocalisation partielle de certaines fonctions comme l'administration, la production ou les stocks est parfois la solution. Un transfert spatial complet est rare, car c'est une opération très coûteuse en raison des *« effets de l'arrêt temporaire des productions, des changements inévitables de fournisseurs, de clients, de main-d'œuvre etc. »*[9]. Par contre, en cas de nécessité, faute d'espace disponible par exemple, la recherche d'une nouvelle localisation est bien souvent conduite selon le principe de proximité, c'est-à-dire qu'un nouvel emplacement est recherché dans la région, parfois dans la même commune, parce qu'on la connaît bien. En définitive, du fait de ces éléments objectifs et subjectifs, les lieux potentiels équipés pour accueillir une usine sont restreints, en particulier pour les PME-PMI, car l'entrepreneur familial agit souvent selon ses contacts et connaissances. Pour les grandes entreprises, le comportement est plus rationnel et la palette des choix possibles généralement plus ouverte.

La recherche du lieu d'implantation optimal est probablement vaine à notre époque, car le point d'équilibre varie constamment. Il est difficile à calculer d'une manière mathématique et dépend largement de facteurs endogènes comme l'évolution technologique ou la conjoncture. Ainsi le concept de « behavioral approach » selon lequel, non seulement des critères objectifs et rationnels, mais aussi des variables subjectives, des préférences personnelles et le hasard peuvent influencer le choix d'implantation[10], représente une alternative intéressante et opérationnelle aux théories classiques fondées sur la rationalité économique des chefs d'entreprise.

Cette approche reflète bien la situation des entreprises dans la Forêt-Noire : une installation née de l'histoire et où le hasard n'est pas absent (voir chap. 5.1.3.3.), un comportement « d'inertie spatiale » et, en cas de transfert, la préférence pour un maintien dans la région. L'implantation industrielle dans notre région ne résulte pas d'un choix « optimal ». Au mieux, c'est une « localisation satisfaisante » (ein zufriedenstellender Standort)[11]. Il en résulte que, peut-être plus qu'ailleurs, les entreprises sont constamment obligées de s'adapter aux changements structurels et économiques et leur lieu d'implantation est sensible aux influences externes comme, par exemple, à la concurrence asiatique.

Malgré sa situation naturelle défavorisée, la Forêt-Noire dispose d'une forte densité industrielle, surtout dans la région Schwarzwald-Baar-Heuberg, grâce à une vieille tradition. Mais a-t-elle une chance de se maintenir dans un monde où la compétitivité règne sans merci ? Aujourd'hui, les moyens de transport se sont améliorés et les débouchés se sont élargis. Ce sont deux facteurs qui perdent de plus en plus d'importance pour un choix de localisation, surtout pour une industrie légère. C'est plutôt le facteur « temps » qui gagne en importance, à une époque où l'on travaille de plus en plus, non pas sur stock, mais sur commande du client et où la livraison s'effectue dans un délai le plus court possible. Ce que l'on appelle le « juste à temps » est primordial. Choisir l'endroit où l'on s'installe comme entrepreneur devient donc de plus en plus complexe, si l'on veut vraiment retenir le lieu optimal (optimaler Standort). A l'origine de l'implantation, on recense en fait souvent des opportunités telles que l'origine du responsable ou encore la possibilité de devenir indépendant grâce aux relations familiales, à un héritage ou à une offre foncière attrayante. Ensuite, on tente un développement. C'est le cas le plus fréquent pour les entreprises de la Forêt-Noire (voir chap. 5.1.3.3. : *Choix raisonné et héritages industriels*), où peu de chefs d'entreprise sont issus de l'extérieur.

Graph. 22 - Atouts et handicaps d'une localisation industrielle en Allemagne Jugements exprimés par des chefs d'entreprises allemands

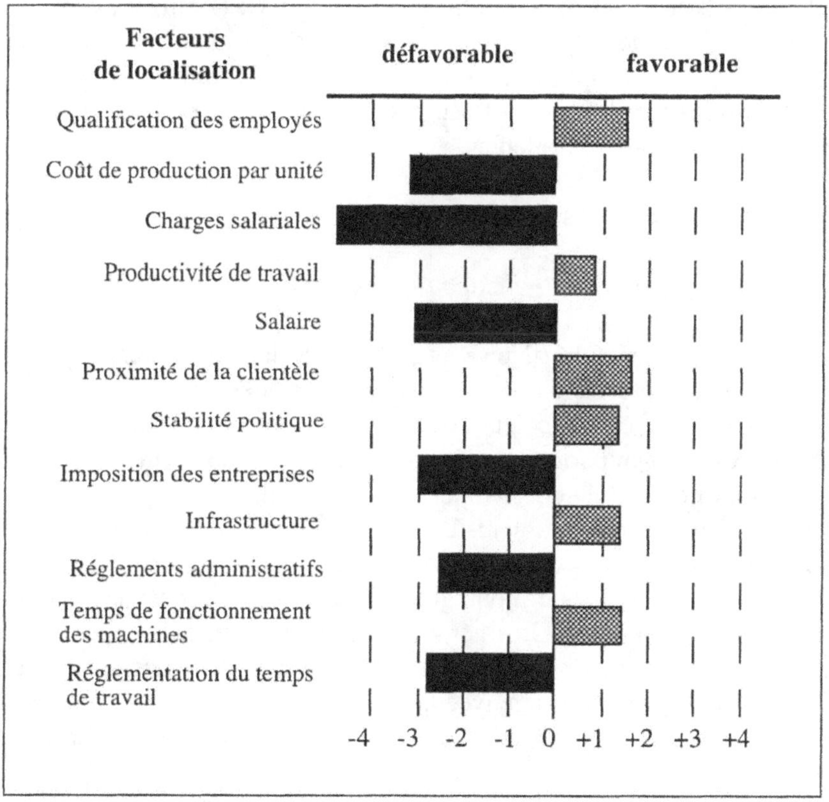

Source : W. RAUSCHEDER, *Stichwort Wirtschaftsstandort Deutschland*, Heyne, München, 1994, p. 12.

Pour mieux comprendre les facteurs conduisant à une installation industrielle dans notre région, il faut connaître le contexte général dans lequel s'intègre cette région, d'où la nécessité de rappeler tout d'abord les conditions des établissements secondaires à l'échelle allemande.

5.1.2. Les handicaps allemands

Actuellement, l'ensemble de l'industrie allemande fait l'objet d'un débat. Beaucoup s'interrogent sur sa pérennité en raison, en particulier, de la concurrence des pays du Tiers Monde. Dans une enquête de l'IFO - Institut de Recherche Economique (Institut für Wirtschaftsforschung) - menée en 1989, les **trois quarts** des chefs d'entreprise trouvaient important et utile de s'interroger sur le lieu d'implantation « Allemagne ». Ils ont cité comme facteurs plutôt défavorables à une implantation industrielle, et par ordre d'importance décroissante : les frais salariaux annexes trop élevés (Personalzusatzkosten), les salaires (Direktlöhne), l'imposition des entreprises (Unternehmensbesteuerung), le temps de travail et sa réglementation trop stricte (Arbeitszeitregelung), les frais de production par unité trop élevés, les coûts salariaux unitaires trop élevés (Lohnstückkosten) et la lourdeur administrative[12]. La qualification des employés, une bonne infrastructure technique, une stabilité politique et une meilleure productivité de travail par rapport à d'autres pays étaient les aspects jugés plutôt positivement[13]. En 2004, ces arguments sont toujours valables.

5.1.3. Les caractéristiques de la « Forêt-Noire »

5.1.3.1. La région étudiée est-elle une région rurale ?

Une localisation en Forêt-Noire aggrave-t-elle les handicaps « allemands » ou, au contraire, favorise-t-elle un certain épanouissement ? Les ressources humaines, avec des gens bricoleurs de nature et de tradition, qui ont une bonne éthique de travail et qui sont créatifs, ainsi que des salaires moins élevés et un paysage attractif constituent des atouts. Cependant, des moyens de transport trop lents et trop coûteux ne constituent-ils pas un handicap rédhibitoire ?

Pourquoi l'industrie s'est-elle maintenue dans la Forêt-Noire, alors que d'autres régions de moyenne montagne se sont vidées, les jeunes partant pour trouver un emploi en ville ? Les gens sont-ils si différents d'un lieu à l'autre ? Est-ce seulement la tradition qui maintient l'industrie ? Les conditions offertes soutiennent-elles la comparaison avec la ville ou la plaine, en ce qui concerne les subventions de l'État, les possibilités de crédit ou les conditions de vie en général.

Les origines de l'industrie, comme les processus de développement, ont été variées. Il en est résulté différentes catégories de régions industrielles avec chacune ses particularités et ses problèmes typiques : les anciens bassins industriels (alte Industrieregionen) comme la Ruhr ou le Manufacturing Belt ; les régions dominées par les industries portuaires (Hafenindustrie) qui ne ressemblent guère aux grandes agglomérations industrielles (monozentrische Industrieregionen) Paris, Londres, New York ou aux nouvelles régions industrielles (neue Industrieregionen), comme la Bavière, la Sunbelt des États-

Unis, Taïwan ou le triangle italien (avec fréquemment une « industrie spontanée ») et, finalement, les régions périphériques avec une faible industrialisation[14].

A quel type de région appartient la Forêt-Noire ? Selon l'Office fédéral du Bâtiment et de l'Aménagement du Territoire (Bundesforschungsanstalt für Landeskunde und Raumordnung - BfLR) et sa typologie des « différentes catégories de régions selon leur structure d'habitat » (Siedlungsstrukturelle Regionstypen et Kreistypen - cf. Fig. 20)[15], notre zone d'étude présente des caractères ruraux avec une tendance à l'urbanisation, comme le prouve l'existence de « *Kreise* densément peuplés » (ländlich geprägte Räume mit verdichteten Kreisen).

C'est la seule région définie encore comme « rurale » (en 1994 - cf. Fig. 20) appartenant à la région de la Forêt-Noire. Par contre, en 1996, elle est déjà classée « région ayant une tendance à la concentration urbaine » ou « région urbanisée » (Verstädterte Räume - Regionen mit Verdichtungsansätzen)[16]. D'autres parties de la Forêt-Noire, pourtant moins industrialisées, sont rangées, selon cette classification, dans les régions plus urbanisées, ce qui semble illogique. Mais cette typologie n'est pas satisfaisante car elle repose sur les unités administratives, les « régions » et « Kreise »[17], qui ne correspondent pas aux unités naturelles. Ainsi, certaines parties de la Forêt-Noire appartenant à des régions administratives qui comprennent des agglomérations urbaines (par exemple celles de la vallée du Rhin : Karlsruhe, Offenbourg, Fribourg) sont classées comme « régions à tendance urbaine » ou « urbanisées » bien qu'elles soient des régions rurales. On peut citer l'exemple du *Landkreis* Breisgau-Hochschwarzwald qui est considéré comme une « région ayant une tendance à la concentration urbaine » (Verstädterter Raum). Or, ce *Landkreis* inclut également la Haute-Forêt-Noire (Hochschwarzwald), très rurale et touristique.

Faute de ville d'envergure, notre zone d'étude est donc officiellement déclarée (en 1994) « région rurale », mais en raison d'une certaine densité de population, de la présence de nombreuses petites villes avec une assez bonne infrastructure et du rôle important de l'industrie, c'est une région rurale avec des tendances à la concentration et à la croissance industrielle (verdichte Kreise mit industriellen Wachstumstendenzen)[18]. Il ne s'agit donc pas d'une région rurale « profonde », où l'agriculture, l'exode rural et le vieillissement dominent, mais d'une région rurale en expansion démographique et où l'industrie joue un rôle essentiel. L'adjectif « rural » n'est donc pas obligatoirement synonyme de déclin.

Appartenant au *Land* Bade-Wurtemberg qui, lui, est souvent classé parmi les « nouvelles régions industrielles » caractérisées par un dynamisme certain, notre région de recherche - si on la compare au cœur du *Land* - est plutôt « traditionnelle et périphérique », avec cependant une industrialisation très marquée et la présence d'un certain nombre de petites villes vivant en symbiose avec la campagne grâce à leur infrastructure tertiaire et à leurs «donneurs d'ordre» industriels. Selon le modèle de Christaller[19], parmi les dix-huit communes faisant partie de notre région d'étude, on dénombre un centre d'ordre intermédiaire (Mittelzentrum), Schramberg, et trois centres d'ordre inférieur (Unterzentrum), Furtwangen, Triberg et St. Georgen sur une distance de trente à quarante kilomètres, ce qui représente une densité de centralité considérable pour une région périphérique, rurale et montagnarde, considérée comme « défavorisée ». Ce qui prouve que « région périphérique » ne signifie pas obligatoirement « région à structures faibles » (strukturschwacher Raum).

Quels sont les avantages de ces régions périphériques pour que l'industrie s'y installe et s'y maintienne ? K. Arnold les décrit comme attractives, par de nombreux coûts de production[20], et disposant d'espace en abondance. Or, ce n'est pas le cas de la Forêt-Noire qui ne ressemble en rien à d'autres régions européennes, à la fois rurales et industrielles comme *l'Italie du Centre* ou la *région d'Aveiro* au Portugal. Dans une région de moyenne montagne profondément disséquée, les entreprises manquent fréquemment de place du fait de la topographie et des sites protégés. L'auteur insiste sur les handicaps liés à l'éloignement des marchés[21], et il est vrai que les lignes ferroviaires, souvent inexistantes, et les difficultés sur les routes pénalisent les entreprises. Alors que les interventions de l'État et les aides sont souvent désignées comme facteur décisif - selon les maires -, les subventions sont beaucoup moins importantes en Forêt-Noire qu'on peut le penser et, dans le contexte européen, les possibilités d'aides ont constamment diminué.

Par contre, la Forêt-Noire dispose d'une main-d'œuvre qualifiée grâce à sa tradition industrielle et d'une bonne structure dans le domaine de la formation, surtout dans notre région de recherche. Par les paysages, elle offre beaucoup d'attrait comme lieu d'habitation et de loisir : « travailler là où les autres viennent passer les vacances » est son slogan publicitaire. A côté des activités traditionnelles, de nouvelles branches se sont installées et ont prospéré : l'électrotechnique, la plasturgie et la sous-traitance automobile. Ces secteurs n'ont guère besoin de matières premières lourdes, mais de produits semi-finis, de main d'œuvre hautement qualifiée et d'un bon tissu industriel. Ainsi trouve-t-on plusieurs traits caractéristiques des régions nouvellement industrialisées selon un processus « spontané »[22]. Toutefois, la Forêt-Noire (la zone d'étude) ne présente ni une croissance rapide de la population, ni des débouchés dynamiques, ni une forte expansion. Ce n'est pas une région à « population surabondante », elle offre des qualifications professionnelles et ses ouvriers ne se contentent pas de faibles rémunérations[23]. Certes, on rencontre constamment des innovateurs comme dans l'industrie spontanée, mais ils s'inscrivent dans une tradition familiale entrepreneuriale qui a grandi avec le temps et dont on hérite de père en fils. Aujourd'hui, ce ne sont plus « des ruraux devenus ouvriers » qui « n'ont cessé de se mettre à leur compte »[24]. C'est donc plutôt une « vieille région industrielle » qui a évolué avec le temps et qui a su s'adapter et se restructurer sous l'influence d'éléments endogènes ou exogènes. C'est probablement cet esprit bricoleur de la population (Tüftlergeist), si souvent loué, un esprit curieux qui s'intéresse aux nouveautés technologiques, qui a été à l'origine de cette adaptation au progrès technologique et qui explique la réussite industrielle de la région. Des adjectifs antinomiques ailleurs - « tradition » et « dynamisme », « rural » et « industrie » - sont ici en plein accord. Loin de s'opposer, ils donnent à la région toute son originalité.

5.1.3.2. S'agit-il d'un district industriel ?

La notion de « district » a été conçue par l'économiste anglais *Alfred Marshall* en 1900 et reprise à partir des années 1970 par des économistes italiens comme *G. Becattini* ou *A. Bragnasco* pour expliquer le développement industriel de l'Italie centrale en *« analysant le type d'organisation industrielle »* de cette région[25]. Un district apparaît chaque fois que s'effectue *« une division de la production non pas au sein d'une même entreprise mais entre les petites firmes d'un même territoire, chacune étant spécialisée dans un segment du processus productif »*[26]. Pour les économistes italiens, le district représente *« une entité socio-territoriale rassemblant un certain nombre de caractéristiques : l'existence d'une large gamme de PME spécialisées et organisées autour d'une industrie dominante ; une osmose parfaite entre la communauté locale et les entreprises, propre au partage de valeurs et d'une culture commune ; une organisation industrielle fondée sur un mélange de concurrence-émulation-coopération ; une 'atmosphère industrielle' résultant de la formation et l'accumulation de compétences »*[27]. Dans le même article, on peut lire que les districts industriels existent principalement en Italie centrale et en Allemagne, dans le Bade-Wurtemberg. En France, l'exemple du Choletais est toujours cité. Peut-on alors considérer la Forêt-Noire comme un district industriel ? Si oui, quels sont les avantages qu'elle peut retirer d'une telle organisation ?

Ce qui peut soutenir cette idée de district, c'est la domination des PME et les liens parfois étroits entre les chefs d'entreprise en raison notamment d'alliances familiales, comme par exemple à St. Georgen. De même, de nombreux industriels travaillent ensemble, non seulement pour des raisons familiales, mais aussi par nécessité économique. La présence très répandue de la sous-traitance ou la pratique de plus en plus fréquente de l'externalisation (Subunternehmen) pour réduire les frais de production correspondent également à cette notion de district.

Ce qui peut également conforter l'hypothèse du district, c'est le rôle des travailleurs à domicile qui donnent une certaine flexibilité à l'entreprise. On constate aussi dans notre région un comportement généralement positif des entrepreneurs vis-à-vis des innovations technologiques. Ils reconnaissent la nécessité de s'y adapter pour améliorer leur situation, différence notable par rapport aux grandes entreprises où l'innovation est souvent douloureuse, car liée à une réduction d'emplois ou simplement parce qu'elle est imposée de l'extérieur. Et l'importance donnée dans la région aux valeurs telles que la famille et l'éthique du travail est aussi un trait caractéristique des districts.

De même, le sentiment d'appartenir à la communauté industrielle locale[28] est assez répandu : on est « Furtwängler » (de Furtwangen) ou « St. Georgener » (de St. Georgen) et on envisage peu de changer de *Kreis*, surtout lorsqu'il s'agit de traverser une frontière culturelle et historique comme, par exemple, aller travailler à Schramberg (Wurtemberg) en venant de St. Georgen (de Bade). Dans cette optique, il y aurait même plusieurs districts, le sentiment d'appartenance à un territoire, même de dimension réduite, étant profondément ancré dans les mentalités.

En revanche, ce qui contredit cette théorie du district pour la Forêt-Noire, ce sont les liens « technologiques » entre les entreprises. S'agit-il vraiment d'un groupement de PME spécialisées autour d'une industrie dominante ? Les entreprises locales appartiennent-elles à une seule filière ou à plusieurs ? Sont-elles toutes des sous-traitants de l'automobile ? Ce fut probablement en grande partie le cas après la guerre et les crises de l'horlogerie, à la suite desquelles beaucoup d'entreprises se sont spécialisées dans la mécanique de précision et l'électronique comme sous-traitants de l'automobile. Mais, c'est aujourd'hui différent. On a reconnu le danger d'une monostructure et la nécessité de diversification.

Un autre trait caractéristique du district est le changement fréquent d'établissement par les travailleurs[29]. Dans la Forêt-Noire, au contraire, les gens ont tendance à rester stables et sont attachés à leur pays[30]. Quant au système de banques locales, spécifiques des districts et permettant d'obtenir plus facilement des crédits, il est moins pratiqué en Allemagne car les prêts sont centralisés au niveau du *Land* et gérés par la *Landeskreditbank* (banque de crédit pour les programmes du *Land* Bade-Wurtemberg).

Si la Forêt-Noire est un district, il s'agit d'une forme différente de celle de l'Italie centrale. L'analyse détaillée des facteurs de localisation et des avantages et handicaps de la région selon la perception des chefs d'entreprise est nécessaire pour répondre à cette question d'une manière plus franche.

5.1.3.3. Choix raisonné et héritages industriels

L'installation en Forêt-Noire relève-t-elle d'un choix, issu de critères économiques, ou bien sont-ce plutôt des opportunités qui ont incité les gens à s'y implanter ?

Le résultat des enquêtes n'est pas surprenant[31]. La moitié des 94 entreprises interrogées sont installées dans la commune de naissance ou de résidence du responsable ou bien encore sont constituées d'un héritage. C'est surtout le cas de Schonach (pour 87 % des entreprises enquêtées), St. Georgen (64 %), Triberg (64 %) et Furtwangen (61 %) en ce qui concerne le *Kreis* « Schwarzwald-Baar » et de Lauterbach et Tennenbronn pour le *Landkreis* « Rottweil ». En général, il s'agit d'entreprises créées dans la deuxième moitié du XIXe siècle ou au début du XXe siècle. Pour le *Kreis* « Schwarzwald-Baar », on peut constater que ce sont des communes liées à l'horlogerie. On recense fréquemment ce type d'entreprises à Schonach dans le secteur de l'horlogerie, à St. Georgen et à

Lauterbach dans la mécanique de précision et les matières plastiques et à Triberg dans le traitement des métaux. A Tennenbronn, tous les chefs d'entreprise interrogés (4), sans exception, sont originaires de la région et travaillent dans le même secteur industriel, la mécanique de précision.

Les autres causes d'installation sont très diverses. Elles résultent parfois de l'opportunité offerte par la reprise d'une entreprise existante. Certains industriels évoquent des salaires moins élevés, des aides ou des contacts locaux, ou encore des débouchés potentiels, l'existence des fournisseurs sur place, la réputation de la Forêt-Noire et l'environnement agréable. On ne peut pas pour autant constater une concentration géographique de ce type d'installations, à l'exception de Mönchweiler où la majorité des entreprises (4 sur 7) s'y sont implantées car des terrains étaient disponibles. D'ailleurs, ce sont en général des installations récentes, postérieures à 1970, datant du moment de la création de la zone d'activités. La quête de surface, donnée comme raison d'implantation, apparaît aussi plus fréquemment à Schramberg pour les entreprises qui se sont installées dans les zones d'activités de Sulgen et Waldmössingen, près de Schramberg. Même si c'est une ville avec une vieille tradition industrielle, il n'y a pas autant d'anciennes entreprises que l'on aurait pu penser. On y trouve aussi plusieurs installations récentes (11 entreprises sur 17) parce que Schramberg a souffert des crises et a fait des efforts pour attirer des entreprises dans une optique de diversification. Cependant, à Schramberg-Sulgen comme à Mönchweiler, il s'agit souvent d'entreprises issues de communes voisines qui cherchent une meilleure localisation.

Au total, les installations venant de l'extérieur de la région sont très rares. Sur les 94 entreprises étudiées, on en recense neuf de ce type, avec une concentration à St. Georgen (5 entreprises sur les 9). Ce sont des créations des années 1980 à la suite de la fermeture de la grande entreprise (DUAL) qui a libéré des locaux et de la main-d'œuvre. Ces entreprises de petite taille (entre 15 et 50 salariés), à l'exception d'une seule, ont été aidées par la municipalité.

Bref, le processus d'industrialisation, hier comme aujourd'hui, est donc très largement endogène. Les affaires sont créées ou reprises par des entrepreneurs de la région. Deux tiers des entreprises (64 %)[32] ont saisi une opportunité. Le lieu d'installation précis n'a pas été vraiment choisi, mais découle d'une chance qui se présentait, au moins pour les usines anciennes. Ceci confirme l'hypothèse d'André Fischer : « *le choix d'une localisation est moins le produit d'une décision explicite résultant d'une analyse rationnelle que le sous-produit plus ou moins circonstanciel des choix économiques et techniques (...)* ». Ces considérations s'appliquent en particulier à la petite entreprise mono-établissement - dont la localisation est bien souvent contrainte « *par une tradition ou un héritage, la proximité des fournisseurs ou des clients, la proximité des donneurs d'ordre dans le cas des relations de sous-traitance, par une opportunité foncière ou immobilière, par l'existence de relations professionnelles...* »[33]. C'est seulement dans le cas des installations plus récentes qu'une réflexion concernant les avantages et désavantages du lieu d'implantation a joué un rôle plus important (par exemple à Mönchweiler et à Schramberg). Les raisons déterminantes furent alors très diverses : les aides, le potentiel de main-d'œuvre, les opportunités locales (ainsi à St. Georgen) ou encore les débouchés et les surfaces disponibles.

Ces points généraux étant acquis, il convient de poursuivre l'analyse et, pour mieux connaître le fonctionnement de cette région et ses possibilités de développement industriel, d'entreprendre une étude détaillée des différents « facteurs de localisation ». Comme l'implantation des entreprises dans la Forêt-Noire ne résulte pas d'un véritable choix, l'intérêt de cette recherche n'est pas de savoir pourquoi les entreprises se sont implantées dans la Forêt-Noire, mais de tenter de connaître les avantages et inconvénients du massif en tant qu'espace industriel et d'évaluer ses chances de développement futur.

5.2. LES DIFFÉRENTS FACTEURS DE LOCALISATION

Les facteurs de localisation peuvent être répartis en trois groupes selon leur place dans le processus industriel qui est, d'après R. Fouet, « *l'ensemble des opérations qui, partant de la transformation de matières premières (...), conduit à l'élaboration d'un produit fabriqué qui est livré au marché final pour y être utilisé ou consommé* »[34]. Ainsi, on peut distinguer les facteurs de localisation en liaison avec l'amont du processus de production, ceux qui sont à mettre en rapport avec l'aval ou encore, ceux qui interviennent directement au moment de la production (produktionsbezogen). Les principaux facteurs d'amont (beschaffungsseitige oder input-bezogene Faktoren) sont les matières premières, l'eau et l'énergie, la proximité des fournisseurs et les moyens de transport et de communication. Le deuxième groupe rassemble les facteurs d'aval, en accord avec la distribution (absatzseitige oder output-bezogene Faktoren), comme la proximité du marché, le pouvoir d'achat et la concurrence. Et finalement, le dernier groupe s'appuie sur les facteurs qui ont un impact direct au moment de la production, la main-d'œuvre et les salaires, le prix du terrain et les coûts des loyers et les conditions politiques, technologiques, écologiques ou économiques[35]. La conjonction d'éléments favorables se traduit par des effets « d'agglomération »[36] ou des possibilités de synergie. On notera que certains facteurs comme les transports interviennent à l'amont comme à l'aval.

Pour les entreprises, selon la branche et le produit, la taille et la fonction de l'établissement[37], des facteurs sont plus décisifs que d'autres. Il y a celles pour qui les coûts minimaux de matières premières ou d'énergie emportent la décision. Pour d'autres, ce sont plutôt la hauteur des salaires et la qualification de la main-d'œuvre qui sont déterminantes, tandis que certaines préfèrent des lieux peu imposés ou bénéficiant des subventions de l'État. Certaines doivent s'assurer d'une quantité suffisante d'énergie à un prix intéressant ou encore dépendent fortement des transports[38].

La liste des facteurs possibles est donc très longue et elle n'est jamais définitive. Les facteurs de localisation appelés « doux » (« weiche » Standortfaktoren), comme l'offre culturelle et la présence d'espaces récréatifs, parcs ou zones vertes (régionale Freiraumkonzepte oder regionale Freirauminfrastruktur)[39], et, plus généralement, le cadre de vie, prendront de plus en plus d'envergure sans d'ailleurs se substituer totalement aux facteurs classiques. Ils sont seulement complémentaires et, pour une commune, la conjonction des deux peut augmenter son pouvoir d'attraction.

Comme il existe des liens étroits entre l'amont et l'aval du processus industriel, le concept de la « filière » a été élaboré par les économistes. La filière est définie dans une approche simple comme « *l'ensemble de stades du processus de production qui conduit des matières premières à la satisfaction du besoin final du consommateur* ... »[40]. Il s'agit donc de prendre en compte les liens multiples et les flux d'échanges entre les différents établissements, de l'élaboration à la commercialisation, de la matière première au consommateur. Certaines filières sont longues et complexes, comme celle de la métallurgie et du textile qui sont « *caractérisées par une multiplicité des unités spatiales et des flux d'échanges entre ces unités* »[41]. D'autres sont plus courtes comme, par exemple, les industries alimentaires avec un nombre limité d'établissements et de flux matériels dans l'espace[42]. La notion de la filière souligne les interdépendances entre les différents facteurs de localisation et entre les maillons d'une chaîne productive ; il en est ainsi, dans le cas des relations d'une entreprise avec ses sous-traitants.

S'interroger sur un facteur isolé n'est guère pertinent. Il s'agit plutôt d'un véritable faisceau. Pour notre enquête, nous avons sélectionné certains facteurs fondamentaux pour notre région. Nous avons retenu la situation de la **main-d'œuvre** ; l'origine des cadres, les mouvements pendulaires et la formation sont, en particulier, des éléments intéressants à analyser. La question des **matières premières** est parfois importante, car la région dispose aujourd'hui de peu de ressources. Est-ce un handicap pour les entreprises ou un élément sans grande importance ? Comme c'est une région dominée par la **sous-traitance**, pourquoi les entreprises de la région ont-elles retenu cette solution ? La région se caractérise aussi par la présence d'industries de pointe. Comment se présente la **recherche** et comment s'effectue l'adaptation aux technologies nouvelles ? Le **transfert de technologie** joue-t-il un rôle déterminant ? Quant aux **subventions,** les communes peuvent-elles en obtenir pour des implantations industrielles ? Quelle importance les pouvoirs publics donnent-ils à cette région ? Les Allemands sont très soucieux de leur environnement et le *Land* Bade-Wurtemberg a la réputation d'avoir des lois très sévères concernant l'écologie. Les **restrictions et contraintes écologiques** sont-elles plus lourdes pour les entreprises de la Forêt-Noire que dans les autres régions allemandes ? Ces deux derniers facteurs, subventions et contraintes écologiques, ont un impact direct sur la production et prennent de plus en plus d'importance aujourd'hui. Et puis, comment se présente la situation en aval de la production, pour les **débouchés** et la distribution ?

En ce qui concerne le **transport**, c'est un facteur de localisation qui intervient aussi bien en amont qu'en aval, ce qui souligne son importance. Quel est son rôle dans une région de sous-traitants où les processus d'externalisation (die Fertigungstiefe herabsetzen/mit Subunternehmen zusammenarbeiten) touchent de plus en plus d'entreprises ?

Ce sont en majorité des facteurs dits « classiques ». Le but de cette recherche et de notre enquête est de pouvoir juger leur valeur actuelle, sans les prendre isolément, mais en les intégrant dans un ensemble. Il faut donc constamment souligner les interdépendances entre les différentes variables dans un espace géographique spécifique, celui de la moyenne montagne et du monde rural, tout en les traitant séparément, pour la commodité de l'analyse.

5.2.1. Les fournisseurs et la sous-traitance

La sous-traitance (die Zulieferer) est l'une des caractéristiques de cette région. 71 % des entreprises interrogées (67 sur 94) sont des sous-traitants et, pour 40 % des 67 entreprises sous-traitantes, l'automobile est le donneur d'ordre principal, mais ce n'est pas non plus le seul ! En raison des crises vécues, les entreprises de la région se sont rendu compte que dépendre d'une seule branche dominante était fort dangereux. Aussi, la plupart essaient-elles aujourd'hui de trouver des débouchés différents. D'après les 67 sous-traitants interrogés, le secteur de la construction mécanique et des machines-outils représente pour 23,5 % d'entre eux l'activité principale ; puis vient l'électronique (19,5 %), l'horlogerie (14 %) et la mécanique de précision (10,5 %)[43].

Cependant, l'automobile joue localement un rôle majeur, en particulier à Furtwangen, St. Georgen et Schramberg. Ces petites villes ont fortement ressenti la dernière crise, la récession de 1993, comme le soulignait un chef d'entreprise de Furtwangen, fabricant de pièces tournées de précision : *« les entreprises ont l'impression qu'elles dépendent de Lopèz*[44]*, c'est démoralisant et décourageant - on se demande lequel des sous-traitants tombera ?»*[45]. La nécessité de diversifier l'activité, d'une part, et de travailler ensemble, d'autre part, pour représenter une certaine force afin de limiter les exigences de l'industrie automobile se manifeste de toute évidence. Mais cette solidarité est loin d'être générale, d'où la fragilité de la région lors des crises. *« À St. Georgen, on est jaloux l'un de l'autre et on ne* *travaille pas beaucoup ensemble »*[46] déplorait l'un des responsable d'une importante et ancienne entreprise de machines-outils. Il n'était pas le seul à regretter cette situation : « *ils ne devraient pas travailler l'un contre l'autre, mais ensemble »*[47]. Néanmoins, dans certains cas, les entreprises essaient de faire front. Ainsi, à St. Georgen a été mise en place une centrale d'achat pour granulés de matières plastiques.

De même dans l'horlogerie, les entreprises ont des liens étroits, même s'il s'agit ici plutôt d'une forme traditionnelle de division de travail : l'une fabrique les sifflets, l'autre les boîtiers ou les mouvements.

Les crises se traduisent par une réduction des externalisations (Fertigungstiefe vergrößern) : « on enlève des commandes aux sous-traitants et nous avons fait de même pour garder les emplois dans notre propre entreprise et pour avoir moins de frais ». Le nombre des sous-traitants qui sous-traitent à leur tour une partie de la production - ce que les Allemands appellent des « Subunternehmen »[48], et les Français la « sous-traitance en cascade » - s'est réduit. Les entreprises qui adoptent cette solution confient une partie de la production à une autre entreprise qui est spécialisée dans le domaine concerné et qui travaille selon les normes imposées par le donneur d'ordre. En période de conjoncture favorable (Hochkonjunktur), cette solution permet au donneur d'ordre de travailler plus rapidement et de livrer « just in time » (juste à temps), car le processus de fabrication est raccourci. En même temps, il diminue ses coûts de production, tire avantage de la baisse des prix liée à la spécialisation du sous-traitant, allège ses charges sociales et réalise des gains de productivité[49]. Mais, dans une phase de récession, le risque pour ces petites entreprises est très important car elles ne sont pas autonomes. Ce schéma rend la Forêt-Noire fortement dépendante, à la fois d'autres régions et de la conjoncture. C'est pourquoi, aujourd'hui, les entreprises de la région font des efforts pour s'assurer un débouché dans plusieurs branches.

Comment en est-on arrivé là ? Historiquement, ce fut la région de l'horlogerie, marquée par un artisanat qui connut tôt la division du travail et la spécialisation. A la suite de crises nécessitant une diversification, la mécanique de précision et le traitement des métaux se développèrent à partir de l'horlogerie, avec fabrication de produits semi-finis pour les industries d'aval et, en particulier, pour l'industrie automobile et son fief de Stuttgart, à 80 km de la Forêt-Noire. La construction de l'autoroute Stuttgart - Lac de Constance a renforcé le processus, mais la main-d'œuvre habile et moins coûteuse de la Forêt-Noire constitue l'élément décisif. En fait, Mercedes-Benz ou Porsche et la région de Stuttgart ne sont pas les seuls débouchés. Ce sont aussi toute l'Allemagne et l'Europe (cf. chap. 5.2.3. : *Les débouchés*).

Les sous-traitants ont surtout besoin de fournisseurs de produits semi-finis. Ils utilisent un volume de matières premières réduit car leur activité est plutôt orientée vers la haute technologie. Près de la moitié (47 des 94 entreprises) considère d'ailleurs qu'il existe un nombre suffisant de fournisseurs, pour leur production, dans la région, tandis qu'un cinquième seulement est d'un avis contraire. Le quart restant ne s'est pas prononcé.

Trente-sept entreprises sur cinquante-neuf qui ont répondu à la question « où se trouvent vos fournisseurs ? » travaillent avec des entreprises en Bade-Wurtemberg. Trente-deux s'approvisionnent dans un rayon de cinquante à soixante kilomètres - ce qui représente plus de la moitié des réponses données (59), mais seulement 34 % de l'ensemble des entreprises interrogées (94). Ceci prouve la relativité d'une interprétation quantitative. Malgré ce chiffre relativement faible (34 %), on nous a souvent confirmé, pendant les interviews, que l'existence d'un bon réseau de fournisseurs était justement l'un des avantages de la région. La moitié des entreprises déplorant les carences régionales en fournisseurs ne sont pas des sous-traitants eux-mêmes, mais fabriquent un produit fini et ont besoin d'une matière première de base (Ausgangsprodukt). On peut, en général, se ravitailler dans la région : ainsi pour les métaux ou les produits électroniques. Ces entreprises travaillant pour leur propre compte, elles ne s'adressent pas, en raison d'un rapport qualité-prix jugé défectueux, aux fournisseurs de la région mais recherchent l'offre la moins chère sur le marché mondial. Une grande entreprise de télécommunications de Furtwangen se procure, par exemple, ses matières plastiques sur le marché international, malgré l'existence d'une centrale d'achat à St. Georgen.

Parmi les entreprises (32) qui trouvent leurs fournisseurs dans la région, celles qui sont orientées vers le traitement des métaux sont les plus nombreuses (environ 60 %, soit 19 sur 32).

Sous-traitantes ou indépendantes, les entreprises ont toujours besoin, à part quelques exceptions, de matières premières (Rohstoffe) ou de produits semi-finis (Halbfertigwaren) - selon la place qu'elles occupent dans le processus de production (je nach Produktionsstufe).

42 % des entreprises interrogées transforment à la fois des matières brutes et des semi-produits. Elles s'occupent donc de plusieurs stades techniques de la production[50]. Elles transforment des matières premières et/ou achètent des semi-produits qu'elles intègrent dans leur processus de production. Par exemple, dans l'horlogerie, on travaille d'abord le bois pour les boîtiers. Il s'agit donc d'une transformation de matière brute. Ensuite, pour le montage d'une horloge à coucou, il faut se procurer des pièces métalliques ou en plastique, donc des produits semi-finis ou finis. Il en est de même pour la plupart des entreprises de mécanique de précision qui commencent par une transformation des métaux et qui, dans une seconde phase, ont recours à des éléments électrotechniques ou des pièces en matière plastique qu'elles achètent auprès d'un fournisseur. Il est donc nécessaire, pour la région, de disposer d'un bon réseau de fournisseurs de matières premières et de semi-produits, si elle veut être attractive en tant que pôle de localisation. Et il n'est pas rare que les petites entreprises soient les fournisseurs des grandes[51]. Ainsi, il existe des liens très étroits entre les entreprises de l'ensemble de la région.

Environ deux tiers des entreprises (51 sur 80) ne trouvent pas les matières premières ou les produits semi-finis nécessaires à la production dans la région. L'origine des ressources n'est pas facile à localiser, car beaucoup d'entreprises s'approvisionnent en matières premières par l'intermédiaire de fournisseurs locaux. Souvent, elles proviennent de la Rhénanie (18 entreprises sur 80), de l'Allemagne entière (16), de l'Europe (30) ou même de plus loin (11)[52]. Pour la moitié des entreprises, le fournisseur se trouve dans la région (32 réponses sur 59). En fait, le manque de ressources de la région ne pose apparemment aucun problème. Comme nous l'avons déjà évoqué, on relève des initiatives pour améliorer l'approvisionnement du côté des entreprises, comme l'instauration d'une centrale d'achat pour les matières plastiques à St. Georgen. Celle-ci permet d'acheter des quantités plus importantes et de minimiser ainsi les frais de production.

La demande de métaux est plus forte à Schramberg, Furtwangen et Vöhrenbach, celle de plastique à St. Georgen, celle d'acier à Triberg et celle de bois dans les centres de fabrication des horloges comme Schonach[53]. De ce fait, les entreprises pourraient faire des économies d'approvisionnement en formant d'autres centrales d'achat comme celle de St. Georgen. Mais, apparemment, les gens de la Forêt-Noire n'ont pas encore assez d'esprit d'équipe, ce que regrette le président de l'Association d'industrie (Industrieverband[54]) qui déclare : « *on ne travaille pas beaucoup ensemble* »[55].

5.2.2. La main-d'œuvre

La main-d'œuvre est souvent évoquée comme l'un des facteurs majeurs pour expliquer les localisations industrielles. D'après plusieurs théoriciens, disposer d'un excédent de main-d'œuvre « bon marché » est même l'un des grands atouts d'une région rurale.

Nous avons vu - dans la partie historique - que notre région d'étude était caractérisée depuis longtemps par l'existence de nombreux actifs à la recherche d'un second revenu (cf. chap.1). Mais est-ce toujours le cas ? La Forêt-Noire peut-elle encore être assimilée à une région rurale avec surabondance de main-d'œuvre peu coûteuse ? L'aspect quantitatif n'est pas le seul à évoquer. Avec le changement des structures économiques - mondialisation, spécialisation, externalisation, rationalisation et automatisation - la qualification du personnel requise dans les pays développés tend à s'accroître. Tandis que les activités simples sont de plus en plus remplacées par les machines, l'homme s'occupe chaque jour davantage de recherche, d'organisation, de contrôle. « *Au lieu d'activités d'exécution et de bonne force physique, on demande de plus en plus de la créativité et de la flexibilité aux salariés* »[56]. Ceci veut dire que les besoins des entreprises en personnel à la qualification élevée augmentent sans cesse. C'est dire que la question de la formation est désormais essentielle. Pour en juger, il est nécessaire de comparer la situation du marché, les besoins des entreprises et l'offre de la région.

5.2.2.1. La structure de la main-d'œuvre régionale (analyse socio-professionnelle)

Rappelons que la majorité des entreprises de notre région de recherche est constituée de PME ayant moins de trois cents salariés (80 %)[57]. Les deux tiers en comptent même moins de cent. La part des femmes (28 %) est relativement faible par rapport à la moyenne nationale (42 % en 1994)[58]. Ce chiffre est un peu surprenant pour une région où la part du travail de précision est importante. Est-ce en raison de la récession actuelle, les licenciements touchant d'abord des femmes ? Ou bien est-ce parce qu'on *« est plus traditionnel dans la région »* ? *« C'est plus difficile pour une femme de trouver un travail ; on préfère les hommes »*[59] nous disait un cadre de Tennenbronn. C'est dans l'horlogerie, la mécanique de précision, la plasturgie, le bois ou l'imprimerie que l'on peut constater, dans la région, le maximum d'emplois féminins.

Tab. 5 - Entreprises ayant un pourcentage de femmes supérieur à 40 % de l'effectif total

Branche	Nombre d'entreprises	Part des entreprises
Horlogerie (9)*	4	44 %
Mécanique de précision (24)*	6	25 %
Plasturgie (11)*	4	36 %
Bois / imprimerie (10)*	4	40 %

Source : enquête menée entre 1992 et 1994.
*nombre d'entreprises interrogées dans le secteur concerné.

D'après le tableau 6, les entreprises de la région ont besoin d'autant d'ouvriers qualifiés que de non-qualifiés. Le niveau de qualification exigé par les établissements est donc relativement élevé. De même, la part d'employés (Angestellte[60]) est également importante pour le secteur « industrie »[61]. En revanche, le pourcentage des travailleurs étrangers est légèrement inférieur à la moyenne nationale (11,5 en 1994 dans l'industrie de transformation)[62]. On recense par des tâches simples, mais bruyantes et sales et réclamant une certaine force physique. Les Allemands, surtout les jeunes, ne veulent plus travailler dans ce type d'ateliers. On peut distinguer, d'une part, des étrangers résidant dans la région et attachés à certaines entreprises comme Junghans à Schramberg et, d'autre part, ceux qui sont venus plus récemment des pays de l'Est. Dans ce dernier cas, le problème de langue est souvent un obstacle. La main-d'œuvre étrangère féminine se rencontre plutôt dans l'horlogerie, la mécanique de précision et la plasturgie, des secteurs qui nécessitent une certaine habileté.

Tab. 6 - Répartition des différentes catégories socio-professionnelles au sein des entreprises interrogées et représentation féminine (en valeur relative) – 1992 / 94

	Cadres	Employés	Ouvriers qualifiés	Ouvriers non-qualifiés	Inconnu	Etrangers	Travailleurs à domicile
Effectif total	4 %	25,5 %	31 %	33 %	6,5 %	10 %	3 % (dont 64% femmes)
Femmes (28 % des effectifs)	1 %	21 %	13 %	51 %	14 %	10 %	6,5 %

Source : Calculs personnels selon l'enquête menée auprès des chefs d'entreprise entre 1992 et 1994.
Remarques : Certains chefs d'entreprise n'ont pas pu indiquer de chiffres exacts, d'où la colonne « inconnu ». Les catégories « travailleurs à domicile » et « étrangers » ne sont pas incluses dans l'effectif total.

Tab. 7 - Les cadres : causes d'installation dans la région

Cause d'installation	Nombre de réponses	%
Qualité du travail	28	53
Qualité de vie	19	36,5
Originaire de la région	14	26,5
Salaires corrects	11	21
Raisons familiales	8	15,5
Attaché au pays	5	9,5
Autres	7	13,5

Source : enquête menée entre 1992 et 1994 (sur 52 entreprises).

On constate aussi que le travail à domicile n'a pas disparu, surtout dans la fabrication des horloges à coucou ou des maquettes (Modellbau). Cette main-d'œuvre, en grande partie féminine, s'avère très utile.

Le nombre relativement faible de cadres résulte de la structure familiale des entreprises et du poids des établissements ayant moins de cent salariés. C'est souvent le patron qui mène l'affaire, aidé par son épouse ou un autre membre de la famille.

Seulement 40 % des entreprises ont intégré un cadre venant de l'extérieur de la région dans leur équipe, soit au total 10 % des cadres. Pour les trois quarts d'entre elles, elles ont plus de cent salariés. Ce sont souvent des entreprises spécialisées dans l'électrotechnique ou la mécanique de précision qui fonctionnent bien et qui ont fait preuve d'une grande ouverture (Aufgeschlossenheit) lors de l'entretien. Ces cadres viennent de toutes les régions allemandes, avec cependant une majorité issue de l'Allemagne du Sud (33 cadres contre 17 originaires du Nord de l'Allemagne)[62]. En les interrogeant sur ce qui les a poussés à chercher un emploi en Forêt-Noire, la plupart indique la qualité du travail et la responsabilité (53 %), souvent liée au cadre de vie général de la région (34 %).

5.2.2.2. Les mouvements pendulaires

Presque toutes les entreprises ont recours à des travailleurs résidant dans les communes voisines. Cependant, en général, le rayon de ces mouvements pendulaires quotidiens n'excède pas trente kilomètres. On pourrait même parler d'une sorte d'échange d'offres d'emplois entre les communes (cf. Fig. 21 et 22). Elles accueillent toutes des salariés (Einpendlergemeinden) et, parallèlement, en envoient dans les communes voisines (Auspendlergemeinde). Cette turbulence de la main-d'œuvre varie cependant d'un lieu à l'autre. Elle est maximale à Mönchweiler, où 60 % des salariés viennent de l'extérieur en raison de la proximité de l'agglomération de Villingen-Schwenningen et de l'importance de la zone d'activités (Gewerbegebiet), où de nombreuses entreprises ont délocalisé leurs ateliers.

Dans la majeure partie des communes, le taux de travailleurs externes est compris entre 20 et 40 %. St. Georgen et Schramberg, mais aussi Triberg, en raison d'une industrialisation importante, se situent en haut de la fourchette. Tennenbronn représente une exception, car 85 % des salariés restent dans la commune.

Parmi les entreprises interrogées, on en recense seulement treize où plus de la moitié des salariés font la navette quotidiennement. On peut aussi observer que ce sont, apparemment, les entreprises de pointe qui recrutent le plus loin. Ainsi chez COSUS, entreprise de logiciels de St. Georgen, 86 % des postes sont occupés par des actifs résidant hors de la commune. Les employés habitent à Villingen et jusqu'à Horb ou Fribourg, en raison d'un manque de main-d'œuvre qualifiée sur place. Spécialistes et cadres préfèrent habiter dans des centres plus importants.

5.2.2.3. Les problèmes de recrutement et de formation au sein des entreprises

Nous avons donc constaté que les entreprises de la région ont un grand besoin de main-d'œuvre qualifiée en raison des branches orientées vers la haute technologie. La question se pose de savoir si la région peut répondre à cette demande et, si en définitive, la main-d'œuvre représente un atout.

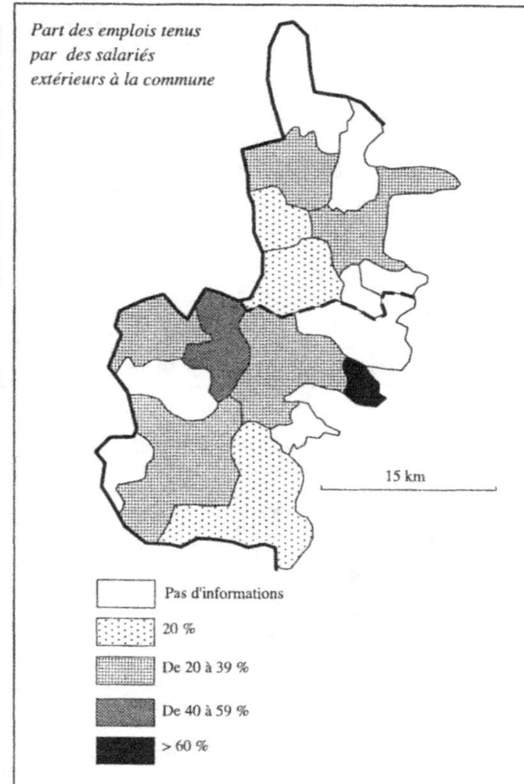

Source : Enquêtes menées entre 1992 et 1994.

Fig. 21 – Sens des mouvements pendulaires

Fig. 22 - Intensité des mouvements pendulaires

Tab. 8 - Les mouvements pendulaires

Commune attirant des travailleurs (Einpendlerge-meinde)	% de travail-leurs issus d'autres com-munes	Commune envoyant des travailleurs (Auspendlergemeinde)	Distance maximale	Branche	Entreprises (les plus importantes)
Mönchweiler	60	Furtwangen, VS* délocalisation: Schonach, St. Georgen	30 km	plasturgie métaux meubles	KE (90 %) Weißer (50 %) Kaiser (60 %) AZ (90 %) Zeyko (90 %)
Triberg	40	Schonach, Schönwald, St. Georgen	25 km	bois imprimerie métaux	Finkbeiner (50 %) Merx (40 %) A. Haugg (60 %)
St. Georgen	34	Tennenbronn, Schramberg, Hardt, VS*,Schonach, Triberg	30 km	informatique méc. préc. haute technologie électronique constr. méc. plasturgie	Cosus (86 %) Grässlin (40 %) Kundo-System-technik (60 %) Lorenz (50 %) Heinemann (60 %) KMS (60 %)
Schramberg	32,5	VS*, Aichhalden, Dunningen, Rottweil, Hardt, Lauterbach, Oberndorf, etc.	30 km	plasturgie métaux imprimerie	Hengstler (50 %) Kaupp (95 %) Straub (56 %)
Schonach	29	Triberg, St. Georgen, Elzach	28 km	méc. préc. horlogerie	SBS (66 %) A. Schneider (50 %) W.Kienzler (40 %)
Schiltach	26	Wolfach, Schramberg, Haslach, Hardt, Tennenbronn	30 km	métaux	Hansgrohe (50 %) Frères Grieshaber (33 %)
Furtwangen	21	Gütenbach, Triberg, Donaueschingen	30 km	haute technologie construction méc.	IEF (60 %) Koepfer (30 %)
Lauterbach	17,4	Schramberg, Tennenbronn, Schenkenzell	10 km	méc. préc.	Rebmann (33 %)
Tennenbronn	15,7	Hardt	25 km	méc. préc.	Broghammer (22 %)

Source : enquête menée entre 1992 et 1994 - *VS = Villingen-Schwenningen

Sur quatre-vingt-onze réponses, trente-cinq entreprises (38,5 %) ont indiqué avoir rencontré des problèmes de recrutement et cinquante-six (61,5 %) affirment ne pas éprouver de difficultés. Cependant, parmi ces dernières, vingt-trois précisent qu'elles n'embauchent pas, mais qu'auparavant, lors des périodes de croissance, elles avaient connu des problèmes de recrutement de nature variable. Beaucoup évoquent « le manque de qualification » (31 réponses sur 58). D'autres soulignent la « concurrence locale » et en particulier la compétition entre petites et grandes entreprises qui proposent de meilleurs salaires (11). Plus rarement, les chefs d'entreprise mettent en avant le « manque de motivation », le « refus des responsabilités » (5), la « préférence pour un emploi commercial » ou le « peu d'intérêt pour le travail manuel » (5).

Quand on sait qu'il existe dans la région plusieurs instituts de formation professionnelle - et même universitaire avec la Fachhochschule à Furtwangen - ainsi que des centres de recherche et de transferts technologiques dont l'objectif est de répondre aux besoins des entreprises, le résultat de notre enquête surprend (cf. aussi chap. 5.2.6.).

L'un des obstacles auxquels se heurtent les entreprises est celui des métiers manuels. C'est ainsi que chacun déplore le manque de bons sculpteurs dans le domaine de l'horlogerie. L'association pour la promotion des horloges de la Forêt-Noire (Förderverein Schwarzwalduhr) organise des concours pour donner une autre image de ce métier et pour intéresser les jeunes. Il est clair que, sans véritables sculpteurs, ce produit, originaire de la Forêt-Noire, ne pourra se maintenir. D'autres métiers sont soit trop récents, soit trop spécialisés - par exemple, dans le domaine de la plasturgie, le « Kunstofformgeber » et, dans les métaux, le « Zerspanungsmeister » - pour qu'une formation existe dans la région. A l'inverse, dans le secteur des métaux, le travail souvent bruyant et sale est peu attractif. Toutes ces raisons ont eu davantage d'impact au moment de la haute conjoncture, lorsque la main-d'œuvre était insuffisante, en raison de la croissance et de la densité industrielle, par rapport à la population (hohe Industriedichte). C'est la raison pour laquelle la région connaissait peu de chômage. Certains se posent la question de la qualification : *« il est difficile de trouver de la main-d'œuvre vraiment qualifiée. Ceux qui viennent de l'ANPE (Arbeitsamt) ne sont souvent pas très motivés. En général, les jeunes ont une bonne formation, mais ils accordent beaucoup trop d'importance aux loisirs. Ils ne veulent pas faire d'heures supplémentaires, travailler le week-end et ne s'identifient pas à l'entreprise. Beaucoup sont contents d'être au chômage - ils reçoivent de l'argent de l'État sans se fatiguer »*[63].

Les difficultés de recrutement (Nachwuchsfrage), en particulier d'une main-d'œuvre qualifiée, sont considérées comme des problèmes majeurs par les entreprises, ce qui les amène à intervenir elles-mêmes dans la formation des jeunes. C'est d'ailleurs une attitude courante en Allemagne, où la formation en alternance est très répandue (appelée « duales System »). Sur les 90 entreprises interrogées, 57 pratiquent ce système, soit environ les deux tiers. Si, naturellement, la presque totalité des plus grandes, celles de plus de deux cents salariés, est concernée, 40 % des plus petites se sont engagées dans cette voie. Le nombre des apprentis par an varie selon la taille de l'établissement, mais nous avons relevé en moyenne de deux à cinq apprentis par an par entreprise. Comme motivation, elles ont indiqué en majorité le souci d'assurer leur propre recrutement (eigener Nachwuchs - 25 entreprises sur 57) et la qualification (Qualifikation - 18 sur 57) d'une main-d'œuvre convenant exactement à leurs besoins.

Les petites entreprises qui ne peuvent pas investir dans la formation - car il faut avoir un contremaître et être habilité - pensent qu'*« un centre de formation au niveau régional serait peut-être une bonne idée* » (M. Fehrenbacher de St. Georgen). La région est déjà active, grâce à la Chambre de Commerce qui développe de plus en plus de cursus de formation continue. Elle en offre trois types : des formations de deux ans à deux ans et demi avec comme objectif une qualification professionnelle permettant de prétendre à un poste de cadre moyen ; des stages d'adaptation dans le domaine des nouvelles techniques comme l'informatique ; des séminaires, sur les sujets les plus divers, de deux ou plusieurs jours destinés aux cadres[64].

5.2.3. Les débouchés

La proximité des débouchés est un des facteurs de localisation « classiques » des entreprises. Rappelons que, dans le modèle de localisation simplifié de Weber, le marché est l'un des trois éléments fondamentaux, en compagnie des matières premières et de la main-d'œuvre.

Une mauvaise accessibilité aux marchés représente, pour les régions périphériques comme la Forêt-Noire, un inconvénient par rapport aux régions urbaines[65]. Par conséquent, ces régions ont besoin de bonnes relations avec leurs fournisseurs et leurs débouchés. L'intérêt de notre enquête a été de cerner l'importance des débouchés locaux et régionaux pour les entreprises, de savoir si le marché régional suffisait en tant que débouché principal.

5.2.3.1. Le rôle du marché local

Pour 40 % des entreprises[66], la région représente le marché principal et elles le jugent à 38 % « bien » (donc suffisant), 28 % « moyen » et 22 % « insuffisant ». Sur l'ensemble des réponses - donc les 89 - le résultat a été le même : 33 % trouvent le marché local « bien », 30 % « moyen » et 21 % « insuffisant ». Il n'y en a que 4 % qui le jugent « très bien ».

On peut observer une certaine différenciation quant à l'opinion des entreprises pour le marché local : à Schiltach, 100 % des entreprises sont satisfaites, à Vöhrenbach et Schonach 62 %, à Furtwangen 53 % et à Schramberg 41 %. Par contre, à St. Georgen, Triberg et Mönchweiler, elles trouvent ce marché plutôt « moyen » et, à Tennenbronn et St. Georgen, « insuffisant ».

A Schonach, haut lieu de fabrication des horloges à coucou et des fournisseurs de cette branche, cette satisfaction envers le marché local résulte du fait que cette fabrication a un lien direct avec la région. A Furtwangen, Schramberg et Schiltach, les entreprises très actives profitent des effets « d'agglomération » et trouvent, de ce fait, un certain nombre de clients dans leur proximité.

Que le marché local soit jugé « insuffisant » pour Tennenbronn n'est pas surprenant compte tenu de la structure des entreprises. Quatre entreprises de la commune appartiennent au même secteur, celui de la mécanique de précision.

De plus, trois sont des concurrentes car elles fabriquent des pièces tournées. La quatrième, la plus grande avec 270 emplois, est spécialisée dans les stylos, feutres et autres crayons (Schreibmaterialien). Ce sont des produits avec une offre excédentaire par rapport à la demande et aux besoins de la région. Les entreprises sont donc obligées d'élargir leurs marchés, soit vers d'autres régions allemandes, soit vers l'exportation. C'est le cas des deux plus grandes firmes qui ont un taux d'exportation de 45 % et 35 % et dont l'une a délocalisé une partie de ses activités en Allemagne de l'Est. Cette nouvelle orientation résulte de l'achat d'une entreprise du même secteur, mais spécialisée dans un autre produit, si bien que l'entreprise de Tennenbronn a élargi sa gamme de production (sur les stylos à plume) et sa part de marché.

À St. Georgen, l'insuffisance du marché local s'explique par la même raison, c'est-à-dire par une concurrence trop forte dans les domaines des matières plastiques (8 entreprises), de la mécanique de précision (6) et de la haute technologie (5).

5.2.3.2. Les marchés plus lointains

Parmi les 40 % d'entreprises (35 sur 89) affirmant que leur marché principal est essentiellement régional, seules 14 (16 % des entreprises interrogées) se limitent uniquement à la région Schwarzwald-Baar-Heuberg[67]. En ce qui concerne la branche et la taille, on peut retenir une légère domination des meubles et du plastique. Il s'agit en général de petites entreprises avec un maximum de cinquante-six salariés (à l'exception d'une seule qui en compte 87). Ces résultats s'expliquent par leur taille trop petite, mais plus encore par le fait qu'il s'agisse de sous-traitants (Subunternehmer) des grandes entreprises régionales comme, par exemple, Papst, Grässlin et Kundo à St. Georgen ou Bühler à Triberg. Elles ne participent à l'export que d'une manière indirecte. Il en est de même pour celles qui sont très liées soit à l'horlogerie (par exemple les fabricants de sifflets à coucou ou de boîtiers), soit à l'automobile, la région de Stuttgart jouant dans ce cas un rôle important : 41 % des sous-traitants de l'automobile indiquent la capitale du Land comme marché principal (résultats de l'enquête).

Mais, la majorité des entreprises ne se limitent pas au débouché régional, ce qui est d'ailleurs un comportement tout à fait normal dans une économie de marché et les rend moins vulnérables en cas de crise. Les résultats de notre enquête nous indiquent aussi que deux cinquièmes (38,5 %) des entreprises s'intéressent principalement au Sud de l'Allemagne, avec une prédilection pour les régions proches comme Stuttgart, Fribourg et la région du Lac de Constance. D'autres entreprises, un peu plus nombreuses, étendent leur champ d'action sur toute l'Allemagne avec une petite préférence pour la Bavière, la Hesse et la Rhénanie-Westphalie.

L'hypothèse selon laquelle il pouvait y avoir un lien entre les branches et certains marchés ne peut pas être confirmée, à l'exception des sous-traitants de l'automobile.

5.2.3.3. Le rôle de l'exportation

Soixante-neuf entreprises (73,5 %) font de **l'export**, principalement avec la Communauté européenne (78 %), la Suisse (33 %) et les États-Unis (24,5 %). L'Asie, la CEI et le Proche Orient restent des destinations plus rares. Selon nos calculs, la part des exportations (Exportanteil) s'élève, en moyenne, à 23 % du chiffre d'affaires des entreprises, ce qui est beaucoup moins important que ce qu'affirment d'autres sources[68]. Pour environ un tiers des entreprises (24 sur 69), le taux dépasse cependant 30 %. C'est **l'horlogerie** qui compte le plus grand nombre d'entreprises fortement exportatrices (5 entreprises sur 9 ont un taux de 35 à 60 %). Elles offrent un article de souvenir très demandé à l'étranger, particulièrement par les Américains : les horloges à coucou (7 des 9 entreprises horlogères vendent aux États-Unis, où elles réalisent parfois 30 % de leurs exportations).

La **mécanique de précision** occupe la deuxième position, avec une nette domination des entreprises du Landkreis Rottweil. Comme la branche est très représentée dans notre région, une certaine concurrence oblige les entreprises à élargir leur marché, donc à vendre à l'extérieur. En outre, cette branche jouit d'une bonne réputation à l'étranger grâce à la précision allemande et à sa qualité. En général, ce sont surtout les grandes entreprises qui s'intéressent à l'exportation car cela demande une solide organisation, comme, par exemple, un service import-export. Or, dans la région, les entreprises les plus vastes (celles avec plus de 100 salariés) sont spécialisées dans la mécanique de précision ou la **construction mécanique** ; douze entreprises sur dix-huit, avec un taux d'exportation supérieur à 30 % et un effectif de plus de cent employés, se situent dans ces deux branches[69]. Il est vrai que le marché de la construction mécanique et des machines-outils est, par nature, de dimension internationale. Dans notre région, cette branche est surtout représentée dans le *Landkreis* Schwarzwald-Baar, à St. Georgen et Furtwangen.

Pourtant, en règle générale, les entreprises du *Landkreis* Rottweil sont plus actives à l'exportation que celles du *Landkreis* Schwarzwald-Baar (respectivement 27 et 21 %). En ce qui concerne le nombre des entreprises exportant plus de 30 % de leur production, 37 % des entreprises du *Landkreis* Rottweil sont concernées contre seulement 20 % de celles du *Landkreis* Schwarzwald-Baar. Cette suprématie du *Landkreis* Rottweil est sans doute due au rôle de Schramberg, la ville la plus importante de notre zone d'étude. Elle dispose des fonctions de centralité « moyenne » (Mittelzentrum), d'une bonne offre en surfaces industrielles et d'une accessibilité à l'autoroute A81 (Stuttgart-Lac de Constance) satisfaisante, ce qui a attiré des entreprises en voie d'expansion, dynamiques et exportatrices, ayant souvent une réputation mondiale. Dans le *Landkreis* Rottweil se situe également Schiltach, déjà évoquée pour ses entreprises performantes. En revanche, dans le *Landkreis* Schwarzwald-Baar, on note l'exemple inverse, Triberg, où le taux d'exportation est très faible en raison de la trop petite taille des entreprises, de son enclavement géographique et de sa mauvaise accessibilité.

En définitive, seul un petit nombre d'entreprises (14 sur 89) dépend uniquement de la région et du Sud de l'Allemagne, situation généralement liée à leur statut de sous-traitants de l'automobile. En fait, les entreprises doivent - pour être compétitives - chercher d'autres marchés à l'extérieur de la région. Aussi est-il nécessaire pour les entreprises - surtout pour les plus grandes - de s'assurer des marchés à l'exportation. Actuellement, ces ventes à l'étranger se concentrent encore principalement sur l'Europe (la Suisse incluse) et les États-Unis. Seulement un tiers des entreprises exporte aussi en dehors de ces pays.

Ces entreprises, dans une région soi-disant défavorisée et périphérique, sont donc fortement orientées vers l'extérieur de la région. L'éloignement des marchés n'est apparemment pas un handicap majeur pour la localisation en Forêt-Noire. Cela signifie qu'il existe d'autres facteurs favorables qui compensent l'inconvénient de la distance par rapport au débouché.

Deux points ne doivent cependant jamais être oubliés. D'une part, pour 72 % des entreprises, Stuttgart est un marché important, relativement proche, à une heure du secteur étudié. D'autre part, aujourd'hui, du fait de la mondialisation des marchés, quel que soit l'emplacement choisi par une entreprise, les territoires proches ne représentent en général qu'une partie de ses débouchés, d'où l'importance du transport. Ce qui compte de plus en plus, c'est l'accessibilité par rapport aux moyens de transport, donc la proximité d'une autoroute, d'une voie ferrée et d'un aéroport.

5.2.4. La situation des transports

5.2.4.1. Un facteur fondamental

« L'augmentation des vitesses, des charges transportables et le développement des techniques de transport »[70] ont changé l'impact du facteur « transport » sur la localisation. *« La réduction des délais d'acheminement des produits et surtout une réduction des coûts de transport à l'unité en fonction des tonnages transportés »*[71] est la conséquence de cette évolution. Elle *« réduit les contraintes de proximité et rend possible la dispersion des établissements non seulement à l'échelon national mais encore international »*[72].

Certes, le transport ne joue plus de rôle déterminant dans la minimisation du prix de revient - bien que ce dernier soit toujours l'objectif primordial des industriels - et ce n'est plus seulement la réduction des coûts de transport qui garantit une maximisation du bénéfice. Cependant, le facteur « transport » reste toujours un élément essentiel dans le processus industriel, car il intervient pratiquement à chaque étape de la production. Aujourd'hui, la division du travail, par exemple sous forme d'externalisations et d'éclatement fonctionnel des entreprises, prend de plus en plus d'importance, si bien qu'une bonne organisation du transport, une logistique perfectionnée sont fondamentales. « *(...), s'il est un domaine particulièrement sensible aux effets des mutations contemporaines, c'est bien celui des transports,(...). L'entreprise doit maîtriser l'ensemble de ses flux : à l'amont, les flux d'approvisionnement ; à l'intérieur de la firme, les flux inter-fonctions ; à l'aval, les flux de distribution* »[73].

Il existe des relations directes entre croissance des coûts salariaux et frais de transport. De nombreuses entreprises préfèrent acheter des produits semi-finis dans des pays à bas salaires et payer les frais de transport, ce qui, au total, abaisse leur prix de revient. On peut citer l'exemple d'une entreprise d'horlogerie qui se procure des pièces sculptées en République Tchèque pour 30 € au lieu de 180 € en Allemagne. Même en ajoutant le coût de transport de 60 €, la pièce revient moins cher[74].

En outre, à une époque où les donneurs d'ordre, comme les constructeurs automobile, exercent une forte pression sur les prix, les sous-traitants sont obligés de s'approvisionner dans les meilleures conditions, et donc pas uniquement dans leur environnement immédiat. Ceci implique souvent une croissance des frais de transport. Dans notre région, qui est une région de sous-traitance (70 % des entreprises interrogées), les entreprises ne peuvent souvent pas nous indiquer précisément, lors de l'entretien, où est leur marché d'approvisionnement. « *On achète selon la meilleure offre* ».

En aval, donc du côté des débouchés, le raisonnement est identique. « *Malgré le transport, j'obtiens des prix de vente plus élevés dans le Nord de l'Allemagne et il n'y a pas de problèmes de livraison ; la marchandise arrive au plus tard en un ou deux jours* », nous disait le chef d'une petite entreprise de pièces tournées de Tennenbronn[75].

On constate alors une évolution qui est contraire à la théorie de Weber : ce n'est pas la minimisation des coûts de transport qui est primordiale pour réduire les frais de production. Une augmentation de la part des coûts de transport peut être nécessaire pour trouver le marché d'approvisionnement le moins cher ou le débouché le plus avantageux. En fait, il faut rappeler que la théorie de Weber se rapportait surtout à l'industrie lourde. Aujourd'hui, ces conditions ont changé. En conséquence, la localisation du marché d'approvisionnement peut être très variable et un emplacement optimal est difficile à définir. Mais, comme nous le dit Mme Mérenne-Schoumaker, grâce aux nouvelles techniques de transport, les opérations de manutention sont plus faciles et permettent un gain de temps. Elles facilitent également la division internationale du travail et, ainsi, l'internationalisation de la production.

Si ce n'est plus le coût de transport qui est décisif pour la localisation, d'autres éléments jouent un rôle plus déterminant aujourd'hui. Il s'agit soit de l'accessibilité grâce aux infrastructures routières, autoroutières ou ferroviaires, soit des progrès réalisés grâce aux télécommunications et en particulier par la télématique (télétraitement, accès aux banques de données, télécopie, etc.).

Selon André Fischer[76], les acquis de la télématique devraient rendre de plus en plus d'activités industrielles « footloose », ce qui veut dire qu'il y aura de moins en moins de contraintes de localisation. Seulement, ces nouvelles technologies de la communication sont coûteuses et ne sont guère envisageables pour les petites entreprises. Pour elles, un bon tissu industriel (cité dans le chapitre suivant comme avantage de la région) et les effets de synergie qui en résultent sont essentiels. C'est le cas de notre région d'étude où deux tiers des entreprises interrogées (58 sur 94) comptent moins de cent salariés et où l'on peut constater une tendance constante à leur installation dans des zones d'activités, justement parce qu'elles y rencontrent les avantages liés aux effets de synergie.

5.2.4.2. La gestion en flux tendus et son impact sur les transports

La pratique grandissante de la production en flux tendus et de la gestion en « juste-à-temps » *« prend une incidence directe sur la division spatiale du travail liée à la segmentation technique des tâches »*[77]. Le juste-à-temps évite les stocks et permet ainsi d'économiser de l'argent. Cela peut également signifier qu'une entreprise externalise certaines tâches, auparavant réalisées en interne. Grâce à l'évolution des moyens de communication qui facilitent le contact, elle peut confier une partie de sa production à des entreprises satellites (Subunternehmen), davantage spécialisées. En même temps, cette pratique permet au donneur d'ordre de réaliser des économies en main-d'œuvre et en temps de production. Par contre, le retour des pièces, fabriquées par une telle entreprise satellite, doit se faire sous forme de livraisons rapides, régulières et parfaitement synchronisées avec les tâches de fabrication du donneur d'ordre. Ceci demande une organisation du transport sans faille. Cette pratique peut engendrer aussi des conséquences sur la localisation de ces sous-traitants ou des fournisseurs qui s'installent à proximité du donneur d'ordre et forment ainsi une sorte de district (cf. chap. 5.1.3.2.).

Si ces conditions ne sont pas remplies, la méthode du « juste-à-temps » n'est pas toujours réalisable. Elle est surtout intéressante en période de crise pour liquider les stocks, mais elle entraîne une forte dépendance et de fortes contraintes entre fournisseurs ou sous-traitants et donneurs d'ordre. Dans une phase de croissance, situation que connaît l'Allemagne depuis le début 1994, elle présente aussi d'importants inconvénients : sans stock, les entreprises ne peuvent pas satisfaire la demande assez rapidement et les délais de livraison sont trop longs. Ce handicap est fortement ressenti dans le secteur de la construction mécanique, comme en témoigne une entreprise à Mönchweiler : *« La pression sur les dates de livraison est très grande. En général, le transport d'une machine par la mer prend six à sept semaines, plus le temps de la fabrication ! - Il vaudrait mieux travailler sur stock (auf Lager)»*[78].

« Le travail 'just in time'[79] *sera remis en question. On va revenir aux stocks pour pouvoir garantir un déroulement d'exploitation sans incidents (reibungslosen Betriebsablauf) »*, nous disait un autre responsable fabriquant des pièces tournées et des roulements à billes à Tennenbronn[80], commune située assez loin de tout accès autoroutier (Autobahnanschluß). D'ailleurs, les entreprises de Tennenbronn jugent presque unanimement le réseau routier « insuffisant ».

Alors que l'apparition de la télématique permet une dispersion spatiale des établissements et une réduction de l'importance du facteur « transport », le travail en « juste-à-temps » peut avoir l'effet contraire. Un rapprochement spatial des différents partenaires d'un processus industriel semble préférable pour éviter que les frais de transport et les délais de livraison n'augmentent trop.

Quelle que soit la situation adoptée, le bon fonctionnement d'un *« système assurant dans l'espace le mouvement des marchandises, des services, de l'information, de l'argent et des personnes »*[81] devient primordial aujourd'hui. Si une entreprise dispose d'un tel réseau et d'une bonne accessibilité, par exemple d'un accès autoroutier, le facteur transport ne représente plus un grand handicap dans une région rurale, périphérique ou de moyenne montagne comme la Forêt-Noire. Ce n'est pas pour quelques kilomètres de plus ou de moins qu'une entreprise est davantage compétitive : l'accessibilité vers le marché et la rapidité de la livraison ont aujourd'hui beaucoup plus d'importance.

5.2.4.3. Les différents moyens de communication

Notre région d'étude confirme ces réflexions. Aussi bien du côté amont, pour l'approvisionnement (Beschaffungsmarkt), que du côté aval, celui du débouché (Absatzmarkt), le facteur « transport » est un élément clé pour nos entreprises. Environ deux tiers d'entre elles (64 %)[82] se procurent leur matière de base (Ausgangsmatérial) à l'extérieur de la région, en général suivant l'offre la plus avantageuse. Il s'agit de matières déjà transformées ou de semi-produits comme l'acier, le laiton, la tôle, la fonte, des fils de fer, le bois traité, le contre-plaqué, les granulés de matières plastiques, les composants électroniques, la colle, les laques, le papier, etc. Ce ne sont pas, en général, des matériaux pondéreux ou, du moins, le volume réclamé n'implique pas des tonnages considérables. Pour parler selon un langage wébérien, ce ne sont pas des matières brutes qui perdront encore du poids durant le processus de fabrication (keine Gewichtsverlustmaterialien), puisqu'elles ont été déjà transformées. Par conséquent, la relation poids-distance a moins d'influence sur le prix. Au contraire, malgré un éloignement plus grand du marché d'approvisionnement, et grâce aux techniques de transport modernes, le prix d'achat peut être moins élevé que par le passé.

En interrogeant les entreprises sur la localisation de leurs fournisseurs - pour estimer la distance les séparant de leur marché d'approvisionnement -, on se rend compte que 40 % seulement (24 sur 60) travaillent avec un « amont » régional[83]. Ceci prouve qu'un prix d'achat plus avantageux est un élément déterminant et qu'elles acceptent, de ce fait, une augmentation de la part des frais de transport. Si l'on considère que la moitié seulement des entreprises qui travaillent avec des fournisseurs de la région est vraiment satisfaite du réseau routier, on comprend plus facilement qu'elles acceptent des frais supplémentaires. En fin de compte, il n'y a pas beaucoup de différences pour les délais de livraisons si elles se fournissent dans la région ou dans le Nord de l'Allemagne, puisque les problèmes de transport se posent surtout lors de l'arrivée dans la région.

Du côté aval, pour un cinquième seulement des entreprises (19 %), le marché se situe presque exclusivement dans la région ou dans le Sud de l'Allemagne (cf. chap. 5.2.3. : *Les débouchés*). Elles ont alors des frais de transport relativement réduits. A quelques exceptions près, ce sont des petites entreprises avec moins de cent salariés et qui se déclarent assez satisfaites du réseau routier : 45 % le trouvent « très bien et bien » ; et 82 % « très bien, bien ou moyen »[84].

Comme nous l'avons vu pour le reste des entreprises (près des deux tiers), les débouchés se situent dans toute l'Allemagne ou dans l'ensemble du monde grâce aux exportations[85].

5.2.4.3.1. Le réseau routier

La proximité d'une autoroute et d'un aéroport restent des facteurs d'implantation fondamentaux, auxquels s'ajoutent les axes moyens sur lesquels se développe éventuellement le transport combiné, en particulier le ferroutage qui associe le rail et la route.

L'Union Régionale (Regionalverband) Schwarzwald-Baar-Heuberg, qui est une collectivité de droit public et un organe de l'aménagement du territoire de la région, considère le réseau routier régional comme satisfaisant, mais souhaite un développement des transports combinés. *« La région dispose d'un axe de développement à trois-voies d'Offenbourg à Villingen-Schwenningen sans problèmes d'engorgement ; d'une bonne liaison ferroviaire avec correspondance du ICE* (Inter-City-Express) *au départ d'Offenbourg et d'un aéroport pour voyages d'affaires à Villingen-Schwenningen. Par contre, il faudrait développer une nouvelle conception en ce qui concerne le transport de marchandises* (Güterverkehr), *celui des transports combinés* (KLV-kombinierter Ladungsverkehr) »[86].

En fait, la route à trois-voies n'est pas suffisante en raison d'une forte fréquentation (surtout de camions) entre Offenbourg et Villingen-Schwenningen.

La preuve en est que la plupart des communes placées sur cet axe de développement ont lutté pour obtenir des contournements de leur centre. Pour certaines communes, les déviations sont réalisées et elles ont souvent nécessité des travaux considérables et coûteux en raison de la construction de tunnels, comme à Wolfach, Schiltach et Schramberg. D'autres contournements sont en projet.

Du côté des entreprises, l'opinion de l'Union Régionale n'est pas tout à fait partagée. 41 % d'entre elles seulement jugent le réseau routier « très bien et bien » et environ 55 % plutôt « moyen et insuffisant ». Le résultat de l'enquête n'est donc pas aussi positif que l'indique l'avis de l'Union Régionale, mais, pour une moyenne montagne, ce n'est pas non plus un résultat catastrophique. C'est une situation moyenne, certes à améliorer, mais avec laquelle il est possible de travailler.

Seules 22 % des entreprises (13 sur 57) souhaitent une amélioration du réseau autoroutier ou de l'accès autoroutier. En revanche, les entreprises de Triberg et de Schramberg jugent urgents, pour la qualité de vie et pour la rapidité des livraisons, les contournements des bourgs importants. De même, l'amélioration des liaisons ouest-est et un élargissement des routes principales à trois voies semblent être indispensables pour toutes les entreprises de la région. La construction d'une autoroute à travers la Forêt-Noire, idée discutée depuis vingt ans, est loin de faire l'unanimité parmi les industriels. Le cadre de vie semble avoir plus d'importance qu'un réseau de transport plus rapide. Cependant, en analysant plus précisément les problèmes de transport évoqués par les chefs d'entreprise, on constate que deux tiers d'entre eux (sur 68 réponses) travaillent avec des transporteurs[87]. Ce sont ces derniers qui subissent de plein fouet les handicaps déjà évoqués.

5.2.4.3.2. Le réseau ferroviaire

Le réseau ferroviaire suscite des avis nettement moins favorables[88] : seulement 18 % des chefs d'entreprise le considèrent comme « très bien et bien ». Il s'agit fréquemment de responsables de St. Georgen et de Triberg. Les autres communes de notre région ne sont pas desservies par le train, d'où les réponses négatives.

On déplore surtout que les services de la DB (Deutsche Bundesbahn - les chemins de fer fédéraux) soient trop lents et trop chers. En ce qui concerne les améliorations souhaitées du réseau ferroviaire, il n'y a eu qu'un faible retour de réponses (30), comme si la question ne se posait même pas ; dix chefs d'entreprise demandent de meilleures liaisons, surtout entre l'ouest et l'est, et sept une amélioration des services, par exemple, des possibilités d'expédition pendant le week-end, un accroissement de la fréquence des trains (schnellere Taktzeiten) et des services express plus proches. Une entreprise de production de pièces par extrusion à froid, située à Vöhrenbach et travaillant en 1993, au moment de l'entretien, en flux tendus, exécutait ses livraisons par camion car elle était persuadée de la plus grande rapidité de ce moyen de transport. « *Les services de la DB sont mauvais* », disait notre interlocuteur « *probablement à cause d'une mauvaise organisation. Mais il serait souhaitable de pouvoir transporter l'acier par le train pour réduire les frais. Le système 'express' n'est pas pratiqué pour les entreprises et elles doivent d'abord transporter leur marchandise jusqu'à la prochaine gare. La DB devrait offrir un service combiné qui fonctionne. Il faudrait aussi construire des gares à l'extérieur des bourgs, par exemple dans les zones industrielles* » ; et il conclut « *la DB a un mauvais management (Mißmanagement)* »[89]. Cette interview rassemble tous les griefs formulés à l'encontre des chemins de fer de notre région. Même si l'Union Régionale et les écologistes souhaitent un développement de ce mode de transport, la plupart des chefs d'entreprise sont sans illusion.

5.2.4.3.3. D'importantes différences selon les communes ?

L'opinion des chefs d'entreprise des différentes communes montre, qu'apparemment, la situation du transport n'est pas un élément les conduisant à envisager une délocalisation de leur usine. Correspondant à l'ensemble du résultat de l'enquête (41 % jugeant le réseau routier « très bien » et « bien » ; 43 % « moyen » et seulement 14 % « insuffisant »)[90], les résultats sont relativement équilibrés entre « très bien/bien » et « moyen » à Furtwangen, St. Georgen, Triberg et Lauterbach. Une tendance plus négative (40 % « d'insuffisant ») est à observer à **Schonach** qui se trouve en plein cœur de la Forêt-Noire. On doit alors soit emprunter de petites routes en direction de Fribourg, vers l'ouest, soit passer par Triberg et des vallées encaissées pour joindre Villingen-Schwenningen et les régions orientales. Lors de notre enquête, le maire de Schonach nous a expliqué que la commune a déjà subi les conséquences de sa situation désavantageuse : « *Schonach est placée dans 'l'ombre' des axes moyens (im Verkehrsschatten) ; elle n'a pas de gare, pas de route nationale ni d'accès autoroutier, ce qui représente un grand inconvénient pour l'industrie locale. Cela signifie plus de frais de transport et surtout plus de temps de livraison. Des entreprises ont quitté la commune et se sont installées à Villingen-Schwenningen ou Mönchweiler. Les jeunes sont obligés de partir et puisqu'ils sont moins attachés à la région, une fois partis, ils ne reviendront probablement plus* »[91]. Ces délocalisations représentent également pour la commune une perte de taxes professionnelles et de péréquation.

Les entreprises de **Schramberg** expriment également une opinion défavorable sur la situation du trafic. En général, il s'agit d'établissements implantés dans la ville même et non à l'extérieur, dans la zone d'activités. Elles souffrent de l'engorgement du centre et de ses abords immédiats (la ville des cinq vallées !). À **Mönchweiler**, située près de Villingen-Schwenningen et qui dispose d'un très bon accès vers l'autoroute, l'opinion est, en revanche, très favorable : 71 % des entreprises interrogées estiment le réseau routier « très bien » ou « bien ».

5.2.4.3.4. Le rôle du transport selon la branche et la taille de l'entreprise

La majorité des entreprises de la région transportent des pièces de petite taille. Seulement un quart d'entre elles expédient des produits lourds comme des machines-outils ou des meubles. Ce sont des marchandises qui ne peuvent pas être vendues uniquement sur un marché régional. Leur prix de revient inclura toujours des frais de transport, indépendamment du lieu d'implantation. Pour ces entreprises, la Forêt-Noire ne présente pas un handicap majeur par rapport à une autre localisation, en dépit du relief et d'un réseau routier ou ferroviaire moins favorable. Les entreprises devant transporter des produits encombrants et lourds ou fragiles considèrent ainsi le réseau routier comme « bien » ou « moyen » et le réseau ferroviaire, si elles en usent, comme « moyen » ou « insuffisant ».

L'importance de l'accessibilité et de la rapidité du transport varie cependant selon la branche. Dans le domaine de l'**informatique**, où tout se joue chez le client, le temps de déplacement du technicien entre dans les comptes du client et peut avoir ses effets sur l'entreprise. *« Si le transport coûte trop cher au client, il prendra quelqu'un d'autre »*[92], affirme le responsable d'une entreprise de systèmes informatiques. La proximité d'un aéroport est indispensable pour atteindre rapidement les clients. Et notre interlocuteur nous explique de quelle manière la crise de 1993 peut avoir des conséquences sur ce secteur théoriquement moins touché. *« En principe, pour les produits de grande valeur, le temps de voyage ne compte pas tellement, mais à cause de la chute des prix du matériel, le temps investi du fait des distances devient actuellement un problème. Ainsi, les distances sont devenues un facteur qui entre dans nos comptes. Il faudrait se spécialiser uniquement sur les logiciels et les services pour s'en affranchir »*[93].

C'est pourtant, en principe, un secteur « footloose » et les communes de la Forêt-Noire comptent beaucoup sur cette activité. Mais on doit constater qu'il a de grandes exigences en ce qui concerne les possibilités locales de communication. Il existe, certes, un aéroport à Villingen-Schwenningen mais, pour l'étranger, il faut transiter par l'aéroport de Stuttgart. Aller directement à Francfort par Offenbourg signifie d'abord traverser la Forêt-Noire !

Les autres branches jugent le réseau routier assez positivement : « très bien » et « bien » pour la majorité des entreprises traitant les métaux ou orientées vers la construction mécanique ; le secteur de la mécanique de précision le juge plutôt « moyen » comme ceux du bois et du plastique ; pour le reste, les avis sont assez partagés. Dans l'ensemble, les entreprises du *Landkreis* Schwarzwald-Baar sont plus satisfaites du réseau routier que celles du *Landkreis* Rottweil, bien qu'elles soient plus éloignées de l'autoroute (43 % de « bien » et « très bien » pour 34,5 % dans le *Landkreis* Rottweil). La proximité de la ville de Villingen-Schwenningen et ses fonctions de centralité jouent en faveur de l'emplacement *Schwarzwald-Baar-Kreis,* si bien que les entreprises ressentent moins l'effet d'une moins bonne accessibilité. D'une façon générale, les petites entreprises sont plus satisfaites de la situation du transport que les grandes ; surtout celles ayant entre cinquante et deux cents salariés.

5.2.5. Les aides de l'État et des collectivités locales

5.2.5.1. Les différentes subventions applicables à la région

Autre facteur de localisation situé en amont du processus de la production, les subventions. Obtenir une subvention ou une aide financière peut être décisif pour l'installation d'une entreprise en un lieu précis. C'est le cas, par exemple à St. Georgen, pour les petites entreprises informatiques ou intéressées par les nouvelles technologies qui se sont installées dans le centre de technologie. Après la fermeture de l'usine DUAL, la commune a créé une pépinière - le « centre de technologie » (Technologiezentrum -TZ) - dans l'un des anciens bâtiments et a apporté des aides aux jeunes entrepreneurs voulant créer leur propre entreprise. En même temps, on favorisait des implantations de nouveaux emplois dans une commune fortement touchée par des licenciements.

D'autres possibilités de subventions existent théoriquement pour la région. Ainsi, pour le Land Bade-Wurtemberg, le **« Programme de subventions destinées aux régions »** (einzelbetriebliche Regionalförderung), désigné par la Communauté Européenne sous le vocable « subvention structurale selon l'objectif 5b » (Strukturförderung nach Ziel 5b) concerne les entreprises. Le Land Bade-Wurtemberg a établi trois niveaux de subventions et a également sélectionné les communes qui peuvent en bénéficier en fonction de deux programmes (« régions subventionnées » / « Landesfördergebiete » et « régions de subvention de PME dans des espaces ruraux » / « Gebiete für die Förderung von mittelständischen Unternehmen in ländlich geprägten Räumen »)[94]. Toutes les communes de notre secteur de recherche sont concernées par le niveau 3 de ce programme[95], appelé aussi « **Programme de développement espace rural** » (Entwicklungsprogramm « Ländlicher Raum » / ERL) qui remplace, depuis 1994, l'ancien « programme de développement des villages » (Dorfentwicklungs-programm) et le « programme structural de l'espace rural » (Strukturprogramm « Ländlicher Raum » / PLR). Par ce programme ERL, des investissements touchant différents domaines - habitat (Wohnen), infrastructures de base (Grundversorgung), travail (Arbeiten) et installations communes (Gemeinschaftseinrichtungen) - peuvent être subventionnés à différents degrés. Avant novembre 1987, les communes étudiées faisaient toutes partie du niveau 2. Avec l'entrée dans la Communauté Européenne des pays économiquement plus pauvres, comme la Grèce (1979), l'Espagne et le Portugal

(1986), la Forêt-Noire n'est plus une région défavorisée, d'où la réduction des subventions pour l'Allemagne, en général, et la région, en particulier. Ces réductions touchent aussi bien l'étendue des zones à subventionner que le volume des subventions. Ainsi, le taux de subvention est-il passé de 10 % à 7,5 %, par changement de la catégorie de subvention[96]. De même, la taille maximale de l'entreprise pour l'octroi de subvention a aussi changé. Alors qu'avant 1987, les entreprises jusqu'à cinq cents salariés pouvaient y prétendre, aujourd'hui seules celles de moins de cent employés sont concernées. Bref, pour Bruxelles, la région n'apparaît pas comme une zone défavorisée nécessitant des aides massives.

D'autres programmes d'aides du *Land* Bade-Wurtemberg sont liés à la **création d'entreprises (Unternehmensgründungen)** ou à l'introduction de nouvelles technologies[97] pour lesquelles on peut obtenir soit des subsides (Zuschüsse), donc des aides financières non remboursables, soit des prêts à long terme par le biais de la *Landeskreditbank*[98]. De surcroît, il existe aussi des programmes du Bund (du gouvernement fédéral d'Allemagne), comme le prêt pour création d'entreprises dans le cadre du ERP (ERP-Existenzgründungsdarlehen) et un programme d'aide pour accroître les capitaux propres (Eigenkapitalhilfeprogramm)[99].

5.2.5.2. Des aides financières réduites

Malgré ce large éventail d'aides théoriques, seules dix-sept entreprises sur quatre-vingt-quatorze, dans notre région de recherche, ont bénéficié d'une formule ou d'une autre. Pour neuf d'entre elles, il ne s'est pas agi de véritables subventions, mais de crédits ou de prêts à taux faibles liés souvent à la création d'emplois ou à une délocalisation. Cinq autres furent subventionnées pour introduction ou application de nouvelles technologies ou pour la protection de l'environnement comme, par exemple, une entreprise renommée de Schiltach qui a installé une toiture avec panneaux solaires. Cette entreprise a également obtenu le Prix de l'environnement 1994 pour sa station d'énergie solaire, pour l'utilisation de matériaux recyclables et pour sa méthode de galvanisation sans déchets (abfallfrei)[100]. Deux autres entreprises espèrent encore que le Land leur accordera une subvention, l'une pour création d'emplois et l'autre pour le développement d'une nouvelle technologie dans le domaine des laboratoires de langues.

La région apparaît dans l'esprit des chef d'entreprise, comme étant peu subventionnée. Les entreprises ne remplissent-elles pas les conditions nécessaires ? Ou est-ce à cause d'une méconnaissance des possibilités et de formalités excessives ? La grande majorité des chefs d'entreprise est persuadée qu'il n'y a pas de possibilités de subvention ou qu'il s'agit d'aides très limitées. Souvent on peut aussi ressentir, lors des enquêtes, une sorte de jalousie vis-à-vis des Nouveaux Länder. « *Trop d'argent part dans les nouveaux Länder, ce qui est mauvais pour l'économie locale. Les subventions de l'État pour les techniciens et les machines s'élèvent de 0,5 à 0,8 % mais l'amortissement est déjà de 5 à 10 % »*, nous disait le responsable d'une petite entreprise spécialisée dans la production de techniques de commandes pour machines d'usinage (Bearbeitungsmaschinen) et minuteries (Zeitschaltungen).

Le texte officiel du *Land* Bade-Wurtemberg concernant l'aide en cas d'utilisation de nouvelles technologies (Technologieförderung) rend pourtant possible l'octroi d'aides, représentant jusqu'à 15 % des frais d'investissements en machines et jusqu'à 50 % des coûts salariaux engendrés par l'installation d'un technicien[101]. S'agit-il ici d'une simple méconnaissance des possibilités offertes[102] ?

Un autre interlocuteur, jeune cadre d'une entreprise du secteur de la mécanique de construction, travaillant beaucoup avec les Russes, évoque la complexité du système, car « *le programme régional ne doit pas entrer en collision avec les programmes d'aides structurelles de la CE, qui concernent seulement des régions défavorisées (strukturschwache Räume)* »[103]. Craignent-ils une démarche trop longue et trop lente, car les demandes doivent obtenir une autorisation de Bruxelles ? « *Obtenir des subventions est difficile, il vaudrait mieux baisser les impôts et donner la possibilité à chacun de travailler avec son argent. La démarche d'octroi de subventions est très difficile. Il y a des formulaires trop compliqués, personne ne peut les comprendre* »[104]. Notre interlocutrice, sœur du propriétaire d'une petite entreprise familiale à Mönchweiler, fabriquant des pièces tournées métalliques, exprime une opinion fort répandue qui conduit nombre de responsables à renoncer à toute demande. Il faut sans doute aussi se méfier de certaines réponses, les entreprises ne considérant pas les prêts à taux avantageux comme des subventions. Quant aux facilités d'installation dans le *centre de technologie* (Technologiezentrum) - une pépinière - offerte par la commune de St. Georgen, elles ne sont souvent pas perçues comme aide financière ou subvention[105]. Même si les chefs d'entreprise sous-estiment, volontairement ou non, les aides qui leur sont apportées, le volume global apparaît sans doute relativement limité.

La création de nouvelles pépinières (Wirtschaftsförderungszentren, Existenzgründerzentren) avec des fonctions de centre de ressources pourrait améliorer l'information des responsables. « *Les subventions et les aides sont importantes pour les communes et les industries, surtout pour celles qui veulent devenir indépendantes. La création d'un centre de soutien aux activités pourrait aider la région, surtout s'il donnait des conseils sur les possibilités financières permettant de maintenir les entreprises existantes dans la région. Mais chacun vit ici pour soi, personne n'est obligé de faire quelque chose avec quelqu'un d'autre* »[106]. Telle est l'opinion d'un jeune cadre, originaire de Schramberg, qui, ayant quitté la région durant ses études et pour son premier emploi, peut donc comparer la Forêt-Noire à d'autres territoires. Ce manque d'esprit d'équipe semble se répéter dans d'autres domaines. Peut-être s'agit-il d'un comportement typique des structures traditionnelles et patriarcales ? Il est probable que seule une autre génération de responsables, bénéficiant d'une formation à l'extérieur de l'entreprise et conscients de la nécessité de travailler ensemble pour être plus forts (et ceci au niveau inter- et intra-entreprise), est à même de changer ce comportement quelque peu sclérosé.

5.2.5.3. L'exemple des communes de Gütenbach et de Schonach

Aujourd'hui, les mesures d'encouragement à l'économie d'une région (Wirtschaftsförderung) ne consistent plus seulement en l'octroi de subventions ou de prêts à taux favorable. Il faut aussi mettre à la disposition des entreprises des espaces aménagés. La commune joue ainsi un rôle fondamental pour créer une atmosphère favorable à l'industrie et aux entreprises. Elle doit fournir une bonne infrastructure, offrir suffisamment de logements, proposer commerces et loisirs, jouir d'une réputation favorable[107]. Il n'est pas aisé de réunir ces éléments, même si certains dépendent de l'activité du maire et de sa politique. Grâce au programme structurel des espaces ruraux, catégorie 3 du programme du Land et de la CE, (« Strukturprogramm Ländlicher Raum »)[108], le maire de **Gütenbach**, petite commune de mille cinq cents habitants, a pu créer cinquante emplois. Selon lui, si l'on remplit les conditions (création d'entreprises et/ou création d'emplois orientés vers l'avenir, donc investissement dans les nouvelles technologies, au sens le plus large du terme, ou dans le tourisme), chaque commune peut obtenir cette subvention de 7,5 % - pour accroître l'attractivité de la commune ou pour encourager toute entreprise comptant moins de cent employés. Les bonnes relations de la commune avec un ministre du Land Bade-Wurttemberg, député de la région Schwarzwald-Baar, ne sont certainement pas à négliger dans cette affaire. Gütenbach a également reçu des aides pour améliorer sa structure industrielle et pour compenser les inconvénients du site (vallée étroite, peu de surfaces disponibles dans le village et transports difficiles). Aussi, la commune a-t-elle bénéficié d'une aide de 50 % des frais du *Land* pour la création d'une zone d'activités.

Le maire de Gütenbach, très actif, s'efforce d'attirer de nouvelles industries. D'autres maires misent davantage sur le tourisme et, parfois, les entreprises du secteur secondaire représentent un handicap. C'est ce que les industriels ressentent **à Schonach**. Mais le maire se rend bien compte qu'avec *« l'exode des entreprises, il y a aussi une perte d'emplois »*[109]. Pour cette raison, il a créé une petite zone à vocation industrielle, le « Fabrikberg », pour laquelle la commune a obtenu une aide du *Land* à hauteur de 50 % des frais de mise en exploitation (Erschließungskosten). Cependant, le maire ne voit pas d'autres surfaces possibles pour une telle utilisation et c'est pour cette raison qu'il est persuadé que la commune n'attirera plus d'entreprises nouvelles. *« On pourra seulement maintenir sur place les entreprises existantes et encore ! »*. Déjà, deux entreprises qui marchaient bien se sont - soit partiellement, soit totalement - installées à Mönchweiler, commune ayant un meilleur accès à l'autoroute et plus proche du centre de la région (Oberzentrum), Villingen-Schwenningen. Selon le maire, le tourisme représente la seule alternative pour Schonach.

D'après la majorité des maires, les possibilités de subventions ne sont plus satisfaisantes, surtout depuis le changement de la classification en 1987. Ainsi, les aides pour l'entretien des routes ne peuvent être retenues dans les programmes. Or, le maintien en état de l'infrastructure des transports coûte cher[110]. Les aides s'inscrivant dans le « programme de développement des espaces ruraux » sont pratiquement toutes liées à de nouvelles installations d'entreprises (Neuansiedlung), donc à la création d'emplois ou à l'ouverture de zones d'activités. Pour ces dernières, l'État subventionne donc les frais de mise en exploitation, ce qui signifie une baisse du prix du terrain offert aux industriels.

Dans le cas où les entreprises d'une commune ont chacune plus de cent employés, la situation financière devient défavorable, comme nous le montre l'exemple de Tennenbronn. Trois entreprises sur cinq comptent ensemble 840 des 916 emplois totaux, ce qui les exclut de toute subvention. Pour maintenir les entreprises et, donc, les emplois, la commune doit leur offrir des possibilités d'agrandissement si elles le souhaitent. Et si le financement à hauteur de 50 % du *Land* vient à manquer, la viabilisation des terrains revient très cher à la commune. Or, le prix du mètre carré doit rester compétitif par rapport aux communes voisines. Ainsi, pour Tennenbronn, la mise en service de nouveaux terrains industriels a eu comme conséquence un endettement élevé, et la taxe professionnelle (Gewerbesteuer) versée par les entreprises ne couvre pas le remboursement des intérêts et du capital.

5.2.5.4. La péréquation financière (Finanzausgleich) et la taxe professionnelle

La « péréquation financière »[111], existant en Allemagne, doit être également prise en compte. Selon ce système, une partie de l'impôt sur le revenu, calculée en fonction du nombre d'habitants et de leurs revenus, est reversée aux communes. Parfois, les recettes ainsi perçues dépassent celles de la taxe professionnelle, surtout dans les phases de récession quand les entreprises ne font pas beaucoup de bénéfices. Certaines communes, au lieu de favoriser la création d'une zone d'activité et d'attirer des entreprises, préfèrent jouer la carte résidentielle pour des professions ayant un salaire élevé comme professeurs, médecins, juristes, etc. Naturellement, pour s'orienter dans cette direction, il faut bénéficier d'un site attractif : un beau paysage, la proximité d'une ville et des prix de terrain relativement intéressants constituent autant d'atouts. C'est le cas de Lauterbach, dans notre zone d'étude, ou de **St. Märgen**, à l'extérieur de notre zone, commune de 1 800 habitants, située à 890 m d'altitude et à environ vingt-cinq kilomètres de Fribourg. C'est un espace de repos et de détente (Luftkurort), avec une vue panoramique, qui vit principalement du tourisme et de l'agriculture. Il n'y a pas d'industrie, hormis quelques entreprises artisanales avec moins de dix employés. La commune, bien qu'elle ait des terrains disponibles sur les hauteurs, n'a jamais mis en place de zones à vocation industrielle. Elle souhaite conserver sa vocation touristique et résidentielle. Grâce à cette orientation, St. Märgen reçoit davantage d'argent par la péréquation que par la taxe professionnelle. Par contre, l'implantation d'entreprises à St. Märgen empêcherait certainement l'installation de certaines professions qui cherchent, à la campagne, justement d'autres choses que la vue des entreprises[112].

Même si cette commune ne fait pas partie de notre zone d'étude, il nous a semblé intéressant d'évoquer sa politique, car c'est une commune voisine de notre région et la loi de la péréquation intervient dans toutes les communes de l'Allemagne. Cette péréquation financière représente une source de revenus importante pour toutes les communes. Toutefois, la législation va changer et les communes du *Land* Bade-Wurtemberg craignent que cela ne soit pas à leur avantage. « *A partir de 1995, il y aura une nouvelle loi concernant la péréquation financière. Les nouveaux Länder seront inclus et il y aura beaucoup d'argent qui partira là-bas ; le Bade-Wurtemberg devra payer encore plus* », nous expose le maire de St. Georgen[113].

Mais elles ne peuvent pas toutes mener la politique de St. Märgen ou de Lauterbach, surtout celles qui ont une vieille tradition industrielle. Celles-ci ont tout intérêt à maintenir leurs entreprises en leur offrant des possibilités d'extension, car la délocalisation d'une entreprise peut signifier également un départ de population, la perte de la taxe professionnelle et aussi d'une partie de la péréquation. Au cas où une commune ne possède plus de terrains disponibles, elle doit tout faire pour maintenir la population qui, pour elle, représente toujours des revenus, en mettant par exemple à sa disposition un service de navette ou en essayant de trouver du terrain dans la commune voisine pour que ses habitants puissent travailler aux alentours.

Ainsi, les communes doivent-elles réfléchir à leur « vocation » et à leur fonction principale par rapport à leur population : sont-elles un lieu de travail, un lieu de résidence ou un lieu touristique ? La population apporte des revenus communaux et il faut toujours chercher un équilibre entre la péréquation et la taxe professionnelle. Les différentes subventions ne représentent qu'un élément supplémentaire qui dépend des deux autres, car ce sont eux qui jouent un rôle fondamental dans la classification des communes en espaces « à structure faible » (strukturschwache Räume) ou en « zones de subvention » (Fördergebiete) comme, par exemple, la catégorie 3 du *Land* Bade-Wurtemberg dans le cadre du programme de la CE[114].

5.2.6. Le rôle de la recherche et des transferts technologiques

Les branches et entreprises traditionnelles fondées sur des méthodes de production archaïques ont perdu de plus en plus d'emplois ces dernières années. Due à une rationalisation et une automatisation constantes, cette évolution a été accélérée par les crises successives. Avec l'internationalisation des marchés, l'innovation est la seule chance des entreprises européennes de rester compétitives. Les travaux banals se déplaceront de plus en plus vers les pays à bas salaire. Avec la troisième révolution industrielle, ce sont les jeunes entreprises élaborant des produits à forte intensité technologique (technologieorientiert) qui ont également créé le plus d'emplois. Les domaines de la génétique et de la biotechnologie (Bio- und Gentechnik), de la technologie de l'information (Informationstechnologie), de l'aéronautique (Luftfahrt), du transport et de l'environnement (Verkehrs- und Umwelttechnik) sont considérés comme essentiels. L'importance de l'investissement dans la recherche et le développement est reconnue par la Communauté Européenne et l'État allemand comme étant primordiale, d'où la concentration des subventions sur les technologies de pointe.

5.2.6.1. Les structures de recherche dans la région

Quelles sont les structures de recherche et de transfert de technologie implantées dans notre région d'étude et quel rôle jouent-elles pour les entreprises ? L'intérêt de l'enquête a été de savoir si, pour la région, on peut également constater, comme à l'échelle allemande[115], une certaine faiblesse de l'innovation. Et, si oui, a-t-elle été à l'origine des crises vécues, comme par exemple celle qui a touché le matériel hi-fi (Unterhaltungselektronik) au début des années 1980 ? Une autre raison d'enquêter sur la situation technologique de la région est exprimée par A. Fischer[116] : *« l'importance attribuée aujourd'hui à la diffusion territoriale de l'innovation et au transfert technologique procède directement de l'idée que l'innovation et le progrès technique peuvent avoir des effets directs sur la capacité de développement régional »*, d'où *« l'apparition (partout en Europe) d'un complexe diversifié d'instruments et d'organismes spécialisés »*.

L'immense majorité des entreprises (83 %) a moins de trois cents salariés et la moitié en a même moins de cinquante. Elles ne peuvent donc pas entretenir un propre service de « Recherche et Développement » (R&D). En revanche, les huit branches les plus représentées (comprenant 129 des 178 entreprises) soit, par ordre d'importance, la mécanique de précision, le traitement des métaux, l'horlogerie, la plasturgie - souvent en liaison directe avec le traitement du métal -, le traitement du bois, l'électronique, la construction mécanique avec les machines-outils et les productions hautement technologiques (l'informatique, la télécommunication, la robotique), sont des branches qui ont besoin de suivre, à part peut-être le bois, l'évolution technologique pour être compétitives sur le marché mondial. Elles représentent donc un potentiel important de demandeurs d'aide à des services extérieurs comme les centres de transfert technologique ou les institutions de recherche.

Le *Land* Bade-Wurtemberg dispose d'un bon réseau de centres de « transfert de connaissances » (Wissenstransfert - cf. carte Raumordnungsbericht, 2000,

p. 114). C'est aussi le cas de notre région - fait surprenant pour un secteur de moyenne montagne. On trouve parmi les institutions les plus importantes la Fachhochschule de Furtwangen, la Berufsakademie de Villingen-Schwenningen et des centres de recherche comme l'Institut pour Microtechnologie et Techniques de l'Information (**I**nstitut für **M**ikro- und **I**nformations**t**echnik-**IMIT**) ou la fondation Hahn-Schickard.

Pour bien assurer son rôle d'intermédiaire entre la science, la formation et l'industrie, la Fachhochschule a instauré un service de conseils pour les entreprises (Beratungsdienst). Elle participe également aux centres de transfert (cf. *infra*, même chap.) et elle accueille, depuis 1987, l'Institut pour l'Innovation et le Transfert (**I**nstitut für **I**nnovation und **T**ransfert, **IIT**), dont l'un des objectifs est de fournir gratuitement aux entreprises des informations technologiques.

L'Institut pour Microtechnologie et Technique de l'Information (l'**IMIT**), créé en 1991, a comme objectif de soutenir les entreprises locales souhaitant développer des produits innovants grâce aux microsystèmes (Mikrosystemtechnik). Cette nouvelle technique, fondée sur les acquis de la microélectronique, se substitue peu à peu à la mécanique de précision. La région a reconnu qu'il était nécessaire de mettre à la portée des entreprises une aide pour qu'elles s'adaptent à cette évolution. L'Institut fournit des idées, peut établir des calculs de rentabilité, prend en charge le développement des prototypes et la production de petites séries, ainsi que les tests indispensables pour réduire les risques liés à tout nouveau produit. Cette nouvelle technologie trouve son application dans de nombreux domaines comme la médecine (Medizintechnik), l'optique (Optik), l'automobile (Automobiltechnik), bref, partout où l'on a besoin de « détecteurs » (Sensoren).

La **Chambre de Commerce** de Villingen-Schwenningen est également très active pour favoriser la diffusion de l'innovation dans la région en mettant à la disposition des entreprises différents services. Ainsi, en 1979, elle a fondé, en collaboration avec la Fachhochschule, un service de conseillers technologiques spécialisés, à l'époque une première en Bade-Wurtemberg. En 1987, grâce au *Bund* (l'État fédéral), une banque de données pour la recherche d'informations concernant la technologie a été instaurée. Elle peut effectuer, par exemple, la recherche gratuite d'un savoir-faire (know-how), technique très spécialisée sur un plan mondial ; depuis 1988, il existe un deuxième poste de conseiller spécialisé dans le domaine de l'environnement. Ces services sont très prisés. La plupart des chefs d'entreprise sont avides d'informations sur les nouvelles technologies, les possibilités de financement, les produits nouveaux et leurs débouchés. De même, dans le domaine de l'environnement, la législation de plus en plus contraignante et l'enjeu des technologies innovatrices attirent leur attention. On estime que plus de 1 100 entreprises ont déjà bénéficié des services de la Chambre[117]. A l'inverse, par un travail de terrain, les conseillers s'efforcent de recenser les besoin des industriels en matière de recherche. Ainsi en 1994, la Chambre de Commerce de Villingen-Schwenningen a organisé un colloque sur « les méthodes d'analyse sensorielle et la technique de microsystème » pour attirer l'attention sur l'importance de cette technologie clé dans le développement économique d'une région et pour mettre en contact entreprises et chercheurs[118].

La Chambre intervient aussi dans la formation. Elle a fondé, en collaboration avec la Fachhochschule, une académie technique de formation continue, appelée « Académie technique et économique » (Akademie für Technik und Wirtschaft), qui travaille avec la « Berufsakademie » de Villingen et l'Institut de Microtechnique et des Techniques d'Informations (IMIT)[119].

La région dispose aussi de plusieurs **centres de transfert technologique** (Transfertzentren) et d'un **centre de technologie** (Technologiezentren)[120] à St. Georgen. C'est à Furtwangen que fut créé, en 1983, le premier centre de transfert du *Land* Bade-Wurttemberg (le centre de transfert pour la microélectronique et la méthode d'analyse sensorielle - Transfertzentrum für Mikroelektronik und Sensorik).

Les centres de la **fondation Steinbeis**[121] constituent, eux aussi, des « centres de transfert ». Ils sont généralement rattachés à une institution universitaire, dirigés par un professeur, comme dans notre région la Fachhochschule de Furtwangen[122]. Il existe plusieurs centres très spécialisés à Furtwangen : pour les conseils techniques (Technische Beratung), pour la microélectronique et les techniques de système (Mikroelektronik und Systemtechnik), pour l'opto-électronique et les techniques de mesures industrielles (Optoelektronik und industrielle Meßtechnik) et pour l'automatisation des processus dans l'industrie du papier et des transparents (Prozeßautomatissierung in der Papier- und Folienindustrie), ce dernier centre étant situé à Vöhrenbach, une commune voisine. Un autre centre de transfert a été installé à St. Georgen pour la technique d'entraînement (Antriebstechnik). Plusieurs sont implantés à Villingen-Schwenningen : un pour les nouveaux produits (Neue Produkte), un autre pour la technique des traitements de surfaces (Oberflächentechnik) et deux à Schwenningen pour l'automatisation (Automatisierungstechnik) et la construction mécanique (Maschinenbau)[123]. Dans la région, il existe actuellement vingt centres de la fondation Steinbeis.

De 1971, date de la fondation du premier centre Steinbeis, à 1993, cent quatre-vingt-cinq centres de transfert Steinbeis ont été fondés en Allemagne dont cent cinquante-deux en Bade-Wurttemberg. Le siège (die Zentrale) se situe à Stuttgart et assure la coordination entre les unités (par exemple, trouver le meilleur centre pour un projet spécifique). L'objectif de ces centres est d'accroître la compétitivité des entreprises par le transfert technologique dans les domaines de la recherche et du développement, de la production, des finances, du personnel, du marketing et du management pour aboutir à de nouvelles conceptions, de nouveaux processus de production ou de nouveaux produits. Cependant, certaines entreprises interrogées[124] durant notre enquête se plaignent du coût des services rendus : environ 90 % du budget est financé par les entreprises[125]. D'autres reconnaissent que « *grâce à Steinbeis, il y a une coopération possible entre l'industrie et les universités, entre la théorie et le monde professionnel. Ce n'était pas possible il y a 30, 40 ans* » (opinion d'un chef d'entreprise qui n'a que 5 salariés).

Les centres de technologie sont des pépinières qui accueillent de nouveaux entrepreneurs et qui offrent des facilités d'installation au moment de la création d'un établissement. L'entrepreneur peut louer des locaux pour une durée limitée, ce qui réduit l'investissement de départ. En même temps, il peut aussi bénéficier d'effets de synergie grâce à la coopération possible avec d'autres jeunes entreprises voisines. Ces centres de technologie apportent donc une aide à la fois financière et technique lors de la fondation d'une entreprise. Certains centres sont en contact direct avec un centre de transfert technologique : ainsi à St. Georgen, où les deux structures sont installées sous le même toit, dans un bâtiment de l'ancienne entreprise DUAL.

5.2.6.2. Les entreprises coopérant avec un centre de recherches

En définitive, pour une région rurale, **l'offre de transfert technologique** est très bonne[126]. Mais quel type de collaboration existe-t-il entre les entreprises et ces services ? Les entreprises les utilisent-elles ? Sur les quatre-vingt-sept entreprises, une petite majorité (48 donc 55 %) a répondu « non » à la question : « Est-ce que la coopération avec un centre de recherche ou de transfert technologique est importante pour vous ? » tandis que seulement trente-neuf (44 %) ont répondu « oui ». La moitié de ces dernières ont recours aux structures régionales, telles que les centres de transfert de la fondation Steinbeis (y compris ceux de Stuttgart et Gosheim) ou ceux de St. Georgen et de la Fachhochschule de Furtwangen. Les autres ont coopéré avec des instituts de recherche connus (comme Fraunhofer ou Max-Planck) et de grandes universités, sans dépasser le cadre du *Land* Bade-Wurttemberg.

Au nombre de celles qui collaborent avec un centre de recherche, on peut ajouter, soit celles qui ont leur propre service de R&D (en fait, une seule entreprise de 270 salariés - elle y consacre 2 % de son chiffre d'affaires), soit celles qui suivent les mutations grâce à la formation continue et à la fréquentation des expositions ou grâce aux suggestions de leurs clients (5), ce qui réduit un peu le pourcentage des entreprises qui ont donné une réponse négative (49,5 % au lieu de 55 %).

Quelles sont **les raisons** d'une telle coopération, et un « non » signifie-t-il un désintérêt au sujet de l'évolution technologique ? La plupart des réponses négatives n'étant pas commentées, il est difficile d'en cerner les motifs. Pour certains, il suffit d'observer les concurrents et d'avoir un peu d'idées. Ce sont souvent les usines orientées vers des fabrications traditionnelles qui n'éprouvent pas la nécessité d'une coopération avec un centre de transfert technologique.

En ce qui concerne les réponses affirmatives, on relève plusieurs types de réponses. La motivation majoritaire réside dans la nécessité d'améliorer ou d'élargir les connaissances dans le domaine technologie (« savoir-faire » / know-how et « nouvelles technologies d'environnement ») et donc d'être constamment au courant des mutations. *« Notre force est dans la technologie ; il faut miser sur la technologie»*, nous disait l'une des entreprises les plus importantes et les plus modernes de Schramberg. D'autres espèrent glaner des idées pour la création d'un nouveau produit ou d'un nouveau procédé. Pour tout un groupe de jeunes entreprises, de dimension modeste mais innovatrices, un contact continu avec la recherche - souvent grâce à un lien personnel avec un professeur - est primordial pour leur existence (par exemple à St. Georgen).

5.2.6.2.1. Des différences communales importantes

En ce qui concerne la répartition locale des entreprises s'intéressant au transfert technologique, les villes de **Furtwangen**, **St. Georgen** et **Schramberg** sont les plus actives. Ce sont toutes des communes ayant des fonctions de centralité (Unter-, et Mittelzentren), donc des lieux offrant une concentration spatiale des activités économiques, politiques et sociales, avec en général au moins une zone ou un parc d'activités. C'est le cas de Schramberg, la ville la plus importante de la région étudiée, qui contrôle une zone d'activités à Sulgen, une commune voisine. En revanche, St. Georgen n'a qu'une petite zone d'activités près de la gare et les entreprises les plus anciennes sont toujours installées en ville. Seule Furtwangen, la plus petite ville des trois, n'offre pas de structure de ce type. Cependant, la municipalité essaie aujourd'hui de diriger les nouvelles implantations vers l'extérieur de la ville.

A Furtwangen et Vöhrenbach, c'est certainement grâce à la Fachhochschule que l'échange entre les entreprises et la recherche s'effectue le plus facilement. St. Georgen, ville très touchée par les crises de l'horlogerie d'abord, puis de l'électronique ensuite, se montre aujourd'hui fort active dans le domaine de la coopération technologique. Certes, il fallait réagir aux effets de la crise et la création du centre de transfert en 1984 fut un début : depuis cette date, dix-huit entreprises de cent cinquante employés ont pu être créées, notamment dans le domaine des nouvelles technologies[127]. Le cas de Schramberg est un peu comparable, car la localité fut une ville longtemps classée comme ville à « risque économique » (wirtschaftlich gefährdeter Bereich) à cause de la monostructure industrielle, de son enclavement et de sa situation topographique[128]. En plusieurs étapes, la commune a amélioré sa structure économique : création de zones d'activités dans les communes voisines et aides à la délocalisation des entreprises dans ces zones offrant des possibilités d'extension. Puis elle a ouvert le parc d'activités du « HAU »[129]- une pépinière (cf. photo n°4 de Schramberg) - et a amélioré la situation routière grâce au contournement du centre-ville par la construction de plusieurs tunnels

(Tunnelumgehungen), projet coûteux, mais fondamental pour cette « ville des cinq vallées » (Fünftälerstadt).

En revanche, à **Triberg**, **Schonach** et **Tennenbronn**, les trois quarts des entreprises interrogées ne semblent pas s'intéresser à la technologie. Pour Schonach, ce n'est guère surprenant, car il s'agit d'abord d'un centre d'horlogerie reposant surtout sur l'artisanat. Cependant, certaines entreprises sont sans doute trop peu innovantes : les conséquences fâcheuses ont été nettes durant la dernière récession. Triberg est caractérisée par de petites entreprises traditionnelles, travaillant surtout dans le traitement des métaux. Leur taille, la tradition artisanale, l'absence d'un centre de recherche ou d'une formation universitaire dans la commune, la domination des branches traditionnelles sont défavorables à toute évolution d'envergure. Triberg est une ville où l'innovation et les technologies nouvelles sont peu recherchées, d'où une situation économique peu enviable. Le cas de Tennenbronn est particulier : ici, un grand établissement contrôle sa propre R&D.

On notera, enfin, que la commune de **Schiltach** tient une place exemplaire dans le domaine de la recherche grâce à une de ses entreprises qui a obtenu le Prix de l'environnement 1994 pour l'utilisation des matériaux recyclables et de l'énergie solaire pour la production (cf. chap. 7.1.).

5.2.6.2.2. Les conséquences du transfert technologique

Il est intéressant de souligner la **corrélation entre les branches industrielles et l'intérêt pour le transfert technologique**. La relation « recherche-branche »[130] révèle que, en valeur absolue, ce sont surtout les entreprises orientées vers la mécanique de précision, branche la plus représentée dans la région, qui coopèrent avec un centre de recherche ou de transfert technologique, suivies par celles travaillant les métaux. En valeur relative, on ne sera guère surpris de relever les télécommunications et la robotique (75 %), la construction mécanique et l'électronique (66 %). Par contre, dans le domaine de la mécanique de précision, la moitié seulement des entreprises interrogées (11 sur 24) entretiennent une telle collaboration. Ce pourcentage est inquiétant dans un domaine qui doit absolument suivre l'évolution technologique pour rester compétitif sur le marché international.

Y a-t-il un **lien entre l'évolution des emplois, la taille et la branche de l'entreprise et sa coopération avec un centre de recherche** ? En général, on peut constater que ce sont les « grandes » entreprises, de plus de cent salariés, qui sont les plus intéressées. Sur les trente-neuf entreprises, deux tiers appartiennent à cette catégorie. Il est certainement plus facile pour elles d'investir dans ce domaine. Près de la moitié des entreprises ayant coopéré avec un centre de recherche témoignent d'une stagnation ou d'une évolution positive de leurs emplois (17 sur 39). Cette croissance est-elle due à l'innovation technologique ? Est-ce une bonne gestion qui les conduit à la coopération avec un centre de recherche ? Difficile de juger. On peut observer que, parmi ces dix-sept entreprises, quatorze emploient plus de cent salariés. C'est donc en majorité dans les entreprises les plus grandes de notre région que l'investissement dans la recherche semble avoir eu l'effet le plus favorable en terme d'évolution des effectifs. Par contre, parmi les treize entreprises ayant moins de cent salariés et ayant investi dans l'innovation, la majorité (10) a réduit son personnel.

Est-ce à dire que l'innovation est inutile pour les toutes petites entreprises ? Cela dépend certainement de leur branche et de leurs possibilités financières. Il est vrai que beaucoup manquent de moyens. En ce qui concerne les branches, les effets sont sans doute moindres dans les domaines de la plasturgie et du traitement des métaux que dans l'électronique et l'informatique, où l'innovation est une nécessité. Ce sont des secteurs où il faut constamment suivre l'évolution technologique car le cycle de vie du produit est extrêmement court et la concurrence très rude. Sur les treize entreprises de moins de cent salariés, trois montrent une évolution positive de l'emploi. Elles travaillent dans des branches hautement technologiques : la robotique, l'informatique et l'électronique[131].

Certes, comme l'écrit A. Fischer, « *l'innovation est un moteur essentiel de la dynamique des espaces géographiques* » et cette influence dépend « *des possibilités d'accès des entreprises à l'information et des possibilités de diffusion territoriale de l'innovation* »[132]. Il faut aussi que ces possibilités soient connues des chefs d'entreprise. C'est là qu'intervient le rôle des collectivités locales ou des chambres consulaires. Il ne suffit pas que l'État ou la Région installent des institutions de formation et de recherche. Un suivi, effectué auprès des entreprises par les conseillers technologiques de la Chambre de Commerce et les municipalités, est une mission essentielle.

Dans la région étudiée, les structures nécessaires existent, mais le résultat semble insuffisant. Sur quatre-vingt-quatorze entreprises interrogées et quatre-vingt-sept réponses, 44 % (39) ont recours à ces structures. Seulement quinze d'entre elles connaissent une évolution du nombre d'emplois positive (dont 12 avec plus de 100 salariés) alors que dix-huit, sans coopération avec un centre de recherche (dont 14 avec moins de 100 salariés), sont dans la même situation. Il serait donc hasardeux d'établir une corrélation entre R&D et création d'emplois.

Cependant, l'ensemble de ces chiffres ne suffit pas pour tirer une conclusion sur le comportement des entreprises par rapport à l'innovation et aux nouvelles technologies, car leur « oui » ou leur « non » se rapportait à la coopération avec un centre de recherche ou de transfert. Une réponse négative ne signifie pas obligatoirement que les entreprises ne s'intéressent pas à ces questions et qu'elles ne s'informent pas auprès des structures locales. On peut seulement souligner avec certitude que les petites entreprises n'ont pas assez recours aux centres de transfert, car sur quarante-sept réponses négatives, trente-neuf entreprises ont moins de cent salariés et seulement huit en ont plus de cent. Les causes principales tiennent à un manque d'argent, car - comme nous l'avons vu - les services des centres de transfert ne sont pas gratuits ; ou à un manque de réflexion de chefs d'entreprise trop traditionnels et qui ne se rendent probablement pas assez compte de l'importance de l'innovation. C'est ce qu'entendent les représentants officiels quand ils parlent de « faute de management ». Ils pensent que trop d'entreprises se reposent sur leur succès et qu'elles ne se sont pas préparées à un changement économique ou aux phases de récession.

Pour une région rurale et périphérique comme la Forêt-Noire, ayant des désavantages géographiques par rapport aux grands centres industriels, l'innovation et les technologies nouvelles peuvent être une chance de développement. Grâce à des moyens d'information et de communication de plus en plus rapides, cette évolution est possible, mais il faut constamment suivre les mutations technologiques. Les outils permettant ces mutations existent, ce qui, pour un territoire rural, est peu courant. Deux lectures des données recueillies sont possibles ; l'une est optimiste car de nombreuses entreprises s'intéressent à ces questions et ce sont en général celles qui fonctionnent bien ; l'autre est plus pessimiste car la proportion d'entreprises hermétiques aux changements demeure sans doute encore trop élevée. La part de la première catégorie est néanmoins importante pour une région rurale dont l'industrie dérive d'un artisanat traditionnel, ce qui dénote un esprit d'adaptation à l'innovation peu ordinaire.

5.2.7. Les contraintes écologiques

5.2.7.1. La législation allemande

Bien que notre région se caractérise par des industries légères avec des productions « propres », toute activité secondaire représente une charge (Belastung) pour l'environnement. « *La densité de population et d'industries implique en Allemagne une utilisation intense du sol (Beanspruchung des Bodens) par les décharges (Deponien), les friches industrielles (Altlasten). En outre, les produits allemands, quelle que soit leur origine, posent problème* »[133]. Mais l'opposition entre « économie » et « écologie » s'estompe car les entreprises intègrent de plus en plus des mesures de protection de l'environnement (Umweltschutzmaßnahmen) dans leur philosophie (Firmenphilosophie). Elles souhaitent désormais appliquer ces mesures dans un esprit de prévention et non pas de réparation. Cette protection de l'environnement implique des investissements dans les procédés de production pour économiser les ressources énergétiques ou pour réduire les émissions polluantes de toute nature.

L'Allemagne est peut-être le pays du monde où les investissements des entreprises dans l'environnement sont les plus élevés du fait d'une législation contraignante et complexe. L'objectif est la préservation du sol, de l'eau, de l'air, une réduction du bruit ainsi que la protection des parcs nationaux et des sites culturels[134]. On peut citer comme exemple tout un ensemble de mesures édictées par le *Bund* pour imposer l'élimination des déchets spécifiques (Sonderabfälle) - comme celles se rapportant à trois cent trente et une sortes de déchets spécifiques (Abfallbestimmungs-Verordnung, §2 Abs. 2 des Abfallgesetzes) - ou pour recycler certaines substances (Reststoffbestimmungs-Verordnung, §2 Abs. 3 des Abfallgesetzes). Un autre décret règle la collecte, le transport et le contrôle des déchets et substances recyclables (Abfall- und Reststoffüber-wachungs-Verordnung). Le « TA Abfall » (Technische Anleitung Abfall - instruction technique « déchets ») a pour but de réduire les risques de nuisance dus aux déchets, grâce à l'installation de déchetteries locales (Entsorgungsanlagen). La plupart de ces décisions sont en vigueur depuis octobre 1990, mais elles se trouvent toujours dans une phase de transition. D'une part, la population s'oppose à l'installation de déchetteries près de chez elle et, d'autre part, les procédés d'autorisation (Genehmigungsverfahren) sont assez longs[135]. Depuis 1991, une loi destinée à combattre la pollution incite les entreprises à en diminuer continuellement les incidences sur l'environnement (Umwelthaftungsgesetz)[136]. Bien d'autres lois et règlements pourraient être cités.

5.2.7.2. La conséquence sur la localisation

Cet arsenal législatif se traduit, pour les PME, par une charge financière considérable, ce qui, à terme, pourrait entraîner des conséquences sur la localisation des usines. Des régions voisines - comme l'Alsace - soumises à des législations moins strictes deviendront-elles très attractives pour une implantation industrielle[137] ? Si une nouvelle entreprise veut s'installer en Allemagne, les effets sur l'environnement sont estimés être aussi importants que la création des emplois[138]. *« La protection de l'environnement coûte de l'argent, mais y renoncer coûterait également de l'argent, peut-être même plus »*, proclamait le Professeur Ungethüm, président de la Chambre de Commerce et d'Industrie Schwarzwald-Baar-Heuberg lors de la cérémonie des 75 ans d'une entreprise de recyclage de la région[139].

En 1990, selon une statistique de l'OCDE[140] qui compare les dépenses des pays industriels occidentaux dans le domaine de l'environnement (voir tableau ci-dessous), l'Allemagne, avec 1,6 % du PNB (BSP - Bruttosozialprodukt), soit 21 milliards DM, n'est précédée que par l'Autriche. La France se situe en septième position avec 0,95 % du PNB. En 1996, l'Allemagne occupe seulement la troisième position après les Pays Bas et l'Autriche, la France la cinquième, malgré une augmentation par rapport au PIB (1,7 %) causée par la réunification et les besoins de l'Allemagne de l'Est.

De 1980 à 1990, la part des entreprises dans les dépenses consacrées à l'environnement (le reste étant à la charge de l'État) est passée de 36,4 % à 59 % en Allemagne de l'Ouest. Il en résulte un accroissement des frais de production et, dans un contexte de concurrence internationale, la localisation en Allemagne représente pour les entreprises un inconvénient certain car elle limite leur compétitivité mondiale. Pendant que les dépenses « écologiques » augmentaient en Allemagne - et ceci à la charge des entreprises -, elles diminuaient aux États-Unis et au Japon[141].

Tab. 9 - Les dépenses dans le domaine de l'environnement de la part de certains pays industrialisés

	Dépenses générales : part du PIB (en %)			Dépenses de l'industrie : part des dépenses générales (en %)		
PAYS	1980	1990	1996	1980	1990	1996
Canada	2,04	1,33	1,0	40,2	31,6	24,0
USA	1,62	1,37	1,6	59,5	58,6	57,2
Japon	1,80	1,33	0,6	14,1	12,1	17,0
Allemagne de l'Ouest	1,45	1,62	1,7	36,4	59,0	50,0
Danemark	1,52	0,88	0,9	8,6	11,5	6,1
Finlande	1,3	1,05		53,5	56,5	
France	0,87	0,95	1,4	36,6	37,6	36,0
Grande-Bretagne	1,54	0,94	1,1	48,5	52,4	55,0
Pays-Bas	1,10	1,47	2,1	30,4	22,1	36,0
Norvège	1,10	0,63		33,3	32,8	
Autriche	1,12	1,88	2,0	32,5	61,7	45,0
Suède	1,09	0,86	1,2	20,2	32,7	33,8

Source : OECD, IW-Köln.

Certains sont persuadés que le coût ne peut pas être le seul argument pour ou contre une politique de l'environnement. Pour eux, cette politique est en fait *« un élément central garantissant la sécurité et le développement (der Sicherung und Weiterentwicklung) des implantations industrielles en Allemagne »*. En effet, *« la politique de l'environnement et les taxes ont amélioré les conditions environnementales et un environnement intact sera un facteur de localisation « doux » (weicher Faktor)*[142] *essentiel. Elle mène vers des prix 'écologiquement plus réels' (ökologisch ehrlichere Preise) et incite à économiser les ressources naturelles déjà réduites comme l'air, l'eau et les matières premières. A long terme, ces investissements pour la protection de l'environnement porteront leurs fruits, car ils engendreront de nouveaux produits, de nouvelles activités et de nouveaux métiers»*[143].

La création d'emplois par ce secteur est donc un argument important. Selon les projections, les 680 000 emplois déjà existants en 1994 dépasseront le million en l'an 2000. Et, en ce qui concerne l'exportation de l'ingénierie de l'environnement, des techniques de traitement des déchets et des eaux usées, ou des systèmes de mesure de la pollution atmosphérique (Abluftreinigung), l'Allemagne occupe 20 % du marché international[144].

L'introduction de nouveaux procédés, à la fois « productifs » et « écologiques », est nécessaire aujourd'hui, mais ces nouvelles (en 1990) technologies sont coûteuses. On estime qu'un financement de 60 % des investissements destinés à la protection de l'environnement, laissé à la charge des entreprises, auquel peuvent s'ajouter diverses taxes comme celle sur le gaz carbonique ou les déchets spécifiques - proposée par l'UE[145] ou le ministère fédéral de l'environnement[146] - revenait en 1990 pour l'entreprise à environ 1 600 DM (800 €) par emploi et par an[147]. Le reste du financement est assuré par l'État qui propose aux entreprises plusieurs programmes de subvention ou de soutien destinés à la protection de l'environnement.

5.2.7.3. La législation nationale et son application locale : l'exemple du Bade-Wurtemberg

Quelle est la situation de notre région ? Dans une publication des Chambres de Commerce du Sud-Ouest de l'Allemagne d'octobre 1992 (le magazine *Wirtschaft im Südwesten*), on peut lire que *« la politique de l'environnement du Land Bade-Wurtemberg est caractérisée par un maximum de règlements (Regelungen), d'obligations, d'autorisations (Genehmigungserfordernisse), de charges et de taxes. Par ailleurs, il faut souligner un manque d'infrastructure en ce qui concerne l'élimination des déchets (Entsorgungsinfrastruktur). Ne pas pouvoir éliminer les déchets toxiques représente un grand problème pour l'industrie »*[148]. Les entreprises exigent une harmonisation des taxes et directives sur les plans national et européen pour éviter des handicaps par rapport à la concurrence (Wettbewerbsnachteile). Depuis le 1er Mai 1990 - dans le cadre de la législation des déchets (Abfallgesetz, Landesabfallgesetz) -, les entreprises doivent éliminer certains déchets toxiques (selon une liste établie - Schlüsselnummern) uniquement par l'intermédiaire d'un organisme officiel du *Land* Bade-Wurtemberg (Andienungspflicht für deponierbare Sonderabfälle - Sonderabfallentsorgung Baden-Württemberg GmbH, SBW)[149]. Cette contrainte s'applique si elles produisent plus de 500 kg par an et par catégorie de déchet. Cependant, le *Land* hésite à choisir les lieux d'implantation des déchetteries[150] à cause de l'opposition de la population. Pour les entreprises, ceci a comme conséquence une bureaucratisation des procédés d'élimination et renforce la tendance vers un rejet des déchets en Europe centrale.

Depuis le 1er septembre 1990, un nouveau décret du *Land* Bade-Wurtemberg exige une autorisation spécifique pour les entreprises qui évacuent des eaux usées, contenant des substances dangereuses, dans une station d'épuration ou dans la canalisation publique (Indirekt-Einleiter-Verordnung). Le but est d'éliminer les substances dangereuses comme l'amiante, le cadmium, l'hexachlorobenzène, le mercure, le trichloréthane et le trichlorméthane, en obligeant les entreprises à nettoyer leurs eaux usées avant de les évacuer dans les circuits publics. Ce décret peut entraîner pour certaines entreprises la nécessité d'un changement du procédé de production, ce qui signifie de nouveaux investissements dans une installation de traitement interne[151].

Une autre loi prévoyant une taxe pour les déchets spécifiques (Sonderabfälle) est entrée en vigueur le 1er avril 1991 (Landesabfallabgabengesetz). Ce texte de loi du *Land* Bade-Wurtemberg s'intègre dans le « TA Abfall », décret fédéral des déchets (cf. *supra*), également du 1er avril 1991, et qui exige « le stockage, le traitement, la combustion et le dépôt des déchets à surveiller (überwachungsbedürftiger Abfälle) selon les procédés techniques les plus récents »[152]. Le *Land* Bade-Wurtemberg a donc décidé de remplir ses obligations en établissant une taxe pour, d'une part, inciter les entreprises à éviter la production de ces déchets et, d'autre part, conduire des recherches de réutilisation et de recyclage possible. En principe, toute entreprise est concernée par cette loi sauf celles qui ne dépassent pas 500 kg de déchets spécifiques par an, tous déchets cumulés ! Le niveau de la taxe est calculé selon différentes catégories de déchets (de 25 à 75 € par tonne). On a compris, à travers ces exemples, que les effets financiers de la législation sur l'environnement sont de plus en plus lourds à supporter, d'autant plus que les mesures prises par le *Land* Bade-Wurtemberg tendent à amplifier les décisions fédérales.

5.2.7.4. La législation sur l'environnement est-elle un handicap pour les entreprises?

L'enquête auprès des chefs d'entreprise de notre région d'étude a cherché à déterminer si toutes ces réglementations étaient considérées comme des handicaps de localisation. Représentent-elles une « charge » réelle et lourde qu'il serait nécessaire d'épargner aux entreprises ?

Un peu plus de la moitié des responsables (49 sur 88) a confirmé qu'il existe des contraintes écologiques. 37 (42 %) n'en ont pas ou ne les ressentent pas en tant que telles. Parmi les réponses précisant le type de contraintes subies, « l'élimination des déchets en général » (17 réponses)[153] occupe la première place, ce qui correspond effectivement à l'importance qui lui est donnée par la législation (cf. *supra*). *« Le problème majeur est l'élimination des déchets : on les fait passer dans d'autres pays au lieu de les recycler. Le « système DUAL » n'arrive pas à suivre »* témoigne un jeune entrepreneur du secteur plastique[154]. De nombreux chefs d'entreprise se plaignent des frais occasionnés par l'élimination des déchets (15) et des lois trop sévères (16) qui sont ressenties comme une gêne.

Un deuxième groupe de réponses, moins nombreuses (8), se rapporte à des contraintes écologiques plus spécifiques liées à l'eau, à l'air et au bruit ou à l'utilisation obligatoire de certains produits, comme c'est le cas dans le domaine du plastique ou de la galvanisation. Pour Madame K., responsable d'une petite entreprise spécialisée dans des pièces en matières plastique (Kunstoffspritzteile) moulées par injection, ce n'est pas un problème spécialement lié à la Forêt-

Noire, mais à la législation des pays partenaires. « *Aux États-Unis, il y a des lois très sévères sur la composition des matières plastiques et la liste des matières interdites devient de plus en plus longue. Cela bloque l'exportation Outre-Atlantique. L'entreprise qui exporte des produits finis en matière plastique vers le Nouveau Continent en est responsable, mais elle ne peut pas toujours savoir ce que contiennent les matières premières de ses fournisseurs ; cela demande une grande vigilance vis-à-vis de ces derniers* »[155]. Un chef d'entreprise de galvanisation nous énumère toute une liste de contraintes écologiques qu'il doit observer durant la production. « *Pour les entreprises de pièces tournées et de traitements de surfaces, il y a des lois sévères en ce qui concerne la protection de l'environnement. La galvanisation utilise beaucoup d'eau et il est impératif de garder le liquide propre, de réduire la quantité utilisée en recyclant l'eau, ce qui est une méthode très coûteuse. Il est indispensable de ne pas polluer l'air, de limiter le stockage des matières pouvant polluer l'eau - ce qui demande une très bonne régulation avec les fournisseurs* »[156].

Par contre, certains chefs d'entreprise approuvent ces contraintes (au total vingt réponses, dont douze « oui » et huit « non »). Leur argumentation peut être d'ordre moral : « *c'est notre devoir ; cela représente des frais importants, 300 DM/tonne* (150 €/tonne), *mais c'est une nécessité pour préserver la nature ; l'élimination des déchets n'est pas encore bien réglée et l'industrie doit changer ses conceptions : on a utilisé trop longtemps des métaux lourds et des peintures qui posaient problème* »[157]. Pour un autre, ce fut un choix : « *C'est la philosophie de l'entreprise de tout faire pour l'environnement ; l'entreprise est consciente du problème par exemple en ce qui concerne les emballages ; on essaie d'éviter le 'trop' en utilisant des boîtes réutilisables et nos pièces finies sont nettoyées avec des produits biologiques* »[158]. D'autres encore argumentent par généralisation, estimant que ces problèmes existent partout et qu'ils ne sont pas spécifiques à la Forêt-Noire. Parmi eux Monsieur K., directeur général de Perpetuum Ebner, ancienne usine DUAL : « *Il n'y a pas plus de problème en Forêt-Noire qu'ailleurs et il n'y a pas de réglementations spécifiques à la Forêt-Noire. Comme partout, il faut respecter le plan d'occupation des sols (Flächennutzungsplan), la loi fédérale sur le régime de l'eau (Wasserhaushaltsgesetz des Bundes), les droits sur l'eau du Land (Wasserrechte des Landes), les obligations d'insonorisation (Schall-Bauplan) et les instructions techniques du Bund (par exemple le 'TA Abfall'). Ce qui peut être un problème spécifique dans la Forêt-Noire a peu de rapport avec l'écologie, ce sont les conditions climatiques et leurs conséquences comme la neige parce que les toits doivent pouvoir résister et cela entraîne des frais supplémentaires de chauffage et d'isolation* »[159].

En fait, les contraintes d'ordre écologique ne sont pas vraiment liées à la Forêt-Noire, mais elles peuvent représenter une charge assez lourde dans un milieu naturel déjà défavorisé, théoriquement peu favorable à l'industrie.

Chaque dépense supplémentaire et chaque restriction sont peut-être ressenties ici plus fortement que dans les régions présentant de meilleures conditions de transport, de communication ou d'infrastructure. En général, les entreprises ne peuvent pas dire si les contraintes ou conditions écologiques auxquelles elles sont soumises sont spécifiques à la région ou au *Land*, mais beaucoup d'entre elles supposent que les règlements sont semblables dans l'ensemble de l'Allemagne. Or, rien n'est moins sûr car, si les conditions sont uniformes sur tout le territoire du *Land* Bade-Wurtemberg, l'élimination des déchets (Müllentsorgung) peut être traitée de manière différente dans les autres *Länder* et à l'extérieur des frontières. Ainsi, ces surcoûts constituent éventuellement une raison de délocalisation. C'est pourquoi la prise de conscience par les entreprises de la nécessité des mesures de protection liées à l'environnement est fondamentale. Presque un quart des entreprises interrogées (20 sur 88) ont assimilé ces obligations. Elles les acceptent comme une nécessité. Cela explique également le nombre assez important de celles qui affirment qu'il n'y a pas de véritables contraintes écologiques. *« En ce qui concerne les frais de recyclage et d'élimination des déchets, ils ne sont pas encore très élevés et ils vont certainement augmenter. Mais ce sont des frais nécessaires et à faire comprendre aux clients »*[160], nous affirme le responsable d'une petite entreprise de St. Georgen spécialisée dans l'informatique et qui produit comme déchets des platines extrêmement toxiques.

Il est important de souligner que la question de l'enquête avait pour but de savoir si les entreprises ressentaient des contraintes écologiques et non pas s'il existe réellement des conditions écologiques plus difficiles en Forêt-Noire qu'ailleurs. Si les mesures s'appliquent au *Land* dans sa totalité, les contrôles ne sont-ils pas plus sévères dans une région de montagne où le tourisme joue un rôle important[161] ?

Au total, un peu plus de la moitié des entreprises ressent des contraintes mais presque un quart d'entre elles les trouve nécessaires. Par contre, on en recense 42 % qui n'éprouvent aucune difficulté de ce côté. Sur les 94 entreprises interrogées, seules 36, donc environ un tiers, dénoncent les conditions écologiques comme un handicap, sans préciser si cette appréciation s'applique spécifiquement à la Forêt-Noire. Pour elles, c'est un mauvais point qui s'ajoute à bien d'autres. Au total, on ne peut qu'être frappé par la modestie de ce chiffre. Une large majorité des entreprises supporte ou accepte la législation et ne la remet pas en question.

Reste à savoir, parmi les entreprises, lesquelles ressentent les contraintes écologiques ; la localisation, la branche, la taille jouent-elles un rôle spécifique ?

5.2.7.5. Les entreprises les plus touchées par les contraintes écologiques

Les contraintes écologiques sont soulignées par environ 50 à 65 % des entreprises interrogées[162] de chaque commune. On peut constater des taux un peu plus importants dans le *Landkreis Schwarzwald-Baar*, à l'exception de Schonach (37,5 %), lieu traditionnel de l'horlogerie. Lauterbach, dans le *Landkreis Rottweil*, montre aussi un faible taux (25 %), mais cette donnée n'est pas représentative car une des quatre entreprises de la commune n'a pas répondu.

La relation « **branche et contraintes écologiques** » est plus nette. Ce sont les entreprises de traitement des métaux qui sont les plus touchées (75 % des entreprises). Rien de très surprenant, car ces établissements travaillent avec des substances chimiques et dangereuses. La deuxième branche est la mécanique de précision qui utilise soit des métaux, soit des matières plastiques difficiles à recycler, ce qui signifie pour les entreprises des frais d'élimination ou des taxes pour déchets toxiques. Dans la production de meubles et les imprimeries, les contraintes écologiques sont également présentes à cause de la combustion du bois et des émissions de fumée (Rußpartikel). Les entreprises de ces branches utilisent aussi des solvants (Lösungsmittel). Des investissements élevés sont nécessaires pour les cheminées, les électrofiltres ou pour les modes de combustion catalytique (katalytisches Verbrennungsverfahren) éliminant les solvants[163]. La construction mécanique et les machines-outils sont elles aussi concernées du fait de l'utilisation de produits de nettoyage, ce qui implique l'épuration de l'eau. Même l'électronique est concernée, car elle travaille avec des circuits intégrés, donc avec des platines toxiques.

Les branches apparemment à l'écart sont d'abord l'horlogerie, dont les structures artisanales utilisent des quantités réduites d'une matière naturelle, le bois, mais aussi des matériaux pourtant non recyclables. Selon notre tableau, trois autres branches ne connaissent pas de contraintes à 100 % - les jouets, l'émaillerie et le textile -, mais comme ce sont des activités peu représentées dans la région, ce résultat est sans signification réelle.

L'analyse de la relation « **taille d'entreprise et contraintes écologiques** » n'apporte aucune information significative. Petites et grandes entreprises (au-dessous et au-dessus de 100 salariés) ressentent les contraintes écologiques.

Du côté officiel, les maires et le ministère de l'environnement du *Land* Bade-Wurtemberg n'ont pas confirmé l'hypothèse de l'existence de règlements plus rigoureux concernant la protection de l'environnement en Forêt-Noire.

La législation s'appliquant à une région est un ensemble de lois, décrets et directives issus de différents niveaux administratifs. Selon le système fédéraliste, les pouvoirs sont répartis entre le gouvernement fédéral et les *Länder*. La constitution garantit aux *Landkreise* et aux communes leur autonomie (kommunale Selbstverwaltung), ce qui signifie la possibilité de régler les affaires locales - par exemple l'environnement - sous leur propre responsabilité, à condition de respecter la législation fédérale. Dans le domaine de l'environnement, le Bund (État fédéral) détient la compétence législative (konkurrierende Gesetzgebungszuständigkeit) en ce qui concerne l'élimination des déchets (Abfallbeseitigung - cf. *supra* « TA Abfall » loi du 1er avril 1991), le respect de la pureté de l'air (Luftreinhaltung) et la lutte contre les nuisances sonores (Lärmbekämpfung). Par contre, pour la protection de la nature (Naturschutz), l'entretien du paysage (Landschaftspflege) et la qualité de l'eau (Wasserhaushalt), le *Bund* ne peut proposer que des lois-cadre (Rahmengesetze, Rahmenvorschriften), proposant des directions générales, les *Länder* étant chargés de compléter le dispositif[164]. De surcroît, l'application des lois fédérales entre dans les compétences des *Länder*, ce qui veut dire que la réussite de la politique fédérale de l'environnement dépend des administrations du *Land* et des communes[165].

Ainsi, le *Land* Bade-Wurtemberg a en quelque sorte amplifié les lois fédérales (cf. *supra* chap. 5.2.7.3.), d'où l'opinion de la Chambre de Commerce qui évoque l'existence « *d'un maximum (Höchstmaß) de règlements, de limitations, d'obligations, d'autorisation et de taxes en Bade-Wurtemberg* »[166]. Mais ces conditions sont partout identiques dans le *Land* et ne constituent pas un inconvénient spécifique de la Forêt-Noire. En revanche, ces contraintes écologiques peuvent représenter un facteur de localisation négatif dans l'ensemble du Bade-Wurtemberg .

Un tiers des entreprises interrogées dans la région étudiée a confirmé l'existence de contraintes écologiques. La politique de l'environnement peut devenir un facteur de localisation important lorsque les contraintes s'ajoutent à d'autres inconvénients comme la situation du transport et le manque d'infrastructures de communication.

Ce poids des contraintes écologiques peut être renforcé lorsqu'une commune intervient par des règlements spécifiques. C'est, par exemple, le cas de la commune de Vöhrenbach, située dans la vallée de la Brigach qui est, à la fois, le bassin-versant du Lac de Constance, c'est-à-dire le réservoir d'eau potable de Stuttgart, et une région où le Danube se perd par infiltration (Versickerung). De ce fait, la commune est dans l'obligation d'abaisser les seuils autorisés pour les phosphates, ce qui implique une meilleure épuration des eaux usées pour les entreprises locales, mais aussi des restrictions supplémentaires.

Un autre problème spécifique de la Forêt-Noire est l'implantation très fréquente des entreprises dans des zones habitées. Souvent, la situation géographique et, en particulier, l'incision des vallées ne permettent pas de délimiter une zone d'activités industrielles. Pour les entreprises, cela signifie une réduction des émissions acceptables ainsi que des nuisances sonores. Elles sont parfois obligées d'installer une isolation acoustique (Schallschutzvorrichtungen) entraînant des investissements considérables[167].

Est-il possible d'établir une hiérarchie de ces différents facteurs de localisation ? Deux d'entre eux semblent se détacher, mais avec des influences contradictoires. Si chacun s'accorde à vanter la qualité de la main-d'œuvre, beaucoup dénoncent la situation des transports. En revanche, d'autres éléments, fondamentaux dans une première approche, ont probablement un rôle mineur. Ainsi la région ne souffre pas de contraintes écologiques particulières. C'est, en fait, l'ensemble du pays ou du Land qui est soumis à un arsenal législatif rigoureux. Il est vrai que cet élément, s'ajoutant à d'autres, peut amplifier les handicaps d'une région déjà défavorisée. De même, l'approvisionnement en matière première comme les débouchés ne posent pas de problèmes particuliers. En revanche, les structures permettant le transfert technologique sont nombreuses et actives. C'est là une originalité importante pour une région rurale.

Notes

1- MÉRENNE-SCHOUMAKER (B.), *La localisation des industries, mutations récentes et méthodes d'analyse*, Paris, 1991, p. 99 : « *par facteur de localisation, on entend tout phénomène susceptible d'influer d'une manière ou d'une autre sur le choix d'une localisation* ».

2 - « *Standortfaktoren sind wirtschaftliche Vor- und Nachteile, die sich beim Niederlassen von Unternehmen an einem bestimmten Ort ergeben* » - les facteurs de localisation représentent les avantages et désavantages qu'une entreprise rencontre au moment de son implantation en un lieu précis. ARNOLD (K.),1992, p. 126.

3 - RAUSCHEDER (W.), *Stichwort Wirtschaftsstandort Deutschland*, München,1994, p. 15 : « *Die Standorttheorie, ursprünglich für die einzelbetriebliche Standortwahl innerhalb eines nationalen Staatsgebildes entwickelt, wurde in der Folge ständig erweitert und verfeinert* ».

4 - MERENNE-SCHOUMAKER (B.), 1991, p. 101 : « ... *l'étude systématique des grands facteurs de localisation n'est pas sans intérêt car elle permet d'analyser les liens principaux entre les territoires et les entreprises...* ».

5 - Idem pp.123-125.

6 - Ibid, p. 123.

7 - FISCHER (A.), 1994, p.26.

8 - Terme utilisé par A. Fischer, 1994, pp. 27 et 86.

9 - Idem, p. 27.

10 - SCHÄTZL (L.), *Wirtschaftsgeographie 1, Theorie*, Paderborn, 1978, p. 60.

11 - Pour la théorie du « behavioral approach », cf. ARNOLD (K.), (1992), FISCHER (A.), (1994), SCHÄTZL (L.) (1978).

12 - RAUSCHEDER (W.), *Stichwort Wirtschaftsstandort Deutschland*, München, 1994, p. 9.

13 - Idem, p. 9.

14 - ARNOLD (K.), *Wirtschaftsgeographie in Stichworten*, Hirts Stichwortbücher, Stuttgart, 1992, p. 138.

15 - Cf. Fig. 20 - *Essai de typologie des espaces allemands*.

16 - BBR (Bundesamt für Ban und Raumordnung), Laufende Raumbeobachtung-*Kreise/Kreisrcgionen*), 1996.

17 - Unité administrative située entre la commune et la région, correspondant au canton français.

18 - Cf. Fig. 20 - *Essai de typologie des espaces allemands* (Siedlungsstrukturelle Kreistypen), 1994.

19 - Voir Chap. 4.3. et Fig. 15 - *Communes étudiées et unités administratives*.

20 - ARNOLD (K.), 1992, p. 149.

21 - Idem p. 149.

22 - Terme utilisé par HOUSSEL (J.P.), « Industrie autochtones en milieu rural », dans *Revue de Géographie de Lyon*, 1980, No 4, pp. 305-341, vol. 55.
23 - Idem, p. 320.
24 - Ibid. p. 321
25 - BENKO (G.), « Les théories du développement local », in *Sciences Humaines*, « Régions et Mondialisation », hors Série, No 8, févr.-mars 1995, p. 36.
26 - Idem, p. 36.
27 - *Sciences Humaines*, hors Série, No 8, févr.-mars 1995, p. 39.
28 - BECATTINI (G.), « le district marshallien : une notion socio-économique », in *Les régions qui gagnent*, dirigé par Benko (G.) et Lipietz (A.), Paris, 1992, p. 52.
29 - Idem, p. 41.
30 - On m'a expliqué dans une entreprise de Furtwangen qu'il faut rester au moins 25 années dans la même entreprise pour être considéré comme un « ancien ».
31 - Les pourcentages ne concernent que les entreprises ayant répondu à la question. Donc ils n'ont qu'une valeur indicative!
32 - D'après l'enquête menée entre 1992 et 1994.
33 - FISCHER (A.), 1994, pp.13-14 et 21-22 - A. Fischer de son côté cite KEEBLE-WEVER, *New firms and regional development in Europe*, Londres, 1986.
34 - Citations dans Fischer (A.), 1994, p. 11 , de FOUET (R.), « Sur l'analyse géographique des établissements industriels », Paris, BAGF, 1975, No 424-425, pp. 99-110.
35 - RAUSCHEDER (W.), 1994, p. 17.
36 - On peut différencier les effets d'agglomération internes et externes. Ainsi, on appelle **« internes »** des effets d'économie d'échelle au sein des grandes entreprises (cf. ARNOLD K., 1992, p. 114). Les effets d'agglomérations **« externes »** résultent des relations des établissement avec le milieu, ce qui constitue le tissu industriel régional, les rapports avec le potentiel régional en matière de recherche, formation, services aux entreprises, réseaux de fournisseurs proches, etc., des liens qui sont aujourd'hui prépondérants et que l'on peut trouver concentrés, par exemple, dans les parcs d'activités.
« L'agglomération » n'a pas que des avantages. L'utilisation commune de sources d'énergie, de main-d'œuvre ou de machines ainsi que de bons contacts entre les entreprises sont considérés comme positifs. Par contre, les problèmes de circulation (Verkehr), les problèmes écologiques et ceux des prix fonciers trop élevés à l'intérieur d'une agglomération représentent des désavantages (cf. FISCHER (A.), 1994, pp.35-36 et ARNOLD (K.), 1992, pp. 115-116).
37 - Dans le cas d'une disjonction fonctionnelle des établissements d'une même entreprise – *« ce qui permet à l'entreprise de localiser chaque fonction dans l'espace économique le plus adéquat comme par ex. la conception, l'organisation et l'ingénierie dans des pôles technologiques ; la fabrication qualifiée dans des pôles avec un passé industriel et l'exécution ou le montage déqualifié dans des régions rurales ou des pays du Tiers Monde peu développés »* (théorie de LIPIETZ (A.), *Le Capital et son espace*, Paris, 1983, cité par MERENNE-SCHOUMAKER (B.),1991, p. 29).
38 - RAUSCHEDER (W.), 1994, pp. 17-18.
39 - Raumordnungsbericht 1993 (rapport officiel concernant l'aménagement du territoire), pp. 59 et 62.
40 - FISCHER (A.), 1994, p. 14.
41 - Idem, p. 16.
42 - Ibid, p. 16.
43 - Les chiffres sont issus de calculs personnels, d'après l'enquête menée auprès des chefs d'entreprise entre 1992 et 1994.
44 - Cadre dirigeant de chez Volkswagen qui a entrepris une politique de prix dans le but d'améliorer la situation financière de l'entreprise.

45 - Entreprise HUMMEL à Furtwangen (interviews p. 61)
46 - Entreprise Matthias BÄUERLE à St. Georgen.
47 - Entreprise HEINEMANN à St. Georgen, entretien avec M. Seifert.
48 - **Le français** distingue entre **«fournisseur»**, « *personne qui fournit - approvisionne, ravitaille, livre, vend - des* marchandises à un client» (Petit Robert) et **«sous-traitant»**, «opération par laquelle une entreprise (le donneur d'ordre) confie à une autre entreprise (le preneur d'ordre) l'exécution pour son compte de tâches ressortant de son activité normale» (A. BEITONE et al., *Dictionnaire des sciences économiques*, Paris, 1991). On peut différencier « la **sous-traitance de spécificité** », qui porte sur des opérations particulières (nettoyage, surveillance, services juridiques, etc.), la « **sous-traitance de capacité** » qui porte sur une partie de la fabrication du produit complet (BEITONE A.) et la « **sous-traitance en cascade** » lorsque le donneur d'ordre fait exécuter l'essentiel d'une fabrication par des sous-traitants qui se conduisent, à leur tour, comme donneurs d'ordre (CABANNE (Cl.), *Lexique de géographie humaine et économique*, 1984)
L'allemand, par contre, distingue entre le terme « **Lieferant** », « **Zulieferer** » et « **Subunternehmen** » - ce dernier étant un sous-traitant d'un sous-traitant. Un «**Zulieferer**» est une entreprise qui fournit des produits à une autre entreprise qui les transforme, donc qui peut être un fournisseur ou un sous-traitant. Un « **Lieferant** » est celui qui livre, fournit de la marchandise à quelqu'un (Duden). Dans le terme « Zulieferer », l'idée de la transformation du produit est incluse ; par contre, le « Lieferant » reflète tout simplement l'idée de l'approvisonnement. Un « Zulieferer » en allemand peut donc correspondre soit à un fournisseur, soit à un sous-traitant au sens français. Le terme français «fournisseur» est plus large que le terme « Lieferant ».
49 - FISCHER (A.), 1994, p. 68.
50 - On peut distinguer trois groupes : le premier est formé par les entreprises qui transforment des matières premières et des semi-produits (42 %), le deuxième par celles qui transforment uniquement des matières premières (35 %) et le troisième, ce sont celles qui utilisent des produits semi-finis ou finis (23 %) - propre enquête entre 1992 et 1994.
51 - Les FRERES KIENINGER à St. Georgen pour PAPST, GRÄSSLIN, KUNDO, UTS, THOMSON-BRAND ; KUNDO-SYSTEMTECHNIK pour KUNDO/STAIGER ; ZEHNLE pour BÜHLER et TRÄNKLE, KIENZLER, PAUL pour l'horlogerie à Schonach, Schönwald, Triberg, Villingen-Schwenningen et Neustadt pour citer quelques exemples.
52- Selon nos calculs.
53 - Selon nos calculs.
54 - Une association qui, justement, a été créée dans l'esprit de mener une politique commune, pour mieux défendre les besoins des entreprises et pour un meilleur échange d'informations - entretien le 18 août 1993 avec M. Mädler, de l'entreprise Matthias BÄUERLE à St. Georgen.
55 - Entretien avec M. Mädler .
56 - *Wirtschaft im Südwesten*, 3/92, p. 3 - article « Dauerbrenner Weiterbildung ».
57 - Institut der Deutschen Wirtschaft, *Zahlen zur wirtschaftlichen Entwicklung der Bundesrepublik Deutschland,* Köln, 1995.
58 - M. Broghammer, de l'entreprise SKT, entretien le 3 mai 1994.
59 - Cette catégorie « Angestellte » regroupe, en allemand, ceux qui travaillent dans une entreprise ou une administration d'une manière plutôt intellectuelle contre un salaire fixe (« jemand, der gegen ein festes Gehalt bei einer Firma, Behörde (vorwiegend geistig) arbeitet » - Wahrig, *Deutsches Wörterbuch*, Gütersloh/München, 1991). Ce terme se distingue de « Arbeiter » (ouvrier) qui accomplit un travail physique contre une rénumération (« der gegen Lohn körperliche Arbeit leistet »- Wahrig).
60 - En 1993, en Allemagne de l'Ouest, les employés (Angestellten) représentaient 45,4 % des actifs (Institut der Deutschen Wirtschaft, 1995, tableau 14).
61 - Institut der Deutschen Wirtschaft, 1995, tableau 17.

62 - Sur une totalité de 572 cadres dans les entreprises interrogées, on recense 58 cadres venant de l'extérieur de la région Schwarzwald-Baar-Heuberg.
63 - Entretien avec M. Lorenz de l'entreprise LORENZ, le 11 août 1993.
64 - Informations concernant les différentes possibilités de formation de la Chambre de Commerce, in *Wirtschaft i. Südwesten*, 3/92.
65 - ARNOLD (K.), 1992, p. 149.
66 - Calculé sur 89 réponses obtenues.
67 - Résultats de l'enquête.
68 - Cf. PLANKENHORN (U.), 1988, pp.44-53 : indique 80 % pour la fabrication des instruments chirurgicaux, 50 % pour l'horlogerie.
69 - Résultats de l'enquête.
70 - MÉRENNE-SCHOUMAKER (B.),1991, pp. 15 et 17 - Comme nouvelles techniques de transport, on peut nommer la conteneurisation, la palettisation, le transroulage ou système roll-on — roll-off (un ferry-boat ou navire transportant des wagons et des véhicules automobiles ; car-ferry ou navire transportant des voitures ou des camions) et le ferroutage (transport sur wagons de camions, avec ou sans remorques, sans leur tracteur routier, ou de caisses mobiles, ou de conteneurs de grande taille avec pieds). Cf. aussi MÉRENNE-SCHOUMAKER (B.), 2002, chap. 4.1.
71 - Idem, p. 15.
72 -Ibid, p. 16.
73 - FISCHER (A.), 1994, p. 39.
74 - Entretien avec l'entreprise NEFF de Lauterbach, le 27 août 1994.
75 - Entretien avec M. Broghammer de l'entreprise BROGHAMMER à Tennenbronn, le 3 mai 1994.
76 - FISCHER (A.), 1994, p. 40.
77 - Idem, p. 41.
78 - Entretien avec M. Mehlfeld, de l'entreprise CNC-TEAM Maschinen GmbH, à Mönchweiler, le 4 mai 1994.
79 - L'allemand utilise le terme anglais.
80 - Entretien avec M. Broghammer de l'entreprise SKT à Tennenbronn, le 3 mai 1994.
81 - FISCHER (A.), 1994, p. 40.
82 - Cf. chap. 5.2.1.
83 - Résultats de l'enquête.
84 - Résultats de l'enquête.
85 - Résultats de l'enquête - En ce qui concerne les exportations cf. *supra* chap. 5.2.3.3. : *Le rôle de l'exportation*.
86 - Entretien avec M. Kaufmann de l'Union Régionale (Regionalverband), le 26 octobre 1993.
87 - Résultats de l'enquête.
88 - Idem.
89 - Entretien avec M. Hochloff de l'entreprise DOLD à Vöhrenbach, le 25 août 1993.
90 - Résultats de l'enquête.
91 - Entretien avec M. Haas, maire de Schonach, le 23 août 1993.
92 - Entretien avec M. Buschler de l'entreprise COSUS à St. Georgen, le 9 août 1993. C'est une entreprise qui développe des systèmes informatiques, comprenant aussi bien des logiciels que le matériel et les services, selon le besoin du client.
93 - Idem.
94 - *Staatsanzeiger* Nr. 45 du 8.6.1988 «Regionale Wirtschaftsförderung auf neuer Grundlage » (soutien économique régional sur nouvelles bases) - **Le niveau 1** rassemble des communes toujours financées par la CE et, ce, jusqu'à 15 % ou 18 % des frais d'investissements. Dans notre zone d'étude, aucune n'est concernée !
Le niveau 2 regroupe des communes financées par la CE jusqu'en 1987. A partir de cette date, un nouveau modèle de répartition des communes subventionnées a été établi par la CE. Par contre,

d'après ce nouveau modèle, le *Land* Bade-Wurtemberg peut subventionner des espaces rassemblant au total 517 000 hab. Le choix des communes éligibles se fait à l'aide d'indicateurs portant sur la démographie (Demographie), le marché du travail (Arbeitsmarkt) et le pouvoir économique d'une commune (Wirtschaftskraft). Des 89 « Mittelbereiche » du *Land* Bade-Wurtemberg (unité administrative d'une ou plusieurs communes, par exemple le « Mittelbereich » Schramberg comprend 9 communes), 12 furent choisis pour une subvention de niveau 2 (subvention allant jusqu'à 8 % des frais d'investissements). En ce qui concerne la région Schwarzwald-Baar-Heuberg, ce sont les « Mittelbereiche » Haslach, Hausach et Wolfach dans la vallée de la Kinzig (comprenant 10 communes, mais aucune dans notre zone d'étude) qui sont concernées par ce niveau 2 .

Le niveau 3 consiste en une subvention pour les communes qui ne sont plus concernées par le niveau 1 ou le niveau 2, mais que le Land peut aider selon « la règlementation 'De-minimis' ('De-minimis-Regelung') », qui offre la possibilité de soutenir les PME dans les régions rurales. C'est une aide financière qui peut aller jusqu'à 7,5 % des frais d'investissements pour les entreprises de 100 salariés maximum et dont le chiffre d'affaires annuel maximal ne dépasse pas 21 million DM (10,5 millions d'euros). Cette aide doit être approuvée par la CE. Dans ce groupe se trouvent les **Mittelbereiche Schramberg et Villingen-Schwenningen**.

95 - LKB-Rundschreiben du 20 Septembre 1988 (lettre circulaire de la LKB-Landeskreditbank).

96 - Il y a aussi réduction de volume en restant dans la même catégorie : par exemple, le niveau 2 a été réduit de 10 % à 8 % de subvention des investissements - cf. *Regionalverband* Schwarzwald-Baar-Heuberg, Beilage 16/88.

97 - Brochures d'informations du ministère de l'économie et de la technologie du *Land* Bade-Wurtemberg concernant les possibilités de subventions destinées à promouvoir l'économie du *Land* (Wirtschaftsförderung) : subventions de technologie (Technologieförderung), juin 1984, et subventions pour création et maintien d'une existence (Existenzgründung und -festigung) ou création d'une entreprise orientée sur la technologie (technologieorientierte Unternehmensgründung) de mai 1987. Pour 1998, cf. brocure de la CCI Bade-Wurtemberg « Finanvielle genertlehörderung im Land Baden-Wurtemberg », 1998.

98 - Banque de crédit pour les programmes du Land Bade-Wurtemberg.

99 - Cf. programmes des aides du *Land* Bade-Wurtemberg, Stuttgart 1987 (Wirtschaftsförderung : Existenzgründung, Existenzfestigung, Technolo-gieorientierte Unternehmensgründung), pp. 11 et 12 - Aides à demander auprès de la Deutsche Ausgleichsbank et cf. CCI 1998.

100 - *Wirtschaft im Südwesten*, No 3/95, pp. 19 et 28.

101 - Brochure *Technologieförderung* du ministère de l'économie de Bade-Wurtemberg, juin 1984, p. 6 et cf. CCI 1998.

102 - C'est, en tout cas, l'opinion de la municipalité de Furtwangen dont l'un des projets pour l'avenir est d'améliorer l'information concernant les possibilités de subventions.

103 - Entretien avec M. Baumhäckel de l'entreprise Heinemann à St. Georgen, le 20 juillet 1993.

104 - Entretien avec Madame Nerlinger de l'entreprise Kaiser à Mönchweiler, le 6 mai 1994.

105 - Ainsi, une petite entreprise installée dans ce centre et fabriquant des systèmes informatiques nous a donné une réponse négative.

106 - Entretien avec M. Köhler de l'entreprise Schwarzwälder Metallwarenfabrik A. Haugg à Triberg, le 27 octobre 1993. M. Köhler fait partie d'une association de jeunes entrepreneurs et cadres, des « Wirtschaftsjunioren », qui a publié en 1992 une enquête concernant la localisation industrielle en *Schwarzwald-Baar-Heuberg*. Cette enquête s'interroge sur quatre facteurs de localisation : la disponibilité des surfaces, les moyens de transport, la main-d'œuvre et l'attractivité de la région en tant que lieu de loisir. L'enquête est conduite auprès des villes et des communes de la région. Des « Junioren » de toute l'Allemagne furent interrogés. Donc, par rapport à notre recherche, les entreprises elles-mêmes ne furent pas questionnées et les chiffres statistiques concernent toute la région Schwarzwald-Baar-Heuberg (unité administrative) et non pas seulement les communes de la Forêt-Noire (unité administrative et naturelle).

107 - Wirtschaftsjunioren Schwarzwald-Baar-Heuberg, Wirtschaftsstandort Schwarzwald-Baar-Heuberg, Studie (étude) 1992, p. 15.
108 - Programme qui existe depuis 1989 et qui a été remplacé, depuis 1994, par le « Entwicklungsprogramm Ländlicher Raum » / ERL (programme de développement des espaces ruraux), cf. *supra*, même chapitre.
109 - Entretien avec M. le maire de Schonach, le 23 août 1993.
110 - Entretien avec M. Dold, maire de Tennenbronn, le 30 août 1993.
111 - Il s'agit d'une répartition de certains impôts et taxes à l'échelon fédéral, des *Länder* et des communes (BOELCKE (J.), STRAUB (B.), THIELE (P.), *Dictionnaire de l'allemand économique, commercial et financier*, Presses Pocket, 1989).
112 - Renseignements obtenus lors de l'entretien avec M. Waldvogel, maire de St. Märgen, le 2 septembre 1994.
113 - Entretien le 12 août 1993.
114 - Cf. chap. 5.2.5.1. - et article dans le *Staatsanzeiger* No 45 du 8.6.1988.
115 - Les médias critiquent fréquemment l'Allemagne pour son manque d'innovations. La part des investissements dans la R&D s'est réduite, depuis la deuxième moitié des années 1980, de 2,7 % à 1,9 % du budget fédéral. En 2003, les investissements s'élèvent à 2,5 % du PIB allemand, donc une augmentation par rapport aux années 1980 (cf. Standort Deutschland 2005, div, 2004). Les investissements industriels stagnent, le personnel des laboratoires est en diminution et les cerveaux quittent l'Allemagne pour l'étranger (article concernant la politique de technologie en Allemagne, dans la *Wirtschaftswoche* du 9 septembre 1994, pp. 19 et 20). Selon le président de la R&D de Daimler-Benz, Monsieur Weule, ce n'est pas l'argent qui manque au secteur R&D (80 milliards en 1993). Ce qui est critiquable, c'est l'orientation générale car l'État en investit la plus grande partie dans le développement et non pas dans la recherche. De ce fait, *« on s'assure les marchés d'aujourd'hui et de demain. On ne pense pas assez à l'après-demain »* (interview dans la *Wirtschaftswoche* du 22-10-93, pp. 112-115).
116 - FISCHER (A.), 1994, p. 89.
117 - Article dans *Wirtschaft im Südwesten*, 3/95, p. 42 – « 10 Jahre IHK-Innovationsberatung - Verstärktes Beratungs- und Transfertangebot ».
118 - « *Pouvoir estimer suffisamment tôt l'enjeu des nouvelles technologie et les utiliser à temps est absolument important pour survivre* » (Professeur Ungethüm, Président de la Chambre de Commerce Schwarzwald-Baar-Heuberg) *Wirtschaft im Südwesten* 11/94, p. 110 - article « IHK-Technologiekongreß - Ungethüm: Zweifel mit mehr Transparenz und Aufklärung beheben ».
119 - Discours du Président de la Chambre de Commerce Schwarzwald-Baar-Heuberg, le Professeur Dr. Ungethüm – in *Wirtschaft im Südwesten*, 3/95, p. 35.
120 - **Les centres de transfert** assurent le transfert de la recherche publique vers l'industrie. Ils sont souvent intégrés dans une Fachhochschule. En Bade-Wurtemberg, on peut aussi citer l'Institut Frauenhofer, des instituts de recherche industrielle (industrielle Gemeinschaftsforschung), etc.
En revanche, par le terme centre de technologie (**Technologiezentrum - TZ**) - appelé aussi « centre pour fondateurs » (« Gründerzentrum ») -, on désigne une pépinière dont l'objectif est de fournir des aides pratiques et financières aux jeunes entrepreneurs voulant devenir indépendants.
121 - Ces centres portent le nom de Ferdinand Steinbeis, directeur de la « Centralstelle für Gewerbe und Handel », de 1855 à 1880. Ferdinand Steinbeis est considéré comme l'un des premiers promoteurs des activités industrielles (Gewerbeförderer). Il a également joué un rôle important dans le développement de l'entreprise Junghans à Schramberg - une entreprise mondialement connue aujourd'hui. C'est lui qui a persuadé Junghans de s'engager dans l'horlogerie (in *Momentaufnahmen Schramberg*, 1992, p. 18).
122 - Institution de formation supérieure correspondant à un IUP en France.
123 - Liste dans le rapport annuel 1993 de la fondation Steinbeis, Stuttgart, pp. 49 et 55 et cf. Wegweiser durch die Technologieregion Schwarzwald-Baar-Heuberg, Region Schwarwald-Baar-Heuberg, 1996.

124 - Trois sur onze ont eu recours aux services de la fondation.
125 - Wirtschaftsnahe Forschungseinrichtungen in Baden-Würtemberg, Ministerium für Wirtschaft, Mittelstand und Technologie, Stuttgart, Mars 1990, p. 17.
126 - Les régions rurales ont plutôt la réputation de disposer de services simples s'appuyant sur une main-d'œuvre non ou peu qualifiée. Concernant les capacités technologiques, PERRIN (1990), comme FISCHER (A.) (1994), distingue trois types de territoires : **les régions du tiers monde**, régions où les entreprises ne peuvent qu'adopter ou reproduire des technologies conçues ailleurs ; **les espaces périphériques des pays riches** (donc les régions rurales par exemple) qui sont des régions où les entreprises sont capables de développer des technologies fondamentales conçues ailleurs, ce qui demande un ensemble d'équipements d'un certain niveau et, finalement, **les foyers métropolitains**, qui sont des régions constituant, grâce à leurs potentiels qualitatifs de tous ordres, les véritables berceaux de l'innovation et de la création technologique (FISCHER (A.), 1994, pp. 88/89).
127 - 100 Jahre Stadterhebung St. Georgen, 1991,p. 173.
128 -Cf. rapport du Regionalverband Schwarzwald-Baar-Heuberg, organisation régionale d'aménagement, - *Analyse des Gefährdungspotentials der Region Schwarzwald-Baar-Heuberg*, Villingen-Schwenningen, 1982.
129 - HAU - Hamburg-Amerikanische-Uhrenfabrik Schramberg (nom d'une entreprise horlogère).
130 - Les chiffres se rapportent uniquement aux 94 entreprises interrogées. Un tableau avec la corrélation « Recherche-branches » (non joint au présent ouvrage) fut établi pour obtenir les résultats cités dans le texte.
131 - IEF Werner /Furtwangen, Cosus et Lorenz /St. Georgen. L'une d'entre elles a réduit le nombre de ses salariés en 1993 à Furtwangen, mais elle a ouvert une filiale en Allemagne de l'Est, près de Erfurt, avec un début de production en janvier 1992 - cf. *Wirtschaft im Südwesten* 1/95, pp. 20-21.
132 - FISCHER (A.), 1994, p. 89.
133 - *Raumordnungsbericht 1993* (rapport du ministère de l'aménagement du territoire), Bonn, p. 188.
134 - Cf. Idem, pp. 188 -200 et 174-176 (déchets spécialement toxiques).
135 - *Wirtschaft im Südwesten*, 8/1990, article pp. 97-98, «Sonderabfall-Entsorgung geregelt».
136 - *Wirtschaft im Südwesten*, 1/1991, article p. 76, «Umwelthaftungsgesetz tritt in Kraft».
137 - Voir l'exemple de Mercedes-Benz en Alsace.
138 - *Wirtschaft im Südwesten*, 7/94, p. 61.
139 - *Wirtschaft im Südwesten*, 7/94, p. 61.
140 - L'allemand utilise soit l'abréviation anglaise « OECD » (Organization for Economic Cooperation and Development), soit une traduction de l'anglais : « Organisation für wirtschaftliche Zusammenarbeit und Entwicklung ».
141 - Chiffres, cf. tableau OECD - l'OECD en chiffres, 1990, 1996 et 2001.
142 - Comme facteurs « doux » de localisation, on peut citer l'infrastructure culturelle et les possibilités de détente ainsi que l'existence d'espaces verts. L'importance de ces variables tend à s'accroître (*Raumordnungsbericht 1993*, p. 59), voir aussi chap. 5.2.
143 - RAUSCHEDER (W.), 1994, pp. 81-82.
144 - Idem, p. 83.
145 - Appelé en allemand EU (Europäische Union) - abréviation identique à la désignation anglaise (European Union).
146 - *Wirtschaft im Südwesten*, 4/92, p. 85 - article «Augenmaß in der Umweltpolitik nicht verlieren».
147 - *Wirtschaft im Südwesten*, 6/92, p. 23.
148 - *Wirtschaft im Südwesten*, 10/1992, p. 4.

149 - *Wirtschaft im Südwesten*, 5/1990, p. 43.
150 - En allemand on dit : « das Land hat Standortentscheidungen für Entsorgungseinrichtungen verweigert ».
151 - *Wirtschaft im Südwesten* 11-12/1990, article pp. 88-89 «Neue Vorschrift über das Einleiten von betrieblichen Abwässern in öffentliche Abwasseranlagen».
152 - *Raumordnungsbericht 1993*, Bonn, p. 176.
153 - Les chiffres qui suivent se rapportent à plusieurs réponses par entreprise ; ils indiquent donc, surtout, l'importance et la fréquence du même argument.
154 - Interview de M. S., le 4 août 1993 - « Le système dual » comprend les produits marqués d'un point vert (grüner Punkt), donc des produits qui sont recyclés par une chaîne d'entreprises. En Allemagne, ce système a de plus en plus de problèmes pour éliminer la grande quantité des déchets existants.
155 - Entretien avec Mme Kopp, entreprise KMS/St. Georgen, le 28 juillet 1993.
156 - Entretien avec M. Joos de l'entreprise ZEHNLE/Triberg, le 28 octobre 1993.
157 - Entretiens avec IEF Werner/Furtwangen, WEISSER & Söhne/St. Georgen, HAHN/Schonach, Gebr. KIENINGER/St. Georgen.
158 - Entretiens avec DOLD/Vöhrenbach et HUMMEL/Furtwangen.
159 - Entretien avec M. Knorpp, directeur général de Perpetuum Ebner, ancienne usine de DUAL, le 26 juillet 1993. Perpetuum Ebner n'est plus une entreprise aujourd'hui, elle gère des locaux pour le centre de transfert de St. Georgen.
160 - Entretien avec M. Buschler de l'entreprise COSUS/St. Georgen, le 9 août 1993.
161 - Opinion de M. Scherkel, maire de St. Georgen, lors de notre interview du 12 août 1993.
162 - En prenant en compte que l'enquête se rapporte en général à au moins la moitié des entreprises locales.
163 - Informations données par M. Bertsche de l'entreprise ZEYCO - meubles de cuisine, le 5 mai 1994.
164 - La Constitution de la République fédérale d'Allemagne repose sur le système de la « double séparation des pouvoirs » (doppelte Gewaltenteilung). D'une part, il s'agit de la séparation des pouvoirs législatif, exécutif et judiciaire qui se contrôlent et s'équilibrent mutuellement. D'autre part, cette séparation est renforcée par la division de la République fédérale en régions fédérées, les *Länder*. Aussi existe-t-il deux Chambres se partageant le pouvoir législatif : le *Bundestag*, formé par des députés élus par le peuple tous les quatre ans et le *Bundesrat*, dont les membres sont désignés par les gouvernements des *Länder* (in *Faits et Chiffres - Etude comparative*, Office de presse et d'information du gouvernement de la République fédérale d'Allemagne, Bonn, 1985).
165 - *Umweltschutz in Deutschland, eine Information des Bundesum-weltministeriums*, Bundesumweltministerium, Bonn, 1992, pp. 77/78.
166 - *Wirtschaft im Südwesten* 10/1992, p. 4.
167 - Informations données par le maire de Vöhrenbach, M. Schneider, le 16 août 1993. Selon lui, ces investissements peuvent atteindre 300 000 DM (150 000 €) par atelier.

Chapitre 6

LES AVANTAGES ET INCONVÉNIENTS DE LA RÉGION PERÇUS PAR LES CHEFS D'ENTREPRISE

Après avoir étudié les différents facteurs de localisation dans notre région et les problèmes posés par cette implantation, nous avons voulu savoir ce qui incite les entreprises à rester en Forêt-Noire. C'est pourquoi les chefs d'entreprise ont dû donner spontanément quelques avantages et inconvénients de la région pour leur établissement.

Quatre-vingt-quatre entreprises peuvent citer des avantages offerts par la région pour leur entreprise et soixante-quatorze des inconvénients ; huit ne trouvent aucun avantage à la région et quatre pensent qu'il n'y a ni avantages ni handicaps. Le spectre des avantages est donc plus riche en qualité et en quantité. Sur les cent cinquante-quatre indications concernant les avantages, nous avons pu relever douze facteurs nommés à plusieurs reprises contre huit facteurs cités plusieurs fois du côté des handicaps et issus de cent trente-deux indications.

Cette perception, dans l'ensemble positive, explique en partie pourquoi les entreprises installées dans la Forêt-Noire tiennent à y rester. Ou peut-être n'y a-t-il pas assez d'inconvénients pour partir ? Il faut observer de plus près les différents arguments et comparer dans un premier temps les avantages et inconvénients indiqués, globalement pour la région d'étude (voir graphique ci-dessous : « Avantages et désavantages de la région perçus par les chefs d'entreprise en valeur relative »), puis spécialement pour les différentes communes (voir les graphiques suivants des communes). Ensuite, on analysera l'importance des différents critères selon la taille et l'activité de l'entreprise et leur impact possible sur le développement industriel de la région.

Le Graph. 23 (en valeur relative) nous montre le rôle important du transport comme élément défavorable. Plus de la moitié des entreprises interrogées (39 sur les 74, soit 53 %)[1] considère que ce facteur représente le handicap le plus important de la région. Il n'y a que 7 % des entreprises pour le juger positif.

L'atout de la région qui contrebalance largement cet aspect négatif est la qualité de la main-d'œuvre. C'est même la variable fondamentale si l'on additionne le nombre de réponses concernant « la main-d'œuvre » et « le comportement des employés » (globalement, 55 % de réponses favorables et seulement 6,5 % de réponses négatives). Transport et main-d'œuvre constituent, à n'en pas douter, les deux points clés et les inconvénients de l'un sont, en somme, contrebalancés par les avantages de l'autre.

Graph. 23 - Avantages et inconvénients de la région perçus par les chefs d'entreprise (en valeur relative)

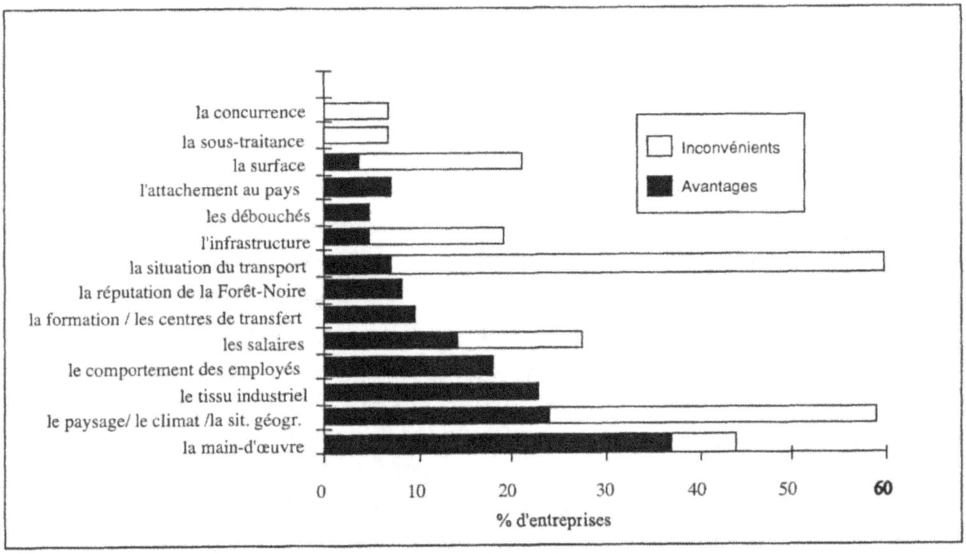

Source : Enquête auprès des entreprises entre 1992 et 1994 - propres calculs.
Méthode : Le graphique représente l'importance des différents facteurs cités par nos interlocuteurs. Etant donné qu'il s'agissait d'une « question ouverte » et que chaque chef d'entreprise pouvait citer un ou plusieurs facteurs - mais pas obligatoirement les mêmes -, on n'atteint pas 100 % pour chaque élément (84 entreprises ont cité des avantages et 74 des handicaps). Cette remarque est aussi valable pour les graphiques suivants dans ce chapitre.

Quatre autres facteurs suscitent des réactions. En premier lieu, la situation géographique. Manifestement, les industriels sont partagés : de cet élément découle le réseau de transport et ses problèmes. Cependant, la montagne n'a pas que des inconvénients : les paysages, la possibilité de loisirs constituent autant d'avantages, même pour l'industrie. De même, les chefs d'entreprise sont tiraillés entre deux jugements contradictoires sur les salaires. Si beaucoup les trouvent trop élevés, d'autres n'estiment pas que cet élément est défavorable ; c'est sans doute le prix à payer pour une main-d'œuvre de qualité. On notera cependant qu'à peine 30 % des entreprises évoquent cette question. En revanche, un nombre non négligeable regrettent le manque de disponibilités en terrains industriels. C'est là un facteur de blocage non négligeable, il est vrai soulevé par moins d'une entreprise sur cinq. En revanche, le tissu industriel fait quasiment l'unanimité, ce qui tend à montrer l'existence des liens inter-établissements et la solidité des rapports entre secteur secondaire et services (formation, recherche...). D'autres variables (l'attachement au pays, la réputation de la Forêt-Noire) sont retenues par moins d'une entreprise sur dix.

En définitive, les chefs d'entreprise retiennent l'essentiel. Ils soulignent les handicaps comme les conditions naturelles, la situation du transport et le manque de surfaces disponibles, tandis que des atouts importants - la qualité et le comportement de la main-d'œuvre ou le tissu industriel - forment une sorte de contrepoids. Ces conclusions globales sont cependant insuffisantes. Il faut aussi procéder à une analyse du rôle de ces différents facteurs dans chaque commune.

6.1. L'ANALYSE DE LA PERCEPTION DES AVANTAGES ET HANDICAPS COMMUNAUX

En effet, la valeur d'un facteur peut changer d'une commune à l'autre. Selon les chefs d'entreprise, pour cette région de moyenne montagne, normalement considérée comme défavorable à une implantation industrielle, il y aurait seulement trois communes où les inconvénients l'emporteraient : Lauterbach, Triberg et Furtwangen. Dans les autres communes, les avantages sont majoritaires (cf. Fig. 23).

En fait, la méthode retenue n'est pas sans poser de problèmes. Certes, les informations recueillies sont très intéressantes, mais elles découlent d'analyses personnelles reposant parfois sur la subjectivité des chefs d'entreprise et non sur une analyse économique rationnelle. En outre, il est nécessaire de prendre aussi en compte les entreprises qui n'ont pas répondu à certaines questions.

Pour donner un exemple, à Triberg, sur quatorze entreprises interrogées, six n'évoquent aucun handicap. Nous n'avons donc obtenu, dans ce cas, de réponses précises quant aux handicaps de la commune comme lieu d'implantation industrielle que de 57 % des entreprises interrogées (8 entreprises). Cinq entreprises parmi ces huit ont déploré la situation de la circulation. Alors peut-on dire que 62 % (soit 5 sur 8) des entreprises se sentent gênées par la circulation ou n'est-il pas préférable de retenir le chiffre de 36 % des entreprises (soit 5 sur 14) interrogées qui inclut aussi celles qui n'ont pas répondu volontairement, donc qui ne se sentent pas vraiment gênées par ce facteur. C'est pourquoi, pour apprécier la valeur de chaque variable au sein de chaque commune, les graphiques suivants représentent, pour chaque critère, le nombre des entreprises concernées par rapport au nombre total des entreprises interrogées par commune.

Fig. 24 - La Perception territoriales des chefs d'entreprise

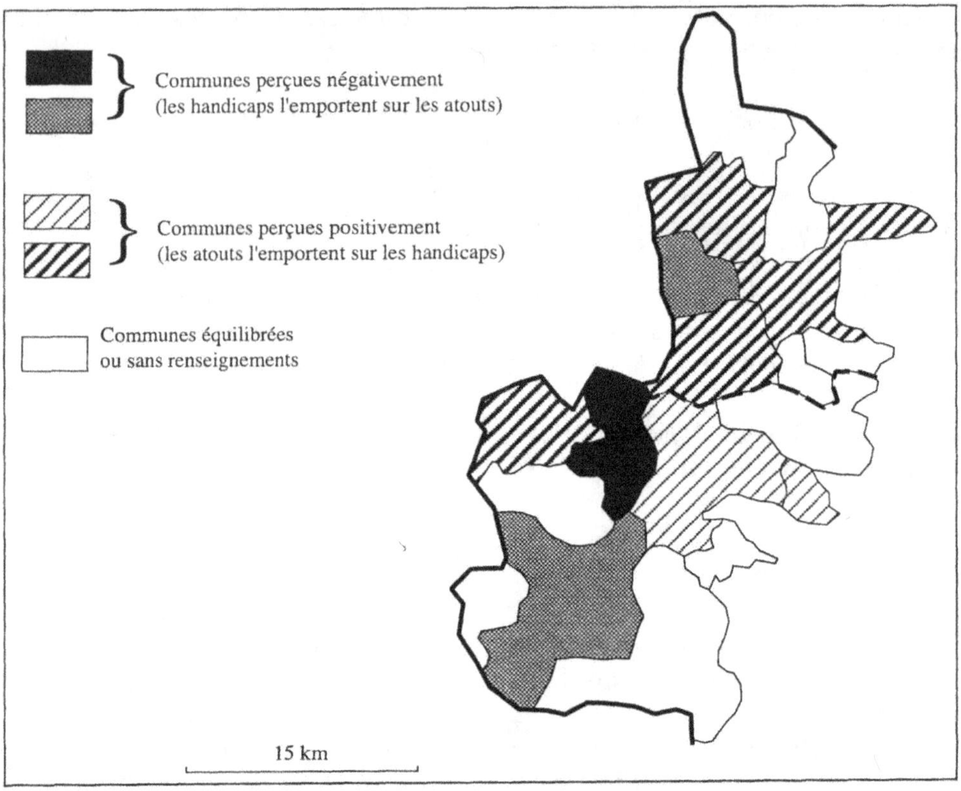

Source : C. STUBBE, d'après les enquêtes menées entre 1992 et 1994.

Il faut aussi noter que notre évaluation des avantages et inconvénients ne peut pas être uniquement quantitative. Ainsi Furtwangen - où les handicaps l'emportent sur les atouts - peut être cependant considéré comme un emplacement favorable puisque les variables positives ont probablement davantage d'impact sur le développement industriel de la commune que les inconvénients. Aussi, une analyse plus détaillée et, donc, une sorte d'évaluation qualitative de l'importance de chaque élément débouchant sur une hiérarchie s'impose pour juger du rôle de chaque facteur pour une localisation industrielle.

Notre démarche consiste à répartir, dans un premier temps, et suivant une évaluation quantitative, les communes en deux groupes (cf. Fig. 24) : celles perçues comme étant plutôt défavorables à une installation industrielle et les autres dont la situation est inverse. Puis, à l'intérieur de chaque groupe, nous observerons, pour chaque commune, les différents facteurs de manière quantitative et qualitative. L'analyse quantitative servira uniquement à titre indicatif, pour repérer les éléments qui sont considérés comme les plus avantageux ou les plus négatifs par les chefs d'entreprise de la commune concernée. C'est seulement la différence relative (das relative Größenverhältnis) entre les facteurs qui est importante pour notre enquête.

6.1.1. Les communes perçues plutôt négativement

Pour déterminer les communes jugées négativement, nous avons simplement compté les réponses positives et les réponses négatives par commune, sans tenir compte des entreprises ayant évoqué « ni avantages, ni désavantages », ou « sans réponses ». Le nombre relatif des entreprises interrogées par commune joue évidemment un rôle non négligeable. Ainsi, pour Lauterbach, où l'enquête touchait 80 % des entreprises, le résultat est certes plus représentatif que pour Furtwangen et Triberg où l'enquête inclut seulement 54 % des entreprises locales (de plus de 10 salariés), d'où le risque d'une mauvaise interprétation de la réalité. Nos propres connaissances des lieux nous seront très utiles pour interpréter les résultats de cette partie de l'enquête, qui est cependant nécessaire pour cerner les problèmes auxquels les entreprises sont confrontées au quotidien.

Le résultat de **Lauterbach** n'est pas surprenant, car c'est une commune située dans une vallée étroite. Le manque d'espace est un facteur défavorable, tout comme la situation des transports en raison d'un héritage historique - une enclave entre le Bade et le Wurtemberg - et de sa position géographique entre les deux axes les plus importants de la région, la vallée de la Schiltach et celle de la Gutach. Pourtant, les entreprises peuvent apprécier positivement les conditions naturelles et humaines, comme nous l'affirme le directeur d'une usine de mécanique de précision : « *ici, nous avons une haute qualité de vie grâce au paysage* »[2]. Cependant, ce résultat globalement négatif est concordant avec les statistiques des emplois industriels (cf. Fig. 18). Entre 1980 et 1987, Lauterbach a connu l'évolution la plus négative parmi les communes du Kreis Rottweil concernées par l'enquête (- 26 %). On constate seulement une légère amélioration pour les années 1987 à 1993 (- 5%).

Triberg appartient également à ces communes que nous avions classées comme « désavantagées » (cf. chap. 4.3. : *Présentation des communes étudiées*). Elle est également située dans une vallée étroite au cœur de la Forêt-Noire. De 1980 à 1987, 17 % des emplois industriels ont été perdus. Pour la période 1987-93, on constate une stagnation avec une nouvelle tendance à la baisse entre 1991 et 1993 (- 8,5 %, correspondant à la récession des années 1990). Le jugement pessimiste des chefs d'entreprise correspond à notre classification. On trouve même sept entreprises sur quatorze qui n'ont pas pu énoncer un seul avantage ou qui n'ont constaté ni avantage ni désavantage.

En général, les handicaps de Triberg sont liés à sa situation géographique, aux pentes raides et aux hivers rudes. Les entreprises souffrent d'un manque de possibilités d'extension et dénoncent l'état des transports. Il n'y a pas de liaison directe avec l'autoroute. Un autre fait gênant à Triberg est l'absence de zone d'activités et donc l'obligation pour les entreprises de travailler dans des zones mixtes où se mêlent usines et habitat, avec des conséquences environnementales non négligeables.

La perception négative des entreprises interrogées à **Furtwangen** (54 % des entreprises locales) est, en revanche, surprenante. Furtwangen est un centre important de formation et, surtout, de transfert scientifique entre les institutions supérieures et le monde professionnel[3]. De ce fait, on pouvait attendre un jugement positif, conformément à l'opinion de ce cadre commercial de Mönchweiler (dans une filiale d'une importante entreprise de Furtwangen) : « *Furtwangen a un grand avantage : sa production industrielle diversifiée et son centre de formation, la Fachhochschule. Elle attire des ingénieurs de l'extérieur, ce qui est très avantageux pour la ville* ».

Il est vrai que pour l'évolution du nombre d'emplois, pour les périodes 1980-87 et 1987-93, les statistiques situent Furtwangen en cinquième position seulement parmi les communes du *Landkreis Schwarzwald-Baar* ; en dixième position, pour l'ensemble des communes évaluées, entre 1980 et 1987 et en huitième position pour les années 1987 à 1993. Bien que cette commune dispose d'établissements de toutes tailles et qu'elle compte une entreprise de réputation mondiale dans le domaine de la télécommunication avec plus de 500 salariés (Siedle), la diversification des activités industrielles (à l'inverse de l'opinion de notre interlocuteur) est sans doute insuffisante. La mécanique de précision et la construction mécanique y dominent. En outre, la majorité des entreprises sont anciennes, avec des structures trop traditionnelles.

En fait, la situation géographique constitue le plus grand handicap. Furtwangen se situe en pleine Forêt-Noire à 900 m d'altitude, à mi-chemin entre la vallée du Rhin et Villingen-Schwenningen, donc à égale distance entre les deux autoroutes. De là découle aussi le deuxième handicap, le « transport ». La circulation sur les routes est difficile, surtout en hiver à cause de la neige et des risques de verglas, tandis que l'éloignement par rapport à l'autoroute est gênant (par exemple pour Siedle). Mais les frais de chauffage plus élevés ont aussi été évoqués à plusieurs reprises comme handicap. De plus, bien que Furtwangen ne soit pas située dans une vallée encaissée, les possibilités d'extension des entreprises sont limitées et commencent à poser problème. La question d'éventuelles délocalisations (traitée plus tard - chap. 8.1.3.1.) est de plus en plus évoquée par les entreprises.

Les atouts de Furtwangen, selon les chefs d'entreprise, sont la main-d'œuvre qualifiée grâce à la Fachhochschule, un travail solide et de qualité, la mentalité laborieuse et le réseau industriel. « *La constance et la stabilité du personnel* » sont soulignées par l'entreprise KŒPFER.

Graph. 24 - Lauterbach : avantages et handicaps perçus par les chefs d'enteprise (valeur relative)

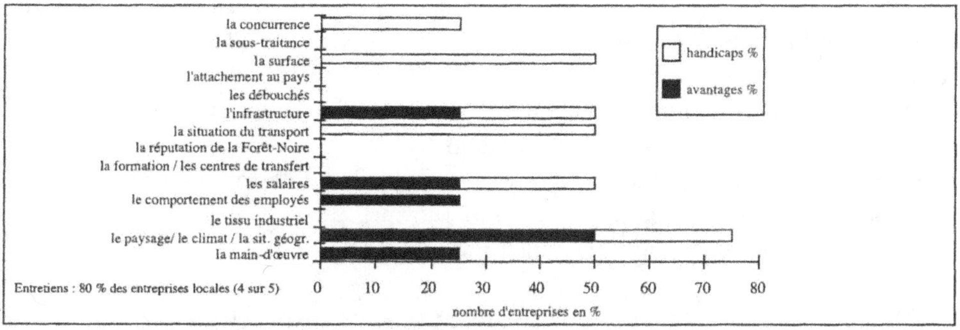

Graph. 25 - Triberg : avantages et handicaps perçus par les chefs d'enteprise (valeur relative)

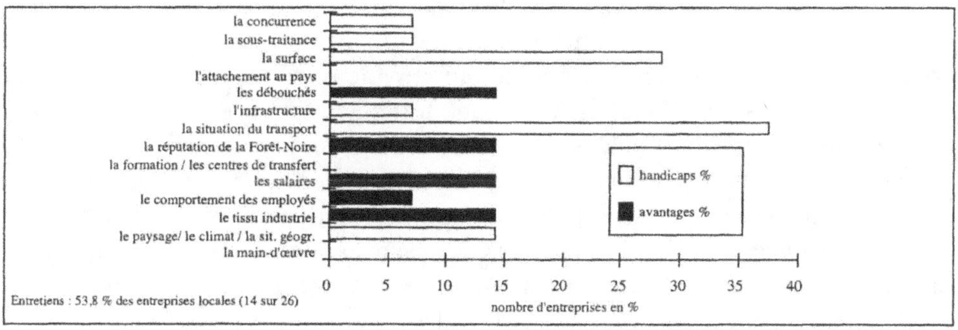

Graph. 26 - Furtwangen: avantages et handicaps perçus par les chefs d'enteprise (valeur relative)

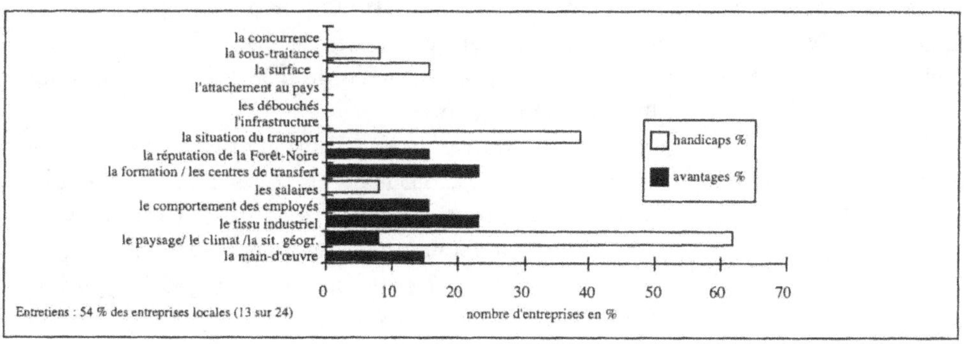

Source : Enquête auprès des entreprises entre 1992 et 1994. Méthode : mêmes remarques que pour le graph. 23.

Les industriels insistent par ailleurs sur la qualité du réseau de sous-traitance dans la région, grâce auquel elles ne rencontrent aucun problème pour se procurer du matériel ou des outils. L'existence de filières fortes dans le domaine de la mécanique de précision ou de l'électronique est également considérée comme avantageuse. On est satisfait de la Fachhochschule et des centres de transfert dans la commune, mais cette offre n'est sans doute pas assez exploitée puisque ses effets positifs sont peu reconnus.

En définitive, pour ces trois communes, deux éléments fondamentaux sont à l'origine du jugement négatif des chefs d'entreprise : les transports d'une part, le manque d'espaces disponibles pour l'industrie d'autre part.

6.1.2. Les communes perçues positivement par les entreprises

Ce groupe comprend Mönchweiler (13 réponses favorables), St. Georgen (9), Schiltach (5), Schonach (3), Schramberg (3), Tennenbronn (3) et Vöhrenbach (1). A St. Georgen, Schramberg et Vöhrenbach, nous n'avons pu interroger qu'entre 42 % et 53 % des entreprises, ce qui limite un peu l'intérêt des résultats. On est étonné par St. Georgen qui renvoie une image très positive par rapport à sa réputation. C'est une commune fortement touchée par les dernières crises et, durant les deux années de notre étude, plusieurs faillites ont eu lieu. Comme nous l'avions évoqué lors de la présentation de la commune (voir chap. 4.3.), il existe ici une grande tradition de familles d'entrepreneurs, très attachées au pays et à leur commune. Ceci peut expliquer qu'elles défendent leur implantation industrielle en soulignant les avantages et en occultant les inconvénients.

La commune qui présente le maximum d'atouts aux yeux de ses entreprises, grâce à sa bonne situation géographique, est **Mönchweiler**. Elle dispose d'un bon accès autoroutier, ainsi que d'une zone d'activités suffisamment vaste. Cette impression positive est confirmée par les statistiques. Mönchweiler occupe, dans le *Kreis Schwarzwald-Baar*, la première position pour l'évolution des emplois industriels et cela aussi bien pour la période 1980-87 que pour les années 1987-93 (déjà évoquée au chap. 4.3.).

Pourtant, ni la situation positive du transport, ni la surface disponible ne sont les premiers arguments cités par les entreprises. Elles préfèrent souligner la qualité de la main-d'œuvre et son attachement au pays comme à l'entreprise. L'importance donnée aux loisirs n'est sans doute pas étrangère à cet état d'esprit. *« L'importance des loisirs* (Freizeitwert) *n'est pas à négliger, car si les gens se sentent bien, il y a une ambiance agréable au travail. L'employé,* - appelé par notre interlocuteur « collaborateur » (Mitarbeiter) -, *est notre premier facteur de production. Sa motivation est un facteur de qualité »*[4], nous dit le responsable de la plus grande entreprise, fabricant de meubles de cuisine (482 salariés).

Graph. 27 - Mönchweiler : avantages et handicaps perçus par les chefs d'entreprise (en valeur relative)

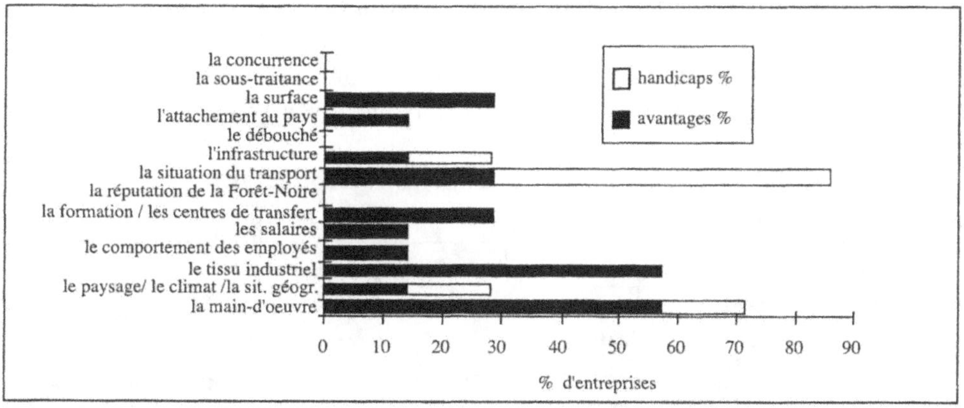

Source : Enquête auprès des chefs d'entreprise en 1994 - Entretiens : 70 % des entreprises locales.

Un autre avantage de Mönchweiler est dû au réseau industriel (le parc industriel) et à la coopération entre les petites entreprises. Loin derrière sont cités les facteurs qui devraient être théoriquement les plus importants, comme l'offre de terrain à un prix favorable, la situation des transports et la proximité de Stuttgart, le centre industriel du *Land*. A cinq kilomètres de Mönchweiler, le rôle de la ville de Villingen-Schwenningen dans le domaine de la formation compte également parmi les avantages cités. Mais la proximité de cette ville représente, en même temps, une concurrence pour les entreprises de Mönchweiler car les salaires y sont plus élevés et l'infrastructure plus attractive pour les cadres.

À l'inverse de ce qu'on pouvait attendre, la majorité des entreprises déplore surtout l'état des transports. L'une d'entre elle évoque les distances à effectuer de Mönchweiler à Francfort. Une autre regrette la localisation de Mönchweiler par rapport aux aéroports et une dernière, dont la maison mère se trouve près de Stuttgart, se sent trop loin des grandes agglomérations, ce qui occasionne de multiples déplacements.

Comment s'explique cette attitude alors que la commune bénéficie de la situation géographique la plus favorable de la région ? Il est probable que, du fait d'une accessibilité facile, les entreprises de Mönchweiler oublient tous les handicaps possibles de la montagne et d'une région périphérique et qu'elles établissent une comparaison avec la région de Stuttgart. Il s'agit aussi d'entreprises qui utilisent leur propre parc de véhicules (transports fragiles ou encombrants) et sont, de ce fait, beaucoup plus sensibles à tous les problèmes de circulation que celles qui sous-traitent le transport. Ainsi faut-il se demander si ce jugement négatif est vraiment réaliste. Ces appréciations montrent à quel point les jugements peuvent être contradictoires et subjectifs.

Le cas de **St. Georgen** nous révèle un jugement plutôt inattendu, car cette ville est considérée comme l'une des victimes principales des grandes crises. Du moins, c'est ce que démontrent les statistiques (voir descriptif chap 4.3 : *Présentation des communes étudiées* ainsi que Fig. 18 et 19). Mais, il est probable que les entreprises locales ne veulent pas s'identifier à cette image négative, car elles estiment les avantages du site bien supérieurs aux inconvénients.

Graph. 28 - St. Georgen : avantages et handicaps perçus par les chefs d'entreprise (en valeur relative)

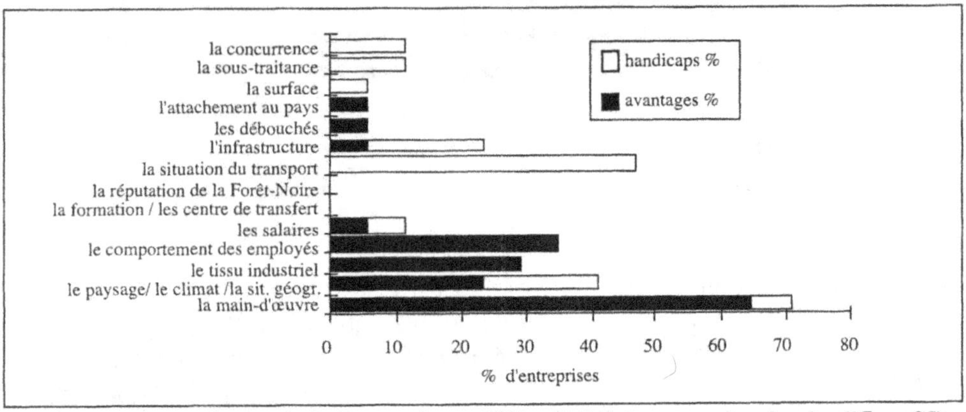

Source : Enquête auprès des chefs d'entreprise en 1993 - 48,5 % des entreprises locales (17 sur 35).

L'atout principal est ici aussi la main-d'œuvre qualifiée. Sur les dix-sept entreprises interrogées, seules deux ne citent pas ce facteur. On souligne toujours son attitude sérieuse, son identification avec l'entreprise et sa disponibilité, puisqu'elle accepte même de travailler le samedi et le dimanche, s'il le faut. *« La présence de main d'œuvre qualifiée est un grand avantage pour la région. Ce sont des bricoleurs, même pendant leur temps de loisirs (Tüftler und Freizeitbastler) »*[5], tel est le témoignage du responsable de la créativité et de la communication de KUNDO-SYSTEMTECHNIK, entreprise traditionelle qui s'est spécialisée depuis 1992, date où elle a fusionné avec une autre affaire de St. Georgen, dans les techniques de mesures.

Le deuxième point fort réside, comme à Mönchweiler, dans l'existence d'un bon tissu industriel basé sur un réseau dense de sous-traitants et sur de multiples contacts entre les entreprises. Selon Monsieur S., fabricant de pièces à injection en matière plastique, ces relations doivent encore s'améliorer. *« Il y a beaucoup d'entreprises qui travaillent dans l'outillage (Werkzeugmacherbetriebe), mais il faudrait encore une meilleure coopération pour obtenir plus facilement, par exemple, un moule - en travaillant peut-être encore plus avec des sous-traitants de sous-traitants (Subunternehmen) »*[6] - c'est-à-dire par externalisation. Et puis on est fier « *de pouvoir travailler là où d'autres passent leurs vacances* »[7] - c'est d'ailleurs le slogan officiel de la région. *« On est rapidement dehors (im*

Grünen) ; la région offre un cadre de vie attirant », nous disait notre interlocuteur de chez KUNDO-SYSTEMTECHNIK.

Parmi les autres avantages cités, mais secondairement, on trouve les loyers moins chers qu'à Stuttgart, les structures politiques simples, l'attachement au pays des entrepreneurs. Ce qui n'est pas du tout évoqué par les entreprises, ce sont les possibilités d'innovation et de transfert technologique, alors qu'il existe un centre de technologie à St. Georgen, une antenne de l'Institut Schickardt, institut de formation technologique, et que s'est établie une coopération avec la Fachhochschule de Furtwangen. Seule l'entreprise installée dans la pépinière du centre technologique évoque les avantages d'une telle installation, mais plutôt en termes financiers que dans l'optique d'un soutien à la création. *« Ce n'est pas intéressant pour une petite entreprise d'acheter des locaux. L'avantage du TZ (Technologiezentrum - centre technologique) réside dans la flexililité : on peut louer plus d'espace en cas de besoin ; on peut donc s'élargir ou annuler la location, ou même vendre si on veut. Il y a moins de risque pour débuter et on peut utiliser d'autres services du TZ »*[8].

A nouveau, l'inconvénient principal de St. Georgen reste la situation du transport. Pratiquement la moitié des entreprises interrogées critique la situation difficile sur les routes, à cause du relief. Ce sont, d'une part, les distances et la perte de temps qui gênent et, d'autre part, les correspondances inadaptées du transport public. Mais il y a aussi ceux qui pensent que la situation du transport n'est pas vraiment un problème, que tout dépend du produit : *« si j'ai un bon produit, j'arrive aussi à le vendre »*[9]. Par ailleurs, le réseau dense de sous-traitants - un des avantages de la commune -, n'a pas que des effets positifs, car il engendre une forte concurrence, en particulier dans la branche matières plastiques. Cependant, dans le même secteur, les industriels coopèrent et profitent de l'avantage d'un bon tissu industriel, car une entreprise a instauré une sorte de centrale d'achat afin d'obtenir un meilleur prix sur le marché d'approvisionnement. Grâce à cette initiative, les petites entreprises n'ont pas besoin de travailler sur stock, puisqu'elles peuvent rapidement se procurer de la matière première en cas de besoin.

D'autres inconvénients tiennent à une offre culturelle insuffisante et à des infrastructures trop limitées pour les employés et les cadres. *« Ceux qui sont venus de l'extérieur sont souvent repartis après trois ou quatre ans, car l'offre culturelle et les loisirs ne sont pas suffisants dans la région. Les femmes ne savent souvent pas quoi faire. »* C'est l'opinion d'un chef d'entreprise, étranger à la Forêt-Noire, qui a rencontré certaines difficultés d'adaptation à la suite de l'achat d'une entreprise traditionnelle à St. Georgen[10]. Finalement, la situation géographique de St. Georgen est considérée comme périphérique, trop éloignée des grands centres et des décideurs politiques.

Graph. 29 - Schiltach : avantages et handicaps perçus par les chefs d'entreprise (en valeur relative)

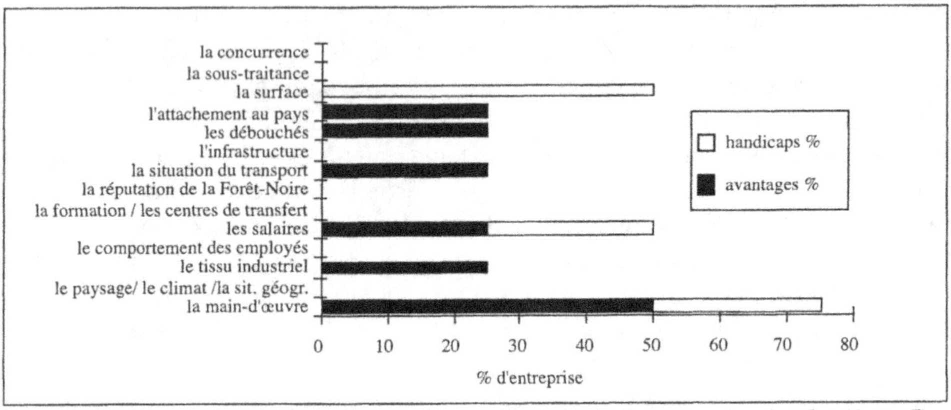

Source : Enquête auprès des chefs d'entreprise en 1993 – 57 % des entreprises locales (4 sur 7).

Que les chefs d'entreprises de **Schiltach** aient une opinion positive de leur emplacement ne surprend pas, au vu de l'évolution très positive de l'emploi industriel. Les statistiques placent presque constamment Schiltach en première position de toutes les communes de notre zone d'étude.

Les entreprises confirment, hormis les avantages de main-d'œuvre, un climat politiquement serein dans la commune - favorable aux installations industrielles -, la proximité de la clientèle et les atouts de la tradition. Même la situation des transports est considérée comme favorable (25 %) grâce aux sous-traitants proches. Le seul inconvénient réside dans l'absence de zone à vocation industrielle.

Ce jugement positif est un peu étonnant car la commune est située dans une vallée et est relativement éloignée de l'autoroute. C'est toute la différence avec Mönchweiler qui bénéficie de moyens de transport rapides, même si les entreprises ne reconnaissent pas cet avantage. Depuis Schiltach, il faut, soit traverser Schramberg avec des problèmes d'engorgement pour atteindre l'autoroute de Stuttgart, soit descendre la vallée de la Kinzig avec une circulation assez dense sur cet axe conduisant à Offenbourg et à la vallée du Rhin. Ce sentiment de satisfaction peut cependant s'expliquer car la plus grande entreprise (avec 1 150 emplois industriels sur les 2 000 existant à Schiltach) a une filiale à Offenbourg et la possibilité d'une liaison ferroviaire directe n'est sans doute pas étrangère à son attitude positive ; une autre est sous-traitante d'entreprises situées dans un rayon de dix kilomètres. Une troisième travaille avec un bon réseau de sous-traitants locaux et, ainsi, le transport est avant tout le problème de ces derniers ou des transporteurs.

Une légère tendance positive peut être retenue pour **Schonach,** même si deux entreprises ont déjà quitté la commune pour s'installer à Mönchweiler, l'une en 1965 et l'autre en 1992. Entre 1980 et 1987, l'évolution statistique des emplois industriels place Schonach au deuxième rang du Kreis Schwarzwald-Baar. Pour la période 1987-1993, Schonach occupe le septième rang, ce qui s'explique par le départ, évoqué précédemment, de l'une des deux entreprises.

Graph. 30 - Schonach : avantages et handicaps perçus par les chefs d'entreprise (en valeur relative)

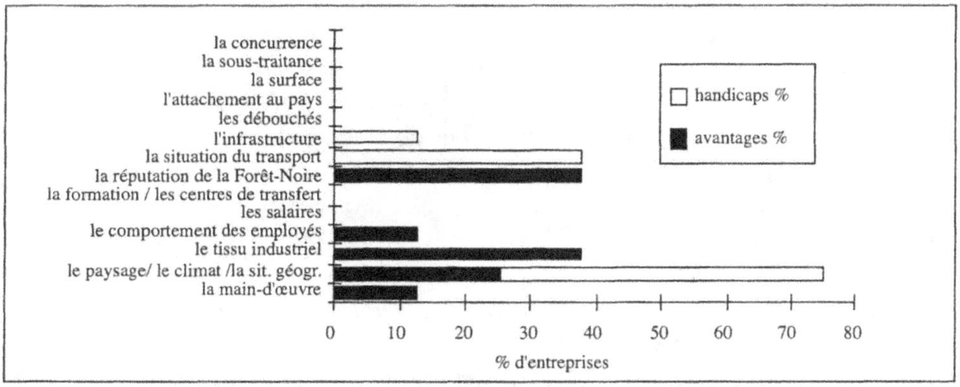

Source : Enquête auprès des entreprises en 1993 – 73 % des entreprises locales (8 sur 11).

La majorité des entreprises de la commune travaille dans l'horlogerie et beaucoup d'entre elles se sont spécialisées dans la production des horloges à coucou ou dans la sous-traitance pour ce secteur, d'où l'importance donnée par les industriels à la « réputation de la Forêt-Noire ». Il existe un véritable réseau industriel grâce à de nombreux sous-traitants spécialisés, les uns dans la construction des boîtiers, les autres dans la sculpture du bois. Cette coexistence entre sous-traitants[11] et fabricants est un grand avantage pour les entreprises de ce secteur. Celles qui ne travaillent pas dans l'horlogerie, et pour qui l'emplacement était plutôt défavorable, ont pris la décision de délocaliser leur établissement, comme l'ont fait AZ-Armaturen, orientée vers la robinetterie industrielle et Wiha, entreprise d'outillage, originaire de la Ruhr. Dans ce dernier cas, il s'agit seulement d'une délocalisation partielle par rapport à Schonach. Elle y est toujours en 2004.

Le manque d'intérêt pour le facteur « surface » s'explique en partie par ces délocalisations et par le caractère artisanal de l'horlogerie qui ne demande pas d'emplacements de vaste dimension.

Comme handicaps de Schonach, il faut citer les conditions naturelles, avec le climat rude qui implique des frais supplémentaires de chauffage et la topographie qui a des conséquences négatives sur la circulation. La commune est située à « l'ombre de la circulation » (im Verkehrsschatten), comme nous disait le maire, ce qui signifie pour les entreprises des frais supplémentaires de transport et surtout davantage de temps pour les livraisons. A l'inverse, ces handicaps se transforment en atout pour les entreprises qui vivent du tourisme. *« Si l'entreprise se trouvait à Stuttgart, elle n'aurait pas de clients imprévus comme ici dans la Forêt-Noire, où les touristes quotidiens s'arrêtent par hasard et font des achats »*[12], nous explique le gérant de l'une des entreprises d'horloges à coucou.

Hormis la vente directe, l'horloge à coucou est surtout un produit d'exportation. Dans ce cas, le fait d'être situé dans la Forêt-Noire ou à Stuttgart n'implique pas une grande différence. Pour ce produit, ce n'est pas la rapidité de la livraison qui est déterminante. Par contre, son origine est importante. Que ce produit vienne directement de la Forêt-Noire et qu'il soit fait à la main est fondamental. *« L'horloge de la Forêt-Noire est une pièce de décoration, un souvenir, un meuble »*, souligne le président de l'association pour la promotion des horloges de la Forêt-Noire (Förderverein Schwarzwalduhr). Pour lui, dans un monde où la rentabilité compte de plus en plus, l'artisanat peut avoir sa chance, à condition de conserver originalité et traditions. *« Pendant longtemps, Schonach a trop dépendu de l'achat des Américains, ce qui a eu comme conséquence une perte d'originalité et de qualité. Il fallait que l'horloge soit colorée et il fallait produire rapidement et bon marché en utilisant de plus en plus de matières plastiques. Mais ailleurs, cet article se vendait mal et la situation sur le marché devenait insupportable. L'utilisation des matières plastiques dans les années 1960-1970 a beaucoup nui à la réputation de l'horloge à coucou. Aujourd'hui, on a découvert de nouveaux marchés, l'Europe et l'Italie. Il faut retourner à la qualité. De toute façon, la production de l'horloge à coucou ne peut pas être plus automatisée et, pour maintenir la qualité, il faut en faire une grande partie à la main (Handarbeit) »*[13]. Aussi, pour améliorer l'image de l'horloge de la Forêt-Noire (Schwarzwalduhr) et pour renforcer la qualité, élément primordial pour la compétitivité sur le marché international, l'association pour la promotion des horloges de la Forêt-Noire organise des concours de sculpture. L'objectif est, également, de donner une autre image de ce métier pour que davantage de jeunes s'y intéressent car, sans véritables sculpteurs, ce produit ne pourra pas survivre. Or, Schonach a besoin de maintenir cet article et, en dépit de la concurrence asiatique, il existe un créneau pour l'horloge à coucou, à condition qu'elle bénéficie d'une sorte de label reconnu. Selon M. Gasche, ce n'est pas un produit banal, mais une pièce de décoration, une œuvre d'art et il y aura toujours des clients pour se l'offrir. La faute à ne pas commettre est de baisser de plus en plus le prix (immer weiter zu unterbieten), car elle perdrait toute valeur en tant que pièce de collection. Actuellement, grâce à cette spécialisation, Schonach parvient encore bien à vivre de son produit.

Les entreprises de **Tennenbronn** éprouvent également un peu plus de satisfaction que de mécontentement. Des cinq entreprises existantes, nous avons pu en interroger quatre. La cinquième était en faillite. A son sujet, les autres entreprises mettent en cause un management défectueux - l'emplacement n'a donc pas joué un rôle décisif.

Graph. 31 - Tennenbronn : avantages et handicaps perçus par les chefs d'entreprise (en valeur relative)

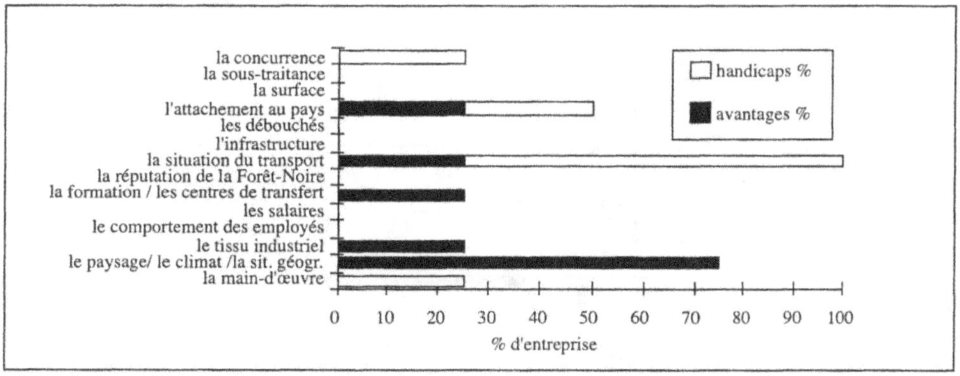

Source : Enquête auprès des entreprises en 1994 – 80 % des entreprises locales (4 sur 5).

La surprise vient du fait qu'une seule entreprise a évoqué la concurrence, alors que toutes ont une activité dans le même secteur : la mécanique de précision. Trois d'entre elles produisent même des pièces tournées. En fait, les jugements sont contradictoires. Pour l'une, la concurrence exacerbée se traduit par une forte pression sur les prix. Une autre affirme, au contraire, qu'il n'y a pas de concurrent dans la région, le plus proche se trouvant à St. Blasien (à environ 80 km). Comme nous l'avons déjà signalé, cette monostructure représente un risque pour la commune car, en 1993, sur 613 emplois (enquête), 540 appartiennent à deux établissements relevant de la même entreprise. En revanche, grâce à l'achat d'une entreprise en Allemagne de l'Est, cette dernière a élargi son marché. Mais cela signifie aussi qu'elle renonce à toute extension à Tennenbronn.

Pour les entreprises, l'attrait de Tennenbronn tient surtout à sa situation géographique. *« On travaille là où d'autres passent leurs vacances »*, entend-on souvent. Est-ce pour des raisons plus personnelles qu'économiques que les entreprises sont implantées dans cette commune ? En effet, le transport représente un grand handicap. On se trouve loin des clients, la circulation sur les routes est difficile et les transporteurs perdent beaucoup de temps. Toute livraison passe, soit par Schramberg avec de gros problèmes de circulation, soit par de petites routes, si l'on veut éviter St. Georgen et Villingen-Schwenningen, pour accéder à l'autoroute.

À l'exception des années 1991 à 1993, les statistiques relatives à l'emploi ne sont pas mauvaises. L'évolution a toujours été positive même si le taux de croissance en terme d'emplois est limité à 3 % depuis 1987. C'est mieux qu'à Schramberg. Entre 1991 et 1993, Tennenbronn enregistre une perte de croissance en terme d'emplois de 15 % sans doute due à la délocalisation partielle déjà citée, à laquelle s'est ajoutée la récession. Toutefois, la dernière faillite, fin 1993, avec une perte de trois cents emplois n'est pas encore comptabilisée par les statistiques.

Graph. 32 - Schramberg : avantages et handicaps perçus par les chefs d'entreprise (en valeur relative)

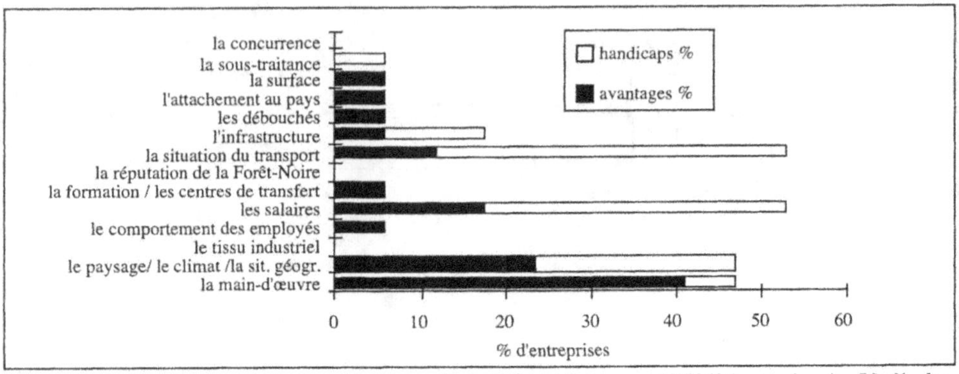

Source : Calculé selon les entretiens menés à Schramberg en 1993/94 auprès de 53 % des entreprises locales (17 sur 32).

À **Schramberg**, l'opinion des entreprises est plus disparate. La qualité de la main-d'œuvre, plusieurs fois citée, prend la première place parmi les arguments positifs.

En ce qui concerne les inconvénients, deux facteurs se révèlent plus gênants que les autres : la situation du transport et le niveau trop élevé des salaires. Apparemment, même la zone d'activités de Sulgen, à l'extérieur de la ville et située en direction de l'autoroute, n'offre pas une accessibilité satisfaisante pour les entreprises. Et cette opinion est partagée, quelle que soit la taille et l'activité des entreprises. Elles déplorent le manque de rapidité des communications et l'absence de liaison aérienne, les distances trop grandes pour atteindre les clients et les fournisseurs. Cinq des dix-sept entreprises interrogées soulignent cette situation « périphérique », loin des grandes villes et de l'industrie automobile, le donneur d'ordre le plus important de la région *« Nous sommes ici loin de Mercedes-Benz. Une localisation à Stuttgart ou Oberndorf aurait été plus avantageuse pour les contacts (Fühlungskontakte). Pendant les phases de haute conjoncture, les salaires étaient là-bas très élevés et cela représentait une forte concurrence pour nous, car les salariés partaient y travailler. Aujourd'hui, la situation a changé, les salariés sont contents d'avoir un travail, même pour un salaire plus bas »*, nous disait notre interlocuteur, dirigeant d'une entreprise de machines-outils[14]. Pourtant, c'est à Schramberg que l'on s'est le plus plaint des salaires, en particulier des charges salariales (Lohnnebenkosten).

C'est une région estimée, autant du personnel que des clients, pour son attractivité et ses possibilités de loisirs ce qui, selon Monsieur A., fabricant de spirales à montres, n'est pas à sous-estimer : *« En général, les clients ont du temps quand ils viennent parce que la région leur plaît »*[15].

Aucune entreprise ne cite le tissu industriel comme avantage de la région, bien que la ville dispose d'une importante zone d'activités. Elle a, de plus, restauré une ancienne entreprise pour y installer une pépinière. Seule une petite entreprise de seize salariés, installée en dehors de la pépinière et travaillant dans la plasturgie, a évoqué ses bons contacts comme argument pour rester à Schramberg au lieu de partir en République Tchèque où les salaires sont plus bas. « *Je connais tout le monde ici. Si j'ai besoin d'une machine, je peux l'emprunter grâce à mes contacts. C'est aussi comme cela que je suis au courant des nouveautés technologiques* »[16]. Pour les autres, le réseau industriel serait-il inexistant, parce qu'elles sont en réalité concurrentes et dépendent trop de l'automobile ? Ou sont-elles trop habituées à des relations multiples pour songer à en faire état ? En ce qui concerne les fournisseurs et les ressources provenant de la région, on constate qu'à Schramberg, seulement deux entreprises s'approvisionnent dans la région. La moitié des 17 entreprises interrogées n'ont pas répondu à cette question parce qu'elles n'ont pas de fournisseurs de la région ou parce qu'elles ne se sentent pas concernées. Elles n'ont sans doute pas spécialement de contact avec le marché ou le réseau industriel local. Cette réserve quant à la qualité du tissu industriel est vraiment inhabituelle dans une région où les petites structures dominent.

Selon l'enquête, le jugement global sur Schramberg est légèrement positif. Mais ce n'est pas l'image que donnent les statistiques, ni l'opinion du maire qui parle toujours de la monostructure de Schramberg et d'une trop grande dépendance vis-à-vis de l'automobile. L'évolution des emplois industriels est toujours négative depuis 1970 (voir chap. 4.3). Entre 1987 et 1993, la situation s'est améliorée avec un gain de seulement 0,5 %, puis il y eu à nouveau une perte de 10 % pendant les deux années de crise 1992 et 1993. Une évolution qui continue jusqu'en 2003 (-9,4 %) avec, par contre, une évolution positive des emplois dans l'industrie de transformation (+6,2 % entre 1993 et 2003). Ces chiffres confirment la différence entre l'opinion des chefs d'entreprise et les résultats statistiques en 1993. Elle prouve que la ville de Schramberg et ses entreprises font des efforts et que chacun trouve des raisons de rester, même si la situation globale n'est pas favorable. Etre né ici, rester attaché « au pays », voilà des opinions assez répandues. C'est ailleurs un fait qui semble valable pour l'ensemble de notre région.

Vöhrenbach est une commune où nous n'avons pas réussi à interroger la moitié des entreprises locales, en raison des difficultés pour obtenir un entretien. Les trois entreprises visitées, toutes avec plus de cent salariés et traitant des métaux, nous ont indiqué autant d'avantages que d'inconvénients. La situation géographique et le niveau de salaire sont reconnus aussi bien comme avantages que comme inconvénients. Ainsi, les salaires sont ressentis, d'une part comme une charge lourde - comme partout dans la région - mais, d'autre part, par rapport à Stuttgart, on reconnaît qu'ils sont moins élevés. Il en va de même pour les loyers. Le niveau d'appréciation varie donc selon que la région est considérée pour elle-même ou selon qu'elle est comparée avec d'autres. On nous décrit la Forêt-Noire comme calme et agréable pour les loisirs, mais avec une topographie difficile et beaucoup de neige et de pluie. De plus, les entreprises se considèrent comme étant dans une situation périphérique par rapport à l'Allemagne.

Graph. 33 - Vöhrenbach : avantages et handicaps perçus par les chefs d'entreprise (en valeur relative)

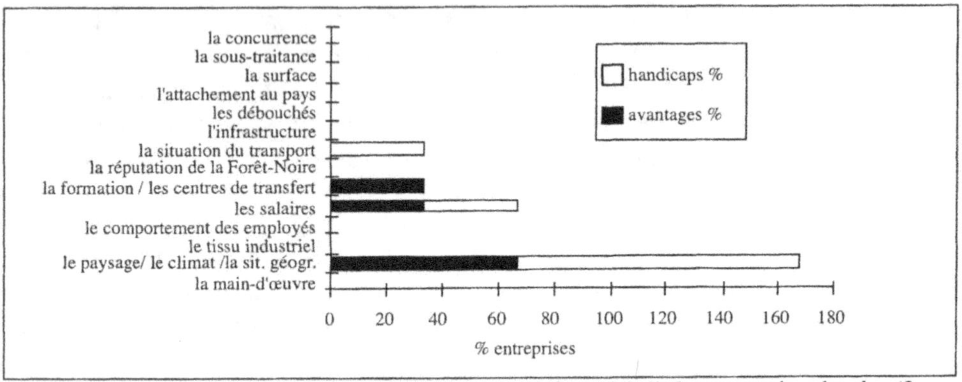

Source : Enquête menée auprès des entreprises en 1992/3 - 42,8 % des entreprises locales (3 sur 7). Remarques : Le nombre d'entreprises interrogées est relativement restreint, mais les réponses sont souvent identiques.

Pourtant, dans son ensemble le jugement est positif : « *à l'intérieur de l'Allemagne, la région est une région pleine d'avantages avec moins de problèmes* ». C'est l'opinion d'un responsable d'une entreprise de 240 salariés, la plus grande des trois, productrice de pièces d'extrusion à froid (Kaltpreßfließteile) et également sous-traitante à 70 % de l'industrie automobile[17]. Il exprime aussi une des hypothèses que notre recherche doit vérifier : « *Toute implantation en Allemagne pose problème - que l'entreprise se trouve dans la Forêt-Noire ne joue plus aucun rôle dans ce contexte* ». Puis, il critique le comportement des consommateurs allemands : « *ils achètent trop de voitures japonaises et manifestent, en même temps, parce qu'ils perdent leurs emplois. Les Français ou les Italiens ont une meilleure conscience vis-à-vis de leurs propres produits. En achetant des produits étrangers, on nuit à son propre marché. Il n'y a plus aucune branche dans laquelle l'Allemagne est 'leader' - elle a perdu partout. Il faudrait absolument soutenir l'automobile allemande, car si l'automobile a des problèmes, l'industrie locale a également des problèmes* ».

5.3. LE RÔLE DES DIFFÉRENTS HANDICAPS ET AVANTAGES CITÉS DANS LE DÉVELOPPEMENT INDUSTRIEL DE LA RÉGION

Le choix d'une localisation industrielle dépend aussi de la taille de l'entreprise et du secteur de production.

Comme on a pu le voir (chap. 4.2.), les deux tiers de nos entreprises sont constitués de petites entreprises de moins de cent salariés et dont la création s'est généralement faite par opportunité (héritage, naissance, résidence du créateur, offre avantageuse de terrain, reprise d'une entreprise existante et production dérivant de l'horlogerie) et non en fonction d'une véritable prise de décision raisonnée suivant une « théorie de la localisation » (keine echte Standortentscheidung). C'est également le cas des entreprises plus grandes. Dans l'ensemble, ces localisations relevant quasiment du hasard concernent 72 % des entreprises interrogées, petites et grandes. Comme cela a déjà été indiqué, l'objectif de notre enquête n'est pas de savoir pourquoi les entreprises se sont installées dans la région, mais plutôt de connaître les arguments qui les retiennent ici et de savoir grâce à quels facteurs la région peut prétendre à un développement industriel futur.

6.2.1. L'impact des différents handicaps et avantages selon la taille de l'entreprise

6.2.1.1. Les handicaps

Le handicap le plus important est, pour toutes les entreprises et quelle que soit leur taille, la situation du *« transport »*. Vingt-quatre réponses sur trente-neuf déplorent la situation de la circulation en général, regrettant, dans la plupart des cas, la situation périphérique des lieux par rapport aux grands centres industriels (8). D'autres se plaignent du relief (5) et d'un réseau de communication défectueux qui représente une perte de temps et un manque de rapidité (6).

En ce qui concerne la relation « **taille d'entreprise et facteur transport** », on peut constater (voir tableaux n°10 et 11) que l'importance de cet élément s'accroît avec la taille de l'entreprise. Ce fait est certainement lié à la marchandise à transporter, au volume et à la fréquence augmentant dans une grande entreprise. En outre, les grandes entreprises ont obligatoirement des marchés plus ou moins lointains (cf. part de l'exportation). Le handicap est alors davantage ressenti.

« *Le climat et les conditions naturelles*, » c'est-à-dire la situation topographique et périphérique ainsi que les hivers rudes, représentent le second handicap de la région et, ce, quelle que soit la taille de l'entreprise. D'ailleurs, ce facteur est corrélé à l'état du transport.

Le facteur « *sous-traitance* » et « *concurrence locale* » est un handicap seulement pour les petites entreprises. Peut-être les grandes se sont-elles mieux organisées par rapport à ces deux facteurs ?

Et *« l'infrastructure »* est un facteur qui est cité par presque toutes les PME. Les carences culturelles de la région sont surtout dénoncées par les grandes entreprises, celles où il y a aussi, en général, un nombre plus important de cadres. De toute manière, ce n'est pas un facteur décisif, car seulement 7 % des entreprises évoquent cette variable.

Tab. 10 - Atouts de la localisation en Forêt-Noire suivant la taille des entreprises

Critères	Taille des entreprises									
Avantages	**<20**	**<50**	**<100**	**<200**	**<300**	**<400**	**<500**	**<1 000**	**>1 000**	**Inc.**	**Total**
Nombre d'entreprises	19	19	18	12	9	6	4	3	2	2	**94**
La main-d'œuvre	4	3	3	6	4	4	4	1	1	1	**31**
Le paysage, le climat, la sit. géo.	1	3	4	5	2	2	1	1	1		**20**
Le tissu industriel	7	4	2	1	3	1		1			**19**
Le comportement des employés		2	3	4	1		3		1		**15**
Les salaires		3	3	2	2	1		1			**12**
La formation/ les centres de transfert			3	3		2					**8**
La réputation de la Forêt-Noire	2	4	1								**7**
La situation du transport	1	1	1		2	1					**6**
L'attachement au pays		1	1	2	1	1					**6**
Les débouchés	3		1								**4**
L'infrastructure	1		1	1	1						**4**
La surface		1		1			1				**3**
Autres	2	2	3	4	3	2	1	1	1		**19**
Total des réponses	**21**	**25**	**26**	**29**	**19**	**14**	**10**	**5**	**4**	**1**	**154**

Source : Enquêtes menées entre 1992 et 1994 auprès des chefs d'entreprise - tableau établi selon nos calculs.
Remarque : Chaque entreprise pouvant donner plusieurs réponses, le nombre total des réponses est en général supérieur au nombre d'entreprises interrogées.

Critères	Taille des entreprises									
Désavantages	**<20**	**<50**	**<100**	**<200**	**<300**	**<400**	**<500**	**<1 000**	**>1 000**	**Inc.**	**Total**
Nombre d'entreprises	19	19	18	12	9	6	4	3	2	2	**94**
La situation du transport	7	7	6	7	4	2	3	2	1		**39**
Le paysage, le climat, la sit. géo.	4	5	4	6	3	1	2			1	**26**
La surface	1	2	5	2		2			1		**13**
Les salaires	3		1	3	1	1	1				**10**
L'infrastructure	2	2	1	2	2		2				**11**
La main-d'œuvre	1	1	1			1		1			**5**
La sous-traitance	3	1	1								**5**
La concurrence	3	2	1								**6**
Autres	4	1	5	3	2	7	2			1	**18**
Total des réponses	**28**	**21**	**25**	**23**	**12**		**10**	**3**	**2**	**2**	133

Source et remarque : voir Tab. 10

Tab. 11 - Handicaps de la localisation en Forêt-Noire suivant la taille des entreprises

Paradoxalement, on constate que les entreprises de moins de cent salariés trouvent davantage d'inconvénients à la région que celles qui en comptent plus de cent. Les plus grandes évoquent seulement quatre ou cinq critères et celles de plus de cinq cents salariés se restreignent même aux deux arguments essentiels pour la région : le transport et la situation géographique ou le manque de surfaces disponibles.

6.2.1.2. Les avantages

Les entreprises de petite taille trouvent aussi plus d'avantages à la région que les plus grandes. Pour les **entreprises de taille moyenne,** de plus de cent salariés, c'est le facteur de *« la main-d'œuvre »* qui représente l'atout décisif. Puis, au deuxième rang, les responsables citent soit la *« situation géographique »*, soit le *« tissu industriel »*. Pour les **petites entreprises,** de moins de cinquante salariés, le « *réseau industriel* » est l'argument le plus important. *« Il y a beaucoup de PME actives dans la région et les contacts (*Fühlungskontakte*) sont satisfaisants »*, déclare Madame K. de l'entreprise KMS à St. Georgen[18]. *« Nous disposons ici d'une bonne situation de sous-traitance régionale »,* nous affirme aussi le responsable d'une entreprise d'horloges à coucou à Triberg. *« Il y a une tradition de bonne coopération entre les entreprises de la région »*, souligne un cadre d'une entreprise métallurgique, également à Triberg. Et un industriel de Mönchweiler insiste sur ce point : « *il y a un bon réseau industriel, une intense coopération entre un grand nombre de petites entreprises très travailleuses (fleißig) qui sont ici en liaison directe avec des entreprises plus importantes et qui peuvent avoir une certaine influence sur ces dernières par leur capacité créative* »[19].

La *« réputation de la Forêt-Noire »* est un autre élément majeur pour les petites entreprises, en particulier celles qui travaillent dans l'horlogerie et la mécanique de précision.

Seulement huit entreprises sur les quatre-vingt-quatorze interrogées reconnaissent l'avantage de la *« formation »*. Ce sont en principe des entreprises ayant entre cent et quatre cents salariés, donc les plus grandes. Cette proportion paraît faible, mais elle s'explique. Rappelons qu'en Allemagne, la formation est effectuée pour une grande partie par les entreprises elles-mêmes selon un système « dual » (duales System), avec formation alternée entre l'entreprise et l'école professionnelle. Les entreprises de la Forêt-Noire, familiales et souvent traditionnelles, n'avaient pas l'habitude de recruter du personnel issu de formations externes. Les cadres faisaient quasiment partie de la famille. Aujourd'hui, les structures changent et l'on a besoin de davantage de personnel responsable. Avec les délocalisations des travaux simples vers les pays à bas salaires, restent de plus en plus, dans les pays développés, les travaux de conception et de recherche qui demandent du personnel hautement qualifié, des techniciens et des ingénieurs. Dans notre zone d'étude, sur les quatre-vingt-quatorze entreprises interrogées, dix-huit ont déjà embauché plus de dix cadres. Le besoin en personnel qualifié tend constamment à s'accroître et la formation jouera un rôle de plus en plus important.

Comme nous l'avons déjà évoqué (chap.5.2.6. concernant le facteur « recherche »), les institutions de formation apportent aussi de nouvelles idées, des innovations et un transfert technologique dans les entreprises. C'est d'ailleurs probablement l'un des plus grands avantages des entreprises de Furtwangen qui accueillent des étudiants de la Fachhochschule comme stagiaires. Cependant, dans la majorité des entreprises de la région, l'image du patron tout puissant qui supervise le fonctionnement de la totalité de l'entreprise est encore très répandue. Cette attitude est à mettre en rapport avec la taille encore assez restreinte des entreprises locales. Pour beaucoup d'entreprises, ce personnel très diplômé n'est pas adapté aux besoins et demande des salaires trop élevés. *« En Allemagne, on peut mieux gagner sa vie si on fait des études, mais le problème est qu'il y a trop de gens diplômés (*zuviel Akademiker*) »*, nous explique le dirigeant d'une des entreprises traditionnelles de St. Georgen, à l'origine fabricant d'aiguilles de montres (Uhrzeiger) et aujourd'hui sous-traitant de l'industrie automobile[20].

6.2.2. Handicaps et avantages selon le secteur d'activité

6.2.2.1. Les handicaps

Selon le secteur d'activité, le jugement sur les facteurs de localisation varie (cf. tableaux 12 et 13). Cependant, comme nous avons pu le constater pour la taille de l'entreprise, le facteur *« transport »* intervient également pour toutes les branches comme handicap majeur. Il est suivi en général par *« la situation géographique »*.

Pour les **matières plastiques,** les conditions naturelles sont plus gênantes que le manque de surface, les salaires ou les infrastructures. Localement, ce sont surtout les entreprises de St. Georgen qui sont satisfaites du lien entre ce secteur et le facteur *« tissu industriel »*, ce qui s'explique par la création d'une centrale d'achat dans cette ville.

Le secteur le plus touché par les inconvénients du *« transport »* et, plus généralement, de la *« situation géogaphique »* est la **construction mécanique - machines-outils**, car il s'agit, en général, d'entreprises plus grandes qui doivent transporter des produits encombrants. En outre, pour le service après-vente, les techniciens sont obligés de joindre rapidement le client. Pour notre région, cela signifie d'abord un déplacement à Stuttgart, pour ensuite prendre l'avion. Naturellement, ce désavantage est de plus en plus sensible au fur et à mesure que l'on se rapproche du cœur de la Forêt-Noire. **Le bois et les meubles** connaissent les mêmes problèmes, en particulier, les entreprises de cette branche à Furtwangen, Schonach et Triberg.

Tab. 12 - Atouts de la localisation en Forêt-Noire suivant les secteurs d'activité

Critères	**Secteur d'activité des entreprises**												
Avantages	**1**	**2**	**3**	**4 + 5**	**6**	**7**	**8**	**9**	**10**	**11**	**12**	**13**	**14**	**Total**
Nb entreprises	9	25	17	9	4	10	1	3	1	11	1	1	1	**94**
Main-d'œuvre	2	10	5	4	2	2	1		1	3			1	**131**
Paysage, climat, sit. géo.		8	3	3		2		1		3				**20**
Tissu industriel	3	5	2	1		2				6				**19**
Comportement des employés		5	2	3	2	1	1	1						**15**
Les salaires	1	3	3	2			1	1		1				**12**
Formation/ Centres de transfert		2	1	2	1					2				**8**
Réputation de la Forêt-Noire	5	2												**7**
Situation du transport		3	1	1		1								**6**
Attachement au pays		4								2				**6**
Débouchés	1	1	1	1										**4**
Infrastructure	1	3												**4**
Surface		1	1			1								**3**
Autres		5	5	2		2		2		3				**19**
Total des réponses	**13**	**52**	**24**	**19**	**5**	**11**	**3**	**5**	**1**	**20**			**1**	**154**

Source : voir Tab. 10.

Critères	Secteur d'activité des entreprises												
Désavantages	**1**	**2**	**3**	**4 + 5**	**6**	**7**	**8**	**9**	**10**	**11**	**12**	**13**	**14**	**Total**
Nb entreprises	9	25	17	9	4	10	1	3	1	11	1	1	1	**94**
Main-d'œuvre	4	10	6	6	1	4	1	2	1	4			1	**39**
Paysage, climat, sit. géo.	2	4	6	5	1	5	1			1				**26**
Tissu industriel		4	4	1	1	1	1			1				**13**
Comportement des employés	1	1	3	2		2				1				**10**
Les salaires	1	4	1	2	1	1				1				**11**
Formation/ Centres de transfert		1	2					1	1					**5**
Réputation de la Forêt-Noire			1	1		1				2				**5**
Situation du transport	1	2								2				**5**
Attachement au pays	1	3	3			3	1	1		5		1		**18**
Débouchés	10	29	26	17	4	17	4	4	2	17		1	1	**132**

Source : voir Tab. 10.

Tab. 13 - Handicaps de la localisation en Forêt-Noire suivant les secteurs d'activité

Les problèmes de *« transport »* sont davantage évoqués par les entreprises de la **mécanique de précision** à Tennenbronn et à Schramberg. Dans le *Kreis Schwarzwald-Baar*, ce sont plutôt celles travaillant dans **traitement du métal** qui sont concernées. Il s'agit surtout des sous-traitants de l'automobile, pour qui la rapidité de la distribution et de l'approvisionnement est primordiale. Il faut satisfaire rapidement la demande, donc une mauvaise desserte routière et une circulation difficile sont autant de pertes de temps et d'argent, surtout avec la pratique des « flux tendus ».

6.2.2.2. Les avantages

Le facteur « main-d'œuvre » est surtout important pour les branches ayant besoin d'un personnel très qualifié, comme **la mécanique de précision, le traitement du métal, la construction mécanique et le secteur high-tech.** Cependant, dans l'ensemble, une corrélation entre les « avantages » et les secteurs d'activité est plus difficile à constater que pour la taille. Souvent, d'autres éléments interviennent dans les jugements de localisation. Logiquement, nous avons obtenu un nombre plus élevé de critères de la part des entreprises des secteurs représentatifs de notre région (mécanique de précision, traitements des métaux, construction mécanique et plasturgie) en raison du nombre plus élevé d'établissements.

Pour les entreprises de la **construction mécanique,** on peut retenir qu'elles accordent un peu plus d'importance au paysage et au comportement du personnel et, ceci, au détriment de l'importance accordée aux salaires et à la formation.

Dans deux branches, d'autres facteurs sont cités avant la main-d'œuvre, ce sont le secteur des **matières plastiques** avec le *« tissu industriel »* et **l'horlogerie** avec *« la réputation de la Forêt-Noire »*. Pour cette dernière, la division du travail a commencé dès le XVIIIe siècle avec la spécialisation des fabricants de boîtiers, de sifflets, de sculptures ou de cadrans : le facteur *« réseau industriel »* occupe logiquement la deuxième position. La *« main-d'œuvre »* est citée en troisième position seulement. Bien qu'on reconnaisse la qualité de celle-ci, elle n'est pas facile à trouver actuellement car les jeunes ne s'intéressent plus tellement aux métiers artisanaux : *« Il y a un problème pour les sculpteurs, il n'y a pas assez de bons sculpteurs. La majorité est à la retraite et il n' y a que quelques jeunes. Ce métier est dur car les ouvriers sont payés à la pièce (Akkordarbeit) et les jeunes ne veulent pas travailler dans ces conditions »*[21].

De cette analyse de notre enquête, il ressort que la **situation du transport** est le facteur le plus gênant pour les entreprises du territoire – il s'agit là moins des frais que des conditions de ce transport. Cette variable est à mettre en rapport avec les conditions naturelles. Il en est de même pour le manque de place. En revanche, les entreprises évoquent peu les débouchés ou la politique industrielle de l'État et des collectivités locales[22].

Autre conclusion : **les petites entreprises sont plus sensibles**, aussi bien aux handicaps qu'aux avantages. Les grandes entreprises ont davantage de possibilités pour compenser les handicaps et, en général, elles ont déjà « choisi » un emplacement plus favorable, par exemple, à Schramberg/Sulgen et Mönchweiler .

Cependant, pour les petites entreprises, on peut constater un attachement au territoire et au « pays » beaucoup plus marqué. Elles accordent une grande importance au tissu industriel et aux liens inter-établissements.

La perception des atouts et des inconvénients varie aussi selon les communes (cf. Fig. 23). A **Furtwangen**, principal centre de formation de notre région et bénéficiant de plusieurs centres de transfert technologique, une bonne coopération entre entreprise et recherche devrait théoriquement exister. Or, la petite ville semble présenter de nombreux handicaps pour les entreprises. C'est une commune où dominent la mécanique de précision et la construction mécanique, des branches qui dépendent souvent de l'automobile et pour lesquelles la rapidité de livraison compte énormément. La situation géographique de cette commune et les difficultés de transport sont fortement dénoncées.

Les mêmes inconvénients géographiques se révèlent moins gênants pour **Schonach**. Pour la fabrication principale de cette commune, l'horlogerie, la réputation de la Forêt Noire et le bon tissu industriel entre les entreprises locales sont des atouts déterminants qui occultent, en quelque sorte, la faiblesse des transports.

A **Tennenbronn**, le secteur de la mécanique de précision est essentiel. Les entreprises devraient donc se plaindre de l'état des voies de communication. Pourtant, leur jugement sur la commune est positif en raison des attraits du paysage, ce qui n'est pas sans effet pour la main-d'œuvre. Des ouvriers qui se sentent bien sont plus motivés et, donc, plus productifs.

Notes

1 - Sur les 94 entreprises interrogées, seulement 74 ont répondu à cette question.

2 - Entreprise REBMANN.

3 - Cf. carte 19.2, *Raumordnungsbericht 1993*, p. 178.

4 - Entretien avec M. Kopp de l'entreprise ZEYKO - meubles de cuisine, le 5 mai 1994.

5 - Entretien le 19 août 1993 avec M. Dr. Obergfell jun. de l'entreprise KUNDO-SYSTEMTECHNIK.

6 - Entretien avec M. Seuerl Junior, SCHWARZWALD PLASTIK, le 4 août 1993.

7 - Entreprise WEISSER&SÖHNE.
8 - Entretien avec M. Buschler de l'entreprise COSUS, le 9 août 1993.
9 - M. Erhard Bäuerle de l'entreprise TOBIAS BÄUERLE, le 19 août 1993.
10 - Entretien avec M. Lang et son fils, de l'entreprise HEINEMANN, le 5 août 1993.
11 - Il s'agit bien de sous-traitance ici, car ces sous-traitants de boîtiers, sifflets et mouvements font partie de la chaîne de production de l'horloge à coucou.
12 - Entretien avec M. Firley de l'entreprise Anton SCHNEIDER, le 13 août 1993.
13 - M. Gasche, Président de l'association pour la promotion des horloges de la Forêt-Noire, entretien le 23 août 1993.
14 - Entreprise KNEISSLER, entretien avec M. Moosmann le 13 septembre 1994.
15 - Entreprise CARL HAAS, entreprise de spirales pour montres - entretien avec M. Amann.
16 - M. Mayer de l'entreprise FRERES MAYER, entreprise de transformation de matières plastiques et de production d'anti-vols (5 mai 1993).
17 - Entreprise DOLD, entretien avec M. Hochloff, le 25 août 1993.
18 - Madame Kopp de l'entreprise KMS-Formenbau, entreprise de matières plastiques - entretien le 28 juillet 1993.
19 - M. Bayer, entreprise FEINWERK- UND ELEKTROTECHNIK, entreprise de 5 salariés seulement - entretien le 4 mai 1994.
20 - Entretien le 28 juillet 1993 avec M. Maier de l'entreprise FRERES A. MAIER PRECISION.
21 - M. Gasche, Président de l'association pour la promotion des horloges de la Forêt-Noire, entretien le 23 août 1993.
22 - Notre résultat rejoint donc ceux obtenus dans d'autres régions rurales, comme ceux de J. Stark, agronome, qui a étudié deux autres *Kreise* ruraux et défavorisés (strukturschwach) du Bade-Wurttemberg (STARK (J.), *Regionalpolitik im Ländlichen Raum, Untersuchungen über Neuansiedlungen von Gewerbebetrieben in strukturschwachen Gebieten Baden-Würtembergs* (politique régionale dans l'espace rural, recherche concernant de nouvelles installations dans des régions défavorisées du *Land* Bade-Wurtemberg), Stuttgart, 1978).
M. Stark a émis les hypothèses suivantes : (1) *« La situation et les conditions du trafic ont une signification décisive dans le choix d'une localisation. Les coûts de transport ont moins d'influence sur les décisions de localisation que les conditions de transport. (2) En plus d'une desserte routière ou ferroviaire favorable, des infrastructures satisfaisantes orientées vers les besoins des entreprises sont considérées comme conditions indispensables pour le choix d'une localisation. (3) Les aides et subventions ne jouent pas un rôle déterminant. (4) Une entreprise donne plus de valeur au facteur 'formation' si le niveau de qualification de la main-d'œuvre doit être plus élevé »* .
Il émet une autre hypothèse que nous ne pouvons pas confirmer en tous points : *« L'importance des facteurs de localisation diffère selon le secteur »* - ce que nous pensons aussi - et *« Les différences des facteurs 'main-d'œuvre', 'terrain et bâtiments', 'situation du transport' et 'proximité au marché' ne sont pas essentielles »*. Ce qui veut dire que ces facteurs sont sur le même plan. Mais, pour la Forêt-Noire, nous avons constaté que la main-d'œuvre est le facteur le plus important et que les débouchés, par contre, ne sont pas un facteur décisif.

Troisième partie

LES DYNAMIQUES INDUSTRIELLES DANS LA RÉGION SCHWARZWALD-BAAR-HEUBERG

Après l'inventaire des facteurs de localisation dans notre région et l'étude de leur perception par les chefs d'entreprise, il est nécessaire d'examiner l'évolution récente des entreprises - en particulier depuis 1970 - afin de mieux cerner l'importance de ces facteurs dans une période proche. Par ailleurs, les pronostics d'un développement futur donnés par les chefs d'entreprise et les maires sont d'un grand intérêt pour compléter notre recherche. Quelles chances donnent-ils à cette région de moyenne montagne et par quels moyens le développement spatial est-il soutenu ?

Notre intérêt se concentrera sur les raisons de la création de l'entreprise, d'une part, et, d'autre part, sur les moments difficiles - durant ce dernier quart de siècle - vécus par les chefs d'entreprise actuellement en fonction. Pour cela, nous les avons donc interrogés sur les crises des années 1974-75, 1982-83 et 1991-93 et sur leurs réactions (chap. 7).

Le chapitre 9 évoquera les prévisions effectuées, aussi bien pour la région que pour les entreprises. En partant de l'analyse des problèmes actuels énoncés par les responsables et en prenant en compte les résultats de notre analyse des facteurs de localisation (chap. 5 et 6), on pourra constater une certaine contradiction entre le jugement portant sur le développement régional et celui concernant l'entreprise. En général, les chefs d'entreprise prévoient une stagnation ou même une régression pour la région et, tout au contraire, une expansion pour leurs entreprises. Comment expliquer cette contradiction ? Un autre aspect important pour une région frontalière comme la Forêt-Noire est la perspective européenne. Quel est le rôle de l'Europe pour notre région ? Enfin, nous présenterons les différentes initiatives des communes et des entreprises elles-mêmes, en évoquant très brièvement les différentes possibilités de soutien économique (programmes de soutien concernant notre région, programmes de l'UE, du Bund et du *Land* Bade-Wurtemberg).

Chapitre 7

L'ORIGINE ET L'ÉVOLUTION DES ENTREPRISES INDUSTRIELLES

7.1. L'ORIGINE DES ENTREPRISES : ESSAI DE TYPOLOGIE

L'histoire de l'industrialisation de la région nous a relevé que le XIXe siècle fut un siècle fructueux pour la région, en liaison avec la tradition horlogère.

Graph. 34 - Date de création des entreprises

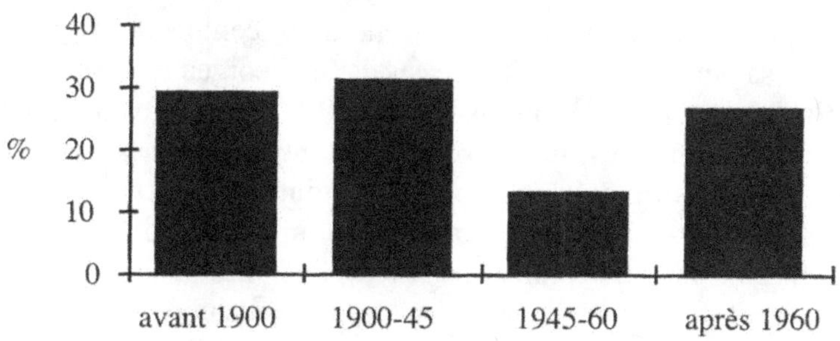

Source : Selon nos calculs - le graphique représente l'ensemble des créations des entreprises interrogées dans notre région d'étude.

Rappelons (cf. chap. 4.2, Graph. 21) que 60 % des entreprises datent d'avant la Seconde Guerre mondiale. Ces dernières ont survécu à plusieurs crises (celles de 1929, de 1974-75, de 1982-83 et de 1991-93) et à deux guerres mondiales : on peut donc en conclure qu'il s'agit d'une région de forte et de vieille tradition industrielle, où les responsables ont montré une obstination constante pour contourner les obstacles et progresser.

Le graphique 35 montre que les créations datant de la période 1830-1900 se situent surtout dans les vieux centres d'horlogerie comme Furtwangen, St. Georgen, Triberg et Schonach dans le pays de Bade et Schramberg pour le Wurtemberg.

Graph. 35 - Date de fondation des entreprises interrogées par commune

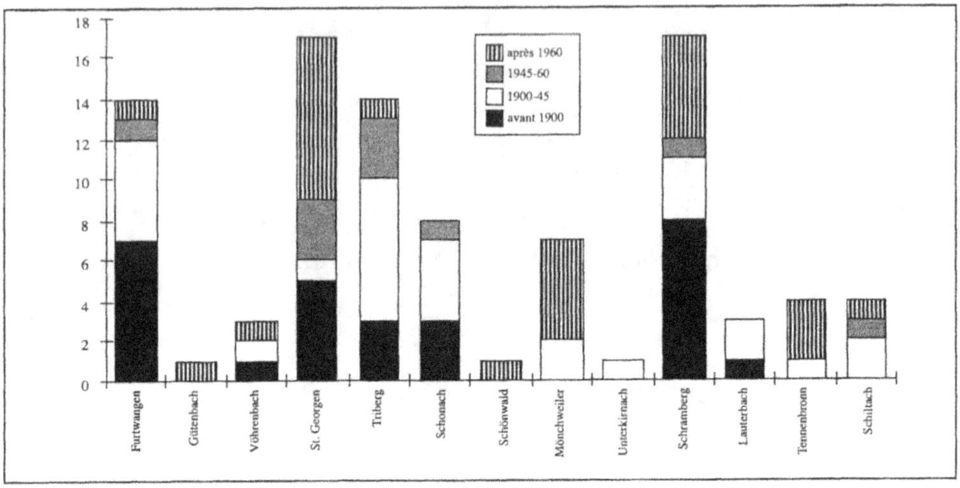

Source : Selon nos calculs - enquêtes menées entre 1992 et 1994.
Le graphique représente l'ensemble des entreprises interrogées par commune et montre l'importance des différentes époques de création selon la commune.

En ce qui concerne les créations plus récentes, après 1960, c'est à Mönchweiler que l'on peut constater, tout d'abord, une concentration, certainement grâce à sa zone d'activités et à sa bonne accessibilité. Le cas de St. Georgen est beaucoup plus surprenant : la gravité des crises des années 1970 et 1980 semble avoir stimulé les initiatives de créations nouvelles. Ici, la volonté de lutter contre la concurrence asiatique pour survivre se matérialise par la fondation de six des dix-sept entreprises interrogées. Ce sont toutes des entreprises qui essaient de se spécialiser, de trouver des créneaux porteurs comme, par exemple, la production de systèmes de nettoyage pour les distributeurs de bière dans les bars et cafés, ou des systèmes de commutation, ou encore les techniques de l'environnement.

Le tableau 14 nous indique deux phases de créations récentes : les années 1960 et 1980. Les premières se caractérisèrent par une haute conjoncture. Par rapport au nombre d'entreprises (interrogées et total), on peut observer des fondations plus nombreuses dans le *Kreis Rottweil,* où plus d'un tiers des entreprises interrogées datent de cette période, contre un quart seulement dans le *Kreis Schwarzwald-Baar*. Bien que notre enquête touche la moitié des entreprises des communes de la Forêt-Noire, qu'elles appartiennent au *Landkreis* Schwarzwald-Baar ou à celui de Rottweil, les chiffres doivent être considérés avec prudence.

Cependant, l'hypothèse d'une activité plus forte dans le *Kreis* Rottweil peut s'expliquer par la création de la zone d'activités de Sulgen près de Schramberg, une véritable « zone industrielle » (Industriegebiet), qui a attiré de nombreuses entreprises pendant les années d'expansion. Même les entreprises traditionnelles de Schramberg s'y sont installées et agrandies. L'assainissement des bâtiments de l'ancienne entreprise horlogère, la Hamburg-Amerikanische Uhrenfabrik, par la ville de Schramberg en 1989 et leur transformation en pépinière (Gewerbepark H.A.U.) a également incité à la création de petites entreprises (non comptabilisées dans notre enquête puisque, en général, elles comptent moins de 10 salariés).

Tab. 14 - Nombre des créations d'entreprises entre 1960 et 1994 par commune

	1960-69	1970-79	1980-89	1990-94
Furtwangen			1	
Gütenbach				
Vöhrenbach				
St. Georgen	1	1	4 + (1)	2
Triberg	(1)	(1)	1	
Schonach				
Schönwald				
Mönchweiler	2	1	2	(1)
Untekirnach				
Ensemble Scharzwald-Baar (65 entreprises)	**3 + (1)**	**2 + (1)**	**8 + (1)**	**2 + (1)**
Schramberg	2 + (1)	2	1 +(1)	
Lauterbach		1		
Tennenbronn	2			1
Schiltach	1			
Ensemble Kreis Rottweil (29 entreprises)	**5 + (1)**	**3**	**2 + (1)**	**1**
Total	**8 + (2)**	**5 +(1)**	**10 + (2)**	**3 +(1)**

Source : Selon nos calculs - enquêtes auprès des chefs d'entreprise entre 1992 et 1994.
Les chiffres entre parenthèse se rapportent à des entreprises déjà existantes et qui ont été rachetées ou reprises après une déclaration de faillite.

Au début des années 1990, on peut encore retenir quelques créations grâce aux effets de la réunification (un afflux de demande), mais les années 1992 et 1993 ont plutôt été marquées par des difficultés et par la stagnation.

Vouloir connaître les raisons expliquant l'**origine des créations d'entreprises** antérieures à 1945 n'est pas facile. Cependant, lors de notre enquête, soixante-quatorze entreprises sur les quatre-vingt-quatorze interrogées nous ont donné une réponse. Par contre, vingt n'ont pas répondu par méconnaissance historique. Parmi elles, sept entreprises font partie des vingt-sept créées avant 1900 et neuf des vingt-neuf établissements fondés entre 1900 et 1945. Dans l'ensemble, presque un tiers des anciennes entreprises (16 sur 56) n'ont pu préciser la cause de leur création.

Il faut distinguer le « choix du lieu d'implantation » qui s'est fait en majorité par opportunité de la « raison de création » d'une entreprise[1]. Pour presque la moitié des entreprises, l'indépendance ou l'autonomie fut la raison principale de la création. À l'inverse du résultat concernant le choix du lieu, la création ne s'est pas faite par opportunité pour la plupart des entreprises, mais par décision, par volonté de devenir indépendant. Ce désir d'autonomie s'est de plus en plus manifesté après 1900 et surtout pendant les trente dernières années. De même, la création par décision politique interne d'une entreprise est une raison plus fréquente après 1960. Les créations antérieures à 1900 ont été souvent faites conformément au mouvement d'industrialisation général, par tradition familiale ou encore pour répondre à un besoin local, comme c'est le cas des fournisseurs pour l'horlogerie. Ces différentes remarques témoignent de l'esprit d'entreprise qui anime la région. De fortes personnalités, d'origine variée, ont certainement essayé, souvent avec succès, de fonder leur propre affaire. Les unes étaient déjà des enfants de patrons, d'autres étaient de simples employés, des techniciens ou encore des travailleurs à domicile.

Dans notre région d'étude, on peut, ainsi, distinguer quatre groupes d'entreprises d'après leur évolution historique. Le premier représente les entreprises familiales traditionnelles qui ont réussi à s'adapter constamment et à surmonter les temps de crise. Le deuxième groupe est également formé d'entreprises traditionnelles, mais elles ont du mal à innover et les faillites ne sont pas rares. Puis, il y a le groupe rassemblant les créations effectuées pendant les années 1960 et 1970 - la phase de haute conjoncture – et, finalement, celui des installations récentes, datant des années 1980 et 1990. Cette classification simpliste reflète une tendance de notre région : une tradition très forte d'entrepreneurs attachés à leur territoire mais qui risquent d'échouer lorsque leurs affaires s'étendent ou lorsque des capitaux étrangers interviennent, comme dans le cas de DUAL, PAPST ou SABA à Villingen-Schwenningen. Dans chaque groupe, nous allons dresser quelques portraits d'entreprises typiques de la région, afin de mieux connaître le visage de l'entrepreneur qui s'installe ou s'est installé dans cette région de moyenne montagne.

7.1.1. D'anciennes entreprises familiales s'adaptant constamment aux mutations structurelles

Ce premier groupe d'entreprises est à chercher surtout dans les vieux centres de l'horlogerie comme Furtwangen, St. Georgen et Schramberg (cf. Graph. 35 : Date de fondation des entreprises interrogées par commune). Un nombre considérable d'affaires familiales ont réussi à acquérir une réputation mondiale grâce à leur capacité d'adaptation aux innovations technologiques. Leur point commun tient à **leur origine horlogère**, puisque elles ont souvent débuté par l'élaboration d'un produit lié à la fabrication des horloges ou par le montage des horloges (Uhrmacherwerkstatt). Quelques-unes ont continué dans la même branche, au moins pour une partie de leur production, comme les FRÈRES MAIER PRÉCISION, fabricants d'aiguilles de montres et, en même temps, sous-traitants de l'automobile ; ou STAIGER et KUNDO à St. Georgen, issu de deux entreprises traditionnelles qui ont fusionné pour être plus efficaces. On relève aussi SBS technique de précision (SBS Feintechnik /Schwarzwälder Uhrwerkfabrik Burger) à Schonach, qui élabore des mouvements et qui est considéré comme le premier fournisseur pour l'horlogerie de la région ainsi que l'entreprise C. HAAS à Schramberg, spécialiste de ressorts (Spiralfedern) et de pièces en matières plastiques (Kunststoff-Verbundteile) pour montres. Ce ne fut pas toujours facile de conserver la production initiale, surtout lors de la crise de 1974-75 qui a fortement touché ce secteur ou celle de 1982-83 qui a entraîné également des reculs (Konjunktureinbrüche) notables dans l'horlogerie et dans le secteur de l'électronique grand public et du matériel hi-fi (Unterhaltungse-lektronik). On comprend dès lors pourquoi ces entreprises ont cherché à diversifier leur production et/ou à fusionner pour être plus fortes.

Mais le plus grand nombre a changé d'orientation, grâce à une adaptation continue, pour s'orienter vers **la mécanique de précision** ou **l'électronique** (KETTERER & Söhne à Furtwangen, spécialiste des systèmes automatiques pour meubles de bureau (cf. photo 9) ; BÄUERLE TOBIAS & Söhne à St. Georgen, technique de précision et électronique ; A. DOLD à Triberg, fabricant d'outils de précision et KERN, H. & LIEBERS à Schramberg, l'une des plus grandes entreprises de la région, spécialisée dans les platines et ressorts).

D'autres ont choisi le secteur du **traitement du métal,** comme **ANUBA** (cf. photo 11), qui élaborait au départ des mouvements pour horloges (Triebe für Turmuhren), pour arriver aujourd'hui à la production de garnitures en métal et de charnières (Beschlagtechnik). L'historique de cette entreprise est intéressant, car il montre comment les gens de la Forêt-Noire ont toujours été ouverts vers l'extérieur. Le fondateur, Franz Xaver Heine, part en Russie et apprend chez un compatriote l'horlogerie artisanale. Après son retour à Vöhrenbach, il s'engage dans une association professionnelle (Uhrmachergewer-beverein), fondée en

Photo 9 - Furtwangen (septembre 1992)

B. Ketterer & Söhne (1832) : 52 salariés. L'une des entreprises traditionnelles de l'horlogerie qui fabrique aujourd'hui des compteurs à gaz et des systèmes de fermeture pour meubles (entre autres produits). Cette usine a beaucoup souffert des récessions, spécialement celle des années 1974-1975. Des mesures de restructuration ont été nécessaires à la fin des années 1970, pour éviter la faillite.

Photo 10 - Furtwangen (septembre 1992)

Reiner (1913) : 515 salariés. Entreprise de construction mécanique (Apparetebau), la plus grande de Furtwangen.

1847, pour que les horlogers de la Forêt-Noire profitent des connaissances acquises à l'étranger. Il introduit la fabrication des montres de poche ainsi que l'utilisation d'outils et de machines découverts durant ses voyages en Angleterre, en France et en Suisse. En outre, il défend la division du travail, la rationalisation et la spécialisation des entreprises. Et c'est aussi grâce à son engagement que l'école d'horlogers, la Fachhochschule d'aujourd'hui, est créée à Furtwangen en 1858. Dans son entreprise, fondée en 1852, Franz Xaver Heine commence par la fabrication des mouvements d'horloges qu'il complète bientôt par la fabrication de toutes sortes de vis et de pièces de décolletage (Fassondrehteile). Parallèlement, il conçoit ses propres outils. Et puis, comme pour beaucoup d'entreprises de la région, ce sont les temps difficiles de l'entre-deux-guerres. Mais l'affaire réussit sa mutation et, grâce à une nouvelle spécialisation depuis 1953 et à une nouvelle image de marque (ANUBA), c'est aujourd'hui une entreprise de taille moyenne pour la région (130 employés), hautement spécialisée dans le domaine des ferrures et des charnières (Beschläge und Scharniere). L'utilisation d'une technique de production ultra-moderne (hochmoderne Fertigungstechnik) commandée par ordinateur lui a permis de rester compétitive. Et, perpétuant la tradition de son fondateur, l'entreprise s'engage dans la formation par la création de centres spécialisés dans le traitement du métal en plusieurs lieux du *Land* Bade-Würtemberg[2].

Photo 11 - Vöhrenbach (octobre 1992).

Anuba (1852) : 130 salariés. Une ancienne entreprise horlogère dont les fondateurs ont joué un rôle important pour le développement de l'horlogerie en Forêt-Noire. Aujourd'hui, l'entreprise s'est spécialisée dans les ferrures et les charnières. C'est aussi une entreprise qui a beaucoup souffert de la crise des années 1980, mais qui a pu se maintenir grâce à l'aide de la commune qui a renoncé à la taxe professionnelle pendant quelques années.

Un autre secteur dans lequel les horlogers ont été très créatifs est celui des **machines-outils. WEISSER & Söhne** à St. Georgen débuta dans la deuxième moitié du XIXe siècle par la production des outils nécessaires à la fabrication des horloges. Ce fut donc un choix adapté aux besoins du marché local (aléseuses, perceuses, fraiseuses, raboteuses, etc.). Peu à peu, l'entreprise s'est dirigée vers la construction des machines spécialisées, en particulier les tours automatiques (Dreh-Automaten).

Partant de la production de ressorts (technische Laufwerke) pour montres, l'entreprise **MATHIAS BÄUERLE** de St. Georgen, après avoir changé plusieurs fois de propriétaire, est spécialisée aujourd'hui dans la production des machines d'imprimerie. En 1972, elle est achetée par un groupe américain, reprise en 1976 par un groupe anglais qui la cède en 1980 à Alcatel et, depuis 1985, elle appartient à un fabricant suisse, J.P. Haller. Dès le début du XXe siècle, lorsque l'horlogerie a été confrontée à ses premières difficultés, l'entreprise MATHIAS BÄUERLE s'est orientée vers la production de machines à calculer (Rechenmaschinen). Depuis 1903, cette voie a été constamment suivie jusqu'à ce qu'un nouveau produit soit créé en 1953 : une plieuse mécanique (Falzmaschine) ouvrait la voie à une nouvelle spécialisation. En 1963, la production des calculatrices a été définitivement arrêtée[3].

Un autre exemple, exceptionnel dans une région de moyenne montagne, est fourni par l'entreprise la plus ancienne de la région, **SSS SIEDLE** (cf. photo 13), créée en 1750. Elle joue aujourd'hui un rôle important dans le **domaine de la communication** grâce à la fabrication d'interphones (Türsprechsystem). Pendant 130 ans, l'entreprise a élaboré des pièces moulées en fonte (Gußteile) pour l'horlogerie. Mais cette famille s'est intéressée précocement à l'innovation et, au tournant du siècle (Jahrhundertwende), on la compte parmi les pionniers du téléphone et du télégraphe. Mais ce domaine étant devenu le monopole de la poste, elle fut obligée de se réorienter et comme souvent, un peu par chance, elle choisit de développer les systèmes de communication à usage privatif et donc de s'appuyer sur un marché porteur (Nischenmarkt), d'où un énorme succès. L'établissement a connu une expansion continuelle, même pendant les phases de récession, grâce à l'évolution constante de sa gamme de produits en phase avec les innovations technologiques les plus modernes et les besoins de la population. En 1994, c'est une PME de 554 salariés avec un chiffre d'affaires de 200 millions DM[4] (100 millions d'euros)

Apparemment, la localisation en Forêt-Noire n'est nullement un handicap ! Quel est le secret, la philosophie de cette entreprise ? L'objectif principal est de s'adapter constamment au marché. *« Ce n'est pas le développement technique qui doit guider, mais le client. Il faut s'adapter à ses besoins et non pas au développement technique »*, nous explique notre interlocuteur, responsable du marketing[5]. *« Notre philosophie se réduit à quelques principes simples comme*

Photo 12 - Furtwangen (septembre 1992)

Furtwangen ne dispose pas de zone d'activités, les entreprises se sont implantées soit à l'intérieur de la ville dans des quartiers résidentiels, soit en bordure de la voie de contournement.

Photo 13 - Furtwangen (septembre 1992)

Siedle (1750) : 520 salariés. La plus ancienne entreprise de la ville de Furtwangen et aujourd'hui certainement la plus performante. Elle est mondialement connue pour ses systèmes d'interphones. L'affaire est située au centre de la ville. Compte tenu du manque d'espace, on a du mal à comprendre pourquoi elle tient à rester à Furtwangen où elle vient de construire un nouveau centre logistique coincé entre des maisons individuelles et la montagne.

celui de la qualité maximale (Spitzenqualität), *des prix très étudiés* (Spitzenpreise), *des produits appartenant à un même ensemble, c'est-à-dire l'idée d'une communication intégrée* (Systemprodukte mit Anspruch integrierter Kommunikation) *et des réinvestissements constants, ce qui signifie aussi investir beaucoup d'argent dans la publicité* ». L'un des secrets réside aussi dans les relations à l'intérieur de l'entreprise. Le patron connaît tous ses employés et tient à entretenir un lien personnel avec chacun d'eux. « *La structure hiérarchisée est minime et le parcours de l'information est réduit. La communication passe souvent par un chemin informel, par les bons contacts avec les employés* ». Pourquoi une telle entreprise reste-t-elle dans la Forêt-Noire ? Si l'on observe son emplacement dans la ville de Furtwangen, on constate qu'elle ne dispose pas d'espace suffisamment vaste pour former un ensemble cohérent : bien au contraire, elle est dispersée dans la ville. Ceci représente un handicap pour le déroulement de la production. Pourtant, SIEDLE vient de construire un nouveau centre logistique. « *M. Siedle a pris des engagements vis-à-vis de la région* (er fühlt sich regional verpflichtet) *; il veut aider à maintenir le potentiel de travail dans la région* », nous explique notre interlocuteur. Demeurer « au pays » semble important pour la direction. Mais il ajoute aussitôt que « *ceci n'exclut pas qu'il y aura probablement une délocalisation partielle (de certains services) dans un pays à bas salaire* (Billiglohnland) - *mais M. Siedle ne l'envisage pas maintenant* ». On trouve ici le comportement typique d'un de ces anciens entrepreneurs attaché à sa région natale et à son « pays ».

L'histoire de l'entreprise **HANSGROHE** à Schiltach, dont la réputation est fondée sur la production d'**accessoires de salles de bains**, est aussi exemplaire que celle de SIEDLE. Le développement de cette entreprise dérive de l'horlogerie. A l'origine, elle élaborait des boîtiers de réveils en laiton. Bientôt, Grohe fabrique des pommes de douche (Duschköpfe). Il exporte dès la fin de la Première Guerre mondiale et l'entreprise ne cesse de se développer. En 1926, pour son 25e anniversaire, elle compte soixante-quinze salariés et cinquante ans plus tard, ce chiffre a plus que triplé. En 1994, c'est une entreprise de mille quatre cent cinquante salariés qui contrôle plusieurs usines à Schiltach même et un entrepôt central à Offenbourg. En 2002, elle compte mille sept cent trente salariés. Son chiffre d'affaires s'élève à plus de quatre cents millions DM[6] (deux cents millions d'euros), dont 40 % à l'exportation vers cinquante pays. Comme SIEDLE, l'entreprise a toujours connu des problèmes de place en raison d'une expansion trop rapide. Mais elle a constamment cherché des solutions pour ne pas quitter Schiltach, ville d'origine de Monsieur Grohe. Elle a dû néanmoins se décider à installer une partie de la production et l'entrepôt central dans la vallée du Rhin, près d'Offenbourg, où elle a acquis un terrain permettant son expansion (90 000 m^2, dont 11 000 m^2 utilisés actuellement). A Schiltach, où l'entreprise est implantée au centre même, elle a construit une nouvelle usine à l'extérieur de l'agglomération[7] grâce à l'aide de la municipalité qui a tout fait pour mettre à la disposition de cette entreprise importante un terrain adapté à ses besoins.

L'évolution de deux autres entreprises d'horlogerie est représentative des difficultés que cette branche a rencontrées dans la région : il s'agit de **KUNDO** et de **STAIGER**. Ces deux familles concurrentes ont compris que, dans les moments difficiles, elles seraient plus fortes unies. Fondre ensemble deux cultures d'entreprise différentes n'a pas été facile. Kundo a pris l'initiative de s'orienter vers un autre secteur au moment de la dernière crise grave de l'horlogerie (1986-1991). En 1992, elle fonde une nouvelle entreprise, KUNDO-SYSTEMTECHNIK, spécialisée dans les **techniques de mesures** (Meßtechnik). Au même moment, l'ancienne entreprise Kundo fusionnait avec Staiger.

KUNDO fut créée en 1899 par Dr. Obergfell qui avait perdu son emploi d'horloger. La production de l'établissement augmenta constamment grâce aux innovations comme, par exemple, la « Transituhr » en 1956-57. Puis, l'affaire s'orienta vers la fabrication d'appareils de commande (Steuergeräte) pour machines à laver. Dans les années 1970, cette stratégie aboutit à un échec à cause de la concurrence très forte de MIELE et de SIEMENS. Une régression continuelle amena KUNDO à chercher des possibilités de diversification. Au cours des années 1980, elle se mit à fabriquer des thermostats pour radiateurs (elektronische Heizkostenverteiler/ Wärmemeßfeldergeräte) afin de faire des économies d'énergie (Energieeinsparungen). La branche horlogère fonctionna bien jusqu'au milieu des années 1980, grâce à l'adoption de la montre quartz (Quarzuhr). L'entreprise a même pu compenser la régression dans le domaine des « appareils de commande » par la production horlogère. Cependant, la concurrence régionale était forte puisqu'on ne dénombrait pas moins de quatre grandes entreprises sur le marché régional : JUNGHANS, KIENZLE, KUNDO et STAIGER. Pour lutter contre la crise des années 1970 et la concurrence asiatique, il sembla logique de fabriquer le mouvement quartz (Quartzwerk) en commun. Seulement Junghans ne souhaitait pas une production « neutre », sans son nom.

C'est pourquoi Kundo et Staiger créèrent une nouvelle entreprise en apportant chacune 50 % du capital : la **UTS (Uhrentechnik Schwarzwald GmbH)** se révéla compétitive. Complètement automatisée, l'usine travaillait avec des machines issues de ses propres ateliers. De plus, à Hardt, sur les hauteurs orientales de la Forêt-Noire, un emplacement favorable, proche de l'autoroute, avait été choisi. Entre 1985 et 1987, UTS a mis sur le marché, avant Junghans, la « Funkuhr » avec Display. Cependant, JUNGHANS bénéficiait d'un meilleur marketing de distribution grâce au groupement DIEHL, auquel il appartient. Aujourd'hui, UTS s'est spécialisée dans la fabrication des mouvements quartz pour horloges (Großuhren) et JUNGHANS dans celle des montres (Armbanduhren). Avec QUARTEX/USA, filiale de production commune à KUNDO et STAIGER (gemeinsame Produktionsfirma), UTS produisait, en 1991, plus de seize millions de mouvements quartz par an[8]. Mais les difficultés se manifestèrent dès le début des années 1990. *« La technique est excellente, seulement on peut produire aussi dans d'autres régions du monde et l'Asie est moins chère ! »*, nous dit Monsieur O., membre de la direction de KUNDO-

SYSTEMTECHNIK. « *La possibilité de se distinguer des autres producteurs et des autres pays devient de plus en plus difficile.* »

L'historique de Kundo souligne bien les deux origines de la concurrence : l'Asie, mais aussi les autres entreprises locales. A certaines époques, trop d'entreprises fabriquaient le même produit. Et au lieu de s'unir, chacune des familles tenta de l'emporter sur les autres. Ce fut probablement la chance de JUNGHANS d'appartenir à un grand groupe, comme DIEHL, qui avait plus de moyens publicitaires qu'une PME comme KUNDO et STAIGER ne pourrait jamais en avoir. S'arc-bouter à la production horlogère est devenu trop risqué dans un environnement si concurrentiel. C'est ce qu'a compris KUNDO-STAIGER ; le choix de KUNDO -SYSTEMTECHNIK en faveur des nouvelles technologies semble être plus prometteur[9].

Le secret des entreprises de la Forêt-Noire ne réside-t-il pas, en définitive, dans la capacité de s'engouffrer dans les marchés porteurs ? L'entreprise **FALLER** (cf. photo 8) de Gütenbach n'a pas une production classique pour la Forêt-Noire, mais elle constitue un bon exemple des capacités créatives des entrepreneurs de cette région. Comme la plupart des entreprises créées avant 1900, elle a débuté un peu par hasard. Et puisque les frères Faller étaient originaires de Gütenbach et qu'ils possédaient un bien foncier, c'est là qu'ils ont créé une entreprise. Il s'agit d'abord de la production de pinces à linge, puis de peignes pour les cheveux. Puis, en 1948-49, ils ont conçu un jeu en bois composé d'éléments mobiles (Marathonholz-baukasten). L'année 1954 marque le début de leur véritable succès grâce à la création des maisons-modèles en matière plastique présentées sous forme d'un jeu de **pièces détachées pour bricoleurs** (Modellbausätze). « L'idée Faller » était née ! L'entreprise s'agrandit alors continuellement. Située dans une vallée très étroite, la manutention était très difficile, et ce d'autant plus que les opérations se déroulaient dans une usine comportant plusieurs étages. En outre, à partir des années 1950, le manque de main-d'œuvre sur le marché local obligea à transporter les ouvriers à l'aide d'autocars payés par l'entreprise. On décida alors de disperser les unités de production grâce à une suite d'acquisitions, parmi lesquelles une entreprise en Autriche. Aujourd'hui, Faller est connu pour les accessoires de tramways miniatures en pièces détachées, la fabrication de maquettes (Modellbau - Zubehörteile für Miniatur-Eisenbahnen) et de toutes sortes de reproductions miniatures. Un tiers de la production annuelle est réservé aux nouveautés. C'est une mesure que la direction s'est imposée, après avoir connu un grand échec en voulant produire elle-même des trains miniatures pour élargir son marché. Mais la concurrence de MÄRKLIN et LEGO était trop forte. Comme la main-d'œuvre représente une part essentielle des coûts de production (sehr lohnintensive Produktion), il fallait trouver une solution. Avec la nouvelle récession en 1993, l'entreprise a délocalisé une partie de sa fabrication dans les prisons et en Pologne. Mais la maison-mère demeure en Forêt-Noire, à cause des liens familiaux et de l'attachement du propriétaire à la région.

Il faudrait citer bien d'autres exemples, comme **DOLD** à Vöhrenbach qui était, à l'origine, une menuiserie travaillant pour l'horlogerie. Elle fabriquait en même temps des limonaires (Orchestrion), mais elle a changé radicalement de cap, en 1955, en adoptant **la nouvelle technique d'extrusion à froid**. L'entreprise **ZEYKO** (cf. photo 14), entreprise de **meubles de cuisine**, est issue quant à elle de la fusion, en 1970, de deux sociétés, KOPP et ZEYER, ayant pour objectif de résister à une concurrence de plus en plus âpre. Le marché régional de l'Allemagne de Sud étant trop étroit et le cycle de vie d'un produit de plus en plus court (Schnellebigkeit), une entreprise seule ne pouvait apporter suffisamment d'innovations. De plus, il fallait engager des investissements coûteux pour la protection de l'environnement ou la logistique. Depuis la fusion des deux sociétés, la nouvelle entreprise occupe aujourd'hui une bonne part du marché. Elle a d'abord délocalisé la production à Mönchweiler en 1993, puis, début 1994, ce fut au tour de l'administration de prendre le même chemin. Mönchweiler se révéla être un choix fort judicieux. Après la fusion avec une entreprise de la région de Stuttgart, à Althengstett, qui était devenue la maison-mère, une partie de la production était livrée de Althengstett et le montage était effectué à St. Georgen. Aujourd'hui, la production et l'ensemble du montage s'effectuent à Mönchweiler, tandis que le secteur commercial demeure à Althengstett. Selon l'opinion du responsable de la comptabilité, les deux entreprises resteront à leur emplacement actuel : *« l'entreprise de Mönchweiler ne déménagera pas à Althengstett et inversement, en raison du personnel. Les gens sont enracinés ici. Ils préfèrent faire la navette, s'il le faut, mais ils ne déménageront pas ».*

Dans ce premier groupe, on ne rencontre pas seulement de « grandes » entreprises traditionnelles. Il existe aussi un bon nombre d'établissements plus modestes, de moins de cent salariés. Ils ont dû faire les mêmes efforts d'adaptation pour pouvoir survivre. Ce sont souvent des sous-traitants, ce qui signifie une dépendance certaine. *« On doit être flexible, surtout en ce qui concerne les heures de travail. Et puis, en tant que sous-traitant nous sommes constamment obligés d'être novateurs* (wir stehen unter Innnovationsdruck) », nous explique la responsable d'une petite entreprise produisant des pièces tournées (**KAISER METALLWAREN**)[10]. C'est une affaire de 28 salariés (1994), créée en 1921 à Schönwald et travaillant, elle aussi, dans l'horlogerie à ses débuts. Ayant souffert des démontages des Français à l'issue de la Seconde Guerre mondiale, l'entreprise a recommencé son activité avec la production des pièces tournées en 1945. Puisque Schönwald était plutôt défavorable comme lieu d'implantation industrielle (rôle du tourisme, transports défectueux et peu de soutien de l'industrie par la commune), l'entreprise s'est installée, en 1958, à Mönchweiler-village dans une ancienne usine de chaussures vendue aux enchères. Avec la croissance de l'activité, l'emplacement au milieu du village devint gênant, ce qui provoqua un nouveau déménagement en 1982, dans la

Photos 14 et 15 - Mönchweiler (mai 1994)

Zeyko (1933) : 480 salariés. Fabrication de meubles de cuisine. Manquant de place, elle a quitté St. Georgen pour la zone d'activités de Mönchweiler (1993). Comme on peut le constater sur la photo 14, les ateliers ont besoin d'espace. Le traitement des affluents pollués demande des investissements importants. Zeyko est l'une des rares entreprises qui effectue elle-même le transport. C'est une autre raison qui justifie l'emplacement à Mönchweiler, proche de l'autoroute.

zone d'activités qui venait d'être créée. Ici, il y avait de meilleures possibilités de stockage, une production sur un seul niveau et une bonne accessibilité routière. Aujourd'hui, le marché principal se trouve dans la région de Stuttgart et l'emplacement à Mönchweiler se révèle tout à fait opportun.

Il faut citer, aussi, l'exemple d'une vieille scierie datant de 1832, l'entreprise **ZIER** à Furtwangen (46 salariés), qui a vécu plusieurs changements d'orientation, en particulier le passage du bois au carton ondulé dans les années 1950, puis une spécialisation dans le matériel d'emballage en 1969. Cependant, aujourd'hui, avec les nouvelles lois sur la protection de l'environnement, la production des emballages est menacée. Ces textes obligent à réduire le volume des emballages et à utiliser le même emballage plusieurs fois (Mehrwegverpackungen). Elles limitent les rejets pour favoriser le recyclage. L'entreprise ZIER, spécialisée dans des **emballages en gros** pour l'industrie locale, n'est pas encore concernée par la législation. Mais, il lui faut réfléchir à d'autres possibilités comme, par exemple, l'utilisation de conteneurs en matière plastique.

Une autre **scierie**, née en 1922, l'entreprise **FINKBEINER**, a réussi à s'agrandir continuellement (28 salariés en 1981, 43 en 1993) grâce à l'utilisation des techniques les plus modernes. Son premier objectif a été de s'adapter aux besoins changeants du marché, donc de suivre la demande des clients. Un autre de ses points forts est sa main-d'œuvre fidèle et l'esprit familial qui lui a permis de surmonter les crises.

L'entreprise **HUMMEL**, à Furtwangen, est l'une de ces petites entreprises (45 salariés en 1993) - à l'aspect extérieur très moderne (design gris bleu et jaune) - qui fonctionne bien grâce à des créneaux spécifiques (Nischenprodukt) - pièces tournées de précision pour des stations d'épuration, le domaine médical ou encore les voitures de course. L'établissement traite aussi l'acier fin (Edelstahlverarbeitung) pour plates-formes pétrolières (Bohrinseln). L'entreprise refuse la production de masse, mais s'intéresse surtout aux articles spécialisés à haute valeur ajoutée. *« J'ai peu de concurrents grâce à mes pièces très spécialisées »*, nous explique son propriétaire. En ce qui concerne le climat de travail, il n'y a ni contremaître ni chef de service. *« On travaille en 'team' (équipe) et chacun a ses responsabilité. Les ouvriers reçoivent des vêtements de travail ce qui permet tout de suite un effet d'identification avec l'entreprise* (Betriebszugehörigkeit). *Il y a même un club de bowling appartenant à l'entreprise avec son propre vêtement* (Kegelkleidung) ». Outre une spécialisation très pointue, la main-d'œuvre est aussi un facteur très important dans la réussite de cette entreprise, qui était à l'origine (en 1939) un petit atelier de tours (Dreherei).

La spécialisation fut aussi la clef de la réussite de la famille **KAMMERER** de Triberg. L'entreprise, créée en 1938 par un horloger, fabriquait diverses pièces métalliques pour l'horlogerie. Dès 1953, elle s'orienta vers la fabrication des pièces tournées (Drehteile) et aujourd'hui, elle est hautement spécialisée dans le **filetage** (Gewindetechnik -Trapezgewindespindeln und Kugelgewindegetriebe). Son expansion fut constante, avec une accélération au début des années 1990 (maximum de 90 salariés).

Appartenant également à ce premier groupe d'entreprises, voici **les nombreuses petites entreprises de l'horlogerie**, toujours en activité. Aujourd'hui, elles se situent surtout à Triberg et à Schonach qui sont les centres de la fabrication des horloges à coucou et où on a recensé encore huit entreprises de ce type pour le 250e anniversaire de cette branche (1986). La majorité de ces entreprises ont choisi de se spécialiser, donc de fabriquer seulement une partie de l'horloge : les sifflets (Kuckuckspfeifen), les boîtiers, les sculptures ou les mouvements. Mais il leur fallait une grande capacité d'innovation pour résister aux crises qui ont secoué la branche. Ainsi quelques-unes sont à la recherche d'autres produits, comme l'entreprise **Wilhelm KIENZLER,** un fabricant de sifflets imitant la voix du coucou (Kuckuckspfeifen) qui propose à nouveau des couverts en bois afin de remplacer ceux en plastique rejetés par une clientèle soucieuse de l'environnement.

L'entreprise **Hubert HERR** a choisi une stratégie opposée . Elle ne s'est pas spécialisée dans une partie de l'horloge, mais elle a produit tous les composants elle-même, y compris les mouvements. Monsieur Herr, qui est né à Triberg, voulait absolument rester dans la région et demeurer indépendant. Il avait commencé par des sculptures en bois et, aujourd'hui, il fabrique des horloges à coucou. Il produit des objets finis (les horloges) et semi-finis (par exemple des mouvements), ce qui lui permet d'être moins sensible aux crises.

7.1.2. Les entreprises traditionnelles en difficulté

Presque toutes les entreprises de la région ont connu des phases de difficultés. Beaucoup ont réussi à se restructurer, à se diversifier ou à changer totalement de secteur. Cependant, certaines ont dû fermer leurs portes. La commune la plus touchée par les crises est certainement St. Georgen, du fait de la concentration de grandes entreprises familiales qui travaillaient souvent dans la même branche.

L'entreprise **Tobias BÄUERLE**, créée en 1864, compta pendant longtemps parmi les entreprises horlogères citées en exemple. Elle s'orienta progressivement vers **la fabrication de minuteries** (Zählwerke) pour l'électricité, l'eau et le gaz et d'obturateurs pour appareils photographiques (Belichtungsschaltuhren). Dès 1927, la production se faisait sur des machines modernes. La guerre puis des démontages considérables (50 % à 60 %) ont perturbé cette ascension. Après la reprise de 1946, en recommençant à fabriquer des réveils et des horloges de table, Tobias BÄUERLE a survécu à des phases difficiles de restructuration, en particulier pendant les années 1960. L'entreprise a réduit la construction de produits finis et a développé la sous-traitance ainsi que le secteur des services. C'est sans doute la raison pour laquelle la récession de 1992-93 a eu des conséquences très négatives et que l'entreprise a été déclarée en faillite début 1994. L'entreprise T. Bäuerle ne travaillait pratiquement pas en externalisation (hatte eine große Fertigungstiefe) : elle contrôlait elle-même tous les stades de la production. Elle produisait des pièces de modèle (Musterteile) et avait besoin d'investir une part considérable des bénéfices (8 à 10%) dans la R&D pour le développement de nouveaux appareils. La volonté de contrôler tous les stades de la production a débouché sur une impasse.

Les années les plus difficiles pour St. Georgen furent les années 1980 à 1982. La première faillite fut celle de l'entreprise **HEINEMANN,** entreprise de machines-outils, fondée en 1877 et connue pour ses tours revolver (Revolverdrehbänke). Elle fut rachetée, en 1982, par un entrepreneur souabe qui voulait s'engager en Russie en créant, en 1986, le premier « Joint Venture » allemand-russe avec la CEI. Il comptait sur les besoins en machines de l'URSS, en oubliant probablement les problèmes de solvabilité (Zahlungsfähigkeit). Plus de la moitié de la production partait en Russie. Il avait même prévu de fonder un centre de transfert à Villingen-Schwenningen et un autre à Moscou pour fournir de l'aide technologique. *« La structure rurale ne s'adapte pas ; mes idées ont été trop exotiques et dérangeaient »*[11], affirme-t-il aujourd'hui. En 1989, la nouvelle entreprise Heinemann comptait 153 emplois ; en 1993, elle ne rassemblait plus que 100 travailleurs et prévoyait de nouvelles compressions de personnel. L'aventure russe (85 % du chiffre d'affaires en 1989) tournait à l'échec. La double greffe n'arrivait pas à prendre.

La faillite de l'entreprise **DUAL,** en 1982, fut une véritable catastrophe pour la commune de St. Georgen. Cette affaire, connue mondialement pour ses tourne-disques, était l'une des entreprises leader du **domaine de la hi-fi** (Unterhaltungselektronik) en Europe et symbolisait la réussite de la ville. Ce fut même un choc pour toute l'Allemagne car, d'un coup, mille huit cents salariés furent au chômage. L'entreprise avait été créée en 1900 par les frères Steidinger qui s'intéressaient alors à l'horlogerie. Onze ans après, un différend les sépara et ce fut le début de Perpetuum Ebner (PE), concurrent de DUAL. Contrairement à ce qu'on pouvait attendre, cette concurrence s'avéra fructueuse pour le développement de DUAL. A partir de 1928, l'entreprise s'intéressa aux grammophones. Après une longue période de tâtonnements, ce fut le grand succès dans les années 1970. Le nom DUAL était alors synonyme de « qualité » et de « performance technique ». La médaille a aussi son revers : *« le problème de*

DUAL a été qu'ils se sont reposés sur leur succès. Ils n'ont pas fait attention à ce qui se passait au Japon, en Chine ou à Taiwan. Ils n'ont pas fait d'efforts à temps pour inventer quelque chose de nouveau »[12] (par exemple, ils n'ont pas suivi l'évolution du CD). A la suite de la faillite, en 1982, le groupe français Thomson-Brandt a essayé de faire revivre l'ancienne entreprise Dual. L'essai français non transformé fut suivi par une tentative du groupe bavarois SCHNEIDER. Ce dernier, accumulant des déficits durant l'été 1992, n'était plus en mesure de sauver sa filiale de la Forêt-Noire. Comme souvent dans le domaine de l'électronique grand public, on avait fait un mauvais calcul en ce qui concerne les besoins des pays de l'Est. On avait trop produit, il y avait trop de stock - une année d'avance - et les prix baissaient. SCHNEIDER avait, par ailleurs, transféré certains ateliers en Bavière. D'une entreprise de 1 800 salariés avant la faillite de 1982, il restait alors 168 salariés durant l'été 1992 et, à la fin de l'année, seulement 80. Le 30 juin 1993, l'entreprise ferma définitivement ses portes[13].

7.1.3. Les créations des années 1960

Durant les années 1960 également, on peut retenir dans notre région, une nouvelle vague de création d'entreprises, même si le mouvement n'a rien de spectaculaire.

On peut citer l'exemple de **AZ-ARMATUREN** (cf. photo 3), spécialisée dans la **robinetterie**, en particulier dans le domaine du robinet à tournant conique (Kückenhähne). L'entreprise fut fondée en 1965, à Schonach. Son développement constant a nécessité un transfert vers un nouveau site de fabrication disposant de davantage d'espace, car le territoire communal inclut beaucoup de sites protégés. Mönchweiler se prêtait à une telle opération grâce à son meilleur accès à l'autoroute et à sa zone d'activités. La décision de délocaliser fut difficile à prendre. Ne sachant pas si le personnel suivrait, la direction aurait préféré rester à Schonach, mais les conditions de production beaucoup plus favorables à Mönchweiler (surface triplée et production sur un niveau) emportent la décision[14].

L'entreprise, installée dans son nouveau site depuis 1992, comptait soixante-huit salariés en 1994, dont la majorité faisait, et fait encore quotidiennement, la navette depuis Schonach. Elle a une filiale au Benelux depuis 1987 et des représentants partout dans le monde. Au total, cent vingt personnes travaillent pour elle[15].

L'ouverture de **SCHWARZWÄLDER METALLWAREN-FABRIK A. HAUGG** en 1972, à Triberg, est une exception, puisqu'il s'agit d'une entreprise extérieure à la région. Monsieur Haugg, originaire d'Aix-la-Chapelle (Aachen), a racheté l'ancienne entreprise L. Schwer & Cie (créée en 1892), le plus ancien fabricant de radiateurs d'Allemagne. L'établissement était le fournisseur principal de Mercedes-Benz et HAUGG, voulant élargir son marché, a pu accéder à Benz par cette acquisition. Le propriétaire ne vient qu'une fois par mois à l'usine qui est gérée actuellement par un cadre originaire de Schramberg. Celui-ci fait partie des « Wirtschaftsjunioren », une libre association de jeunes entrepreneurs, de cadres et de futurs cadres de toutes branches (62 membres dont 30 actifs), dont l'objectif est de tout faire pour que le lieu d'implantation Schwarzwald-Baar-Heuberg reste intéressant et pour garantir l'avenir de leurs propres entreprises. Selon Monsieur K., le jeune cadre, *« l'entreprise ne quittera pas la région, sauf si elle n'a pas de place pour s'étendre et si la rentabilité touche la limite acceptable »*[16]. C'est une argumentation typique d'entreprise à capitaux extérieurs. Au vu de la situation de l'usine en plein centre de Triberg, dans une zone mixte, situation assez difficile pour une entreprise du secteur « traitement du métal », il faut s'attendre à ce que un jour ou l'autre, une telle décision soit prise. Outre celle de Triberg, trois autres entreprises appartiennent en Allemagne au GROUPE HAUGG : l'entreprise de radiateur A. Haugg d'Aix-la-Chapelle, siège social du groupe (Hauptsitz der Gruppe), une autre spécialisée dans des radiateurs industriels à Sulz/Neckar dans le Wurtemberg et une entreprise de pièces métalliques en Rhénanie du Nord-Westphalie (Nordrhein-Westfalen, Oberbergisches Land). Le GROUPE HAUGG compte trois cents personnes, dont soixante-deux à Triberg, et l'exportation représente 25 % du chiffre d'affaires.

WEISSER & GRIESHABER, entreprise originaire de Villingen-Schwenningen, s'est installée en 1973 à Mönchweiler mais, en 1991, elle a dû changer d'emplacement en raison de son extension continue. Débutant en 1969 avec trois personnes, le couple Grieshaber et Monsieur Weißer contrôlaient, en 1994, cent trente emplois pour un chiffre d'affaires de vingt-deux millions DM (11 millions d'euros) avec un taux d'exportation de 15 %[17]. A Mönchweiler, « *le voisinage est bon, les entreprises s'entraident (*gegenseitige Aushilfe*) et il y a un bon réseau de transport. Nous obtiendrons même, grâce à une action publique dans la presse* (Öffentlichkeitsarbeit), *un nouvel accès de la zone d'activités à partir de la route nationale »* (Monsieur W., cadre commercial - kaufmännischer Leiter). L'entreprise est spécialisée dans les **pièces de précision en matière plastique** (Präzisionskunstoffteile) avec construction intégrée de moules (eigener Formenbau). C'est un sous-traitant de l'automobile, de l'horlogerie, du secteur sanitaire et médical (**techniques d'entraînement / de propulsion** (Antriebstechnik) et **techniques de mesure** (Meßtechnik)). Pour la fabrication de roues d'engrenage (Zahnräder), très complexes et destinées aux mécanismes d'entraînement de magnétoscopes (Videolaufwerke) rapides et silencieux, Weißer et Grieshaber a obtenu le prix de qualité de l'usine de vidéo autrichienne Philips en 1995[18].

À partir d'une entreprise de garnitures de meubles (Möbelbeschläge), créée en 1963 et originaire de Schramberg, s'est développée une affaire importante de deux cent quarante-quatre salariés occupés à la fabrication d'aimants. M. Braun, le fondateur de **MS-MAGNETFABRIK SCHRAMBERG,** avait décidé de produire les aimants nécessaires à la fabrication des garnitures de meubles. Le choix de la localisation est donc lié à la production d'origine, celle des meubles, bien qu'il n'y ait pas de matières premières dans la région. Aujourd'hui, les garnitures de meubles sont produites surtout dans les pays à bas salaire et MS a évolué vers la fabrication des aimants indispensables pour les moteurs (Antriebstechnik), mais aussi pour l'électroménager. Selon notre interlocuteur, directeur de l'entreprise MS, *« seuls des produits hautement technologiques peuvent être compétitifs dans la Forêt-Noire. Dans le domaine des aimants pour haut-parleurs par contre, le marché européen ne peut pas être compétitif puisqu'on les produit également dans des pays à bas salaire* (Billiglohnländer). *Les produits qui exigent une part importante de conseil et de suivi* (beratungsintensive Produkte) *ont, en revanche, un avenir certain »*[19].

7.1.4. Les créations récentes

Dans ce groupe, la ville de St. Georgen joue un rôle déterminant car deux tiers des entreprises interrogées, parmi celles créées entre 1980 et 1994, se sont installées ici grâce aux locaux disponibles, suite à la faillite de DUAL et à l'instauration d'une pépinière.

Majoritairement, ces nouvelles entreprises travaillent dans les domaines de la haute technologie. C'est le cas de **I.E.F. WERNER** (1980) à Furtwangen, qui s'active dans la mise au point et **la production de composants pour l'automatisation** (entwickelt und produziert Komponenten für die Automatisation). Elle a donc, elle aussi, misé sur un « produit de niche » (Nischenprodukt), en étant sous-traitant dans le domaine de l'automatisation de production (Fertigungsautomatisierung). D'une part, elle produit des composants pour la construction mécanique spécialisée (Sondermaschinenbau) et, d'autre part, elle travaille également beaucoup en externalisation et se concentre sur tout ce qui est « Engeneering ». Cela implique la responsabilité complète du déroulement d'un projet (komplette Projektabwicklung) - développement, montage final et mise en service (Inbetriebnahme) -, et suppose aussi de trouver des solutions et de donner des conseils aux clients. L'entreprise a été créée, en 1980, par Monsieur Werner qui avait fait ses études à la *Fachhochschule* Furtwangen. Ayant noué des contacts au cours de ses études dans la région, il jugea bon d'y rester et de tenter sa chance en prenant la suite d'un bureau d'ingénieurs. L'entreprise a eu du succès et s'est agrandie rapidement : quarante salariés en 1988, soixante-dix en 1991, cent en 1992 dont 50 % d'ingénieurs. Parallèlement à cette extension, il fallait aussi s'agrandir spatialement. Aussi, a-t-il construit en 1993 un nouveau bâtiment de quatre étages et créé, en 1992, une filiale dans les nouveaux Länder près d'Erfurt (Thuringe ; 31 salariés en 1995)[20]. La localisation à Furtwangen ne représente pas un handicap. *« On ne perd pas de commande à cause de la localisation, même si les employés dépensent davantage pour se rendre auprès du client. L'environnement est aussi positif, grâce à la Fachhochschule et à l'existence d'entreprises qui fonctionnent bien »*[21].

Deux autres entreprises sont intéressantes : **FEINWERKTECHNIK UND SCHALTSYSTEME** (1981) à St. Georgen, qui produit des systèmes de commutation (Schaltsysteme) et **KUNDO-SYSTEMTECHNIK** (1992), qui s'occupe de la technique de thermométrie (Wärmemeßtechnik - cf. *supra* KUNDO). La première est une filiale dont la maison-mère est implantée près de Stuttgart. St. Georgen offrait des terrains moins chers, une main-d'œuvre moins exigeante, surtout au moment de la faillite de DUAL. Le directeur de l'usine pense, cependant, que *« la rentabilité en Allemagne n'est plus favorable. On devrait délocaliser en République Tchèque. Même en Alsace, la main-d'œuvre est moins chère »*. Comme pour la plupart des entreprises dont les origines ne sont pas régionales, la rentabilité est l'argument principal et la Forêt-Noire n'est certainement pas, aujourd'hui, l'emplacement le plus favorable.

A la suite de la faillite de DUAL, il y a eu des créations d'entreprise à St. Georgen grâce à la disponibilité en locaux et à un soutien financier de Perpetuum Ebner, propriétaire de DUAL (cf. *supra*). Pour le responsable de l'entreprise **FEHRENBACHER,** ce fut une opportunité à saisir[22].

Une autre entreprise profitant des locaux de l'ancienne entreprise DUAL, **LORENZ-ELEKTRONIC** (1989), est orientée vers la production de commande pour machines numériques (CNC-Steuerungen) dans l'horlogerie régionale et l'imprimerie. L'offre d'un bâtiment existant, le potentiel de main-d'œuvre qualifiée et des salaires moins élevés que dans la région de Stuttgart furent les raisons pour lesquelles Monsieur Lorenz s'est installé à St. Georgen. Par contre, il déplore l'état des transports : *« une catastrophe ! - pour les livraisons et la distribution. Sinon, la région a beaucoup de fournisseurs, surtout dans la branche électronique. Mais, pour la distribution, il faut passer par Offenbourg et cela fait perdre du temps. C'est presque mieux de passer par Stuttgart »*[23]. Dans l'ensemble, Monsieur Lorenz se sent bien dans la région à cause de la mentalité des gens. Cependant, *« le calcul des coûts (Kostenkalkulation) et la rentabilité restent primordiaux »*.

Enfin, il faut évoquer quelques exemples d'entreprises, fondées depuis 1984, dans le cadre des aides à la création de nouvelles entreprises (Existenzgründungen) qui ont été effectuées à St. Georgen grâce au **TZ (Technologiezentrum)**. Avec la fin de DUAL, l'entreprise sœur, la PE (PERPETUUM EBNER), a été transformée en Fondation. Son objectif était de maintenir et de créer des emplois à l'emplacement de l'ancienne usine DUAL. Ce projet a été réalisé, en 1984, avec l'aide du gouvernement du *Land* Bade-Wurtemberg qui avait comme objectif de soutenir les PMI grâce à un programme régional de subventions destinées à l'innovation (regionale Innovationsförderung). C'est ainsi que huit cents emplois ont été créés depuis 1982. La pépinière du centre de transfert, avec dix-huit entreprises, a procuré, à elle seule, cent cinquante emplois (1991)[24]. Le but de ce centre de transfert est « *d'établir un lien entre la recherche et les entreprises* »[25]. Dans la région, il existe un bon potentiel pour une telle collaboration et la Fachhochschule de Furtwangen joue un rôle déterminant. « *La fondation PE (PE-Stiftung) apporte de l'aide aux jeunes entrepreneurs pour qu'ils puissent s'installer dans la région, mais c'est difficile de persuader les gens d'ici de tenter quelque chose de nouveau* », nous dit le directeur de cette fondation. Ceux qui s'installent sont soit des étudiants de la Fachhochschule qui ont apprécié la région et qui veulent y rester, soit des personnalités de l'extérieur pour qui l'offre de la PE représente une opportunité. « *Les fils ne sont pas indépendants de leurs pères et les liens de la tradition familiale sont trop forts ici* ». Selon Monsieur K., les structures familiales ne sont pas assez flexibles. Mais les fils peuvent saisir la chance de créer leur propre entreprise tout en choisissant un créneau novateur. Il n'est pas rare que les grandes entreprises passent des commandes de recherche (Forschungsaufträge) à de petites entreprises novatrices.

L'entreprises **COSUS** (Computersysteme und Software GmbH), par exemple, est une entreprise qui développe aussi bien des logiciels que des ordinateurs (Hard- und Software-Entwicklung). Elle a acquis une réputation dans le domaine des installations de réseaux de logiciels à l'intérieur d'une entreprise ou entre différents établissements d'une entreprise (maison-mère et filiales), séparés parfois par de longues distances. Cela demande un grand savoir-faire (know-how) et beaucoup de suivi (ist sehr pflegebedürftig), un lien étroit entre le client et le serveur. « *Ces réseaux facilitent énormément la vie de l'entreprise, mais c'est aussi très fragile. Si un des ordinateurs tombe en panne, tout le système s'arrête* (verteilte Datenverarbeitung) », nous explique l'un des responsables de l'entreprise. Ainsi, porte-t-elle une grande attention au suivi. C'est son atout principal sur un marché où la concurrence devient de plus en plus rude. L'entreprise s'est spécialisée, en particulier, dans la création de programmes d'optimisation de l'approvisionnement des PME. Ainsi, le sous-traitant peut livrer sa marchandise « juste-à-temps », exactement au moment où le donneur d'ordre a besoin des pièces commandées. Un autre domaine a pu être exploré avec l'ouverture des frontières européennes. Cosus a créé un programme qui facilite le travail d'enregistrement des marchandises devant être déclarées à l'institut statistique fédéral. COSUS a réussi à devancer son concurrent (Mitbewerber[26]) NIXDORF et celui-ci est maintenant obligé de passer par COSUS, qui détient l'exclusivité pour l'Allemagne du Sud. L'entreprise, limitée à deux personnes en 1990, en emploie dix-sept trois ans plus tard. Naturellement, elle ne veut pas se restreindre au marché local et compte être active dans les nouveaux Länder.

Les entreprises qui ont profité de l'offre du PE - locaux à loyer modéré et accès à d'autres services - sont souvent très petites et il n'est pas rare qu'elles ne soient constituées que d'une seule personne, ce qui est critiqué puisque le rôle de cette pépinière était la création d'emplois. C'est le cas de **IES (Industrie-Elektronik-Systeme)**, dont le propriétaire s'est spécialisé dans le développement de microprocesseurs et de logiciels. L'entreprise a même son propre sous-traitant (Subunternehmer) qui s'occupe des traductions techniques et des traductions de fiches de produits (Produktbeschreibungen). IES a été créée en 1985 par un diplômé de la *Fachhochschule* de Furtwangen, originaire de Mayence. Par choix personnel, il voulait s'installer dans la Forêt-Noire, et puisqu'il ne trouvait pas d'emploi correspondant à ses souhaits, il a décidé de créer sa propre entreprise. Aujourd'hui, il est l'un de ces spécialistes qui développent pour les grandes entreprises des systèmes informatisés (Software für Roboter)[27].

Un autre jeune entrepreneur du centre de transfert s'est spécialisé dans les travaux et techniques écologiques (Umwelttechnik). L'affaire se nomme d'ailleurs « **UMWELTTECHNIK GmbH** ». Ce domaine, qui devient de plus en plus important en Allemagne, est considéré comme l'un des secteurs qui procurera le plus d'emplois dans l'avenir. Du fait de la découverte d'une ancienne pollution de terrain (Altschaden) chez Perpetuum Ebner et de la nécessité de travaux d'assainissement, PE était persuadé de l'utilité d'un institut local spécialisé. En 1986, l'entreprise fut créée par la fondation PE elle-même et l'équipement nécessaire fut financé par des prêts de la LKB (Institut de crédit du *Land* Bade-Wurtemberg - Existenzgründerdarlehen)[28]. L'établissement compte maintenant quatre personnes, dont le champ d'action est pour l'instant limité à la région de Villingen-Schwenningen, Tuttlingen et Rottweil. Ces employés s'occupent des analyses physiques et chimiques faites sur des échantillons de sol, et ce jusqu'à l'assainissement complet du terrain considéré. Une autre entreprise, également installée dans le centre de transfert, s'occupe du développement, de la production et de la distribution des composants pour l'énergie solaire (Dr. Burgis Solarstrom - Komponenten der Solartechnik). Le propriétaire et seul employé, un chimiste, biologiste et médecin d'Augsburg, a créé, en 1987, son entreprise et a emménagé en 1988 dans la pépinière. Le beau paysage et le climat sain l'ont attiré vers cette région.

Il faut aussi noter la présence d'une entreprise de soixante-dix salariés (1991), dont quarante-huit diplômés, la **GFT (Gesellschaft für Technologietransfert)**. Elle a connu un succès certain avec le développement des utilisateurs d'interfaces graphiques (Graphische Interface Tool Grit). De même, une autre entreprise de logiciels, **Metatech**, a créé, entre autres, un système complet destiné à l'information des cadres (ein komplettes Management-Informationssystem). Avec cet instrument, les responsables peuvent être au courant de l'évolution de l'entreprise à tout moment et intervenir le plus vite possible.

Pour toutes ces entreprises spécialisées dans les **nouvelles technologies**, le contact direct avec les clients et la disponibilité à tout instant en cas de besoin sont primordiaux.

7.2. LE DÉVELOPPEMENT INDUSTRIEL ENTRE 1970 ET 1994 : EXPANSION ET RÉCESSION

7.2.1. L'évolution de l'emploi de 1970 à 1994

Pour mieux juger l'impact des facteurs de localisation analysés dans notre région, il était nécessaire d'examiner l'évolution récente des entreprises. Nous avons retenu la période 1970 - début des années 1990 qui inclut, d'une part, deux recensements (1970 et 1987) et, d'autre part, plusieurs phases de récession ou de crise[29]. Pour la région, les conséquences des années 1974-75, 1982-83 et 1991-93 eurent une telle ampleur négative, qu'il nous semble justifié de parler de « crise » (cf. chap. 7.2.2.).

Le développement d'une entreprise peut être observé par l'évolution du chiffre d'affaires ou par celle des emplois. Dans les deux cas, lors d'une enquête, il n'est pas évident d'obtenir des chiffres fiables. Les chefs d'entreprise se méfient souvent de l'interprétation de ces chiffres et n'aiment guère évoquer ces données. Le chiffre d'affaires (Umsatz) représente « le montant total des ventes réalisées par une entreprise au cours d'une année »[30], ce qui veut dire : uniquement la production vendue et non pas la production effectivement réalisée. Cet indicateur permet cependant de comparer des entreprises du même secteur. Par contre, il est plus difficile d'établir des comparaisons entre secteurs et branches différentes. Il nous a semblé, par ailleurs, délicat de fonder des calculs à partir des chiffres d'affaires indiqués, peut-être falsifiés. Nous avons préféré retenir le nombre d'emplois industriels, plus facile à obtenir. Cette donnée a aussi l'avantage de refléter l'importance d'une entreprise sur le marché du travail local ou régional. Le taux d'industrialisation (Industriedichte cf. chap. 2) d'une commune, d'une région ou d'un *Landkreis* est d'ailleurs calculé sur la base des emplois industriels (de l'industrie de transformation - Verarbeitendes Gewerbe) par rapport à mille habitants. On remarquera cependant qu'une diminution n'est pas obligatoirement synonyme de récession. Elle peut résulter aussi de changements structuraux et d'une rationalisation et automatisation progressive, nécessaire pour demeurer compétitif.

Comme nous l'avons expliqué, les statistiques des recensements de 1970 et 1987 sont insuffisantes pour juger la situation industrielle de notre région d'étude. Dix-sept ans représentent un écart trop grand, surtout avec deux récessions survenues dans ce laps de temps. Nous avons donc établi une coupure en 1980, pour obtenir plus de détails sur l'évolution de l'emploi de 1970 à 1980 et de 1980 à 1987, chaque sous-période contenant une phase de récession. Puis, pour compléter, nous avons ajouté les années 1987-1992. L'enquête ayant été conduite entre l'été 1992 et l'été 1994, les chiffres concernant l'évolution 1992-93 et 1993-94 n'ont pu être recueillis pour toutes les entreprises et ne donnent donc qu'un aperçu des changements les plus récents.

Au début de notre enquête, nous espérions obtenir des renseignements précis sur l'évolution du nombre d'emplois en valeurs absolue et relative, mais nous nous sommes rapidement rendu compte de l'irréalisme d'une telle démarche car, pour la majorité des chefs d'entreprise, il aurait fallu consulter les archives. Nous nous sommes contentés de demander si l'évolution des emplois était plutôt positive, négative ou constante. Notre enquête s'appuie ainsi sur les souvenirs des chefs d'entreprise, sur une sorte d'évolution vécue. Il est même possible que le résultat soit différent de la réalité ou des chiffres plus officiels comme, par exemple, ceux de la Chambre de Commerce, bien que celle-ci recueille également des indications données par les entreprises[31]. Une telle divergence a été notée, pour la période 1992 à 1994, dans une dizaine de cas, dont quatre estiment leur évolution meilleure que les chiffres officiels ne l'indiquent et cinq plus mauvaise. En définitive, les données recueillies montrent des tendances lourdes, ce qui est bien le but recherché.

Il ne faut pas non plus songer à comparer ces résultats avec les statistiques relatives aux emplois industriels publiées, par commune, par l'institut statistique du *Land* Bade-Wurtemberg et utilisées dans notre étude pour montrer l'évolution des emplois industriels des différentes communes. Ces chiffres officiels touchent 80 % de l'ensemble des emplois industriels[32] d'une commune, alors que notre enquête ne se rapporte qu'aux entreprises interrogées.

Comment agréger les données récoltées ? Faut-il considérer le lieu de localisation, la commune, la branche, la taille ou l'ancienneté de l'entreprise ? Et si oui, comment peut-on expliquer les dynamiques ? La situation géographique est-elle déterminante pour l'évolution d'une entreprise ? Est-ce le choix du produit, de la branche, ou tout cela dépend-il tout simplement de la conjoncture générale ? Il est probable qu'un seul facteur n'est pas décisif. Il est également difficile de conclure, d'après l'évolution d'une entreprise, qu'une localisation est favorable ou défavorable. De nombreux éléments comme le management, la politique intérieure de l'entreprise, l'aptitude à l'innovation, l'engagement du personnel et de la direction, le marketing ou le fait d'appartenir à un groupe sont au moins aussi importants que la localisation.

L'hypothèse de départ pour l'analyse de l'évolution de l'emploi était que l'impact de certaines conditions de base a une incidence sur le développement d'une entreprise. Notre première « condition de base » est la situation géographique, c'est-à-dire **la localisation de l'établissement**. Etre implanté dans une vallée étroite sans possibilité d'extension ou être installé sur un plateau peut renforcer ou alléger l'importance d'autres facteurs de localisation comme le transport, les contraintes écologiques, etc. Il en est de même pour **le secteur d'activité**. Certains sont plus adaptés que d'autres à la moyenne montagne. L'évolution de l'emploi peut également dépendre de **la taille de l'entreprise**. On peut supposer que les grandes entreprises disposent de moyens financiers pour lutter contre les handicaps d'une localisation. A l'inverse, la rentabilité compte probablement beaucoup plus pour ce type d'entreprise que pour une PMI familiale qui s'identifie à la région. Nous nous sommes aussi demandé si **l'ancienneté de l'entreprise** ne joue pas également un rôle (traditions, expériences, survie à des époques difficiles). Ou au contraire, si les structures trop traditionnelles ne représentent pas un handicap par rapport aux mutations technologiques ? C'est pourquoi l'évolution de l'emploi depuis 1970 a été observée à partir de ces quatre « entrées ».

En comparant les tableaux (correspondant aux quatre orientations annoncées, localisation, branche, taille et ancienneté) on peut constater, d'une manière générale, que la dynamique globale de l'emploi est relativement positive. Pour une région de moyenne montagne, un grand nombre de responsables nous ont indiqué une évolution positive de leur entreprise, d'où la supposition que le milieu naturel n'est pas fondamentalement défavorable à une implantation industrielle. Cette tendance positive se manifeste - avec des hauts et des bas - surtout jusqu'en 1992. Par la suite, on constate une nette dégradation (Verschlechterung) avec une diminution générale de l'emploi, à l'exception des entreprises les plus récentes créées dans les années 1980.

7.2.1.1. L'évolution de l'emploi selon le secteur d'activité

Après avoir observé que l'évolution de l'emploi d'un même secteur est différente dans les deux *Landkreise*, nous avons maintenu par la suite cette coupure. L'ancienne séparation politique a influencé leur évolution économique, ce qui justifie cette démarche. Lors de nos entretiens, nous avons fortement ressenti que, dans la région de Schramberg, on appartient au Wurtemberg alors que les communes de Furtwangen, Triberg et St. Georgen ont clairement conscience de faire partie du pays de Bade.

Nous avons retenu les secteurs d'activités les plus importants de la région : la mécanique de précision, le traitement des métaux, l'horlogerie, la plasturgie, le bois avec les meubles et la construction mécanique avec les machines-outils[33]. Pour l'électronique, seules trois entreprises sur douze ont été interrogées : nous avons exclu cette branche de notre analyse par manque de représentativité. Les autres secteurs rejetés sont ceux pour lesquels nous avions des renseignements trop fragmentaires, souvent issus d'une seule entreprise (les jouets, la chimie, le textile et l'agro-alimentaire). Par ailleurs, si l'informatique est un secteur en croissance, il s'agit souvent de petites entreprises de moins de dix salariés qui ne font pas partie des entreprises concernées par notre enquête.

Graph. 36 - Évolution des emplois industriels par branche (estimation des chefs d'entreprise) entre 1970 et 1980

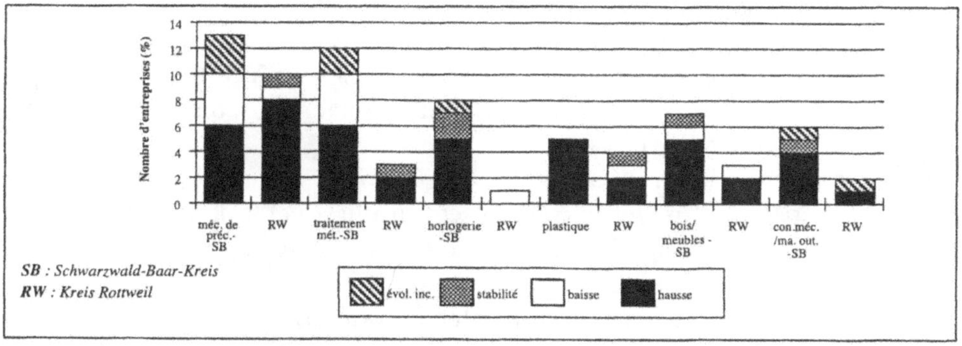

Graph. 37 - Évolution des emplois industriels par branche (estimation des chefs d'entreprise) entre 1980 et 1987

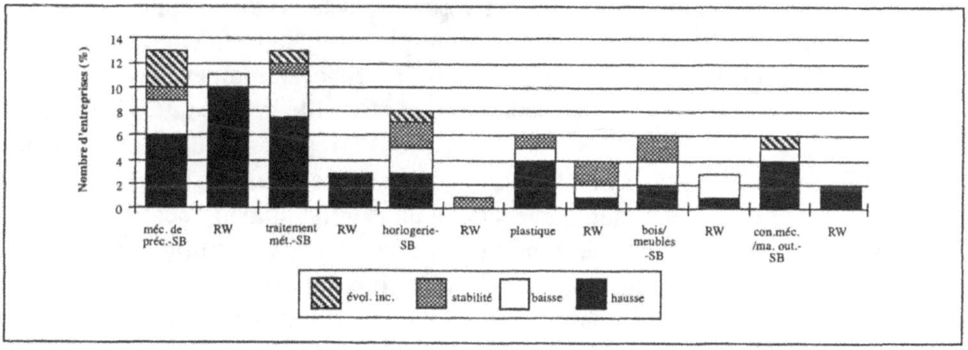

Graph. 38 - Évolution des emplois industriels par branche (estimation des chefs d'entreprise) entre 1987 et 1992

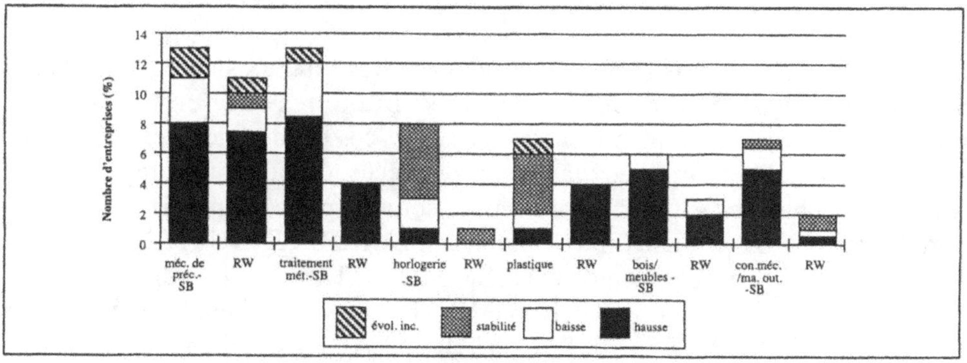

Sources : Enquêtes menées entre 1992 et 1994. Méthode : un nombre d'entreprises supérieur par rapport aux périodes précédentes s'explique par de nouvelles créations.

Notre évaluation a été effectuée sur deux niveaux. Ainsi l'analyse « du développement des entreprises selon les branches » représente l'évolution durant trois périodes : de 1970 à 1980, de 1980 à 1987 et de 1987 à 1992. En outre, nous avons observé l'évolution de l'année 1992 à 1993 pour les entreprises interrogées après 1992. Les graphiques 36 à 38 comparent, par contre, l'évolution de l'emploi des différents secteurs au cours d'une même période (en valeur relative).

De 1970 à 1992, l'**horlogerie** est le secteur qui a perdu le plus d'emplois. Durant la période allant de 1970 à 1980, on relève encore une tendance positive au sein des entreprises interrogées (5 sur 8 dans le *Kreis* Schwarzwald-Baar), ce qui montre qu'elles ont réussi à surmonter la forte crise des années 1974-75. Pendant la période suivante, la tendance est inversée et la récession de 1982-83 a été plus difficile à surmonter parce que les mutations structurelles ont été de grande envergure. Ce sont les entreprises les plus modestes qui ont été les plus vulnérables. Enfin, l'emploi a encore régressé durant la période allant de 1987 à 1992, à l'exception d'une seule entreprise, la plus grande d'ailleurs. Faut-il en conclure que la taille est décisive ? Cela ne suffit certainement pas comme explication. Cette entreprise se trouve à St. Georgen, ville la plus touchée par les deux crises de 1974-75 et 1982-83, d'où, pour les entreprises de cette commune, une obligation de réaction certainement plus forte. Les pertes d'emplois persistent aussi en 1992-93, bien que ce soit à un rythme un peu ralenti.

Dans l'ensemble, on constate donc une dégradation (Abbau) progressive de l'emploi. D'une part, il faut suivre l'évolution technologique constante (découverte du mouvement quartz, rationalisation de la production). D'autre part, la concurrence des pays asiatiques devient de plus en plus forte. Enfin, surtout dans les dernières années, la réduction de la demande américaine, qui représentait le marché le plus important pour les horloges à coucou, a amplifié les difficultés.

La mécanique de précision et **le traitement des métaux** sont deux secteurs que l'on peut définir comme des « branches de croissance » (Wachstumsbranchen) et qui ont été les plus efficaces de la région durant les dix dernières années. Les nombreux fabricants de pièces tournées ont enregistré une tendance à la hausse (Aufwärtsentwicklung) comme, par exemple, HUMMEL à Furtwangen, DOLD et SIEDLE à Vöhrenbach, BURGER INDUSTRIEWERK à Schonach, HOCK à Schönwald, KAISER METALLWAREN à Mönchweiler, REBMANN à Lauterbach, BRUKER&GÜNTER et SKT à Tennenbronn et les FRERES GRIESHABER METALLWARENFABRIK à Schiltach. Dans l'ensemble, l'évolution de l'emploi a été plus favorable dans le *Landkreis Rottweil*. Les entreprises du *Schwarzwald-Baar-Kreis* dépendaient davantage de l'horlogerie, si bien que la crise de cette dernière n'a pas été sans conséquences sur les sous-traitants. Quelle que soit la localisation, les restructurations internes ont cependant été nécessaires. Ainsi, l'entreprise B. KETTERER & SÖHNE (cf. photo 9) à Furtwangen, qui a frôlé la faillite en 1978, a réussi à augmenter le nombre d'emplois, passant de vingt-six personnes en 1982 à quarante-cinq personnes en 1990 et à cinquante-deux en 1993. Ce fut grâce à des ventes de terrains, à un changement de fabrication, à l'utilisation des procédés de production les plus modernes (CNC) et à l'installation d'un réseau informatique reliant les stocks aux postes administratifs (einer Vernetzung sämtlicher Büro- sowie Lagerarbeitsplätze). D'autres sous-traitants, en particulier ceux de l'automobile, ont connu une dynamique positive jusqu'à la récession des années 1990. Il en a été de même pour celles ayant trouvé un créneau spécifique (Nischenprodukt). C'est, par exemple, le cas de HAAS LASER (lasers), MS (aimants) et KAUPP (toits métalliques) à Schramberg, de SKT (roulements à billes) à Tennenbronn ou de HANSGROHE (robinetterie) à Schiltach.

Photo 16 - Lauterbach (août 1994)

Bock (1866/1971) : 93 salariés. Entreprise de plasturgie qui a été partagée entre héritiers. Bock a gardé les anciens bâtiments et une autre entreprise a été créée en 1971 (Buco).

Une nette différence entre les deux *Landkreise* peut aussi être notée pour la **plasturgie.** Dans le *Kreis Schwarzwald-Baar*, où une seule entreprise indique actuellement une évolution positive (Fehrenbacher à St. Georgen), ce secteur a constamment perdu des emplois. Par contre, pour le *Kreis Rottweil*, la tendance est inverse. Parmi les quatre entreprises interrogées, l'une a diminué son effectif de 50 % entre 1970 et 1980, suite à un partage équitable (Realteilung) entre les membres de la famille en 1971. L'ancienne entreprise BOCK éclate en deux entreprises, BUCHHOLZ et BOCK (cf. photo 16). Après avoir trouvé chacune sa spécialité (l'une dans le domaine des emballages et l'autre dans la mode - avec la production des peignes) et avoir subi un recul conjoncturel durant les années 1980 (changement de comportement des gens par rapport à l'environnement - geändertes Umweltbewutsein - et évolution de la mode), elles ont trouvé leur créneau et ont même pu augmenter le nombre d'emplois.

Le secteur **bois et meubles** a beaucoup souffert lors de la récession de 1982-83. C'est surtout vrai pour les meubles, où il y a eu réduction de personnel, mais moins net pour les scieries et l'imprimerie. *« Le milieu des années 1980 fut le temps de la reconversion »*, nous explique l'un des associés de l'entreprise ZEYKO (cf. photo 14) à Mönchweiler, fabricant de meubles de cuisine[34]. *« Nous avons abandonné la production en bois massif et on a eu besoin de moins d'ouvriers. Auparavant, nous faisions l'ébauche* (Rohling) *nous-mêmes, puis nous l'avons achetée. Alors, nous avons arrêté de recruter du personnel* (Einstellungsstopp), *nous n'avons plus pris d'apprentis non plus et nous avons même dû recourir au chômage partiel* (Kurzarbeit) *»*.

Le domaine de **la construction mécanique**, qui occupe seulement le septième rang dans notre région, montre une légère hausse entre 1980 et 1987, grâce à l'amélioration générale de la conjoncture en Allemagne à partir de 1983. Entre 1987 et 1992, par contre, le nombre d'emplois recommence à baisser. D'une part, l'entreprise HEINEMANN de St. Georgen, engagée en URSS, a rencontré des problèmes et, d'autre part, WEISSER & SÖHNE, également de St. Georgen, et fortement dépendante de l'automobile, a souffert de l'évolution de cette branche. Au début de l'année 1993, cette entreprise a dû licencier cent personnes et, au moment de l'enquête, elle recourait au chômage partiel[35]. Cependant, d'autres entreprises ont accru leurs effectifs à la même époque (1987-92) grâce à une adaptation constante aux besoins du marché. La récession générale de la construction mécanique a surtout été sensible à partir de 1992, quel que soit le lieu d'implantation. L'entreprise CNC-TEAM, par exemple, située à Mönchweiler, a fait faillite au début de l'année 1993 en raison des difficultés de paiement de clients, eux-mêmes en faillite du fait de la récession. C'est aussi l'un des secteurs dans lesquels la progression de la rationalisation et de l'automatisation a eu le maximum d'effets - particulièrement dans le domaine des machines spécialisées (Sondermaschinenbau), secteur typique de la région.

D'une manière générale, un grand nombre d'entreprises ont subi la récession des années 1980, mais ont repris l'embauche à partir de 1987, grâce à la haute conjoncture consécutive à la réunification. Depuis 1992, les deux *Landkreise* ont à nouveau perdu des emplois dans la plupart des secteurs en raison d'une nouvelle récession (pour plus de détails voir chap. 7.2.2. - **Les effets des crises des années 1970-1990** et aussi les remarques concernant l'évolution de l'emploi industriel de 1993 à 2003).

7.2.1.2. L'évolution de l'emploi selon la taille de l'entreprise

Globalement, une évolution positive constante est à retenir pour les entreprises de plus de cinq cents salariés. En fait, dans notre échantillon, il s'agit uniquement de cinq entreprises sur les quatre-vingt-quatorze interrogées (2 à Furtwangen, 2 à Schramberg et 1 à Schiltach). Toutes les cinq sont des entreprises traditionnelles qui ont fait preuve d'une forte capacité d'adaptation à l'évolution technologique (cf. chap. 7.1.1.).

À l'inverse, les petites entreprises de moins de vingt salariés ont rencontré davantage de problèmes : l'évolution de l'emploi indique rarement une augmentation durant la période allant de 1970 à 1992. Cette situation probablement plus fragile des petites entreprises n'est pas liée à une branche particulière ni à la date de création. Puisqu'on peut aussi sélectionner un certain nombre de petites entreprises qui montrent une évolution positive, il faut conclure que le secteur d'activité et la localisation elle-même jouent un rôle plus décisif que la taille de l'entreprise. En revanche, à l'intérieur d'une branche, la taille peut être un facteur plus ou moins favorable pour le développement d'une entreprise. Monsieur M., qui dirige une entreprise de construction mécanique, considère le chiffre de deux cents salariés comme idéal. *« Au-delà, l'entreprise est difficile à gérer, elle devient trop grande et il faut délocaliser des parties de la production, créer de nouveaux établissements de production. En revanche, en dessous de 100 salariés, elle devient trop petite et sera plus fragile dans une période de basse conjoncture »*[36].

7.2.1.3. L'évolution de l'emploi selon l'ancienneté de l'entreprise

Les entreprises les plus jeunes ont presque toutes connu un développement positif durant la période 1970-1992. Dans le *Landkreis Rottweil*, cette tendance se manifeste aussi pour les créations effectuées après 1945. Par contre, dans le *Schwarzwald-Baar-Kreis*, le phénomène est notable seulement pour celles qui ont été fondées après 1960. L'observation des branches concernées - en majorité le domaine du high-tech et des matières plastiques dans le *Schwarzwald-Baar-Kreis* et la mécanique de précision ainsi que le plastique pour le *Kreis Rottweil* - conduit à supposer que leur évolution positive est liée à l'innovation. Mais, comme nous l'avons déjà signalé, un grand nombre d'entreprises traditionnelles présentent également une évolution positive, indépendamment de la branche ou de la taille. Il en est ainsi pour SCHMIDT FEINTECHNIK à St. Georgen (1938), spécialisée dans les capteurs (Sensorik) et les systèmes d'automatisation (Automatisationssysteme), mais aussi dans le matériel de papeterie (stylos à bille et à plume, crayons, etc.) ; KAMMERER à Triberg (1938 - fabrication de filets) ; HUMMEL à Furtwangen (1939 - cf. chap. 7.1.) ou HAHN à Schonach (1939 - fabricant d'outils, de tournevis). Cependant, ces anciennes entreprises enregistrent souvent des oscillations marquées. Ceci est certainement dû à leurs structures plus anciennes et à des restructurations plus difficiles. Les usines plus récentes, par contre, ont débuté dans un environnement plus moderne et peuvent donc plus facilement s'adapter aux mutations technologiques. A partir de 1992, l'évolution de l'emploi est négative dans la plupart des cas, à l'exception des créations postérieures à 1980. Fondées juste après la crise de 1982-83, elles ont grandi dans un esprit d'innovation. Ainsi, les entreprises installées à St. Georgen, à la suite de la faillite de DUAL, se sont développées dans une ambiance favorable car toute la commune attendait des créations d'emplois (FEHRENBACHER, LORENZ, COSUS et les autres entreprises installées dans le centre de transfert technologique - cf. chap. 7.1.). Ce sont, parfois, des entreprises issues d'une affaire en difficulté, ayant pour objectif l'ouverture d'un nouveau marché grâce à un nouveau produit (KUNDO-SYSTEMTECHNIK à St. Georgen, SKT à Tennenbronn ou HAAS LASER à Schramberg). C'est aussi le cas des établissements se spécialisant entièrement dans la recherche et le développement d'innovations. Un bon exemple est fourni par KA BAYER, à Mönchweiler, spécialisée dans l'assurance qualité (Qualitätssicherung) et dans le marketing. *« Aujourd'hui, on ne vend plus que des idées et moins des produits »*, nous dit Monsieur B. lors de notre entretien[37]. Et, à la question « De quoi l'industrie a-t-elle encore besoin ? », il n'y a selon lui qu'une seule réponse : *« il faut évoluer constamment, faire du nouveau, être novateur. Et puis faire du marketing et s'occuper de la qualité. Surtout, il ne faut pas avoir un produit fixe ! »*.

7.2.1.4. L'évolution de l'emploi selon la localisation géographique

Cette analyse permettra de répondre à la question initiale posée dans ce chapitre : « Les entreprises se sont-elles développées différemment selon leur situation géographique ? ». Les remarques précédentes quant à l'évolution de l'emploi selon le secteur, la taille et l'ancienneté de l'entreprise nous aideront à mieux appréhender le rôle du site géographique.

L'analyse du « développement des entreprises par commune » confirme nos hypothèses. Nous constatons qu'entre 1970 et 1992 les entreprises situées à Triberg, Schonach et Lauterbach montrent, pour des raisons connues (vallée étroite ou site touristique, peu de possibilité d'extension, transports défectueux, emplacement dans un quartier résidentiel, etc.), une évolution plus négative que celles des autres communes. Dans le cas de **Triberg,** une forte concentration dans le secteur « métal » amplifie une situation déjà difficile. Les entreprises GRIESHABER, HAUGG, ZEHNLE et WEHRLE montrent ainsi une tendance négative jusqu'en 1992. HAUGG est la seule à connaître une augmentation après 1992. Son appartenance à un grand groupe et des possibilités financières plus importantes expliquent probablement cette singularité.

Il faut mettre à part l'horlogerie à coucou et leurs sous-traitants. Emil BURGER, fabricant de sculptures pour les horloges à coucou, employait soixante-dix personnes de 1970 à 1975. L'établissement a perdu beaucoup d'emplois durant la grande récession des années 1980 et a été obligé de recourir au chômage partiel. Aujourd'hui, on ne recense que quinze emplois. Pourtant, l'atelier profite du fait que son concurrent DOLD, un important fabricant d'horloges, n'élabore plus ses propres sculptures, mais les lui fait fabriquer. La tendance s'améliore, cependant, grâce aux changements dans les méthodes de fabrication et d'organisation. « *Aujourd'hui, dans la situation actuelle de l'économie, on ne peut plus se permettre de produire sur stock, car si la couleur n'est pas la bonne ou si le modèle ne correspond pas à la demande, c'est trop de perte. Il vaut mieux que le client attende un peu de temps, mais qu'il obtienne ce qu'il veut* »[38]. Dans l'ensemble, les graphiques 39, 40 et 41 nous indiquent que la période 1980-1987 fut la plus difficile pour Triberg. La situation géographique de la commune est si peu favorable que les entreprises sont obligées de faire constamment des efforts, si elles veulent résister à la concurrence. Cependant, depuis 1987, on peut constater un bilan plus favorable de l'emploi à Triberg, preuve des efforts consentis par les entreprises.

En ce qui concerne la situation des entreprises à **St. Georgen,** nous devons souligner que nous avons visité, lors de nos entretiens, beaucoup d'entreprises créées durant les années 1980. Ceci peut expliquer une évolution de l'emploi moins négative dans notre enquête que ce que l'on aurait pu attendre, eu égard aux problèmes vécus par cette commune pendant les récessions de 1974-75 et 1982-83. En fait, nous n'avons pas été accueillis par les entreprises en difficulté[39], et bien d'autres. C'est d'ailleurs un problème qui ne se limite pas seulement à St. Georgen - comme nous l'avons déjà remarqué - d'où le risque pour notre enquête de refléter un meilleur résultat que la situation réelle. L'évolution plus récente, depuis 1992, donc pendant la récession actuelle, semble être difficile pour toutes les communes, puisque la tendance est négative partout - peut-être un peu moins pour Mönchweiler et St. Georgen. Ceci s'explique, dans le cas de St. Georgen, par l'initiative de la commune qui propose des aides aux jeunes entrepreneurs ou aux petites entreprises cherchant un lieu pour s'installer, afin de pallier les effets désastreux de la fermeture de DUAL.

À **Schonach**, le centre de l'horloge à coucou, où six entreprises locales sur onze travaillent pour l'horlogerie, les fabricants luttent avec les mêmes difficultés que ceux de Triberg. Ils ont souffert des deux récessions et des changements structuraux dans cette branche. « *Il y a 25 ans, Schonach produisait 700 000 horloges à coucou, aujourd'hui, seulement 350 000* », nous indique le maire[40]. Passant de l'artisanat à une production de masse, c'est une fabrication qui utilise de plus en plus de matières plastiques pour être compétitive par rapport à la concurrence asiatique. Les goûts changent aussi,

Graph. 39 - Évolution des emplois industriels dans les communes de notre zone d'étude entre 1970 et 1980

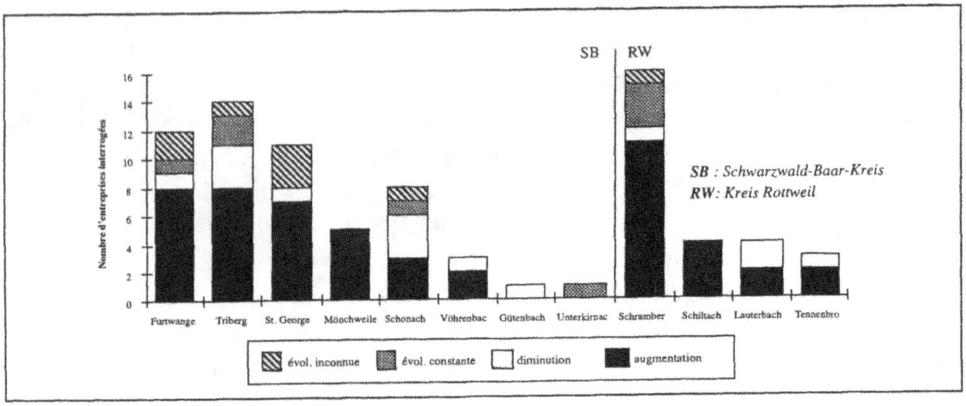

Graph. 40 - Évolution des emplois industriels dans les communes de notre zone d'étude entre 1980 et 1987

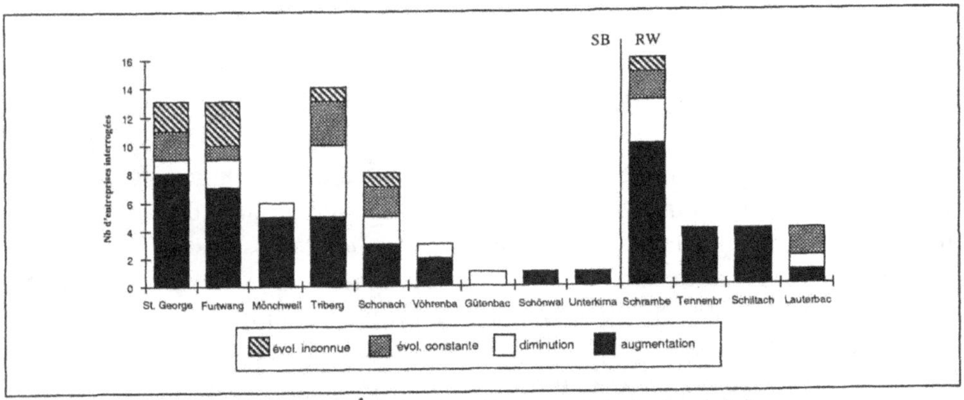

Graph. 41 - Évolution des emplois industriels dans les communes de notre zone d'étude entre 1987 et 1992

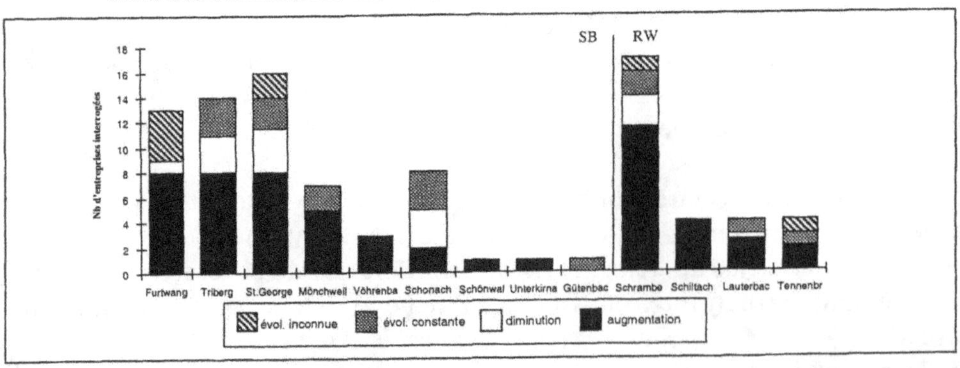

Source : enquête menée entre 1992 et 1994. La différence des nombres d'entreprises dans les 3 graphiques est due à des créations d'entreprises.

puisque les Américains, longtemps premiers demandeurs, exigent des modèles de plus en plus fantaisistes. Aujourd'hui, ce marché se réduit. Suite à la réunification, la nouvelle clientèle est constituée par les Allemands de l'Est, qui ont préféré des modèles plus petits et moins coûteux. L'évolution de l'emploi de cette commune dépend donc fortement de la situation de l'horlogerie à coucou.

Parmi les entreprises interrogées, seules deux entreprises montrent une évolution positive de l'emploi jusqu'en 1992. L'une d'elles est WIHA, spécialiste de la fabrication des tournevis, et l'autre Burger Industriewerk qui fabrique des articles en métal. WIHA, qui n'est pas originaire de Schonach, a délocalisé une partie de sa production à Mönchweiler. La maison-mère et l'administration sont restées à Schonach. C'est une entreprise en extension constante, comme le montrent la construction d'une nouvelle usine à Mönchweiler en 1965 et l'achat d'une filiale en 1991 dans les *Nouveaux Länder* (Thuringe). Depuis 1983, elle a doublé ses effectifs pour atteindre deux cent dix salariés en 1990. Malgré ce succès, elle a vécu la crise de 1992, comme presque toutes les entreprises de la région, en réduisant un peu l'emploi (- 4 %). Puis elle a repris. En 2002, elle compte au total trois cent soixante emplois dont deux cents à Schonach. Elle a songé à délocaliser une partie de la production à l'étranger[41]. À l'inverse de Burger à Triberg, elle est fière de sa capacité de livraison : *« 1 600 articles sont toujours en stock, cela veut dire que nous pouvons toujours livrer tout, tout de suite »*.

L'évolution la plus favorable est enregistrée à Schiltach et, dans une moindre mesure, à Mönchweiler et Tennenbronn. En ce qui concerne **Mönchweiler**, ce n'est pas du tout surprenant, puisque le site réunit les conditions les plus favorables de la région (bonne accessibilité autoroutière, proximité de Villingen-Schwenningen, présence d'infrastructures tertiaires). Surtout, la commune dispose d'une zone d'activités, donnant directement sur la route nationale, et elle fait tout pour conserver une taxe professionnelle de bas niveau. Les implantations des entreprises, en général en provenance des communes voisines, sont des « implantations choisies » dont l'objectif est d'améliorer les conditions de la production. Cependant, les graphiques montrent à l'évidence que la crise de 1992-93 ne s'est pas arrêtée aux portes de Mönchweiler.

Schiltach est une des communes les plus « riches » du Bade-Wurtemberg, grâce à ses entreprises peu nombreuses, mais très performantes et rassemblant, dans de nombreux cas, plus de trois cents salariés, comme HANSGROHE (cf. chap. 7.1.1.) ; BBS, fabricant de jantes de voitures ; les FRERES GRIESHABER, articles en métal (Metallwaren) et VEGA GRIESHABER, spécialiste des appareillages médicaux. Selon le maire-adjoint, *« le succès des entreprises dépend du management et de leur volonté d'innovation. Actuellement (1993), BBS est confrontée à un problème de licenciements à cause de la situation de l'automobile »*[42]. En 1993, une réduction de cent emplois (sur 480) était prévue. N'ayant pas pu obtenir d'entretien chez BBS, le résultat de notre enquête, qui indique une évolution positive pour Schiltach, n'est donc pas tout à fait exact. Cependant, les quatre entreprises interrogées ont connu une évolution positive depuis 1970, en dépit de la situation géographique peu avantageuse de Schiltach, située dans la vallée très étroite de la Kinzig. Ce qui a été certainement favorable pour le développement des entreprises locales, c'est la politique industrielle de la commune, dont l'un des objectifs prioritaires est de tout faire pour maintenir le secteur secondaire. Elle a effectué de gros travaux pour déplacer le lit de la Kinzig et, ainsi, procurer du terrain à bâtir à BBS. Et pendant les années 1970, elle a réussi à attirer d'autres entreprises. VEGA GRIESHABER, implantée à Wolfach et qui cherchait une possibilité d'agrandissement, s'est installée en 1979 à Schiltach avec tous ses employés.

Tennenbronn indique une tendance positive pour presque toutes les périodes. Mais depuis 1992, les handicaps de Tennenbronn se traduisent par une baisse progressive de l'emploi et, même, par une déclaration de faillite de l'une des deux plus grandes entreprises (Zehnder) fin 1993. Entre 1991 et 1993, la commune a déjà enregistré une perte de 15 % des effectifs industriels[43] et, avec la fermeture de ZEHNDER, disparaissent environ 450 emplois sans compter une réduction considérable de l'activité des travailleurs à domicile. Sa principale faiblesse est due à sa structure mono-industrielle, trois entreprises sur quatre appartenant au secteur « mécanique de précision » et produisant toutes des pièces tournées. En réalité, la commune dépend des décisions des groupes SCHNEIDER et SKT, deux grands employeurs.

Furtwangen et Schramberg, les communes les plus vastes de notre région d'enquête, montrent aussi, globalement, une tendance positive de l'emploi, mais elles ont chacune des entreprises en difficulté et la période 1980-1987 a été assez sombre. A Furtwangen, l'entreprise KETTERER & SÖHNE, une des vieilles affaires de la ville, a dû affronter des problèmes familiaux. Par contre, la diminution de l'emploi chez KŒPFER, entreprise traditionnelle de machines-outils, s'explique par des changements techniques continus. *« En principe, la situation de l'emploi est restée constante, si l'on prend en considération les effets de la rationalisation et de l'automatisation, alors cela veut même dire une augmentation »*[44].

Parmi les dix-sept entreprises interrogées à **Schramberg**, trois seulement ont eu des problèmes jusqu'en 1992, dont deux appartenant au secteur « bois ». N'ayant pas de renseignements plus précis, nous supposons que cela est dû à des restructurations - comme dans le cas de ZEYKO à Mönchweiler[45] - , et à un changement de processus de production pour les meubles. La troisième entreprise (C. HAAS), spécialiste de ressorts pour l'horlogerie, a trop longtemps misé sur une seule fabrication (85 % de la production). En 1972, HAAS a créé une autre entreprise, élaborant un nouveau produit : HAAS LASER. Au départ, l'idée était d'améliorer la méthode de la fabrication des ressorts et puis, l'outil est devenu un produit indépendant, un laser monolitique (Festkörperlaser) qu'on utilise, par exemple, dans la production des téléviseurs. Cette nouvelle entreprise a constamment augmenté ses effectifs.

Durant la récession des années 1990, la ville a dû affronter une nouvelle vague de licenciements. Le secteur de l'armement auquel appartiennent JUNGHANS et HECKLER&KOCH a subi les conséquences du changement dans la politique de défense et de la réduction des commandes. De son côté, l'entreprise KNEISSLER, spécialisée dans la construction mécanique, s'était orientée vers les marchés de l'Est qui se sont effondrés. *« Pendant six mois, Kneissler a été sans commande »*, nous confie le maire de Schramberg. D'après lui, une des raisons de la situation difficile de sa commune en 1993 a été que *« les entreprises ont commis la faute d'avoir trop longtemps attendu pour se diversifier »*. Malgré la tendance positive de l'emploi jusqu'en 1992 (du moins pour les entreprises interrogées), *« Schramberg est toujours trop dépendante de l'automobile, car il y a une domination de sous-traitants et c'est un danger pour la ville »*.

Les causes des dynamiques positive ou négative sont donc très variables. On relève d'abord les changements structuraux soi-disant « normaux », découlant des effets de la rationalisation et de l'automatisation, lesquels sont progressifs et indispensables si l'on veut rester compétitif. Ces mesures entraînent des diminutions d'emplois continues, mais, en général, lentes. Souvent, cela se traduit, dans notre région, par un non-remplacement des départs en retraite ou par une absence de recrutement des apprentis après la formation. Par contre, des mouvements beaucoup plus violents sont causés par les oscillations conjoncturelles. En principe, les récessions ont beaucoup plus de conséquences sur l'emploi que les relances. Si les commandes baissent, l'entreprise réfléchit à la façon de rester rentable et, en général, elle commence d'abord par des réductions d'horaires (Kurzarbeit/ Arbeitszeitverkürzung) avant de se résoudre à des licenciements. Pendant la phase de récession, elle cherche à améliorer ses possibilités de production par des mesures de restructuration et d'organisation, bref à dégager des gains de productivité. Lorsque la situation économique s'améliore, on ne recrute pas immédiatement de main-d'œuvre. Ainsi, très souvent, après une phase de récession, les emplois perdus ne sont pas totalement récupérés.

Dans notre région, la plupart des diminutions d'emplois coïncident, selon les renseignements donnés par les chefs d'entreprise, avec des phases de récession, soit celle des années 1974-75, soit celle des années 1980.

Les entreprises présentant des pertes d'emplois non liées aux récessions sont plus rares. Notre analyse nous révèle seulement deux cas pour les années 1970 et trois pour les années 1980. Il en est ainsi pour FALLER, à Gütenbach, qui s'était lancée dans la fabrication d'un produit où la concurrence était trop forte (fabrication des trains miniatures - cf. portrait de l'entreprise chap. 7.1.). Que les exemples de ce type soient rares prouve en définitive que les entreprises sont solides. Les à-coups sont issus de problèmes généraux qui affectent l'économie du pays dans son ensemble et non la région en particulier. C'est un élément fondamental pour l'avenir.

Puisque notre région est avant tout sensible aux changements conjoncturels, nous avons voulu vérifier le lien direct entre les diminutions d'emplois et les effets des différentes crises. Pour cette raison, nous allons examiner, d'abord, combien d'entreprises ont été réellement touchées par ces secousses de plus ou moins grande ampleur. Puis, nous nous intéresserons aux conséquences de ces ruptures et aux mesures de restructuration impulsées par les entreprises.

7.2.2. Les effets des crises des années 1970-1990

La crise de 1974-75 fut déclenchée par « le premier choc pétrolier ». On assista à un quadruplement du prix de pétrole (prix du baril passant de 3,40 à 11,30 dollars)[46], donc à un gonflement des coûts énergétiques. A cela, s'ajoutèrent, en Allemagne, des charges sociales de plus en plus élevées (hohe Sozialgesetze). L'inflation qui en résulta impliqua une augmentation considérable des salaires et surtout des charges sociales (Lehnnebenkosten). Les taux de salaires horaires s'accrurent de 10,6 et 13 % en 1973 et 1974[47]. Une diminution de l'investissement et une réduction de l'emploi en découlèrent. Le seul secteur qui a pu profiter provisoirement de la situation a été l'industrie charbonnière. La relance économique se fit seulement en 1976, grâce à des aides directes de l'État.

Cette première secousse fut suivie du deuxième choc pétrolier en 1979. Puis, la brusque montée du dollar en 1980-81 a pesé sur les prix. Les salaires restant modérés, la demande a baissé. Le recul de la production s'est naturellement accompagné d'une détérioration du marché du travail (Arbeitsmarktverschlechterung). Après trois ans de récession, la reprise ne s'est dessinée qu'à la fin de l'année 1982. À la suite de cette crise, de profondes restructurations ont été conduites par la plupart des secteurs industriels pour obtenir « des possibilités de production plus efficaces et plus économes en personnel »[48]. On tenta de limiter la hausse des salaires. La stratégie politique a été d'apporter un soutien du côté de l'offre par une baisse des prestations sociales (Sozialleistungen), une diminution des impôts professionnels (Unternehmenssteuern) et, en même temps, par une augmentation de la TVA (Verbrauchssteuern, z.B. Mehrwertsteuer). Mais ce fut surtout grâce à la hausse du dollar, qui a rendu les produits allemands moins chers à l'étranger, et à une baisse du prix de pétrole (1985) que l'économie allemande connut une nouvelle phase de haute conjoncture à partir de 1987.

7.2.2.1. Les entreprises touchées par les crises

La région Schwarzwald-Baar-Heuberg fut fortement touchée par les différentes crises en raison d'une trop grande concentration de l'industrie sur quelques secteurs. Ainsi, en 1970, dans le *Kreis Schwarzwald-Baar*, 52,4 % (40,1 % pour le *Kreis Rottweil*) des emplois industriels relevaient des secteurs « mécanique de précision », « horlogerie », « électrotechnique » et « ferblanterie » (EBM-Waren)[49]. En 1987, ce chiffre s'élevait toujours à 53,3 % (dans le *Kreis Rottweil* à 30,4 %). En 1993, ce taux a été ramené à 38,5 %[50]. Pour le *Kreis Rottweil*, par contre, le poids de ces secteurs a légèrement augmenté (38,8 %). Un grand nombre d'emplois a été fourni pendant longtemps par les grandes entreprises fabriquant du matériel hi-fi (Unterhaltungselektronik) comme DUAL, à St. Georgen, ou SABA, à Schwenningen, appartenant à l'époque au *Kreis Rottweil*.

Graph. 42 - Entreprises touchées par les crises des années 1970 et 1980 (en % par rapport à l'ensemble des réponses données)

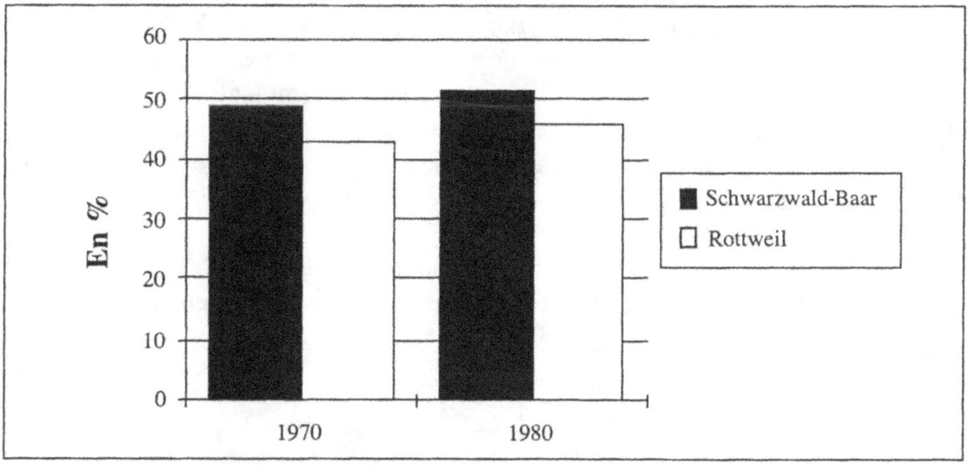

Source : Enquêtes menées entre 1992 et 1994.

Dans l'horlogerie surtout, plusieurs établissements durent fermer leurs portes dans les années 1970. D'autres essayèrent de survivre par des mesures de rationalisation et d'automatisation. Elles furent, cependant, confrontées à des problèmes presque insurmontables avec, d'une part, les importations bon marché des pays asiatiques et, d'autre part, les augmentations continues des frais de personnel. Il en résulta de grandes vagues de licenciements. Depuis 1970, l'horlogerie a perdu environ quatre mille emplois[51]. Même si de nouvelles entreprises ont été créées dans d'autres secteurs, seule une partie de cette main-d'œuvre libérée a pu être réemployée.

Contrairement à cette image pessimiste, le résultat de notre enquête est plus optimiste (cf. Graph. 42). Selon les renseignements fournis par les responsables d'entreprise qui ont réussi à surmonter les différents moments de crise, à peine la moitié des entreprises du *Kreis Schwarzwald-Baar* et moins encore dans le *Kreis Rottweil* furent réellement touchées par la dépression des années 1970. Même si notre enquête ne concerne que la moitié des entreprises existantes et si nous n'avons pas comptabilisé toutes celles qui furent touchées et qui ont dû fermer, ce résultat montre qu'il reste, dans la région, un bon nombre d'entreprises qui ont eu un développement positif malgré la crise.

La deuxième crise des années 1980 à 1982 fut surtout catastrophique pour la hi-fi (Unterhaltungselektronik), touchant de plein fouet DUAL et SABA, en raison de la concurrence asiatique. A nouveau, le *Landkreis Schwarzwald-Baar* a été le plus frappé (51 % des entreprises par rapport à 46 % pour le *Kreis Rottweil* - cf. Graph. 43) à cause de la ville de St. Georgen, siège de DUAL et d'importantes entreprises de l'horlogerie qui furent à nouveau secouées par les difficultés.

Dans l'ensemble, le *Landkreis Schwarzwald-Baar* fut plus sensible à ces aléas, car les secteurs fragiles (l'horlogerie et ses sous-traitants du domaine du métal) sont un peu plus représentés. Par contre, dans le *Kreis Rottweil*, ce sont plutôt les secteurs en croissance, comme, par exemple, les instruments médicaux et la construction mécanique, qui sont bien implantés. En outre, les usines fabriquent plus souvent des produits finis et sont donc moins dépendantes d'autres branches. Cependant, il serait exagéré d'accentuer l'opposition entre les deux Landkreise.

Graph. 43 - Branches touchées par les crises des années 1970 et 1980 (en % des entreprises enquêtées)

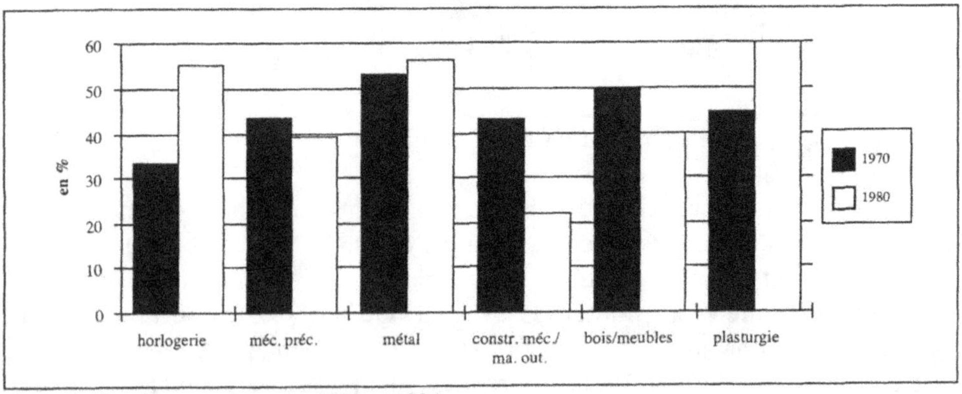

Source : Enquêtes menées entre 1992 et 1994.

Si l'on observe les différentes industries (cf. Graph. 43), la métallurgie dans son ensemble a été très touchée par les deux crises, car c'est généralement un domaine de sous-traitance. En revanche, depuis 1983, ce secteur a retrouvé la croissance et a augmenté ses effectifs. Il rassemblait 9 % des ouvriers en 1970, 20 % en 1987 et 18 % en 1993[52].

Tab. 15 - Les entreprises touchées par les crises de 1970 et 1980

Crise des années 1970			
	Non	**Oui**	
	36	**34**	dont : augmentation d'emplois : 18 diminution d'emplois : 8 évol. d'emplois constante : 5
Dont touchées par les **crises des années 1980**			
Non	**25**	**9**	
Oui	**11**	**25**	dont : augmentation d'emplois : 14 diminution d'emplois : 11
Relance	1		
Inconnu	1		

Source : Enquête menée entre 1992 et 1994.

La plasturgie a surtout connu des problèmes à partir de 1980. Du fait de l'importance croissante du mouvement écologiste, cette branche a dû lutter contre la mauvaise réputation des matières plastiques. De même, l'augmentation du prix du pétrole n'a pas été sans conséquences.

La majorité des entreprises victimes de la crise des années 1970 a été également touchée par celle des années 1980 (25 sur 34, cf. Tab. 15) avec un pourcentage important à Vöhrenbach (66,6 % des entreprises locales), Schonach (50 %) et Schramberg (41 %). C'est donc dans ces communes que les récessions ont frappé avec le maximum de dureté et que les entreprises ont eu le plus de mal à s'adapter. A Vöhrenbach, les industries métallurgiques sont fortement représentées d'où, sans doute, une trop grande concurrence locale. A Schonach, l'horlogerie domine et à Schramberg on recense un très grand nombre de sous-traitants de l'automobile. L'augmentation du prix du baril de pétrole et un ralentissement de la consommation des ménages du fait de la hausse des prix[53] ont eu des conséquences sur l'ensemble de la filière automobile, en affectant aussi bien les constructions que les sous-traitants.

Mais, si l'on considère que plus de la moitié des entreprises **touchées par les deux crises** ont enregistré une augmentation du nombre d'emplois durant la période 1980-1987, cela montre leur capacité de réaction. La récession a même eu des effets positifs, en obligeant les entreprises à réagir et à recourir à des mesures de restructuration.

Le nombre des entreprises **affectées par la crise de 1970, mais non par celle des années 1980,** est beaucoup moins élevé. Elles ne sont que neuf (cf. Tab. 14). Il s'agit surtout d'entreprises de la ville de Furtwangen, qui ont même augmenté constamment leurs effectifs jusqu'en 1992 (REINER, SCHERZINGER, ZIER, SAUTER).

Graph. 44 - Les entreprises touchées par la crise des années 1970 dans les différentes communes

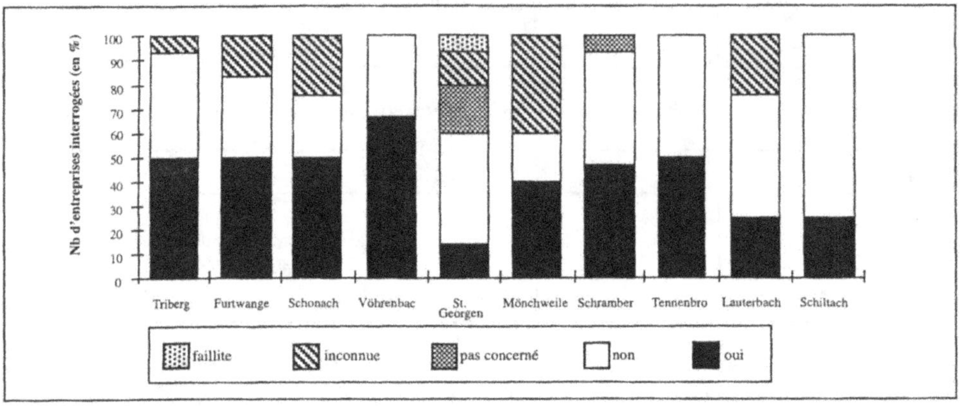

Source : Enquêtes menées entre 1992 et 1994.

Graph. 45 - Les entreprises touchées par la crise des années 1980 dans les différentes communes

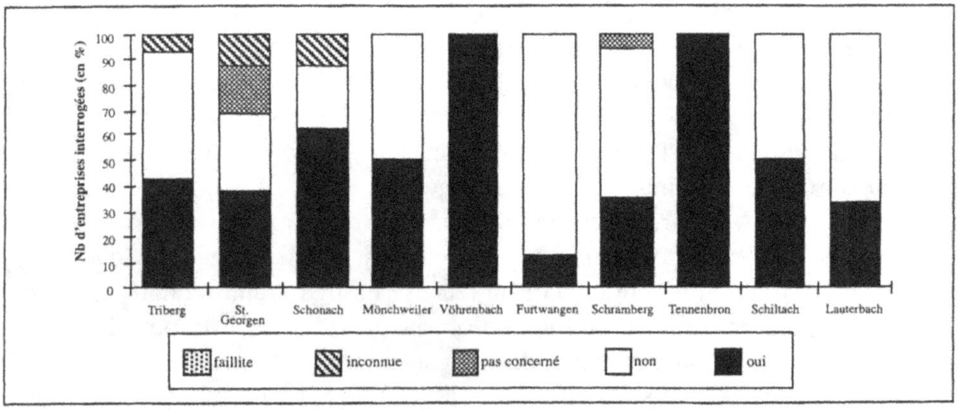

Source : Enquêtes menées entre 1992 et 1994.

Le **cas inverse** existe aussi : une dizaine d'entreprises, n'ayant pas été touchées par la crise de 1974-75, ont subi celle des années 1980. Sept d'entre elles indiquent une augmentation d'emplois malgré cette récession « vécue ». Les effets de la crise ont donc dû être relativement minimes, à moins que ces entreprises très flexibles aient su réagir immédiatement à la récession. Ainsi, les entreprises GRÄSSLIN et MATHIAS BÄUERLE de St. Georgen, dépendant toutes les deux d'un seul marché, ont su se diversifier. HAHN, à Schonach, fabricant de vis, qui travaillait beaucoup avec les Américains, a souffert de la baisse du dollar durant les années 1980 et s'est efforcé de trouver d'autres clients. Quant à l'entreprise SCHWARZWALD-PLASTIK à St. Georgen, c'est l'exemple classique d'un sous-traitant dont le client principal a fait faillite.

Selon les graphiques 44 et 45, la crise des années 1970 a été ressentie, pratiquement dans toutes les **communes**, par environ la moitié des entreprises interrogées, un peu plus pour les entreprises de Vöhrenbach et un peu moins pour celles de Schiltach et Lauterbach. Ce sont justement les communes à tendance monostructurelle (Monostruktur) qui ont souffert dans les années 1980 : Vöhrenbach (industrie métallurgique), Schonach (horlogerie) et Tennenbronn (pièces tournées). Pourtant, ce n'est pas l'impression que l'on a en observant les résultats des statistiques officielles du *Land* Bade Wurttemberg pour les années 1980 à 1987 (cf. Fig. 18 « Évolution des emplois industriels »). Si Vöhrenbach a connu une baisse considérable des emplois industriels (- 18,6 %), Schonach et Tennebronn comptent parmi les communes présentant une évolution positive. En ce qui concerne la ville de St. Georgen, notre enquête laisse à penser qu'elle ne fut pas tellement touchée par les crises, ce qui ne correspond pas à la réalité. Dans cette recherche ne sont comptabilisées ni les entreprises ayant fait faillite avant notre enquête, ni celles fortement touchées, car la plupart ne nous ont pas reçu. A Schiltach, les entreprises, bien que secouées par la crise - surtout par celle de 1982-83, sont restées performantes et elles ont constamment augmenté leurs effectifs.

En ce qui concerne l**a taille**, on peut retenir que ce sont surtout les petites entreprises, employant entre cinquante et cent personnes, qui ont été touchées par la crise de 1974-1975. Celle des années 1980 frappa toutes les catégories, hormis les entreprises les plus grandes, celles ayant plus de cinq cents salariés. Il est possible que les établissements les plus importants aient disposé des moyens nécessaires pour engager plus rapidement des mesures de restructuration. Que, dans notre région, les petites entreprises aient été plus sensibles aux fluctuations conjoncturelles des années 1970 peut s'expliquer par les problèmes de Triberg et Schonach, où beaucoup de petites affaires presque artisanales travaillent dans l'horlogerie et dans le traitement des métaux, deux secteurs fragiles.

Graph. 46 - La taille des entreprises touchées par les crises des années 1970 et 1980 (en % des entreprises enquêtées)

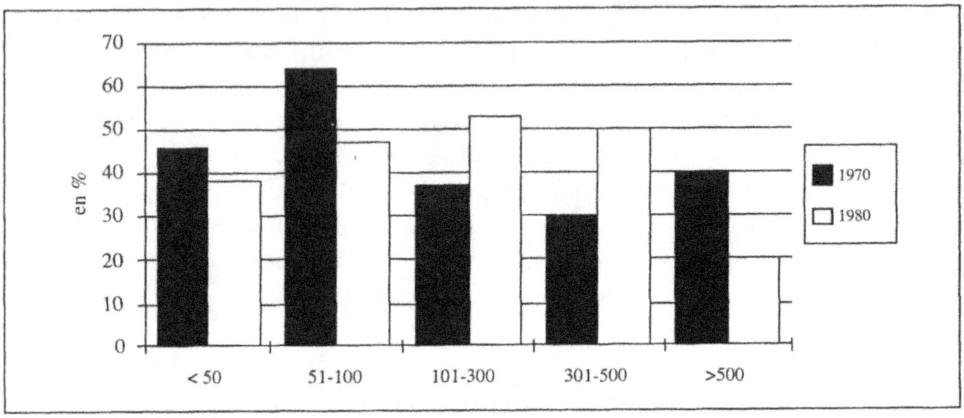

Source : Enquêtes menées entre 1992 et 1994.

7.2.2.2. Les causes et les conséquences des différentes crises

C'est surtout la situation de sous-traitance de notre région et le danger d'une trop grande dépendance que notre analyse fait apparaître. L'argument le plus souvent avancé est qu'une branche majeure, durement touchée, entraîne avec elle ses sous-traitants. Durant les années 1970, la crise de l'horlogerie a eu des répercussions sur une foule d'ateliers spécialisés dans l'élaboration des pièces, qu'elles soient en métal ou en bois. Les difficultés de la construction mécanique durant la même période ont affecté la mécanique de précision, la plasturgie et la robotique. On pourrait multiplier les exemples.

Pour les années 1980, les difficultés ont été plus générales : crise, surtout dans la hi-fi et l'horlogerie, mais aussi dans le bâtiment, la construction mécanique et l'automobile avec des effets sur les sous-traitants. Enfin, la dernière crise en 1991-93 a fortement marqué l'industrie automobile et le grand nombre de sous-traitants très liés à cette activité.

Pour les crises des années 1980, beaucoup d'entreprises ont indiqué comme causes essentielles les effets de la crise générale. Parmi les autres raisons citées, mais moins importantes, elles évoquent la politique tarifaire, la hausse du dollar, le poids des stocks, la faillite d'un client principal et les conséquences du prix du pétrole. En fait, cette dernière raison a été beaucoup plus importante pour la crise des années 1970.

Pour la crise du début des années 1990, les problèmes de l'automobile sont liés à des mutations générales, comme la baisse de la demande, due à un marché en voie de saturation dans les pays industrialisés. Ces grandes firmes de l'automobile ont adopté une politique des prix très dure envers les sous-traitants.

Les salaires plus bas dans les pays de l'Est comme la Pologne, la République Tchèque, la Hongrie, etc., rendent ces pays de plus en plus intéressants comme localisation industrielle. S'ajoutent à cela les problèmes dérivant de la réunification et de l'ouverture des frontières de l'Est. On a mal estimé les besoins et la solvabilité (voir le cas des entreprises traitant avec la CEI) de ces nouveaux marchés. De même, la restructuration de l'Allemagne de l'Est a coûté plus cher que prévu et la clientèle a été longue à se manifester. Au total, pour beaucoup de secteurs, on a enregistré des baisses de commandes de 15 à 30 % (DOLD - métaux, AZ-ARMATUREN - sanitaire, WEIßER&GRIESHABER - plasturgie, GUTMANN - meubles, REBMANN - mécanique de précision, etc.).

Graph. 47 - Les raisons des crises selon les chefs d'entreprise

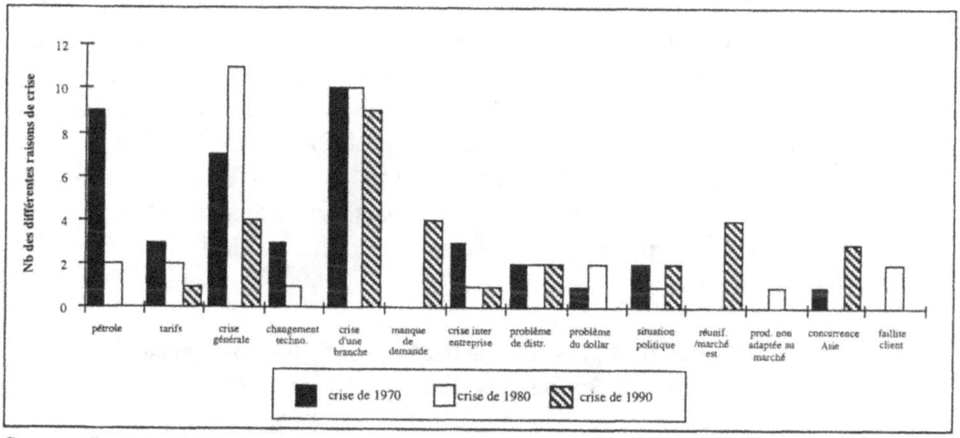

Source : Propre calcul enquête.

Graph. 48 - Les conséquences des crises de 1970 et 1980

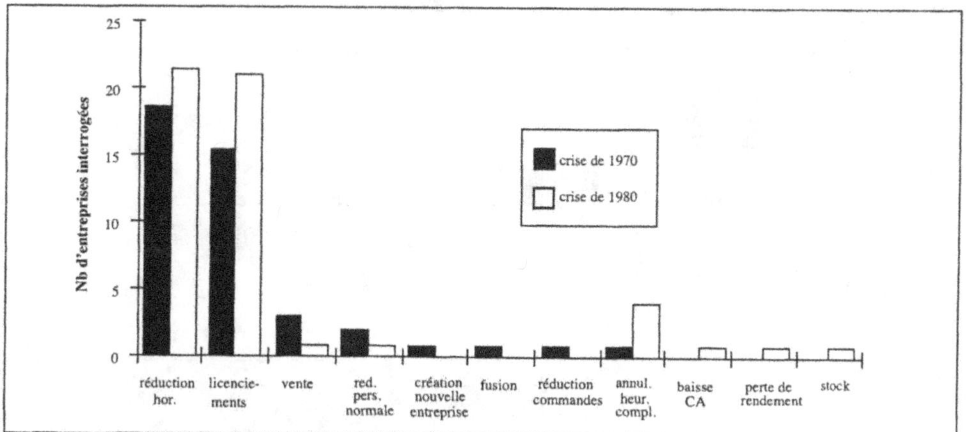

Source : Enquêtes menées entre 1992 et 1994.
Méthode : Les entreprises ont pu donner plusieurs réponses.

De surcroît, les entreprises de l'Ouest sont en compétition avec celles de l'Est, comme l'explique le responsable d'une petite entreprise de 18 employés, fabriquant des toits métalliques pour les collectivités locales : « *Actuellement, les besoins se trouvent en Allemagne de l'Est. Seulement en ce qui concerne les concours de l'État (öffentliche Aussschreibungen), les entreprises de l'Est ont plus de chances de les obtenir en raison de la politique du BUND qui soutient l'industrie de l'Allemagne de l'Est* ».

En général, les entreprises ont réagi d'abord par des réductions d'horaires, ce qu'on appelle du chômage partiel (Kurzarbeit), puis par des licenciements. Pour la crise des années 1980, tant les licenciements que les réductions d'horaires ont pris davantage d'importance car la secousse a été plus profonde.

Les entreprises ont réagi par des mesures de restructuration, dans la plupart des cas identiques : automatisation, diversification et introduction de nouvelles technologies. Dans les années 1970, l'automatisation et la mécanisation ont été les directions essentielles empruntées par les entreprises. Par contre, dans les années 1980, l'introduction des nouvelles technologies et la diversification de la production ont semblé plus utiles et plus efficaces. On a également davantage investi dans la formation des apprentis et dans le domaine de la R&D (F&E / Forschung und Entwicklung).

Graph. 49 - Les mesures de restructuration des entreprises à la suite des crises des années 1970 et 1980

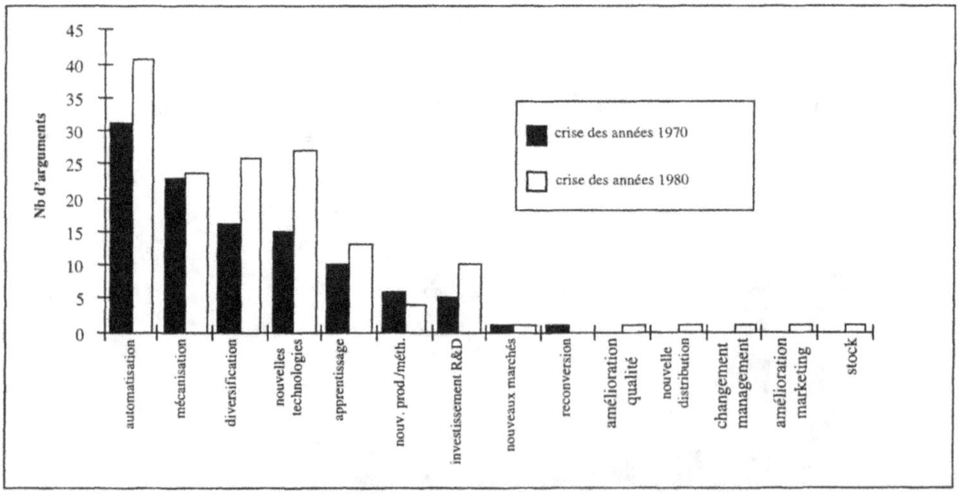

Source : Propre calcul - enquête 1992/94.

A l'aube des années 1990, les orientations ont encore évolué. Au lieu de licencier, on préfère souvent recourir à un « temps de travail flexible » (flexible

Arbeitszeitregelung). Ainsi, par exemple, chez Volkswagen (1993), on propose de travailler quatre jours sans compensation de salaire (ohne Lohnausgleich)[54]. Cette solution implique moins de travail pour l'ensemble du personnel, mais aussi une réduction des salaires et du pouvoir d'achat par ménage. Les entreprises de la Forêt-Noire considèrent que le licenciement a des conséquences catastrophiques sur les conditions de travail dans l'entreprise. En cas de crise, il est indispensable que la main-d'œuvre reste motivée et elle l'est bien davantage en gardant son travail, même avec une perte d'argent. Selon les chefs d'entreprise, les employés acceptent cette situation difficile. Ils ont non seulement renoncé en 1993 à une augmentation des salaires, mais ils ont même accepté des réductions.

Cependant, les mesures de restructuration pratiquées aujourd'hui comprennent souvent de nombreux volets. Il s'agit aussi de changer les structures du management et de mettre l'accent sur le marketing et l'assurance qualité (Qualitätssicherung). Dans la Forêt-Noire, comme partout ailleurs, la solution réside dans le mot « lean » : « lean production » (schlanke Produktion) et « lean management », ce qui signifie moins de hiérarchie et plus de travail en équipe, mais aussi un accroissement de l'externalisation et un lien plus marqué avec des sous-traitants directs (Subunternehmen).

L'analyse de l'évolution de l'emploi ainsi que la présentation de l'historique des entreprises soulignent des divergences entre les statistiques officielles et la perception de la situation par les entreprises. On obtient alors une nouvelle typologie des communes enquêtées qui reflète l'opinion des chefs d'entreprise quant à l'évolution probable de leur entreprise. On peut ainsi distinguer quatre catégories : les communes avec une évolution d'emploi positive et celles où elle est négative, ainsi que deux autres groupes où l'évolution est moins nette, mais qui montrent des tendances soit négatives, soit positives (cf. Fig. 24).

Au premier groupe appartiennent les communes de **Furtwangen, Mönchweiler et Schiltach**. C'est grâce à une offre importante en matière de formation et de transfert technologique, à une situation géographique favorable, ou encore à la performance des entreprises elles-mêmes, que ces communes montrent un bilan positif.

En revanche, la position de **Schonach, Schönwald et Gütenbach**, au cœur de la Forêt-Noire, outre leur orientation accentuée vers le tourisme, n'a pas favorisé l'essor industriel et ce sont des communes à tendance négative

Dans le cas de **Vöhrenbach, Schramberg et Tennenbronn**, notre troisième groupe, nos recherches révèlent pour ces trois communes une tendance positive bien que les entreprises admettent leur vulnérabilité au cours des crises. L'avantage de Vöhrenbach est certainement lié à sa proximité de Furtwangen. Selon les statistiques officielles, l'évolution de l'emploi industriel montre des

Fig. 24 – L'ÉVOLUTION DE L'EMPLOI : LA PERCEPTION DES CHEFS D'ENTREPRISE (depuis 1970)

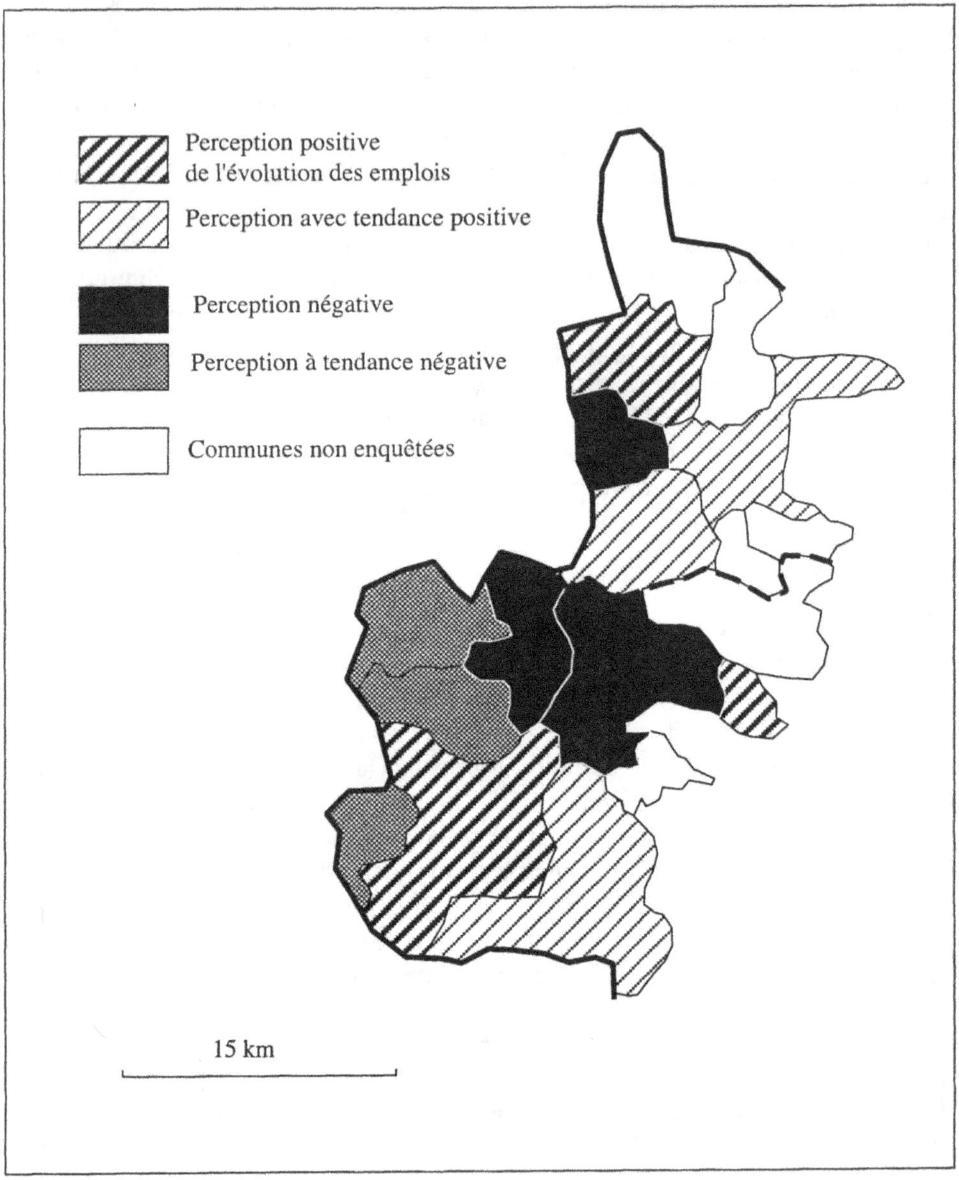

Source : Enquêtes menées entre 1992 et 1994.

fluctuations assez importantes, de -18 % pour la période 1980-1987 et de + 19 % pour celle allant de 1987 à 1993. Mais, durant la dernière crise, Vöhrenbach n'a connu qu'une faible baisse de – 4 %[55].

La perception relativement positive de l'évolution des emplois de Schramberg s'explique surtout par la situation favorable de sa zone d'activités de Sulgen, proche de l'autoroute et où les entreprises ont suffisamment d'espace pour s'étendre et produire sur un seul niveau. Être installé à Schramberg signifie, aussi, être à mi-chemin entre Stuttgart et le Lac de Constance ou la Suisse. Mais les résultats des statistiques officielles sont beaucoup plus pessimistes. Ils indiquent un bilan négatif des emplois industriels depuis 1980, même s'il y a une légère amélioration au cours des dix dernières années.

Pour le futur, les entreprises de Tennenbronn sont assez optimistes, mais elles se rendent également compte de leur fragilité. En l'absence d'une situation géographique très favorable, d'un centre de transfert ou d'autres atouts, la structure mono-industrielle peut être redoutable. Pourtant, la croissance n'a pas cessé, même durant les périodes de crise.

Le dernier groupe comprend **Triberg, St. Georgen et Lauterbach**, communes les plus touchées par les crises, soit à cause de leur orientation sectorielle et de la présence de branches hautement concurrencées par les pays asiatiques, soit en raison de leur vieilles structures traditionnelles et d'une situation géographique défavorable. Bien que les résultats des statistiques officielles soient très pessimistes, les entreprises le sont moins, comme nous l'indique notre enquête. La localisation à St. Georgen n'apparaît pas moins défavorable dans l'esprit des chefs d'entreprise que ne le laissent supposer les chiffres : une liaison ferroviaire, une assez bonne desserte routière et une zone d'activités, certes moins bien structurée que celle de Schramberg ou de Mönchweiler, constituent autant d'avantages.

Une évolution positive n'est pas seulement liée à la localisation. D'autres éléments sont nécessaires pour une réussite. Même implantées en un lieu difficile, certaines entreprises innovantes et bien gérées réussissent à tirer leur épingle du jeu. Il peut donc y avoir dans toutes les communes des entreprises performantes.

L'histoire des entreprises nous aide à comprendre cette apparente contradiction. La sous-traitance (71 % des entreprises) et la tendance à une structure mono-industrielle sont les deux grandes faiblesses de la région. Ainsi, les crises ont eu des conséquences graves engendrant des pertes d'emploi considérables, mais elles ont eu aussi un effet positif en déclenchant des mutations structurelles importantes. Selon le slogan « Not macht erfinderisch » (nécessité est mère d'inventions), nous nous trouvons aujourd'hui en face d'un grand nombre d'entreprises pour lesquelles les principes suivants sont primordiaux : orientation exclusive vers les besoins de la clientèle (kundenorientiert sein), recherche d'un créneau spécifique (Nischenprodukt), rejet de la production de masse (keine Serien- oder Massenfertigung), utilisation de procédés de pointe (hochtechnologische Verfahrensmethoden), renforcement de l'assurance qualité (Qualitäts-sicherung) et souci constant de l'innovation (innovativ sein). Ces facteurs apparaissent, en définitive, comme étant beaucoup plus importants que la localisation géographique.

Il faut aussi insister sur l'apparition d'une **nouvelle génération de chefs d'entreprise**. L'ancien patron et chef de famille qui décide de tout, mais qui est guidé par un grand attachement à la région, disparaît peu à peu. Cette évolution résulte d'une plus grande ouverture extérieure, suite à la globalisation et à la mondialisation des entreprises, mais aussi d'une autre formation des jeunes entrepreneurs ou fils d'anciens entrepreneurs. Ce changement dans la direction peut être déjà constaté pour les entreprises créées pendant les années 1960, mais est surtout visible pour les établissements plus récents. Les maîtres mots sont désormais **rentabilité** et **compétitivité**. Ces entrepreneurs quitteront plus facilement leur lieu d'implantation, surtout s'ils ne sont pas originaires de la région, comme c'est le cas dans plusieurs entreprises installées dans les anciens locaux de l'entreprise DUAL à St. Georgen. Nous avons pu constater, lors de nos entretiens, que l'idée d'une délocalisation ne leur est pas étrangère.

Notes

1 - Le terme « choix du lieu d'implantation » (Standortwahl) désigne l'endroit où l'entreprise s'installe. En revanche, « la raison de création » (der Ansiedlungs- oder Niederlassungsgrund) demande le « pourquoi » de la création et non pas l'endroit. On peut très bien décider volontairement de créer une entreprise tout en profitant d'une opportunité, d'un héritage, d'une entreprise à reprendre ou à acheter.

2 - Informations concernant l'historique : *Anuba Beschläge, X. Heine & Sohn Gmbh, Präzise Beschlagtechnik aus dem Schwarzwald*, édition de janvier 1990.

3 - L'historique des entreprises WEISSER et MATHIAS BÄUERLE : prospectus d'entreprise pour leurs 125 ans d'existence.

4 - *Wirtschaft im Südwesten*, août 1995, pp. 22/23.

5 - Entretien avec M. Jung le 17 août 1993.

6 - *Wirtschaft im Südwesten*, mars 1995, p. 28.

7 - Schwarzwälder Bote, édition spéciale du 19 juin 1996, « Bienvenue dans la nouvelle usine Hansgrohe », le projet a coûté 40 millions DM.

8 - Chiffre: *Wirtschaft im Südwesten*, octobre 1991, p. 41.

9 - Renseignements concernant l'entreprise KUNDO : obtenus lors de l'entretien avec M. Dr. Obergfell jun. de l'entreprise KUNDO-SYSTEMTECHNIK, le 19 août 1993.
À notre grand regret, nous n'avons pas pu obtenir d'entretien avec l'entreprise KUNDO-STAIGER, ce qui s'explique probablement par la situation conjoncturelle plus difficile.

10 - Entretien avec Madame Nerlinger, entreprise KAISER Metallwaren, le 6 mai 1994.

11 - Entretien avec M. Lang le 5 août 1993.

12 - Informations recueillies lors de l'entretien chez HEINEMANN, en août 1993, avec M. Seifert, directeur technique (Betriebsleiter).

13 - Cf. article dans le *Südkurier* du 4 août 1993 : « Sang- und Klanglos - das lautlose Ende der Firma Dual in St. Georgen » et dans la *Badische Zeitung* du 23 déc. 1992, « Dual macht im Schwarzwald demnächst die Tore dicht ».
14 - En ce qui concerne le choix de la localisation, AZ avait tenté de demeurer dans la « Raumschaft » (Schonach, Schönwald, Triberg), ce qui souligne notre hypothèse behavioriste (verhaltenstheoretischer Ansatz) selon laquelle le principe de la proximité est l'un des éléments fondamentaux pour une recherche de localisation. *« Les créations d'entreprises se font de préférence au lieu de résidence et les délocalisations ont lieu dans les alentours les plus proches. L'espace de la recherche d'une localisation est en réalité plus réduit que celui des localisations possibles. La recherche d'une nouvelle localisation se concentre sur un espace très limité qui est connu par l'expérience personnelle »* . Citation dans K. Arnold,1992, p. 125 d'après Ballestrem (1974) : *« Neugründungen werden überwiegend am Wohnort vorgenommen und Verlagerungen von Betrieben erfolgen über möglichst kurze Distanzen. Der tatsächliche Standortsuchraum ist viel kleiner als das Gebiet aller möglichen Standorte. Die Standortsuche ist auf einen engen Raum begrenzt, der persönlichen Erfahrung zugänglich ».*
15 - Entretien avec M. Wisser jun., le 1er septembre 1994.
La direction pense qu'on aurait pu choisir une autre localisation dans les années 1970, par exemple à Baden-Baden, dans la vallée du Rhin, ce qui aurait été peut-être plus avantageux. Mais à cette époque, il y avait des problèmes pour trouver des travailleurs spécialisés sur le marché du travail et l'entreprise a craint de perdre une main-d'œuvre de qualité par une telle délocalisation.
16 - Entretien avec M. Köhler, le 27 octobre 1993.
17 - *Wirtschaft im Südwesten*, juin 1995, p. 44.
18 - *Wirtschaft im Südwesten*, juin 1995, p. 44.
19 - Entretien avec M. Firner, de l'entreprise MS MAGNETFABRIK Schramberg, le 6 mai 1993.
20 - *Wirtschaft im Südwesten*, janvier 1995, pp. 20/21.
21 - Entretien avec Monsieur Furtwängler, responsable du Marketing, le 16 août 1993.
22 - Entretien avec Monsieur Fehrenbacher le 11 août 1993.
23 - Entretien avec Monsieur Lorenz le 11 août 1993.
24 - *Südkurier* du 12 janvier 1991, article : « Erfolgsbilanz besonderer Art » - Nous n'avons pas de chiffres plus actuels car ces entreprises ne rentrent pas dans la taille d'entreprise retenue. Bien souvent, elles ont moins de 10 salariés. Chez d'autres plus importantes, nous n'avons pas pu obtenir d'entretien, à l'exception d'une seule, COSUS, entreprise de 17 salariés.
25 - Entretien avec Monsieur Knorpp, directeur général de PE, le 26 juillet 1993.
26 - L'allemand utilise dans ce contexte le terme « Mitbewerber » pour souligner l'idée qu'il y a plusieurs candidats pour un poste et que le meilleur l'emporte.
27 - *Südkurier* du 9 février 1991, article : « Startphase ohne Störungen ».
28 - L'un des programmes de soutien économique (Wirtschaftsförderungs-programme) du *Land* Bade-Wurtemberg.
29 - F. Neumark (1985, pp. 21/22) différencie les deux termes « récession » et « crise ». La récession est caractérisée par une stagnation du produit national brut (PNB - Bruttosozialprodukt/BNP) avec une augmentation du taux de chômage, encore « normal ». La crise, par contre, signifie une réduction absolue et relative de tous les indicateurs économiques importants comme le PNB, le nombre d'emplois et les prix. Ainsi, on peut parler d'une crise des années 1929-30. En général, il s'agit plutôt de récessions (années1974-75 et 1982-83). Par contre, selon K.G. Zinn (1994), dans la situation actuelle (les années 1990), *« le chômage, les pertes sociales, l'endettement de l'État et la perte de confiance dans la politique font penser aux années 1930 ».*
30 - CAPUL (J.-Y.), GARNIER (O.) : *Dictionnaire d'économie et de sciences sociales*, Hatier Initial, Paris 1994, p. 344.
31 - Nous avons également vérifié le nombre d'emplois des différentes entreprises dans une publication officielle et annuelle, « le Kompass », descriptif détaillé de la plupart des entreprises.

32 - Il s'agit uniquement des salariés assurés et déclarés.
33 - L'importance de ces branches dans la région - pour l'ensemble des entreprises de plus de 10 salariés - est, par ordre décroissant, la suivante : la mécanique de précision, le traitement des métaux, l'horlogerie, la plasturgie, le bois et les meubles, l'électronique et la construction mécanique et les machines-outils.
34 - Entretien avec M. Kopp le 5 mai 1004.
35 - Entretien avec M. Löhning, de l'entreprise J.G.WEISSER & SÖHNE, le 23 juillet 1993.
36 - Entretien avec Monsieur Moosmann, de l'entreprise KNEISSLER à Schramberg, le 13 septembre 1994.
37 - Entretien avec Monsieur Bayer le 4 mai 1993.
38 - Entretien avec Madame Burger, de l'entreprise Emil BURGER, le 26 octobre 1993.
39 - Durant nos enquêtes cela fut le cas de KUNDO/STAIGER, PAPST, HALLER et SCHNITZER à St. Georgen
40 - Entretien avec Monsieur HAAS, maire de Schonach, le 23 août 1993.
41 - *Südkurier* du 3 mars 1990, article «Wiha in Schonach une Mönchweiler -Wachstum seit 40 Jahren» et du 29 décembre 1992, article «Bei WIHA Steigerungen erreicht».
42 - Renseignements obtenus de M. Krumbach, Hauptamtsleiter de Schiltach, le 29 octobre 1993. L'entreprise BBS elle-même ne nous a pas donné de rendez-vous.
43 - Renseignements obtenus du maire de Tennenbronn, Monsieur Dold, le 30 août 1994.
44 - Entretien avec Monsieur Zimmermann, responsable technique (technische Leitung, Prokurist) de l'entreprise KŒPFER & SÖHNE, le 7 octobre 1992.
45 - Cf. chap. 7.2.1.1.- *L'évolution de l'emploi selon le secteur d'activité.*
46 - SCHNEILIN (G.), SCHUMACHER (H.), *Économie de l'Allemagne depuis 1945*, Paris, 1992, p. 67.
47 - DEMOTES-MAINARD (M.), *L'économie de la RFA*, Paris , 1989, p. 35.
48 - *Idem*, 1989, p. 41.
49 - Nos propres calculs selon le recensement de 1987.
50 - Résultat de notre enquête menée entre 1992 et 1994 (pour le total des entreprises existantes de plus de 10 salariés) dans le *Kreis Schwarzwald-Baar* : mécanique de précision (21 %), horlogerie (10,8 %), électronique (6,7 %). Pour notre région d'étude le total est de 38,7 % pour l'ensemble de ces branches dont : mécanique de précision (23 %), horlogerie (9 %) et électronique (6,7 %).
51 - *125 Jahre Industrie- und Handelskammer Schwarzwald-Baar-Heuberg, Dokumentation zum 125-jährigen Jubiläium,* Dezember 1992, Villingen-Schwenningen, p. 40.
52 - Chiffres de 1970 : *125 Jahre de la IHK Schwarzwald-Baar-Heuberg*, 1992, p. 40 - calcul d'après la base du recensement de 1970. Chiffre de 1987 : recensement 1987, cf. propres calculs et pour 1993 : notre enquête de 1992 à 1994.
53 - Cf. DEMOTES-MAINARD (M.), *L'économie de la RFA*, Paris 1989, p. 36.
54 - Pendant longtemps, la politique des syndicats a été de n'admettre une réduction du temps de travail que si le travailleur obtenait le même salaire qu'auparavant. Chez Volkswagen, une réduction du temps de travail de 36 heures à 29 heures (20 %) signifie également une réduction du salaire de 20 %.
55 - Propres calculs basés sur les statistiques annuelles du Land Bade-Wurtemberg.

Chapitre 8

QUEL AVENIR INDUSTRIEL POUR LA RÉGION ?

8.1. LE REGARD DES CHEFS D'ENTREPRISE SUR UN DÉVELOPPEMENT FUTUR

Les réponses des chefs d'entreprise concernant le développement futur de la région, d'une part, et de leur propre entreprise, d'autre part, sont opposées. En général, ils ne donnent pas beaucoup de chance à la région, mais ils sont persuadés d'une expansion de leur propre entreprise. Il est difficile de comprendre cette contradiction. Tout se passe comme s'ils ne voyaient pas les liens entre territoire et entreprise. Est-ce parce qu'ils se détachent de plus en plus de la région ? Est-ce l'essor des délocalisations partielles qui leur permet de différencier la situation de la région et leur propre cas ? Où y a-t-il d'autres raisons ?

Graph. 50 - Opinion des chefs d'entreprise sur l'avenir de la région et des entreprises enquêtées

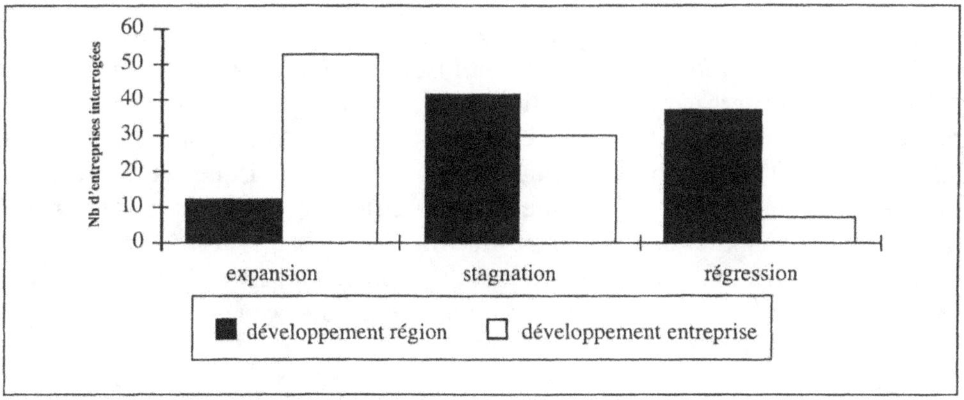

Source : Enquêtes menées entre 1992 et 1994.

Quarante et une entreprises sur les quatre-vingt-quatorze interrogées (presque la moitié) envisagent une stagnation industrielle de la région tandis que trente-sept (presque 40 %) prévoient une régression ; seules douze lui donnent des chances d'expansion. Ce sont surtout les chefs d'entreprise de Furtwangen et de Schramberg qui se montrent optimistes. En ce qui concerne **le développement futur de leur propre entreprise**, la majorité des quatre-vingt-quatorze chefs d'entreprise est optimiste (53) ; trente pensent qu'on assistera plutôt à une stagnation et sept seulement sont franchement pessimistes.

8.1.1. Une région en difficulté ?

L'éventail des explications est très vaste et quasiment chaque entreprise nous a fourni de multiples raisons. En regroupant les différents arguments avancés pour justifier un jugement défavorable quant à l'avenir de la région, nous en obtenons une quinzaine dont trois sont le plus souvent cités et ont été déjà plusieurs fois évoqués : **la conjoncture générale**, **la concurrence des pays asiatiques** et **les problèmes d'ordre sectoriel,** en particulier l'insuffisante diversification (Monostruktur) de la région avec, de surcroît, l'existence, parfois en situation dominante, de branches fragiles comme l'horlogerie, la fabrication de matériel hi -fi et la construction mécanique.

Monsieur K., directeur général de Perpetuum Ebner et gérant des locaux de la pépinière de St. Georgen, n'est pas complètement pessimiste pour l'avenir. Pour lui, *« la chance de la région se trouve dans la technologie de pointe, mais il faudra renforcer la coopération entre la recherche et les entreprises. Le marché actuel est saturé, mais partout il y a une demande pour des produits 'intelligents', à haute valeur ajoutée incorporant de la matière grise - et c'est là la chance de la construction mécanique. La région dispose d'un potentiel d'innovations* (Innovationspotential) *dans les domaines de la micro-électronique* (Mikroelektronik), *de la micro-mécanique* (Mikromechanik) *ainsi que dans les techniques de microsystèmes* (Mikrosystemtechnik) *comme, par exemple, les méthodes d'analyse sensorielle. Par contre, pour les processeurs et microprocesseurs, aujourd'hui, on dépend trop des Japonais ».* Il explique le succès de ces derniers par l'organisation de l'entreprise, donc par un phénomène plutôt sociologique. Le grand problème de St. Georgen est, selon lui, que les entreprises n'ont pas les moyens financiers de courir des risques et d'innover, qu'elles hésitent donc et continuent à travailler avec des machines trop anciennes. *« Il y a une entreprise de St. Georgen qui fonctionne bien actuellement, mais une partie de la production provient d'Asie de l'Est, ce qui signifie une extension nécessairement limitée à St. Georgen »*, nous disait un autre responsable d'entreprise[1].

À ces problèmes s'ajoute le fait que la majorité des entreprises de la région sont des **sous-traitants de l'automobile**. « *Volkswagen (Monsieur Lopez)* *décide de tout - c'est une vraie Mafia »*[2]. Nous avons ressenti cette angoisse ailleurs que dans cette entreprise de machines-outils. Un autre entrepreneur, propriétaire d'un atelier de mécanique de précision, ne croit pas que St. Georgen retrouvera la prospérité d'autrefois : *« Les affaires florissaient avec les grandes entreprises Dual, Staiger ou Heinemann, mais la chute continuera. La plupart des entreprises sont des sous-traitants travaillant pour des sous-traitants, toutes dépendantes de l'automobile »*[3].

Le pessimisme découle aussi des **salaires trop élevés**. Bien que les entreprises sachent que c'est un problème général en Allemagne, elles pensent que c'est d'autant plus gênant dans une région périphérique. « *Continuer à augmenter les salaires est idiot* », telle est l'opinion de Monsieur M., chef d'une petite entreprise de seize employés spécialisée dans les matières plastiques. *« Il serait préférable d'envisager une participation aux bénéfices plutôt que d'accroître les salaires »*[4]. Un petit menuisier ressent les conséquences de la politique sociale de l'Allemagne comme étant trop lourdes pour la région : *« Au moment de la haute conjoncture, de grandes entreprises comme Mercedes-Benz (Stuttgart) ont même recruté de la main-d'œuvre dans la Forêt-Noire en lui payant les frais de déplacement et un salaire plus élevé par rapport à la région. Aujourd'hui, en période de récession, ces mêmes salariés se trouvent au chômage et restent dans la région. L'allocation qu'ils recoivent est assez élevée, si bien qu'ils n'ont même pas envie de travailler pour un salaire plus bas »*[5].

Aussi, les entreprises réagissent-elles par des **délocalisations vers les pays de l'Est**. C'est un phénomène qui semble de plus en plus inéluctable, en dépit du danger réel que représente cette solution pour le développement de la région. Monsieur M., responsable de l'une des grandes entreprises traditionnelles de St. Georgen, réfléchit à une possible délocalisation en Corée, où il trouvera de la main-d'œuvre qualifiée, même si ce départ conduit à une perte d'emplois dans la région[6].

Beaucoup soulignent aussi que **les grandes entreprises réduisent de plus en plus leurs effectifs** alors que les petites ont tendance à se développer. Cependant, les gains des uns ne compensent pas les pertes des autres. Il faut ajouter que les petites entreprises n'ont pas assez de moyens pour assurer les recherches nécessaires à l'innovation. Selon Monsieur S. de Tennenbronn, dirigeant d'une entreprise de stylos et de matériel de papeterie, *« les frais de développement deviennent de plus en plus élevés et les quantités pour justifier les investissements impliqueront des affaires de plus en plus vastes. Or, dans la Forêt-Noire, la structure typique est celle des PME »*.

D'autres arguments, moins fréquents, tiennent au **manque de surface**, à **une évolution technologique trop lente** ainsi qu'à une **insuffisance des mesures de restructuration efficaces**. *« Dans toutes les technologies de pointe* (Schlüsseltechnologien) - *comme la bio-technologie* (Biotechnologie) *et la génétique* (Gentechnologie) -, *les Japonais nous ont doublé. Mais c'est aussi un problème européen : les Européens se sont reposés sur leurs lauriers* (sich auf den Lorbeeren ausruhen). *Ils n'ont pas prêté attention aux pays asiatiques »*. C'est effectivement un problème allemand, mais dans une région dont la tradition est justement de s'adapter constamment à l'évolution technologique et d'innover pour compenser les handicaps géographiques, une telle carence a des conséquences immédiates. Pour Monsieur S. Junior, dirigeant d'une entreprise d'injection de matières plastiques à St. Georgen, seule la ville de Furtwangen représente une exception : *« L'industrie fonctionne très bien là-bas, car elle est favorisée par la Fachhochschule. Il y a de multiples relations* (Fühlungskontakte) *et un échange entre les entreprises et les stagiaires qui aboutit à un transfert des connaissances technologiques de la Fachhochschule vers les entreprises. C'est pour cette raison qu'il est plus facile pour Furtwangen de s'adapter aux changements économiques et de restructurer après les périodes de crises »*[7].

Une autre entreprise, KUNDO-SYSTEMTECHNIK à St. Georgen, bien que prévoyant une stagnation pour la région, garde espoir et pense que les affaires pourront reprendre (sich wiederaufrappeln) si on améliore l'infrastructure. *« Des cinémas et des restaurants sont très importants pour les visiteurs et pour garder les jeunes sur place »*. Monsieur P. de Triberg, spécialiste du traitement de surfaces (Oberflächenbehandlung - polissage, galvanisation, etc.), est également persuadé que le développement de la région dépend de l'attitude des jeunes : *« Les anciennes entreprises n'existent plus et les jeunes sont obligés de travailler ailleurs, mais ils veulent aussi partir (pour des raisons culturelles) pour avoir une meilleure chance dans leur vie professionnelle* (bessere Aufstiegsmöglichkeiten) *et il y a une offre insuffisante à Triberg en ce qui concerne les loisirs. Il n'y a pas de possibilités non plus, par manque de terrains disponibles, pour construire sa propre maison. Et puis, la situation des jeunes s'est aggravée depuis 1992. Avant ils pouvaient rester dans l'entreprise où ils avaient fait leur apprentissage. Maintenant, ce n'est plus possible. Alors ils partent et ne reviennent que pour la retraite. La conséquence de cette évolution est le vieillissement de la population et une image négative de la région »*[8].

Beaucoup plus rares sont les **opinions positives et optimistes** quant à l'avenir de la région. Une telle opinion est émise par un fabricant en électronique : *« la région est en expansion ; on a confiance en la technologie de la région. Il faut surtout réduire le personnel, car les coûts de la main-d'œuvre ne doivent pas dépasser 45 % des autres frais »*. Ce qu'il propose, c'est *« une augmentation du chiffre d'affaires par un personnel constant ; un agrandissement grâce aux machines et moins de frais sociaux* (Sozialleistungen). *C'est le cas lorsqu'on produit en Hongrie ou en CSSR »*[9]. Mais alors peut-on parler, dans ce cas, d'une région en expansion ?

8.1.2. Des entreprises industrielles en croissance ?

8.1.2.1. Les problèmes évoqués

Graph. 51 - Les principaux problèmes des entreprises interrogées entre 1992 et 1994

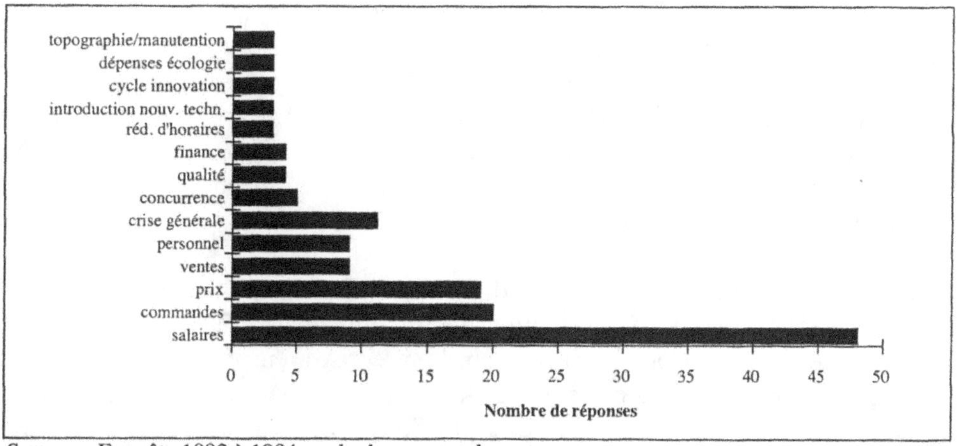

Source : Enquête 1992 à 1994 - calculs personnels.
Méthode : Les entreprises ont pu donner plusieurs réponses - seules les réponses multiples sont représentées dans ce graphique.

Lors de notre enquête sur les avantages et inconvénients de la région, les salaires occupaient seulement la 5e place parmi les préoccupations des responsables et ils étaient considérés aussi bien comme un avantage que comme un inconvénient. Par contre, presque la moitié des réponses concernant les problèmes principaux auxquels sont confrontées les entreprises actuellement, se rapportent aux questions financières (48 entreprises sur 94). Et pour un peu plus de la moitié de ces réponses (27 sur 48), les **coûts salariaux** (Lohnkosten) trop élevés constituent le premier ou l'unique problème. Ce poids des salaires tient dans notre région à un travail souvent artisanal ou à un travail avec un cœfficient important de salaire (lohnintensive Arbeit) comme, par exemple, dans le domaine de la mécanique de précision. Ce sont surtout les charges sociales (Lohnnebenkosten) qui sont très lourdes. Ce n'est pas un problème typique de la Forêt-Noire, mais un problème général qui touche la majorité des entreprises allemandes. En revanche, les conséquences sont plus importantes dans une région défavorisée que dans les autres régions. Et, bien que les chefs d'entreprise sachent que les salaires sont plus bas dans la région que dans les grandes agglomérations, ils les considèrent néanmoins comme étant trop élevés, surtout dans un contexte de concurrence internationale. Et il est vrai que, en général, les frais salariaux représentent l'essentiel des coûts de production. L'entreprise CNC-Team de Mönchweiler les estime actuellement à 70 %[10].

D'après Lorenz de St. Georgen, ils ne devraient pas dépasser 45 %. En 2003, ces chiffres annexes représentent toujours 78 % en Allemagne de l'Ouest et un peu moins en Allemagne de l'Est.

Que les entreprises souhaitent baisser la part salariale semble logique. Pour y parvenir, il faut souvent se résoudre à une délocalisation - au moins partielle - de la production ou recourir à des externalisations vers des pays à bas salaires comme, par exemple les pays de l'Est (CSSR, Hongrie et Pologne). *« Les frais de salaires avec les jours fériés et la durée des congés sont trop élevés en Allemagne. La qualité ne peut pas rattraper cela. Il faudra travailler plus en Allemagne, revenir aux 40 heures ou faire fabriquer ailleurs, par exemple, en Pologne comme le fait la concurrence à cause des salaires qui y sont moins élevés »*, nous dit l'un des fabricants de Tennenbronn qui a déjà délocalisé une partie de son potentiel en Allemagne de l'Est[11]. Avec l'élargissement de l'Union Européenne vers l'Est, cet argument est devenu encore plus pertinent aujourd'hui (2004).

Les prix constituent un autre grand problème. D'un côté, ils ont tendance à s'accroître en raison de l'augmentation des salaires, mais, d'un autre côté, les clients exigent des réductions. Beaucoup d'entreprises, en particulier les sous-traitants, souffrent de cette pression sur les prix. S'y ajoute la concurrence des pays de l'Est, grâce à leurs salaires plus bas. La solution passe par une délocalisation. *« L'automobile fixe les prix. En conséquence, beaucoup d'entreprises vont se délocaliser en Allemagne de l'Est, en Hongrie, en République Tchèque ou en Pologne. Pour les grands, ce n'est pas un problème. Par exemple, Papst réfléchit à un départ en Hongrie. Ici, à St. Georgen, il licenciera 200 personnes. En revanche, pour les petites entreprises, les sous-traitants des sous-traitants, c'est un problème car ils perdront ces clients qui se délocalisent. On ne pourra rien faire et les petites entreprises vont se battre pour les commandes qui restent »* (petite entreprise dans la plasturgie). Ce n'est pas un problème spécifique à notre région d'étude. Cependant, dans une région périphérique par rapport aux grands centres industriels, des salaires importants et des prix trop élevés sont plus difficiles à supporter car les entreprises ont déjà des frais de transport supplémentaires.

Les entreprises se plaignent aussi d'une insuffisance ou d'un fléchissement des **commandes**. Elles expliquent cette régression par une saturation du marché dans les pays industrialisés et par une demande en baisse dans le secteur de l'automobile. En conséquence, il faut investir beaucoup de temps dans la recherche de nouveaux clients. Elles déplorent aussi que les délais soient trop brefs en raison des livraisons en « juste-à-temps ». Les entreprises ont souvent du mal à répondre à cette exigence car elles ne disposent pas d'assez de main-d'œuvre à court terme. Il n'est pas possible de recruter et de licencier en fonction d'un besoin momentané[12]. Se pose aussi **le problème de l'approvisionnement et de la livraison**. *« Souvent, nous n'avons pas assez de matériel pour pouvoir* *répondre aux commandes, parce qu'on ne travaille plus sur stock - malgré cela, il faut livrer « just in time ». La circulation s'accroît sur les routes et il est de plus en plus difficile de maintenir les dates de livraisons »*[13], nous indique une petite entreprise (28 salariés) spécialisée dans le traitement du métal et disposant pourtant d'une localisation favorable à Mönchweiler.

Les grands problèmes posés aux entreprises sont donc ceux rencontrés par toutes les entreprises allemandes. La situation géographique n'a pas été citée comme difficulté spécifique, bien qu'elle soit reconnue comme un handicap de la région. Seules quatre entreprises sur 94 ont déploré le mauvais accès et les conditions de manutention résultant de la topographie et d'un climat difficile. En fait, ayant toujours vécu avec ces inconvénients, les entreprises ne les considèrent plus comme de véritables problèmes.

Deux questions spécifiques sont étroitement liées, chacune, à un secteur particulier. Il s'agit, d'une part, dans le domaine de l'horlogerie, de la **concurrence suisse** : *« les Suisses achètent des horloges à Schonach et les revendent comme produit suisse et nous ne pouvons rien faire. Il suffit qu'ils introduisent une petite variante »*[14]. La peur de perdre une clientèle importante, si l'on conteste cette démarche, existe certainement aussi. Mieux vaut vendre, même sous un autre nom. D'autre part, les meubles doivent affronter un changement progressif du marché (Veränderung des Marktes). Cette branche souffre de **la concurrence entre les marques et les « no-name »** dont la part de marché (Marktanteil) augmente de plus en plus. Dans le cas des meubles de cuisine, tout client a le choix entre les produits « bon marché » et les produits « chers ». *« Quelle alternative reste-t-il pour nous ? »*, demande une importante entreprise de notre région. *« Travailler avec les no-name ou vendre l'entreprise. Pourquoi avoir investi dans une marque et un nom si c'est pour y renoncer finalement (Aufgabe des Namens) ?»* Cependant, ce problème ne concerne pas seulement notre région.

8.1.2.2. Des prévisions optimistes

Malgré les difficultés et les inconvénients de la localisation (chap. 6.), cinquante-trois entreprises sur les quatre-vingt-quatorze interrogées sont optimistes en ce qui concerne leur avenir et elles comptent même sur une expansion future. Peut-être est-ce justement parce que leurs problèmes ne sont pas spécialement liés à une région de moyenne montagne, soi-disant défavorisée ? Il est également possible que, dans un contexte de mondialisation et de globalisation progressives, les chefs d'entreprise se détachent de la notion de territoire et envisagent l'essor de leur affaire indépendamment de celui de la région. Certains entrevoient des possibilités d'extension en ayant recours à des mesures comme la délocalisation.

Les arguments en faveur de la croissance sont multiples et pratiquement chaque entreprise a ses raisons et stratégies propres. Parmi elles, quatre se répètent : **trouver un créneau**, un nouveau produit ou une nouvelle gamme de production et s'engager dans une spécialisation. C'est le cas de WEIßER ET GRIESHABER, entreprise de plasturgie, à Mönchweiler : *« Il faut être de plus en plus spécialisé. Par exemple, dans le domaine de la micro-électronique, les matières plastiques vont pouvoir être utilisées à tous les stades de l'élaboration »*.

Chercher un nouveau marché relève d'une autre stratégie. Cela peut même se concevoir par achat d'entreprises concurrentes comme le fait ZEYKO (cf. photo 14), entreprise de meubles de cuisine : *« C'est notre seule chance ! »*, nous dit la direction. *« Les produits de la concurrence sont bien, mais Zeyko est mieux - qualité, livraison complète et logistique »*.

Une autre stratégie fréquemment appliquée est de **renforcer l'exportation**. *« Améliorer la situation à l'intérieur par des initiatives à l'étranger »*, telle est la politique de WERNER à Furtwangen, entreprise spécialisée dans la robotique et celle de BUCHHOLZ, entreprise d'articles de mode pour la coiffure (parures), qui améliore sa situation grâce aux ventes en Asie. Cette stratégie peut prendre aussi la forme de création de filiales comme le montre l'exemple de ce fabricant d'installations de laboratoires de langue d'Unterkirnach (filiale au Canada). Pour beaucoup, les pays de l'Est représentent une grande chance d'expansion. Une importante entreprise de Tennenbronn envisage une croissance soutenue grâce à ses exportations vers la Hongrie, la CSSR, la Pologne et la Slovénie où elle a partout des représentants.

Nombre d'entreprises espèrent **une augmentation continue des commandes et du chiffre d'affaires** tout en gardant les mêmes effectifs ! Souvent, elles misent à la fois sur la création d'un nouveau produit, la découverte d'un nouveau créneau ou l'utilisation d'une nouvelle technologie, voire simplement sur un recours plus systématique à la machine. *« Grâce à notre nouvel établissement davantage automatisé et offrant des capacités plus fortes, nous espérons un développement »*, déclare le responsable d'une scierie. Ce responsable explique que, dans son secteur, *« c'est une compétition constante pour investir à temps »*. Et, selon lui, *« la fin d'une période de crise est le meilleur moment pour investir »* : les prix de terrain sont moins élevés et on dispose de davantage de temps puisqu'il y a moins de commandes.

Certaines entreprises comptent, grâce à leur **diversification**, éviter la **dépendance vis-à-vis d'un seul client**, ce qui est un gage pour l'avenir. *« Ne pas trop dépendre de l'automobile, mais s'assurer plusieurs clients est très important »*, nous dit le chef d'une petite entreprise de cinquante-cinq employés, spécialisée dans le domaine des matières plastiques et des métaux[15]. Pour d'autres, c'est exactement l'inverse : elles pressentent un développement grâce à un gros client ou grâce à l'**appartenance à un groupe** ou à une affaire plus importante. Comme nous l'avons déjà montré, les deux voies ont fait leurs preuves dans la région. La liaison avec un grand groupe fut, par exemple, positive pour JUNGHANS et négative pour DUAL. Appartenir à un ensemble de grande dimension peut signifier aussi conquérir de nouveaux marchés, comme nous avons pu le constater à travers l'historique de certaines entreprises (chap. 7.1.). Ainsi, une entreprise de Triberg, appartenant au groupe Haugg (chap. 7.1.), nous assure qu'elle maîtrise bien les coûts, les prix et les bénéfices, opinion formulée au moment où la majorité des entreprises souffrait du recul conjoncturel. Est-ce l'appartenance à un groupe qui lui donnait cette assurance ?

Un élément important de confiance en l'avenir réside dans la qualité de **la ressource humaine**. Une jeune entreprise s'installant dans les anciens locaux de DUAL et ayant repris la main-d'œuvre a constaté que ses employés, attachés à la région, s'identifiaient immédiatement à elle. *« Ils renoncent même à une augmentation de salaire pourvu que l'entreprise puisse fonctionner »*[16].

Enfin, la demande a été également citée comme argument pour une expansion possible. Dans le domaine de l'électronique par exemple, une des plus grandes entreprises de la région est persuadée que les débouchés de circuits intégrés (Leiterplatten) ne sont pas encore saturés (SCHWEIZER ELECTRONIC AG). De même dans le domaine des jeux, le fabricant de trains miniatures ne craint pas une réduction de clientèle y compris pendant les crises, d'autant plus qu'il s'agit d'un produit pour enfant et adulte : *« Lorsque la conjoncture est mauvaise, les gens ne renoncent pas à leur loisir* (hobby)*, car cela les aide à vivre »*[17].

Les **entreprises plus pessimistes** quant à leur développement sont peu nombreuses : trente et une prévoient une **stagnation** et sept seulement une régression. Leurs arguments s'appuient à parts égales sur la **mauvaise situation conjoncturelle** - *« la récession a laissé des traces »*[18]-, **la saturation des marchés** et des **problèmes d'ordre sectoriel**. C'est toujours l'horlogerie, en particulier la fabrication des horloges à coucou, qui connaît une situation spécialement difficile. Selon l'opinion d'un fabricant à Schonach[19], *« il y a peu de possibilités d'innovation et la vente dépend fortement du pouvoir d'achat »*. De surcroît, le départ des soldats américains et canadiens, qui représentaient la clientèle principale, est une perte importante. La crise structurelle du secteur du meuble et sa lutte contre les « no-name » ainsi que le remplacement continu de la mécanique par l'électronique sont à l'origine d'une vision plutôt pessimiste des industriels. *« Puisque les produits électroniques sont plus chers que les produits mécaniques, les ventes n'augmentent pas »*, nous explique, par exemple, un fabricant de systèmes de commutation (Schaltsysteme).

8.1.3. Une volonté d'ouverture vers l'extérieur ?

Comme on l'a déjà souligné, nos entreprises de moyenne montagne sont obligées de s'adapter constamment aux mutations économiques si elles veulent rester compétitives. Cela signifie qu'elles doivent prendre des initiatives afin d'accroître leurs chances dans un monde où la concurrence est de plus en plus vive.

8.1.3.1. Les délocalisations : un phénomène limité ou une menace réelle ?

Parmi ces initiatives, **la délocalisation** est une mesure très discutée. Elle est considérée par les chefs d'entreprise comme raison de stagnation voire de régression du développement industriel de la région (cf. chap. 8.1.1.), mais aussi comme possibilité d'expansion de leur propre entreprise (cf. chap. 8.1.2.2.)[20]. En effet, même si beaucoup d'entreprises refusent de s'engager dans cette voie, c'est une option qui gagne du terrain. La concurrence - surtout celle des pays à bas salaires - conduit à cette décision. *« La fabrication des modèles réduits de voitures est une production à cœfficient salarial élevé* (lohnintensiv). *En République Tchèque, on paye 3 DM / heure (1,53 EUR), en Allemagne 24-26 DM (12,27-13,25 EUR). Il fallait trouver une solution. Alors nous nous sommes décidés à entreprendre une délocalisation partielle de la production »*, nous explique un fabricant de jouets de Gütenbach (193 salariés en 1993).

Les entrepreneurs non originaires de la région sont davantage tentés par cette mesure. C'est, par exemple, le cas d'un dirigeant d'une petite entreprise électronique de St. Georgen qui est persuadé que *« l'entreprise a des possibilités d'augmenter le chiffre d'affaires »*. Mais, bien qu'il *« s'identifie à la région, le calcul des frais (*Kostenkalkulation) *et la rentabilité restent primordiaux »*. Pour cette raison, il est prêt à une délocalisation en République Tchèque[21]. Pour une autre entreprise, implantée à Triberg, dont le chef n'est pas, lui non plus, originaire de la région et qui appartient à un groupe industriel, la délocalisation est « *une idée possible, surtout si le niveau de rendement* (die Ertragslage) *baisse encore. On préfère déjà des fournisseurs de matière première de l'Est, pourquoi alors ne pas délocaliser ?»*[22]. Pour lui, le plus grand problème est le contrôle de la main-d'œuvre là-bas. « *On aura besoin de surveillance, mais à qui faire confiance ? Cela demandera beaucoup d'organisation, même trop ! Il n'y a pas d'identification du personnel avec l'entreprise comme c'est le cas ici dans la Forêt-Noire »*.

Même s'ils songent à une délocalisation, beaucoup restent encore très prudents. *« De toute manière, la maison-mère restera dans la Forêt-Noire ! »*, nous affirme le responsable d'une entreprise dans le domaine high-tech de St. Georgen. La raison principale en est la main-d'œuvre. *« Le personnel est performant* (leistungsstark) *et il est lié à St. Georgen. Ces éléments porteurs ne peuvent être déracinés si facilement. Même les gens qui sont venus de l'extérieur ne veulent plus partir ; ils se sont installés ici. En plus, les salariés sont moins souvent malades et ils sont facilement prêts à faire des heures supplémentaires en cas de besoin, car l'identification avec l'entreprise est plus grande »*. Malgré les qualités de cette main-d'œuvre, la délocalisation est une solution envisageable, au moins une délocalisation partielle de la production ; la recherche et le développement restant en Forêt-Noire. Cependant, le responsable hésite encore : *« Il y a de grandes exigences du côté qualité et nous la trouvons dans la Forêt-Noire ! »*[23]

C'est aussi l'avis d'une autre entreprise plutôt traditionnelle qui n'est pas persuadée de la qualité des produits fabriqués en CSSR ou en Hongrie. Elle doute même de la rentabilité d'une telle opération : *« Nous ne pourrions pas faire toute la production là-bas. Il faudrait acheter ailleurs outils et machines* (Werkzeugsätze). *Alors l'avantage des salaires plus bas ne sera pas suffisant »*[24].

Pour être efficace, une délocalisation doit aussi être effectuée au moment propice. « *Ce n'est pas possible actuellement ! Comment peut-on licencier quatre cents personnes ? Avec quoi pourrons nous leur payer une indemnité (Abfindung) ?* » - ce à quoi oblige le tribunal du travail (Arbeitsgericht). Notre interlocuteur, Monsieur K., sociétaire d'une importante entreprise de meubles[25], nous cite l'exemple de SABA de Villingen-Schwenningen (électronique) : « *Elle a eu des pertes de 20 millions de DM (10,23 millions d'Euro) dont 76 % dues aux indemnités. Mais c'est une entreprise qui fait partie du groupe THOMSON-BRANDT (10 milliards de DM / 5,1 milliards d'euros de chiffre d'affaires). Alors elle pouvait se permettre une telle perte et une délocalisation. Ce n'est pas possible pour une PME* ». Et il souligne : « *quitter le lieu d'implantation est seulement envisageable lors des périodes de croissance, comme dans les années 1970 - lorsque la main-d'œuvre libérée peut être embauchée par d'autres entreprises sur place. Ce n'est pas le cas en ce moment* ».

Les entreprises qui s'expriment contre une délocalisation mettent en avant des arguments psychologiques ou économiques : *« je suis ici, je me sens bien »*[26] ou *« le produit est lié à la région »* (surtout dans l'horlogerie) ou *« c'est une fabrication spécialisée, basée sur de la main-d'œuvre spécialisée »*[27]. Il y a aussi l'argument plus politique selon lequel il faudrait rester en Allemagne et que les Allemands devraient acheter leurs propres produits pour soutenir leur industrie[28]. Une entreprise de pièces tournées de Tennenbronn nous expliquait qu'une délocalisation n'était pas intéressante si la production n'avait pas un cœfficient élevé de salaire (lohnintensiv), ce qui est le cas, par exemple, des montages. Une autre assimilait les délocalisations à une mode, citant des opérations qui avaient échoué en raison d'un manque de travailleurs qualifiés à l'étranger. Dans son cas - production de machines spécifiques et originales (keine Serienproduktion - Sondermaschinenbau z.B.) -, la fabrication dans un pays à bas salaire n'est pas rentable : *« Cela ne vaut pas la peine de fabriquer des pièces* (Einzelteile) *chez nous et de les transporter là-bas pour le montage pour les vendre finalement ici : les frais de transport sont trop élevés »*[29].

Un autre interlocuteur, dirigeant d'une entreprise de plasturgie[30], énumère tout un éventail de raisons pour ne pas délocaliser : *« on est attaché à sa région, à ses origines ; on a grandi ici ; on se sent responsable de son personnel ; l'entreprise est l'œuvre de sa vie* (sein Lebenswerk) - *on ne la vend pas ! - ; on s'identifie à son entreprise et on y a mis beaucoup de sa propre personnalité et puis il y a les liens familiaux ».* Il compare avec les États-Unis : *« En Allemagne, on ne revend pas une entreprise lorsqu'elle n'est plus rentable comme c'est la coutume aux USA. Les Américains recommencent plus facilement que les Allemands ».*

En tout cas, s'il faut délocaliser, les chefs d'entreprise expriment leur préférence pour les pays de l'Est, la République Tchèque, la Hongrie et la Pologne. *« Il n'y a pas de raison de délocaliser vers 'Mitteldeutschland' (l'Allemagne de l'Est), car cela n'est pas assez profitable. Et les salariés - aux deux tiers qualifiés - sont attachés au sol, originaires d'ici. Ils transmettent leur expérience de père en fils. En cas de délocalisation, les cadres (*mittleres Management) *devraient suivre et c'est difficile »*[31].

Plusieurs entreprises ont confirmé que **les Nouveaux Länder** ne sont pas très intéressants comme **lieu d'implantation,** à cause du manque de qualification de la main-d'œuvre et en raison des frais de production qui seront bientôt les mêmes qu'à l'Ouest. *« Il ne sont pas suffisamment intéressants comme pays à bas salaires »,* nous disait SIEDLE à Furtwangen (systèmes de communication). *« Monter une succursale serait trop cher ; il faudrait développer le stockage et embaucher un nouveau personnel »,* explique une entreprise de jouets et, selon le responsable d'une entreprise du domaine de la plasturgie, *« la qualité est moindre et la tendance vers toujours plus de qualité est aujourd'hui fondamentale ».*

8.1.3.2. Le rôle des Nouveaux Länder

En ce qui concerne les Nouveaux Länder en tant que **marché potentiel**, les avis sont partagés.

« Avec la réunification, la Thuringe et la Saxe ainsi que la Pologne et la République Tchèque peuvent représenter une certaine concurrence dans les domaines de la mécanique de précision et des machines-outils », tel est le point de vue de la direction de la pépinière de St. Georgen. Mais ce n'est pas une opinion générale. *« Il y a beaucoup d'offres dans les Nouveaux Länder, mais de basse qualité, donc ce n'est pas une concurrence pour nous »,* affirme le responsable d'une entreprise de quinze personnes, spécialisée dans l'élaboration de logiciels. En revanche, le fait que les Nouveaux Länder puissent obtenir plus facilement des subventions représente un avantage, notamment dans le domaine des meubles de bureau, créneau qui est souvent concerné par les commandes publiques (staatliche Aufträge). Cette « injustice » ressentie par les entreprises restant à l'Ouest est souvent cause de jalousie, voire d'agressivité.

Il est sûr que les Nouveaux Länder représentent un marché potentiel avec une demande importante (große Nachfrage), mais tout dépend aussi du produit.

Ils ont certainement d'autres besoins à combler avant de songer à acheter des horloges à coucou. En ce qui concerne les meubles de cuisine, l'Est est intéressé par les produits « bon marché ». Bien que la demande en produits de qualité existe, les Allemands de l'Est ont encore un pouvoir d'achat trop limité pour les produits fabriqués en Forêt-Noire. Certains pensent que c'est seulement un marché d'avenir (8 réponses). D'autres sont persuadés de l'existence d'une demande en raison du retard de consommation (5). Certaines entreprises sont déjà représentées en Allemagne de l'Est et y ont établi des contacts (6).

Les cas d'implantations sont encore rares (3). Parmi les entreprises interrogées, nous n'avons rencontré que deux créations de petites SARL[32] et deux filiales[33]. En général, ces installations ont été décidées pour des raisons de capacité ou de gamme de production. *« L'entreprise Schneider n'avait pas une gamme de produits assez large pour envoyer un représentant dans les commerces de détail* (Einzelhandel). *Maintenant grâce à l'achat d'une entreprise de l'Est (à Wernigerrode), Schneider a complété son éventail de produits tout en laissant cette fabrication à l'Est »*[34].

8.1.3.3. Le rôle de l'Europe - un avantage pour le développement industriel de la région ?

« La région du Rhin supérieur est-elle un paradis ou une région économique périphérique et perdue ('hinterm Berg') ? » C'est la question que pose un journaliste du « Maschinenmarkt », magazine spécialisé de l'industrie de la construction mécanique[35]. Cette région appelée « Regio » comprend le sud des pays de Bade (Südbaden) avec cinq Kreise (Emmendingen, Freiburg, Breisgau-Hochschwarzwald, Lörrach, Waldhuts), la Haute Alsace (Oberelsaß - Ribeauvillé, Colmar, Guebwiller, Thann, Mulhouse et Altkirch) et le nord de la Suisse avec les cantons de Bâle, Bern, Aargau et Solothurn. Trois nationalités forment ainsi une région économique dans l'objectif d'une coopération interrégionale et transfrontalière (grenzüberschreitende Zusammenarbeit).

Bien que notre région d'étude ne fasse pas partie de cet ensemble - mais elle se situe juste à l'ouest - la discussion autour de cette « Regio » nous a amené à interroger les entreprises sur la Communauté européenne. Nous voulions savoir si leur situation géographique était plutôt considérée comme favorable ou défavorable dans un contexte européen. Il nous semblait intéressant de savoir si leur opinion avait changé avec la réunification et l'ouverture des frontières vers l'Est, s'il y avait eu un changement dans l'orientation, un attrait plus marqué vers l'Est, ou si l'Europe était toujours pour eux, avant tout, l'Europe de l'Ouest, c'est-à-dire la France, l'Italie, la Belgique, etc.

Certes, la « Regio » profite de la coopération interrégionale organisée à travers plusieurs commissions - même si leur pouvoir est limité. On peut cependant penser que notre région dispose des mêmes avantages - et connaît également les mêmes problèmes, puisqu'elle est très proche.

La « Regio » est présentée comme une *« région au cœur de l'Europe, une plaque tournante des transports, disposant d'une main-d'œuvre qui travaille bien* (tüchtige Arbeitskräfte)*, parle souvent plusieurs langues et est bien formée. C'est une région avec une structure sociale intacte sans trop de problèmes d'urbanisme, avec une structure économique équilibrée et qui est, de plus, un paradis touristique »*[36]. Elle appartient à la fameuse « banane bleue », région de croissance et centre de gravité de l'économie européenne qui correspond plus ou moins à l'espace rhénan[37]. Mais cette coopération interrégionale n'est pas sans problèmes car elle ne repose pas sur une unité administrative et les systèmes politiques sont profondément différents - le centralisme en France et le fédéralisme en Suisse et en Allemagne. Dans des temps difficiles, comme ceux de l'année 1993, les intérêts nationaux l'emportent souvent sur les intérêts communs. En fait, cet ensemble ne dispose d'aucune compétence décisive dans le domaine des affaires étrangères. Si les communes désirent réellement établir une coopération transfrontalière, ce sont en définitive les gouvernements nationaux qui décident. Et puis, il ne faut pas oublier le problème de la langue.

L'Allemagne connaît des handicaps supplémentaires par ses exigences strictes concernant l'environnement, une imposition élevée et une bureaucratie lourde et lente. La situation de l'Alsace est plus avantageuse : des salaires moins élevés qu'en Suisse et en Allemagne, une offre plus importante et moins coûteuse en espaces industriels, des administrations et une population acceptant mieux les implantations industrielles.

Une certaine lassitude envers l'idée européenne a été perceptible lors de notre enquête. Il est possible que la période n'ait pas été très favorable à cette idée européenne puisque les éventuels avantages de notre région par rapport à l'Europe ont été occultés par d'autres problèmes d'ordre mondial. Cette lassitude provient aussi, probablement, de l'impression que les nombreux discours ne sont pas suivis d'effets.

Soixante-trois entreprises sur les quatrevingt-quatorze interrogées trouvent leur situation favorable par rapport à l'Europe ; neuf seulement l'estiment défavorable et dix se déclarent indifférentes. Même, parmi les réponses « favorables », la majorité n'a pas constaté de changement ou l'apparition d'avantages (51 entreprises) avec l'ouverture des frontières en 1993. Par contre, lorsque nous avons demandé de nous citer quelques avantages ou inconvénients du marché unique européen (europäischer Binnenmarkt), les réponses négatives furent plus nombreuses : quarante réponses ont souligné les avantages tandis que soixante citaient des inconvénients.

Par rapport au **marché européen**, les **entreprises satisfaites** de leur emplacement se rencontrent surtout à Schramberg et Schiltach, mais aussi à St. Georgen et Triberg, deux communes qui ont connu de nombreux problèmes.

L'optimisme des entreprises de St. Georgen s'explique certainement par l'échantillon interrogé (beaucoup de créations récentes), mais celui de Triberg surprend. En général, ce sont des entreprises assez petites (en majorité avec moins de 50 salariés), avec un taux d'exportation de 15 % maximum en direction des pays voisins : la France, la Suisse, l'Autriche. Elles jugent leur emplacement assez central et *« à proximité de la frontière française »*.

A Mönchweiler, lieu d'implantation industrielle plutôt favorable, la moitié seulement des entreprises visitées estiment leur situation européenne bénéfique. Le même chiffre se retrouve à Furtwangen, Lauterbach et Tennenbronn. L'ouverture vers l'Est est perçue comme un changement plutôt défavorable (Rebmann - Lauterbach). A Furtwangen, la moitié des entreprises, dont deux avec des taux d'exportations de 30 et 40 % (KOEPFER et SIEDLE), se révèle sceptique. Malheureusement, ces entreprises ne nous ont pas donné d'explications, mais on peut supposer que c'est en raison de leur situation géographique en plein cœur de la Forêt-Noire. Le peu d'enthousiasme de Schonach s'explique par le poids de l'horlogerie et des exportations dirigées principalement vers les États-Unis.

Un **jugement favorable** sur la situation européenne est, en général, justifié par la position centrale en Europe de l'Ouest et par la proximité de trois pays, la France, la Suisse et l'Allemagne. Parfois, les entreprises de la région se sentent plus proches de la France et la Suisse - régions d'exportation principales - que des autres régions allemandes. Elles nous ont indiqué de nombreuses raisons justifiant leur jugement positif par rapport à l'Europe : *« les centres industriels comme Stuttgart ou Villingen-Schwenningen sont faciles à atteindre ; une situation favorable, même si les conditions naturelles sont difficiles, car nous appartenons à la zone de croissance de l'UE »*.

D'autres, au contraire, insistent sur la **situation plutôt « défavorable »** de la région dans un contexte européen, en raison de sa situation périphérique, particulièrement après l'ouverture des frontières vers l'Est : *« les distances sont devenues trop longues, la région est difficile à atteindre dans la montagne ; la situation du transport est mauvaise »*.

8.2. LES PRÉVISIONS DES ÉLUS ET LEURS INITIATIVES DE DÉVELOPPEMENT

L'objectif de notre recherche est d'analyser la situation globale de l'industrie dans notre région d'étude et ses possibilités de développement. Pour y parvenir, il ne suffit pas de connaître l'opinion des chefs d'entreprise. Il est nécessaire aussi de recueillir des informations supplémentaires par le biais des maires. Ces élus ont une vision externe et leur avis peut compléter utilement les informations données par les chefs d'entreprise. De surcroît, pour bien juger des possibilités de développement d'une région et de ses entreprises, il est indispensable de prendre en compte l'ensemble des facteurs qui interviennent dans un espace donné et la politique des collectivités locales est une donnée non négligeable.

Rappelons que le jugement des chefs d'entreprise, pessimistes pour la région et optimistes quant au sort de leur propre affaire, nous a surpris. Une telle distorsion semble même difficilement explicable, sauf à imaginer que les entreprises quitteront la région pour chercher un emplacement plus favorable. Nous avons voulu recueillir l'opinion des maires à ce sujet, tout en enregistrant les choix économiques différents des communes[38].

On peut retenir trois groupes de communes : celles où l'industrie est l'objectif principal, celles qui misent sur l'industrie et le tourisme et celles qui s'orientent exclusivement vers le tourisme.

8.2.1. Les communes orientées vers l'industrie

La majorité des maires reconnaissent que l'industrie est un facteur important pour la région. Elle fournit des emplois, apporte des revenus communaux, maintient les jeunes sur place et évite ainsi un vieillissement excessif de la population (sur les douze communes, seules deux ne comptent pas sur l'industrie). Pour **Furtwangen, Schramberg, Hardt, Triberg et Gütenbach**, l'industrie est au cœur de la politique communale. A Furtwangen, Gütenbach et Hardt, on compte même sur une expansion de ce secteur. Les maires de Schramberg et Triberg sont moins optimistes et se contenteraient d'un maintien des entreprises existantes.

Notre interlocuteur à **Furtwangen**, le maire-adjoint (Hauptamtsleiter), considère le grand nombre d'écoles (trois lycées, deux écoles primaires, un collège, une école pour enfants retardés (Förderschule), une école pour handicapés, une école professionnelle (Berufsfachschule) et la FH (Fachhochschule) ainsi que deux écoles de village (Dorfschulen à Neukirch)), comme un grand atout de la ville. Cette situation ne plaît guère à Villingen-Schwenningen qui voudrait attirer la Fachhochschule chez elle et laisser seulement une antenne à Furtwangen. Mais, naturellement, Furtwangen est très attachée à sa Fachhochschule à laquelle sont également liés des centres de transfert. *« Les initiatives partent plutôt de Furtwangen »*, confirme le maire-adjoint. *« Les liens entre la recherche et les entreprises sont très bien développés »*, si bien que l'industrie et la formation sont deux facteurs clés pour la ville.

La vie des étudiants compte beaucoup et la commune se rend bien compte de ses insuffisances. Les jeunes se plaignent de n'être pas bien accueillis (problèmes de location, rareté des lieux de rencontre, fermeture des magasins trop précoce). Aussi, beaucoup d'étudiants venus à Furtwangen pour leurs études quittent la ville aussitôt après, bien que leur formation soit très orientée vers les besoins des entreprises (bedarfsorientiert). Plus inquiétant encore, le nombre des étudiants a tendance à diminuer (baut ab).

En fait, d'une façon générale, la ville est peu attractive. Elle a été en grande partie détruite par un grand incendie en 1870, et la réhabilitation du centre - qui manque de caractère - reste à l'ordre du jour. On prévoit une zone piétonne et, pour la circulation, une amélioration du contournement (Ortstangente).

Une autre préoccupation de la ville tient au devenir de l'industrie, car Furtwangen vit de ses entreprises et peut, grâce à elles, conserver ses écoles. *« Pendant les années 1991-92, nous avons profité de la réunification mais, dans l'ensemble, depuis 1987 le développement a été peu positif »*, nous explique le maire-adjoint. *« Siedle est relativement stable car c'est le leader dans le domaine de la communication privée (Hauskommunikation), mais nos entreprises sont en majorité des entreprises traditionnelles, souvent dépendantes de l'automobile qui exerce une forte pression sur les prix. En plus, l'Est représente une concurrence considérable, surtout dans le domaine du traitement des métaux et de la mécanique de précision. Dans certains cas, c'est aussi le produit qui n'est plus demandé comme les poinçons de l'entreprise Reiner »*. La politique industrielle (Ansiedlungspolitik) de Furtwangen repose aussi bien sur le maintien des entreprises existantes que sur la création de nouvelles entreprises. On compte beaucoup sur les diplômés de la Fachhochschule et la commune favorise l'information des chefs d'entreprise au sujet des aides financières et offre des surfaces pour l'industrie grâce à un nouveau POS (Flächennutzungsplan) établi (Vorausplanung) pour 15 ans, donc jusqu'en l'an 2010.

Gütenbach, qui forme une unité administrative avec Furtwangen, est naturellement sous son influence. Elle peut profiter du bon niveau de formation de la main-d'œuvre grâce à la Fachhochschule de Furtwangen, mais elle en subit également les conséquences car les ingénieurs demandent des salaires élevés. Sa structure industrielle est liée depuis longtemps à l'horlogerie avec deux grandes entreprises, SCHATZ et HANHART. La première a fermé ses portes et l'autre, qui comptait encore cent soixante-dix emplois en 1992, n'en offre plus que quarante en 1993, à la suite d'un choix de diversification malheureux. Selon le maire, *« l'ensemble des entreprises de Gütenbach n'est pas compétitif. Pourtant, elles sont très spécialisées et elles disposent d'une main-d'œuvre qualifiée ayant une moralité de travail qu'on ne trouve qu'ici »*. Pour assurer l'avenir de Gütenbach, *« il faut des aides pour favoriser le développement des entreprises locales »*, ce que le maire a pu obtenir. *« Il est très important pour la commune d'avoir suffisamment de surface à vocation industrielle (Gewerbeflächen) et de pouvoir offrir des loyers favorables. En général, les nouvelles entreprises ne viennent pas de l'extérieur. Ce sont surtout des gens d'ici qui veulent rester, des travailleurs à domicile qui veulent devenir indépendants en créant leur propre entreprise, en devenant sous-traitants directs* (Subunternehmer) *et, cela, même* *en période de décélération de l'activité économique (Wachstumsrückgang). Il faut tout faire pour leur donner une chance* » (maire de Gütenbach). Gütenbach mise sur un développement restreint grâce à des gens attachés à la région mais dotés d'une bonne formation et prêts à innover.

A **Schramberg,** la population accueille favorablement l'industrie. « *Auparavant la région n'était pas attractive, il n'y avait pas suffisamment de distractions* », nous explique le maire. Mais aujourd'hui, cette image a changé. On apprécie le calme de la région ; la situation des moyens de communication s'est améliorée, de même que les perspectives professionnelles. Les loyers sont moins chers que dans les grandes agglomérations. Pour la main-d'œuvre, on peut même dire que la région profite de la basse conjoncture, car les ingénieurs trouvent moins facilement de travail et sont moins exigeants.

Bien qu'il y ait des entreprises actives à Schramberg, on doit constater une évolution vers les délocalisations partielles. C'est le cas de JUNGHANS qui s'est installé en Thuringe, de KNEISSLER qui produit en Croatie, de KERN-LIEBERS en République Tchèque ou de HAAS au Portugal. « *Certainement, cela signifie une perte d'emplois pour Schramberg, mais c'est une évolution qu'on ne peut plus arrêter* », remarque le maire. « *Le plus important est que la maison-mère ne soit pas délocalisée* ». La commune compte sur l'attachement au pays des chefs d'entreprise et sur le potentiel de main-d'œuvre très qualifiée. « *Et puis quel intérêt de vendre ? Ils ne pourront pas obtenir un bon prix* ».

Que prévoit la commune pour améliorer sa situation industrielle ? Selon le maire, les possibilités sont limitées. On peut, grâce à un POS (Bauleitplan), constituer des réserves foncières (Ersatzgelände) pour les entreprises qui veulent s'agrandir, maintenir une taxe professionnelle peu élevée et offrir des espaces industriels dans les zones d'activités de Waldmössingen et Sulgen. La ville dispose aussi du parc d'activités, le « HAU », qui représente une surface d'activités bon marché. Il faut chercher à attirer des entreprises extérieures, par exemple par l'intermédiaire d'organismes comme la Société pour la Coopération industrielle de Stuttgart (Gesellschaft für wirtschaftliche Zusammenarbeit) qui aide à trouver des investisseurs étrangers pour le *Land* Bade-Wurtemberg.

Mais, en ce qui concerne la région, notre interlocuteur reste plutôt pessimiste : « *Les entreprises veulent produire autant avec moins de personnel ; la conséquence en sera encore plus de chômage. Le processus de rationalisation se poursuit, accéléré par les crises ; les emplois, une fois perdus, ne sont pas remplacés. Le chômage reste constant, autour de 10 %, et la perte du pouvoir d'achat de la population se fait aussi sentir dans le commerce. Cela empêche un développement du secteur tertiaire et des services.* » Et notre entretien devient presque philosophique lorsque nous l'interrogeons sur l'avenir. « *Où sera la limite de l'invention et de l'innovation ?* », demande le maire. « *C'est aussi la question de la limite de notre société de consommation - quand sera-t-elle définitivement saturée ?* » En ce qui concerne la situation actuelle, il ne voit pas de solution dans la rationalisation, mais dans un accord entre ouvriers et patrons, en gérant mieux le travail (Arbeitszeitmodelle).

Schramberg est une ville où l'industrie est dominante, peu attractive pour les touristes. On vient juste des environs pour y faire des courses. Le développement de la localité dépend toujours de son industrie et de ses grandes entreprises dont, heureusement, la majorité est optimiste pour l'avenir.

La comnmune de **Hardt** est, peut-être actuellement, celle qui compte le plus sur l'industrie. C'est seulement à partir de 1975 que les entreprises se sont installées ici et le maire espère que cette évolution continuera. La commune a profité de la proximité de Tennenbronn. Beaucoup d'établissements en sont issus et les ouvriers continuent d'y habiter. La zone d'activités de Hardt offre, selon le maire, de nombreux atouts : « *il y a de l'espace plat, des possibilités d'agrandissement, un paysage agréable valorisant l'image de nos entreprises, pas de problèmes de circulation comme à Schramberg ou Sulgen et peu de distance par rapport à l'autoroute* »[39]. En fait, « *Hardt n'a pas une 'zone industrielle', mais une 'zone d'activités' en raison de sa situation dans une zone de protection des eaux (Wasserschutzzone)* ». Hardt dispose donc de nombreux avantages et peut encore se développer. On compte agrandir l'espace industriel d'environ trois hectares. L'ensemble de la zone d'activités sera entouré d'arbres pour obtenir une meilleure adaptation au paysage et une séparation des quartiers résidentiels. Le tourisme existe également - par exemple, avec un petit parc d'attraction (Freizeitpark) -, mais reste une préoccupation secondaire par rapport à la politique d'implantation industrielle (Industrieansiedlungspolitik). « *Nous allons tout faire pour nos entreprises. Il y a même de la demande de l'extérieur - sans que nous ayons fait de publicité* ». Ce qu'il faut également favoriser, ce sont les services. Aussi prévoit-on l'ouverture d'un petit centre commercial dans un ancien bâtiment de l'entreprise UTS.

« *L'avenir est noir* » pour le maire de **Triberg** ! Il s'agit là de l'avis sans doute le plus pessimiste recueilli durant notre enquête auprès des élus. « *Triberg est peut-être la première commune qui connaît une mauvaise situation, mais d'autres suivront* », dit-il. Le maire évoque toute une série de raisons pour expliquer les difficultés : « *L'attirance des grands centres ou agglomérations comme Stuttgart est très forte. Les entreprises cherchent à avoir des facilités de contacts (Fühlungsvorteile) comme la proximité d'une université, de l'administration, des banques, etc. Une entreprise multinationale ne s'installerait jamais dans la Forêt-Noire. L'arrière-pays (das Hinterland) manque à Triberg : Fribourg et Offenbourg sont trop loin et Villingen-Schwenningen n'est pas suffisamment intéressante. Il est difficile d'attirer des cadres à Triberg et il n'y a pratiquement pas d'offre culturelle. Même les professeurs d'école préfèrent vivre à Fribourg ou à Villingen et faire la navette. Comment peut-on persuader les jeunes de rester sur place ? Et puis il n'y a même pas de place pour construire une maison !* » C'est vraiment une image très sombre que nous laisse le maire de cette commune : un lieu triste, des gens renfermés, un manque de possibilités d'échanges avec l'extérieur et une population des troisième et quatrième âges !

Il est sceptique pour l'industrie, car beaucoup d'entreprises sont orientées vers la construction mécanique qui dépend de l'automobile. *« Est-ce qu'on aura encore besoin de ces produits ? »*, se demande-t-il. Pourtant, il ne craint pas le départ des entreprises, car les chefs d'entreprise sont trop attachés au « pays » : *« On utilise chaque m² et même les jeunes entrepreneurs restent ici, si c'est possible »*.

Comme dans les autres communes, l'objectif principal pour l'avenir de Triberg est de maintenir les entreprises existantes et d'essayer d'obtenir des subventions dans le cadre du programme « espace rural » (Ländlicher Raum), pour que les usines puissent au moins renouveler leurs machines (Maschinenpark erneuern).

8.2.2. Les communes orientées vers l'industrie et le tourisme

Les communes de **Schiltach, Tennenbronn, Vöhrenbach et Lauterbach** comptent sur les deux secteurs - industrie et tourisme - pour assurer leur avenir. Le niveau industriel est si élevé à Schiltach que c'est grâce aux entreprises et aux taxes qui leur sont demandées que la commune pourra développer encore le tourisme. Dans le cas de Vöhrenbach et Tennenbronn, il s'agit plutôt d'un maintien des entreprises existantes et d'un léger essor du tourisme. A Lauterbach, cette activité joue déjà un rôle dominant, mais c'est un tourisme thermal qui dépend beaucoup de la politique des caisses d'assurance maladie (Krankenversicherung).

L'avenir de **Schiltach** réside dans « l'association de l'industrie et du tourisme ». Ainsi, la ville est fière d'avoir réussi l'assainissement (Denkmalschutz) et de présenter une industrie florissante. Il n'y a aucune friction entre la population et les entreprises. Ces dernières sont bien acceptées, d'autant plus que la taxe professionnelle représente le revenu le plus important de la commune et que les entreprises fournissent également une offre d'emplois considérable. Schiltach vit surtout grâce à ses usines et c'est grâce à elles qu'elle peut proposer une subvention de 40 % (1994) à chaque habitant voulant améliorer la qualité de son logement dans le but d'accueillir des touristes.

L'objectif principal de la ville est de tout faire pour que les entreprises y demeurent. Elle les aide à trouver des subventions, par exemple, en cas de volonté d'agrandissement. Mais, en même temps, Schiltach est très intéressée par la préservation du paysage, pour les habitants et pour les touristes - *« plus que d'autres communes »*, pense le maire-adjoint. Ainsi, la commune essaie de rejeter les ateliers bruyants à la périphérie de l'agglomération (HANSGROHE, par exemple). Située dans une partie très étroite de la vallée de la Kinzig, Schiltach a épuisé ses capacités spatiales et il n'y a pratiquement plus de surfaces disponibles pour une activité industrielle.

Tout comme Schiltach, la commune de **Tennenbronn**, au sud de Schramberg, s'est donné également comme objectif de maintenir l'équilibre entre « lieu de repos » et « lieu industriel ». *« C'est une industrie propre, donc les deux secteurs font bon ménage »*, nous assure le maire. Selon lui, la grande industrie n'a pas de chance à Tennenbronn en raison de la situation topographique de la ville. Alors, il faut sauvegarder les petites entreprises et l'artisanat indispensables au maintien de la population.

Sa seconde préoccupation est de développer le tourisme (infrastructure et commerce). Ainsi, l'un des projets actuels de la commune est de favoriser une intercommunalité touristique reposant sur « cinq communes hospitalières » (« die gastlichen 5 ») - Hardt, Schramberg, Lauterbach, Aichhalden et Tennenbronn. En ce qui concerne le développement du village (Dorfentwicklung), on note encore une demande de construction d'habitations, ce qui montre l'attachement de la population à la commune. L'exode est très limité. L'offre favorable dans le domaine scolaire, grâce à la proximité de Schramberg et St. Georgen, est un atout décisif.

Vöhrenbach est rattachée administrativement à Furtwangen. C'est une commune de sous-traitants et fournisseurs, qui souffre beaucoup de la pression sur les prix (Preisdruck) exercée par les donneurs d'ordre - en général, l'industrie automobile - et pour qui la lutte contre la concurrence des pays à bas salaires (Billiglohnländer) est quotidienne. Le maire de Vöhrenbach compare la situation de sa commune avec celle de Furtwangen : *« Furtwangen dépend beaucoup moins d'autres filières ou d'autres grandes entreprises que Vöhrenbach, grâce à ses entreprises de produits finis comme Siedle (interphones -* Türsprechanlagen*), Reiner (poinçons -* Stempel*) ou Werner (mini-séries et solution de problèmes dans le domaine de la robotique -* Kleinserien und Problemlösungen*) »*. Financièrement, la commune n'est pas très à l'aise. Elle hésite constamment entre plusieurs voies : soutenir les entreprises dans l'espoir qu'elles fassent des bénéfices afin de percevoir une taxe professionnelle ou développer la fonction résidentielle et compter sur la péréquation financière (Finanzausgleich - cf. chap. 5.2.5.4.). A Vöhrenbach, *« les activités industrielles ne rapportent pas assez. La part de la péréquation financière, qui est calculée chaque année selon le nombre d'habitants, n'apporte pas beaucoup non plus parce que Vöhrenbach a une population peu nombreuse par rapport à sa superficie importante (Flächengemeinde). C'est la cinquième commune du Kreis 'Schwarzwald-Baar' par sa taille. Elle supporte de lourdes dépenses en raison de cette surface (frais de transport, de déplacement, entretien de kilomètres de routes) »*. Cependant, maintenir des entreprises c'est aussi maintenir, en principe, des habitants, donc assurer des rentrées fiscales. C'est pour cette raison que la commune a renoncé durant les années 1980 - années de crise - à des impôts considérables pour aider une entreprise importante en difficulté (perte de 100 emplois, de 130 à 30) à recréer des emplois (100 en 1993). Aujourd'hui encore, la commune dispose d'un potentiel important : mille à mille deux cents emplois dans l'industrie et l'artisanat pour mille quatre cents ménages (4 300 habitants en 1992).

Dans l'avenir, la commune compte aussi sur le tourisme. « *Mais les habitants ne perçoivent pas cette chance ; ils ne construisent pas d'appartements pour les touristes. Ils trouvent que l'argent est plus facilement gagné dans l'industrie. Or, les touristes pourraient apporter de l'argent à la commune par leur pouvoir d'achat.* » Le maire insiste sur les carences de la capacité d'accueil alors que la demande n'est pas négligeable. Il faudrait aussi construire une piscine, un terrain de tennis ou un terrain de jeux, mais la commune n'en a pas les moyens. Vöhrenbach prévoit de transformer une ancienne ligne de chemin de fer en piste cyclable, parcours de ski de fond et sentier de randonnée, mais un problème de financement se pose, car le projet touche plusieurs communes.

En ce qui concerne l'industrie, le maire n'est pas plus optimiste que les entreprises. La commune pourra encore ouvrir une petite zone d'activités industrielles. Elle essayera de faire des offres favorables pour attirer d'autres entreprises, car il y a de la demande. Il est vrai que la concurrence entre les communes est rude et que les entreprises savent en jouer. Il faudrait également essayer d'augmenter la population en offrant des terrains à bâtir, mais ce n'est pas simple à cause des sites protégés. A moyen terme, un maintien des entreprises actuelles et un léger développement du secteur du tourisme est tout ce que la commune peut espérer.

À **Lauterbach,** le maire ne donne aucune chance à l'industrie : « *le relief est trop difficile pour les entreprises. Par exemple, Bock doit construire dans la montagne, c'est compliqué et surtout très cher. Pour l'industrie, il n'y a absolument pas de surface* ». Mais la commune fera tout pour conserver les entreprises sur place. Elle aidera à trouver des solutions de développement, à obtenir, par exemple, des permissions d'extension de bâtiments (Anbauten) mais, « *elle n'a pas de possibilités de donner des aides financières* », nous dit le maire. Même pour édifier des résidences, le terrain fait défaut, à l'exception des petites vallées transversales (Seitentäler), à condition qu'elles ne soient pas protégées comme la vallée de la Sulzbach. Le maire, cependant, reste optimiste : « *on a déjà fait un POS, il y a vingt ans, mais deux grandes fermes ne voulaient pas vendre ; avec le changement des générations, cela changera et on aura la place pour construire 50 maisons individuelles* ». Pouvoir disposer de terrains à bâtir est très important : « *La situation de Lauterbach comme lieu de résidence est 'super'. Si la commune dispose de terrains, il y aura même une immigration de population, car les gens aiment habiter ici.* »

Le grand problème reste le manque d'activités sur place. De nombreux emplois sont offerts par la restauration et l'hôtellerie. C'est, avant tout, un tourisme thermal, qui dépend donc largement d'une clientèle assistée et des décisions de l'État. Cette orientation réclame, néanmoins, des investissements élevés, comme une piscine par exemple. La principale chance de Lauterbach réside aujourd'hui dans sa proximité avec Schramberg, ville de centralité supérieure (Mittelzentrum), pour qui elle est devenue un lieu de détente et de résidence agréable, d'autant plus que la liaison entre les deux communes fonctionne bien.

À ce deuxième groupe, on pourrait ajouter **St. Georgen,** car c'est une commune qui souhaite développer le tourisme comme deuxième ressource. Pour le maire, l'avenir de la région est entre les mains des jeunes entreprises qui multiplient les innovations dans les secteurs de la micro-mécanique, de la micro-électronique et de l'environnement. C'est une commune qui a été très touchée par la concurrence en raison du poids excessif de l'horlogerie. Elle doit contourner de multiples obstacles : manque de surface, topographie défavorable, manque d'emplois pour les jeunes après l'apprentissage et taxe professionnelle insuffisante. Selon le maire, il faut « *trouver plus de surfaces, car si on veut éloigner les entreprises du centre ville - un grand problème pour St. Georgen - on doit pouvoir leur offrir de la place. Le centre de transfert technologique, avec ses entreprises du secteur informatique et ses quelques 60 emplois, ne fonctionne qu'au démarrage. Il faut trouver des aides pour soutenir davantage de créations d'entreprise* (Existenzgründungsförderung) ». En ce qui concerne le tourisme, *« il faut améliorer les restaurants, l'offre pour les jeunes familles : installer un cinéma à ciel ouvert, proposer des concerts pop »*.

8.2.3. Les communes orientées de préférence vers le tourisme

Dans cette région fortement industrialisée, deux communes - Schonach et Schönwald - ont pour objectif principal le développement touristique. Elles sont très éloignées des grands axes, ce qui représente un certain handicap pour l'industrie. En revanche, elles se situent sur les hauteurs de la Forêt-Noire et offrent tous les atouts d'un haut lieu touristique (panorama, climat agréable, sites protégés, circulation réduite, espaces de détente et de sport).

Pour **Schonach,** le maire partage le pessimisme des entreprises concernant la commune et la région : *« la situation topographique est difficile et il n'y a pas assez de surface favorable à une utilisation industrielle. Il faut aussi faire attention à la sauvegarde du paysage »*. La commune essaye donc de maintenir les entreprises existantes - et, en particulier, la fabrication horlogère -, de leur donner des possibilités d'extension ou de changement d'emplacement en quittant les quartiers résidentiels (zone mixte). Elle veut absolument éviter le départ de nouvelles entreprises qui retentirait aussitôt sur la taxe professionnelle. La commune souhaite aussi développer le tourisme et conserver son cachet de village résidentiel. Le programme de la commune pour l'avenir est de maintenir la valeur du cadre de vie, de conserver les différentes écoles pour assurer la formation, de sauvegarder les entreprises existantes et de protéger le paysage. D'après le maire, *« il ne faut pas trop miser sur l'industrie qui ne viendra pas, mais plutôt sur les touristes ».*

La politique de la commune de **Schönwald** favorise également le tourisme. Le POS (Bebauungsplan), qui pourrait donner aux entreprises la garantie de demeurer à Schönwald, est refusé par le Conseil municipal (Gemeinderat), si bien que, comme dans le cas de Schonach, Schönwald risque de perdre des entreprises. L'exemple de WEHRLE, entreprise horlogère, qui s'est installée à St. Georgen car la commune n'a pas réussi à lui proposer un terrain pour s'agrandir, est significatif. Le maire, au contraire, souhaiterait l'installation de nouvelles entreprises pour donner du travail à la population : *« Actuellement, les gens doivent faire la navette jusqu'à St. Georgen, Furtwangen, Triberg et même Villingen-Schwenningen. Ces mouvements touchent environ un tiers de la population active*[40]*. Mais la population préfère se déplacer plutôt que d'avoir une zone d'activités (Gewerbegebiet) à Schönwald. L'industrie est importante pour une structure équilibrée de la population - même si elle n'apporte pas beaucoup d'argent. Ce n'est pas le tourisme qui peut stabiliser la population, car les jeunes ne veulent pas travailler dans ce domaine en raison des horaires de travail (le week-end, Noël, le soir) ».* Pourtant, bien que le terrain soit assez plat autour de Schönwald, la commune a du mal à trouver des surfaces disponibles pour les entreprises en raison de l'opposition de la population. Le tourisme est donc un objectif essentiel[41] : *« Le tourisme est devenu une industrie, mais nous ne suivons pas l'exemple de Triberg et de Titisee, nous ne voulons pas un tourisme de passage. Notre objectif est une clientèle à long terme, fidèle et attachée à Schönwald »*, nous assure le maire.

Cependant, il garde encore quelques espoirs pour les entreprises industrielles : *« on mettra les entreprises à l'extérieur et on aura une route de contournement, donc Schönwald sera protégé ».* La commune possède un terrain de quinze hectares et le maire espère même que WEHRLE reviendra un jour à Schönwald. La commune dispose encore d'un important potentiel d'exploitations agricoles et beaucoup sont menacées : la pluriactivité est une solution possible, l'agriculture n'apportant plus que des emplois secondaires (Nebenerwerbslandwirtschaft). D'ailleurs, ce ne sont pas les habitants originaires de Schönwald qui s'opposent à des implantations industrielles, mais les résidants secondaires ou bien ceux qui sont venus s'installer dans la commune pour profiter du calme et du paysage.

L'une des mesures décidées par Schönwald pour garder les entreprises ou pour en attirer est d'offrir un taux de taxe professionnelle le plus bas possible. La commune serait même d'accord pour la supprimer, avec comme compensation un accroissement d'un point du taux de TVA.

Quelle chance pour l'avenir ?

L'image pessimiste donnée par les chefs d'entreprise concernant le développement de la région n'est pas tout à fait partagée par les représentants officiels. Parmi les douze maires, trois donnent une chance à l'avenir industriel de leur commune (Furtwangen, Schiltach et Hardt) ; quatre, en revanche, partagent le point de vue des entreprises et trois mettent leur espoir dans le tourisme. Enfin, quatre autres s'expriment de manière prudente et espèrent pouvoir maintenir le potentiel actuel : c'est le cas du maire de Schramberg, optimiste pour la ville, mais pessimiste pour la région. Les effets de la mondialisation des échanges se superposent aux phénomènes de rationalisation et d'automatisation. La conséquence peut être le recours aux délocalisations et, ainsi, une augmentation du chômage dans la région.

Toutefois, le développement des entreprises semble moins lié que par le passé au territoire géographique. On compte dans la Forêt-Noire sur les mêmes stratégies d'expansion que dans d'autres régions.

Spécialisation, recherche de nouveaux marchés, diversification, délocalisations ou externalisations, si nécessaire, sont des stratégies courantes. Il est certain, cependant, que les entreprises situées dans un espace plus fragile et plus sensible à la conjoncture en raison de ses handicaps géographiques (pente, climat, infrastructure routière impliquant des transports plus longs et plus coûteux) sont condamnées, soit à l'innovation constante, soit à des marges moindres, ce qui, à terme, pose la question de leur existence et du devenir industriel de la région.

La concentration et l'absorption par des groupes extérieurs plus puissants ne sont guère favorables. La très grande entreprise ne s'identifie pas à une région en raison de sa dispersion spatiale. Son objectif primordial est toujours la rentabilité et non la sauvegarde d'une région. En phase de haute conjoncture, le fait que des entreprises fassent partie d'un groupe peut être positif pour un territoire, mais dans une phase de repli, la situation est radicalement inverse, comme en témoigne l'exemple de St. Georgen. En fait, la richesse en PME familiales est un atout fondamental par rapport aux grandes entreprises, dirigées par des managers. Selon un chef d'entreprise de Furtwangen, *« le système des managers perd en efficacité dans des temps difficiles. Les cadres ont trop peur du risque. Au contraire, un patron est plus engagé vis-à-vis son entreprise. Il travaille dans sa propre entreprise, il est présent et au courant de tout, alors il va tout faire pour que son entreprise fonctionne - c'est un entrepreneur ! »*[42]. Il faudrait ajouter à cela l'avantage dû à la main-d'œuvre et l'importance qui lui est donnée dans le développement industriel. L'identification à l'entreprise a, sans aucun doute, des effets considérables, même s'ils sont difficiles à mesurer.

En dépit de cet attachement sentimental à la région, les tendances à la délocalisation vers les Nouveaux Länder ou l'Europe de l'Est, même si elles sont limitées, montrent que la Forêt-Noire n'échappe pas au mouvement de mondialisation. Si elles veulent rester compétitives, les entreprises doivent s'adapter et suivre les mutations politiques et économiques.

Selon l'un de nos interlocuteurs, *« l'avenir de l'industrie allemande se trouve en Chine ou en Afrique. À l'exception de la haute technologie, les productions vont partir dans les pays nouvellement industrialisés à cause des frais de production, surtout des salaires »*. Et il pense qu'en *« Europe, l'évolution vers une société de services (Dienstleistungsgesellschaft) continuera »*[43].

Beaucoup d'entreprises restent encore réticentes vis-à-vis d'une telle délocalisation, par crainte d'une qualité déficiente et d'une main-d'œuvre moins formée et moins performante. La plupart des entreprises ne disposent pas d'un capital suffisant pour se permettre un échec, d'où leur prudence à délocaliser. En revanche, une délocalisation vers un pays voisin, un pays européen, peut être envisagée plus facilement, surtout si les coopérations transfrontalières (grenzüberschreitende Kooperation) s'améliorent. Il faudrait également que les conditions d'ordre plus général, comme les connaissances linguistiques et les échanges culturels, s'améliorent.

Notes

1 - C'est l'entreprise T. BÄUERLE qui parlait de GRÄSSLIN.

2 - Entretien avec M. Löhning de l'entreprise WEISSER & SÖHNE à St. Georgen, le 23 juillet 1993.

3 - Entretien avec Monsieur Schröder de l'entreprise FEINTECHNIK, le 28 juillet 1993.

4 - Entretien avec Monsieur Mayer de l'entreprise FRERES MAYER à Schramberg.

5 - Monsieur Hans Kienzler, entreprise PAUL KIENZLER, le 27 octobre 93.

6 - Monsieur Mädler de l'entreprise MATHIAS BÄUERLE, le 18 août 1993.

7 - Monsieur Scherl, Junior de l'entreprise SCHWARZWALD PLASTIK à St. Georgen, entretien du 3 août 1993.

8 - Entretien avec Monsieur Pfaff, entreprise WEHRLE, le 27 octobre 1993.

9 - Entretien avec Monsieur Lorenz, entreprise LORENZ, le 11 août 1993.

10 - Une autre entreprise, HUBERT HERR, fabricant d'horloges à coucou à Triberg, nous déclare que les charges annexes représentant 85 % du salaire : *« sur 100 DM, les frais annexes (charges sociales et des compensations pour Noël et les congés) représentent 85 %, donc pour 100 DM de salaire, je dois payer 185 DM » (50 / 75 euros annuels).*

11 - Entretien avec Monsieur Schneider, entreprise SCHNEIDER à Tennenbronn, le 3 mai 1994.

12 - Entretien avec M. Moosmann de l'entreprise KNEISSLER à Schramberg, le 13 septembre 1994.

13 - Entretien avec Madame Nerlinger, entreprise KAISER METALLWAREN à Mönchweiler, le 6 mai 1994.

14- Entretien avec M. Firley , directeur général de l'entreprise ANTON SCHNEIDER & SÖHNE à Schonach, le 13 août 1993.

15 - Entretien avec l'entreprise FEHRENBACHER à St. Georgen, le 11 août 1993.

16 - Idem

17 Entretien avec Monsieur Köntropp, entreprise FALLER à Gütenbach, le 29 juillet 1993.

18 - Commentaire de Monsieur Moosmann de l'entreprise KNEISSLER, construction mécanique.
19 - Entreprise HELMUT KAMMERER à Schonach.
20 - Pour mémoire, d'autres initiatives furent de « trouver un nouveau créneau, un nouveau marché, de renforcer l'exportation ou de diversifier ».
21 - Monsieur Lorenz, de l'entreprise LORENZ, est originaire de Malsch près de Karlsruhe, donc du Bade-Wurtemberg - entretien le 11 août 1993.
22 - Entretien avec M. Köhler, cadre commercial (kaufmännischer Leiter) de l'entreprise SCHWARZWÄLDER METALLWARENFABRIK A. HAUGG, le 27 octobre 1993.
23 - Entretien avec Monsieur Dr. Obergfell de l'entreprise KUNDO-SYSTEMTECHNIK, le 19 août 1993.
24 - Entreprise T. BÄUERLE de St. Georgen (technique de précision et électronique), entretien le 19 août 1993.
25 - Entreprise ZEYKO de Mönchweiler, entretien le 5 mai 1994.
26 - Entreprise HUMMEL de Furtwangen (mécanique de précision).
27 - Entreprise HEINEMANN de St. Georgen - construction mécanique.
28 - Entreprise DOLD de Vöhrenbach.
29 -Entretien avec Monsieur Moosmann de l'entreprise KNEISSLER de Schramberg, le 13 septembre 1994.
30 - Entreprise SCHWARZWALD PLASTIK de St. Georgen.
31 - Entreprise T. BÄUERLE de St. Georgen.
32 - I.E.F. WERNER à Furtwangen et T. BÄUERLE à St. Georgen.
33 - SCHNEIDER et SKT à Tennenbronn.
34 - Entretien avec Monsieur Schneider le 3 mai 1994.
35 - Rüdiger Kroh, « Gemeinsam stark », article dans MM (Maschinenmarkt), Sondernummer Juli 1994, p. 46.
36 - Dr. Christoph Münzer, « Standortfaktoren am Oberrhein « , dans Wirtschaft im Südwesten, 8/92, p. 20.
37 - BAUD (P.), BOURGEAT (S.), BRAS (C.), *Dictionnaire de géographie*, Hatier, Initial, Paris, 1995, p. 21.
38 - La commune de Königsfeld sera exclue de nos considérations en raison de son orientation principale vers le tourisme de santé et le thermalisme. Nous devons également exclure Mönchweiler car le maire a refusé tout entretien.
39 - Entretien avec le maire de Tennenbronn, Monsieur Dold, le 30 août 1994.
40 - Chiffre donné par Monsieur Schmidt, maire de Schönwald, lors de l'entretien du 20 octobre 1993.
41- A partir de 8 lits, on est obligé d'établir une déclaration en mairie. Cela équivaut à un emploi. Avec cette déclaration, la commune peut encaisser une taxe de séjour de 0,92 euro par nuit et par client.
42 - Monsieur Hummel, entreprise Hummel à Furtwangen, entretien du 24 août 1993.
43 - Monsieur Seuerl Juniors, entreprise SCHWARZWALD PLASTIK à St. Georgen, entretien du 4 août 1993.

QUELLE EST L'ÉVOLUTION DES COMMUNES ENTRE 1993 ET 2003 ?

En 2004, on peut constater que la situation de l'industrie n'a pas changé de façon significative dans notre région d'étude. Ce sont toujours les petites communes situées sur les hauteurs orientales de la Forêt-Noire – **Hardt, Aichhalden, Mönchweiler** - qui montrent **l'évolution la plus positive** de toutes les communes de notre zone d'étude et ceci toujours pour les mêmes raisons : une bonne accessibilité au réseau routier et autoroutier et des disponibilités en surfaces pour l'extension des entreprises. Pour **Hardt,** l'évolution est positive de façon générale (augmentation de la population, des emplois industriels, des services mais aussi de l'emploi total). En ce qui concerne le secteur secondaire on relève une augmentation phénoménale de 159,5 % dans l'industrie de transformation et de 55 % pour l'industrie de production, grâce à une politique communale très ouverte à de nouvelles implantations industrielles.

Par contre, **Mönchweiler,** qui a connu l'évolution la plus positive des communes étudiées entre 87 et 93, a vécu un ralentissement jusqu'à 2000, puis une nouvelle reprise de 2,7 % des emplois industriels[1]. C'est certainement lié au fait que la surface communale est saturée aujourd'hui. De plus, la commune est située à très proche distance d'une grande ville, Villingen-Sdchwenningen, disposant d'une meilleure offre culturelle et de salaires probablement plus attirants.

Vöhrenbach, classée en 1993 encore comme commune bénéficiant d'un bon développement industriel (cf. Fig. 25), en raison de sa proximité avec l'autoroute et ses capacités en surface disponible, a connu jusqu'en 2003 une évolution légèrement négative de la population (-2,4 %) et des emplois industriels (-12,5 %) ce qui confirme les craintes du maire exprimées lors de nos entretiens en 1993. L'existence de trop d'entreprises dans la même branche, de leur dépendance des donneurs d'ordre automobiles en raison de leur structure de sous-traitants et la concurrence de la ville de Villingen-Schwenningen représentent les faiblesses de cette commune. De plus, la commune est une commune d'une très grande surface ce qui représente des dépenses importantes. Développer le tourisme semblait la seule possibilité d'un développement pour le maire à cette époque. Jusqu'en 2003, les services ont augmenté de 5,5 % et représentent 24 % de l'emploi total.

Parmi les communes avec une **évolution toujours négative – Triberg, Lauterbach, Schonach** - c'est **Triberg**, qui enregistre depuis 1993 le solde le plus négatif : -9 % pour la population, -31 % pour les emplois industriels (avec une tendance plus positive depuis 2000) et une baisse de 59,4 % à 56,3 % des emplois industriels par rapport à l'emploi total. On note également une diminution constante du nombre d'entreprises. Par contre, les services ont connu une augmentation de 3 % des emplois.

Ceci s'explique par sa situation géographique peu favorable (encaissement avec un manque d'espaces disponibles pour le développement industriel) et son éloignement de l'autoroute. A cela se rajoute la structure sectorielle des entreprises qui sont en général des entreprises traditionnelles de l'horlogerie ou du traitement des métaux et qui ne sont pas très orientées vers des nouvelles technologies et l'innovation, contrairement à **St. Georgen** qui a su attirer des entreprises innovantes grâce à son centre de technologie et la volonté de ses élus. Ainsi, cette commune a réussi à maîtriser un développement moderne bien qu'elle aie perdu beaucoup d'emplois entre 1987 et 1993 par la fermeture d'entreprises importantes comme Tobias Bäuerle. Depuis 1995, St. Georgen a pu stabiliser sa situation : légère augmentation des emplois dans l'industrie de transformation ainsi que de nouvelles créations d'entreprises dans ce secteur. La baisse de l'emploi industriel dans son ensemble a été compensée par une augmentation des services. Le centre de transfert de technologie, ainsi qu'un investissement important dans un site internet très développé, a certainement eu des effets positifs sur le développement de la commune. De nouvelles entreprises, souvent du domaine des NTIC, se sont installées. C'est une commune qui s'est toujours mobilisée, mais en raison de la présence des grandes entreprises au centre de la commune, elle n'a pas une grande attractivité touristique. C'est aussi une des raisons pour lesquelles la commune n'a pas pu enrayer la perte totale d'emplois et celle de la population.

En raison de sa situation géographique en pleine Forêt-Noire et son éloignement de tout, **Schonach** aussi a continué d'avoir un développement difficile : légère baisse de la population (-3,2 %) et de l'emploi industriel (-3,8 %), mais aussi des services (de 23 % à 21,2 % entre 2000 et 2003). Les données statistiques confirment ainsi le pessimisme du maire et des entreprises en 1993 par rapport au développement futur. Pourtant aucune des entreprises interrogées n'a quitté la commune. Le secteur de l'horlogerie s'est stabilisé grâce à sa spécialisation dans la fabrication des horloges à coucou. C'est un secteur qui s'adapte bien à la vocation touristique de la commune, mais c'est un secteur qui reste traditionnel.

Dans le *Landkreis* Rottweil, c'est la commune de **Lauterbach** qui a enregistré l'évolution la plus négative avec -5 % de la population depuis 1993 et -40 % des emplois industriels ce qui représente par rapport à l'emploi total une baisse de l'emploi industriel de 59 % à 56 %. Par contre, les services ont augmenté de 12 % depuis 1999 pour atteindre 43 % de l'emploi total en 2003. La commune mise de plus en plus sur le tourisme compte tenu de sa situation en plein massif et loin d'un accès autoroutier. Elle joue aussi le rôle d'un lieu de détente et de résidence pour les villes des alentours comme Schramberg.

Pour les trois centres les plus importants par rapport à l'industrie – **Schiltach, Schramberg et Furtwangen** – on constate aujourd'hui une évolution positive, mais ralentie, donc une variation par rapport à notre typologie de 1994 (cf. Fig. 25 et 26).

Schiltach a été toujours parmi les communes les plus industrialisées et a su maintenir son importance industrielle de haut niveau grâce à ses quatre entreprises très performantes : l'emploi industriel s'est élevé à 82 % de l'emploi total en 1987 et à 83 % en 2003. Elle enregistre toujours une augmentation pour la population et l'emploi dans l'industrie de transformation ainsi que des services. Mais, cette augmentation est moins importante qu'entre 1987 et 1993 pour la simple raison que les possibilités d'implantation industrielle ont atteint leur limite.

Schramberg est la ville la plus grande de notre espace laboratoire et elle a pu garder un niveau relativement constant de sa population et de l'emploi total entre 1987 et 2003. Par contre, la répartition de l'emploi par secteur a changé en faveur des services. Mais, c'est aussi grâce aux zones d'activités de Sulgen et Waldmössingen sur les hauteurs à l'est de la commune, proche de l'autoroute, ainsi que de la pépinière HAU que Schramberg enregistre une évolution positive des emplois dans l'industrie de transformation (+6,2 % entre 1995 et 2002).

Le maire avait bien prévu en 1993 que l'attractivité de la ville de Schramberg serait positive, mais pour les entreprises, il était plus pessimiste. L'évolution industrielle de la ville entre 1993 et 2003 reflète l'opinion positive des chefs d'entreprise qui veulent rester à Schramberg et se battre. Cela prouve bien que la ville et les entreprises « *font des efforts et que chacun trouve des raisons d'y rester* » (cf. chap. 6.1.2).

Furtwangen continue à jouer un rôle important pour la région dans le domaine de la formation et du transfert technologique grâce à la *Fachhochschule*. Malgré son éloignement de l'autoroute et des grands axes de communication, elle a pu maintenir ses entreprises sur place.

Fig. 25 - Essai de typologie des espaces en 1994

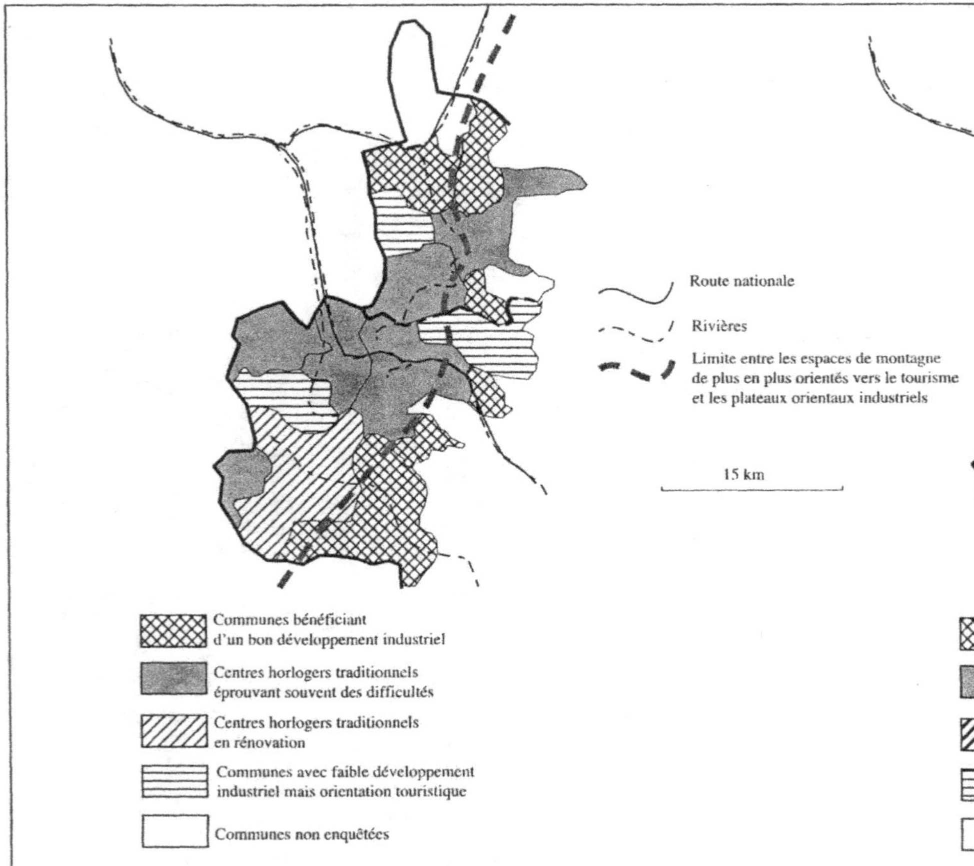

Source : Enquêtes menées entre 1992 et 1994.

Fig. 26 - Essai de typologie des espaces en 2003

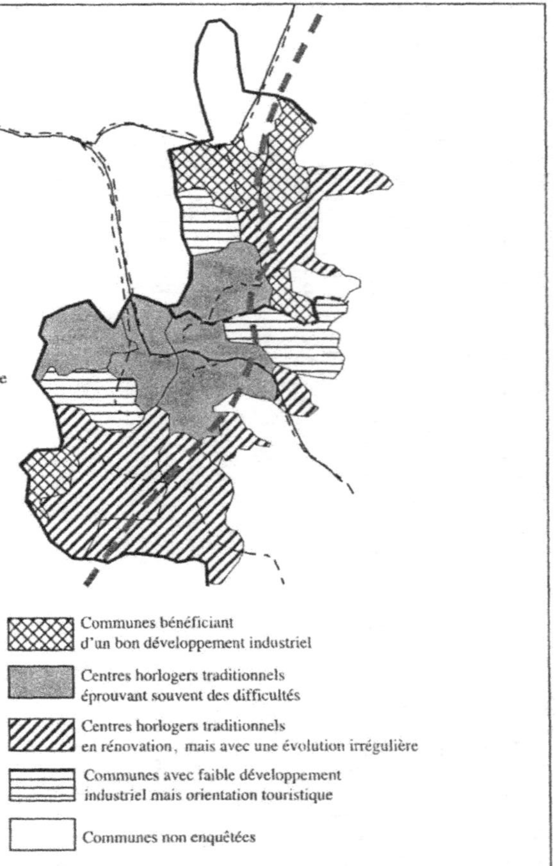

Source : C. STUBBE d'après les statistiques du Land Bade-Wurtemberg, 2004.

Mais, la ville n'a pas pu confirmer ses prévisions positives de 1993. Partout, elle relève une évolution négative (population -4,3 %, emplois dans l'industrie de production –11,7 %) ; l'évolution des services et de l'emploi total (-3,6 %), elle aussi est négative. La seule exception est l'industrie de transformation (+ 5,7 %) et ceci certainement grâce à la *Fachhochschule*, et les possibilités de transfert technologiques locaux. Cette ville a du mal à lutter contre les handicaps : peu de surfaces disponibles (cf. photo 13), loin de tout en raison de son emplacement dans le massif, un climat peu clément et aussi, surtout un manque d'attractivité pour les jeunes cadres et étudiants. Sans la *Fachhochschule*, cette commune aurait certainement connu des délocalisations.

Ce qui a joué en faveur du développement de **Schramberg et Furtwangen** malgré leur localisation dans le massif, c'est aussi que ce sont des villes avec des fonctions de centralité, offrant une concentration spatiale en activités économiques, politiques et sociales qui leur permet de chercher une symbiose entre plusieurs secteurs, en général le tourisme, le commerce et l'industrie. La présence des centres de transfert technologique a été un autre facteur sans doute positif et important. Pour cela on peut classer aujourd'hui ces deux villes dans la même catégorie « centre horlogers traditionnels en rénovation, mais avec une évolution ralentie depuis 1993 » (cf. Fig. 26).

Pour l'ensemble de la zone étudiée, on peut relever depuis 1993 un développement un peu plus positif pour les communes du *Landkreis* Rottweil (cf. Fig. 26). C'est certainement grâce à une plus grande présence des secteurs en croissance par rapport au *Schwarzwald-Baar-Kreis* où l'orientation sectorielle reste plus traditionnelle car liée à l'horlogerie. Mais c'est certainement aussi grâce aux possibilités d'élargissement offertes aux entreprises par la ville de Schramberg (zones d'activité et pépinière) et une plus grande proximité de l'accès autoroutier.

Il faut également noter une évolution dans les formations et le type d'entreprises qui s'installent nouvellement dans notre région. En raison de ses handicaps géographiques, cette région représente surtout un avantage pour l'industrie « footloose » - qui n'a pas besoin de matière première ni d'un grand nombre de sous-traitants, mais d'une main d'œuvre qualifiée et pour qui les facteurs « doux », comme un beau paysage, prennent plus d'importance. Bien souvent, ce sont des petites entreprises dans le domaine des NTIC, ou des créations d'entreprises par les diplômés de la *Fachhochschule* de Furtwangen. L'offre de la formation à cette université et la branche des nouvelles créations d'entreprises sont très liées dans notre région. Pour cette raison, on constate que le recrutement se fait toujours en grande majorité localement[2].

Autres évolutions depuis 2003

Pour la région qui est une région relativement éloignée des grands centres économiques, une bonne accessibilité fait partie des priorités de l'organisme de *Planification Régionale*. C'est surtout l'amélioration de l'accès au réseau des télécommunications qui donnera une chance pour compenser des déficits structuraux et réduire l'éloignement par rapport aux agglomérations. En 2003 (cf. plan régional de 2003), ce domaine reste encore à développer. Il est classé prioritaire.

Le réseau routier a été développé constamment. La liaison de la région avec l'axe Nord-Sud (A81) est considérée comme bonne et suffisante. Par contre, il reste toujours le problème d'un axe Est-Ouest suffisamment performant. Suite à l'élargissement européen vers l'est et donc l'ouverture des marchés des pays de l'Est, cet objectif devient plus important. La construction d'une 4 voies le long du lac de Constance pour assurer le trafic vers l'Est est de la même urgence.

Il est également urgent de poursuivre la construction des contournements des différentes communes dans notre espace laboratoire en raison d'une augmentation du trafic. Ceci représente une forte pollution pour la population et une réelle nuisance pour le tourisme. Pour Schramberg et Triberg, ces contournements étaient déjà réclamés durant nos enquêtes il y a dix ans, mais ils ne sont toujours pas encore réalisés en 2004.

Le réseau ferroviaire reste également une priorité de la planification régionale en 2003. Les entreprises ont plus de recours à ce moyen de transport qui réduirait sensiblement la pollution causée par le transport routier. Ainsi la demande des chefs d'entreprise lors des enquêtes de 92/94 pour plus de rapidité et de fiabilité du réseau ferroviaire reste toujours d'actualité en 2003. Dans le *plan régional* (2003) il est prévu une « containeurisation » plus performante à Villingen-Schwenningen, le développement des gares de Rottweil et Tuttlingen (hors notre zone de recherche) comme pôles logistiques et le développement des possibilités de chargement de marchandise le long des lignes ferroviaires (Stuttgart-Rottweil-Singen et Offenburg-Triberg-St.Georgen-Villingen-Schwenningen-Konstanz).

De plus, il est prévu d'introduire dans toute la région un système d'horaires cadencés pour mieux garantir les correspondances afin d'assurer la chaîne de transport entre le trafic de courte et longue distance.

L'approvisionnement en électricité et gaz est bonne dans la région. Mais c'est le développement des ressources renouvelables complétant l'offre régionale en énergie qui attire de plus en plus l'attention des acteurs locaux. Il s'agit de réduire la production des déchets toxiques et la pollution de l'atmosphère.

Notes

1 - La désignation « Emplois industriels » dans les statistiques du Land Bade-Wurtemberg de 1993 à 2003 se rapporte aux emplois dans *l'industrie de production* qui inclut en plus des emplois dans « l'industrie de transformation » les emplois dans les secteurs « énergie, eaux, mines et bâtiment ».

2 - Enquête en janvier 2004 à St. Georgen.

CONCLUSION

En dépit de sa réputation touristique, la Forêt-Noire est une région de forte industrialisation. Rappelons que 40,5 % des emplois relèvent du secteur secondaire, proportion plus élevée que celle du *Land* Bade-Wurtemberg.

C'est une industrie adaptée à la moyenne montagne et au monde rural, grâce à la suprématie d'entreprises de petite taille et à une orientation sectorielle vers des branches à haute technologie compatibles avec le tourisme. Ce sont en général des usines entraînant peu de nuisances et réclamant peu de place. Les établissements se fondent dans le paysage. Le respect de l'environnement n'est pas synonyme d'archaïsme, car il s'agit d'activités modernes et compétitives.

La pluriactivité et l'alliance entre agriculture et artisanat s'inscrit dans une longue tradition. Depuis des siècles, l'habitant de la Forêt-Noire, ne pouvant pas vivre exclusivement de ses terres, a été obligé de chercher un emploi secondaire, d'où la naissance d'une proto-industrie, fondée sur la liaison entre l'agriculture et l'artisanat et sur une main-d'œuvre rurale fabriquant des produits pour un marché extérieur à la région. L'horlogerie a joué un rôle fondamental. De cette activité dérivent les branches actuelles de l'industrie en Forêt-Noire : la mécanique de précision, la transformation des métaux et, bien évidemment, le travail du bois.

L'image un peu euphorique que nous donne A. Thomas dans un article en 1971[1], demande à être corrigée : « *l'indiscutable succès de l'industrie se reflète dans l'aspect « achevé » de l'humanisation du paysage: constructions nouvelles agréables dans un espace boisé organisé, aménagements socio-culturels et sportifs nombreux, infrastructure routière aux techniques avancées...»*. Ce qui semble une réussite pour un spectateur extérieur ne l'est probablement pas autant pour ceux qui y habitent. Lors de nos enquêtes, nous nous sommes rendu compte des oppositions quant à la gestion de l'espace. Les résidents exigent des emplois d'où la nécessité d'implantations industrielles qui, de surcroît, fournissent aux communes des taxes non négligeables. Mais souvent, les besoins de l'industrie sont en contradiction avec la volonté de préserver le paysage pour le tourisme. L'élargissement nécessaire des routes ainsi que l'augmentation constante de la circulation inquiètent la population et également la Planification Régionale (Regionalverband) qui a pour mission de protéger la nature, mais aussi d'améliorer la situation économique des espaces ruraux.

L'observation de ces contradictions fut à l'origine de notre enquête, dont l'un des objectifs principaux a été d'évaluer les chances de cette région de moyenne montagne pour un développement industriel futur. Est-ce une région qui peut « gagner » dans un contexte de mutations constantes ou est-ce un espace « périphérique » et « défavorisé » condamné inéluctablement à un déclin industriel ? La réponse ne peut se résumer par un simple « oui » ou « non ». En effet, la Forêt-Noire n'est pas homogène. Elle présente un ensemble de territoires différents, ce qui nous a amené à restreindre notre recherche sur une partie bien délimitée du massif. Les conclusions suivantes ne peuvent s'appliquer qu'aux quatorze communes appartenant à la région administrative «Schwarzwald-Baar-Heuberg», c'est-à-dire aux *Landkreise Rottweil* et *Schwarzwald-Baar*.

Trois observations fondamentales peuvent être retenues.

1 - C'est une région qui offre de nombreux atouts pour un développement futur

Ce territoire présente plusieurs éléments qui correspondent à une région qui « gagne » (selon Benko et al., cf. Introduction). D'une part, le développement repose sur une tradition ancienne d'où résultent aujourd'hui **un bon tissu industriel** et un fort esprit entrepreneurial. L'existence d'une importante structure de sous-traitance, liée à l'automobile, pourrait permettre de ranger cette région dans les « districts » industriels. D'autre part, pour une région rurale, on note une importante densité de **structures technologiques**. Il existe plusieurs centres de transfert technologique hautement spécialisés[2] dans des domaines comme la microélectronique, l'optoélectronique, les techniques de mesures..., dont la mission est d'accroître la compétitivité des entreprises en les aidant à améliorer le processus de production. S'y ajoute l'existence de pépinières - à St. Georgen et à Schramberg - pour aider les jeunes entrepreneurs.

L'existence de **secteurs en croissance** est un autre point fort pour un développement futur de la région. La mécanique de précision, mais aussi la métallurgie ont encore des possibilités de croissance, à condition de s'adapter constamment aux mutations technologiques. En outre, on constate une orientation renforcée vers les nouvelles activités de l'environnement et les NTIC, domaines d'avenir pour la création d'emplois secondaires.

La **main-d'œuvre** - son habilité, son esprit bricoleur et sa mentalité - a constamment été citée comme l'un des atouts fondamentaux pour un bon fonctionnement des entreprises de la région, grâce à son attachement au « pays » et à une forte identification avec l'entreprise. On constate un lien étroit entre chefs d'entreprise, cadres, techniciens et ouvriers, ce qui engendre une bonne ambiance de travail. Dans les moments de difficulté conjoncturelle ceci peut être un avantage important car une réduction des salaires ou du temps de travail est plus facile à obtenir (ce qui a été le cas durant la dernière récession). On peut constater, également, un degré plus élevé d'inertie spatiale, en raison, justement, de cette symbiose entre l'entreprise et son personnel. La crainte de certains responsables de perdre une main-d'œuvre qualifiée et fiable est un frein s'opposant aux velléités de délocalisation. La densité du tissu industriel est un autre atout extrêmement favorable.

Notre analyse des facteurs de localisation a aussi relevé des facteurs défavorables à une implantation industrielle, comme les carences des transports et le manque d'espace résultant des conditions naturelles. Ces handicaps ne sont cependant pas rédhibitoires. En général, les entreprises ne s'occupent pas elles-mêmes du transport (c'est plutôt le problème des transporteurs) et, grâce à l'existence d'un certain nombre de zones d'activités, au prix d'une translation effectuée sur une courte distance, il est possible de trouver la place nécessaire.

Cependant, avec les mutations technologiques et une évolution vers une tertiarisation des tâches même dans le secondaire, on peut observer une évolution vers un besoin d'une main-d'œuvre de plus en plus qualifiée. Les tâches simples, comme la production ou le montage, peuvent être délocalisées vers les pays à bas salaires. Il en résulte que **la qualité de l'environnement** et **l'attractivité du paysage** sont des éléments de plus en plus prisés. Ainsi ce qu'on appelle les facteurs « doux » gagnent en importance et c'est une chance pour des région rurales et montagnardes comme la Forêt-Noire par rapport aux grandes agglomérations. L'évolution des communications, et spécialement la télématique et Internet, limite de plus en plus le handicap du transport.

L'existence de bonnes structures de formation - Institut universitaire (*Fachhochschule)* et nombreuses écoles - est un autre atout favorable pour un développement positif de la région.

2 - Mais c'est aussi une région qui perd son autonomie

Notre analyse du développement des emplois et des crises a souligné les problèmes découlant d'**une sous-traitance omniprésente** (70 % des entreprises). La question est d'autant plus aiguë qu'un seul client, ou une seule branche, domine et impose sa loi : 40 % (en 1994) des sous-traitants dépendent uniquement de l'automobile. Ils ont beaucoup souffert de la politique des firmes automobiles qui, pour obtenir des réductions de prix, ont exercé une forte pression sur les petites PME de la Forêt-Noire durant la dernière récession de 1993. Les entreprises non-sous-traitantes qui ont trouvé un créneau porteur ont moins souffert, comme le montrent certains exemples (Schmidt Feintechnik - capteurs et matériel de papeterie Haas Laser - lasers, Zeyko - meubles de cuisine, Hahn, Willy - tournevis, Siedle - télécommunication, AZ - armatures industrielles, imprimerie Straub, Hansgrohe - sanitaire de salles de bains).

Par ailleurs, les deux tiers des entreprises ne trouvent pas leurs matières de base dans la région. En revanche, 60 % des débouchés (en 1994) se situent dans toute l'Allemagne et 75 % des entreprises ont des marchés extérieurs. Les usines s'inscrivent donc dans des filières aux dimensions nationales, européennes ou mondiales et ne sont plus tellement liées à la région, ni pour le marché d'approvisionnement, ni pour les débouchés. Elles participent aux mutations générales découlant de la mondialisation et dépendent de plus en plus des marchés plus ou moins lointains. Elles sont complètement intégrées à l'économie mondiale et elles doivent impérativement compenser d'éventuels handicaps, comme des coûts supplémentaires de transport, pour être compétitives.

L'avenir de la région dépend aussi beaucoup des jeunes. Nous avons pu constater, lors de notre enquête, un certain attachement à la commune natale, mais aussi une attirance vers les agglomérations en raison d'un manque de distractions dans la région. Il est donc primordial d'améliorer l'offre culturelle.

3 - Une région avec des différences locales importantes.

Même à l'intérieur d'une région apparemment aussi homogène que celle que nous avons étudiée, il existe des différences significatives résultant de quelques facteurs fondamentaux.

Une bonne accessibilité et des possibilités de surfaces sont décisives pour le développement industriel d'une commune. Si, de plus, elle bénéficie des avantages d'une région rurale (paysage, calme, cadre de vie agréable), se trouve proche d'une agglomération, dispose d'une zone d'activités donc d'un tissu industriel, et propose une taxe professionnelle pas trop élevée, elle réunit tous les atouts possibles pour attirer les entreprises. C'est le cas, dans notre région, de Mönchweiler, mais aussi de Hardt, de Sulgen près de Schramberg et d'Aichhalden qui sont devenus des pôles d'attraction industrielle grâce à la proximité de l'autoroute. Dans les années 1990, une évolution positive a été constatée également à Vöhrenbach et Unterkirnach bien que leur situation géographique soit moins favorable, ce qui prouve le ralentissement de l'évolution depuis 1993 (cf. Fig. 26).

En revanche, les villages installés dans les vallées encaissées de la Forêt-Noire, comme Triberg, Lauterbach, Tennenbronn et Schramberg (ville) sont fortement **défavorisés** en raison d'un manque d'espace et des carences des transports.

Globalement, il est donc possible d'opposer les communes sises sur les **hauteurs orientales** et les plateaux en pente douce vers la région naturelle du Baar et les **communes occidentales**, à l'intérieur de la Forêt-Noire. Les premières offrent de meilleures conditions pour un développement industriel, tandis que les secondes souffrent de davantage de handicaps. Dans la montagne, il faut cependant souligner le contraste entre les vieux centres de tradition horlogère qui veulent maintenir leur vocation artisanale et industrielle et ceux qui ont misé sur le tourisme (Schönwald, Königsfeld et Lauterbach) pour des raisons diverses (thermalisme et cure à Lauterbach, passé religieux à Königsfeld...).

Les exemples de Furtwangen, Schiltach et St. Georgen montrent que des conditions de départ analogues - désavantages naturels et vieille tradition industrielle - n'aboutissent pas nécessairement à une situation identique. L'évolution de Schiltach et Furtwangen est positive. Pour la première, grâce à un esprit entrepreunarial fortement présent et à une politique favorable aux implantations industrielles, le secteur secondaire s'est développé tandis que pour la seconde, son rôle de centre de formation pour toute la partie Sud de la Forêt-Noire et les centres de transfert technologique ont joué un rôle fondamental. St. Georgen, par contre, a eu plus de difficultés à surmonter les séquelles des différentes crises, mais grâce à une pépinière qui mène une politique active d'aides aux jeunes entrepreneurs, et une politique très favorable aux entreprises, cette petite ville est devenue à nouveau un centre très dynamique. En outre, la proximité d'une agglomération et d'un axe autoroutier sont décisifs plus que ne le sont les conditions naturelles.

L'avenir de ces territoires n'est pas sans problèmes. Naturellement, la globalisation ne s'arrête pas aux portes de notre région. L'évolution constante d'une diminution d'emplois industriels en raison de l'automatisation progressive et un développement du tertiaire se superpose aux problèmes de la localisation et doit être prise en compte lors des interprétations. Ainsi une diminution des emplois industriels ou de l'emploi total ne peut pas s'interpréter seulement comme une « perte » par faillite d'entreprise ou délocalisation partielle ou totale.

En général, la région est surtout sensible aux changements conjoncturels. Comme nous l'avions constaté dans notre enquête, les diminutions d'emplois ont été souvent liées aux récessions et plus rarement à une mauvaise gestion.

Cela prouve que les entreprises de la région sont solides. Une évolution négative n'est donc pas un signe de défaut régional, mais national. Ce qui prouve aussi que les handicaps de la région ne sont pas insurmontables. Durant des visites régulières des entreprises dans cette zone de recherche depuis 1993 - la dernière en janvier 2004 - nous avons pu constater que la situation ne change pas de façon significative. C'est toujours une région qui vit de la symbiose entre l'industrie et le tourisme, entre tradition et innovation. C'est une région qui continue à être une région active et dynamique dans les deux secteurs. Et c'est une région ou l'attachement de la population à la région et à « ses » entreprises est un facteur porteur très important !

Notes

1 - THOMAS (A.), *L'industrie dans le cercle de Villingen*, 1971, p. 29.

2 - Nous avons pu en relever 20 uniquement pour la région du Schwarzwald-Baar-Heuberg.

BIBLIOGRAPHIE

« Baden-Württemberg - eine Region in Europa », *MM-Maschinenmarkt*, Sondernummer, Juli 1994.

« Eine Milliarde für die B 31 Ost », *Badische Zeitung*, 11/12 août 1991.

AMMAN J. (1991), « Ein Schutzmann für den Feldberg », *Rheinischer Merkur*, n°32, 9 août 1991.

ARBEITSKREIS MITTELSTAND DER WIRTSCHAFTSJUNIOREN SCHWARZWALD-BAAR-HEUBERG (1992), *Wirtschaftsstandort Schwarzwald-Baar-Heuberg, eine Untersuchung,* Villingen-Schwenningen.

ARNOLD K. (1992), *Wirtschaftsgeographie in Stichworten,* Hirts Stichwörterbuch, Stuttgart.

ARNS G. (1986), *Über die Anfänge der Industrie in Baden-Würtemberg,* DRW-Verlag, Stuttgart.

BAILLY A., BEGUIN H. (1993), *Introduction à la géographie humaine,* Masson, Paris.

BECATTINI P. (1995), « Le district marshallien : une notion socio-économique », *Sciences Humaines* - Hors Série, n° 8, Févr.-Mars, pp. 35-55

BECHTLE L. (1989), « Die Zukunft im Griff, Technologietransfert - so heißt die neue Zauberformel im Land der Tüftler und Pröbler » , *Schwarzwald*, Merian du 11 novembre 1989, pp. 67-72

BENDER B. (1992), *Geschichten aus dem alten Uhrmacherdorf - Alltag, Sitte und Brauchtum; Handwerker, Bauern und Originale in und um Schonach,* Waldkircher Verlag, Waldkirch.

BENKO G. (1995), « Les théories du développement local », *Sciences Humaines* - Hors Série, n°8, Févr.-Mars, pp. 36-40

BENKO G. et LIPIETZ A. (eds) (1992), *Les Régions qui gagnent, Districts et réseaux : les nouveaux paradigmes de la géographie économique,* PUF, Paris.

BENKO G., LIPIETZ A. (1995), « Le nouveau débat régional : positions », *Sciences Humaines* - Hors Série, n°8, Févr.-Mars, pp. 13-34

BENKO, G. (1991), *Géographie des technopôles*, Masson, Paris.

BLAICH F. (1985), *Der schwarze Freitag, Inflation und Wirtschaftskrise*, DTV, München.

BOELCKE W.A. (1987), *Wirtschaftsgeschichte Baden-Würtembergs, von den Römern bis heute,* Theiss, Stuttgart.

BOELCKE W.A. (1989), *Sozialgeschichte Baden-Württembergs 1800-1989, Politik,Gesellschaft Wirtschaft,* Landeszentrale für politische Bildung Baden-Württemberg, Kohlhammer Verlag, Stuttgart.
BORCHARDT K. (ed) (1994), *Strategien für periphere ländliche Räume,* Bundesforschungsanstalt für Landeskunde und Raumordnung, Arbeitspapier 8/1994, Bonn.
BORCHERDT Ch. (ed) (1983), *Geographische Landeskunde von Baden-Württemberg,* Schriften zur politischen Landeskunde Baden-Württemberg, Bd. 8, Ed. Landeszentrale für politische Bildung Baden-Württemberg, Stuttgart.
BORST O. (ed) (1989), *Wege in die Welt - Die Industrie im deutschen Südwesten seit Ausgang des 18. Jh.,* Deutsche Verlags-Anstalt, Stuttgart.
BRÜCKNER H. (1977), « Die Entwicklung der Wälder des Schwarzwaldes durch die Nutzung vergangener Jahrhunderte und ihre heutige Bedeutung », in Liehl E., Sick W.D. (eds) 1981, *Der Schwarzwald,* Konkordia,, Bühl, pp. 155-180.
BUNDESMINISTERIUM FÜR RAUMORDNUNG, BAUWESEN UND STÄDTEBAU (1991), *Raumordnungsbericht 1991,* Bonn.
BUNDESMINISTERIUM FÜR RAUMORDNUNG, BAUWESEN UND STÄDTEBAU (1994), *Raumordnungsbericht 1993,* Bonn.
BUNDESUMWELTMINISTERIUM (1992), *Umweltschutz in Deutschland,* Nationalbericht der Bundesrepublik Deutschland für die Konferenz der Vereinten Nationen über Umwelt und Entwicklung in Brasilien im Juni 1992, Economia Verlag, Bonn,
BURKHARDT H. (ed) (1988), *Baden-Württemberg, eine Heimat - und Landeskunde,* Klett, Stuttgart.
CASTELLANI, M. (1994), *Crise mondiale, théories et réalités,* Sirey éditions, Paris.
CERMAN M., SHEILAGH C.O. (1994), *Proto-Industrialisierung in Europa - Industrielle Produktion vor dem Fabrikzeitalter,* Verlag für Gesellschaftskritik, Wien.
CLAVAL, P. (1993), *Initiation à la géographie régionale,* Nathan Université.
COURLET C., PECQUEUR B. (1995), « Les systèmes industriels localisés en France : un nouveau modèle de développement », *Sciences Humaines* - Hors Série, n° 8, Févr.-Mars, pp. 81-102
Das Land Baden-Württemberg, Bd.1 Allgemeiner Teil, Stuttgart, 1977, pp. 917-932.
DEMOTES-MAINARD M. (1989), *L'économie de la RFA,* La Découverte, Paris.
Die Geschichte von Linach im Schwarzwald, Furtwangen, 1981.
DIETL R. (1977), *Der Schwarzwald-Baar-Kreis,* Landkreis Schwarzwald-Baar, Theiss, Stuttgart.
DINIUS G. (1989), « Die Steinbeis-Stiftung: Hilfe für den Technologie-Wandel », *Der Schwarzwälder Bote,* Sonderbeilage, 12.Okt.1989, n° 236.
DORER R., OPP K. (1986), *Schönwald in Vergangenheit und Gegenwart, Ein Heimatbuch,* Horb a.Neckar.
EGGERS H. *(1964), Schwarzwald und Vogesen,* Westermann, Braunschweig.
ELTGES M. (1993), *Die Abgrenzung ländlicher Räume im Rahmen der Regionalpolitik der Europäischen Gemeinschaften - dargestellt am Beispiel der BRD,* Bundesforschungsanstalt für Landeskunde und Raumentwicklung, Heft 54, Bonn.
FISCHER A. (1994), *Industrie et espace géographique,* Masson, Paris.
FORSTWISSENSCHAFTLICHES INSTITUT FREIBURG (1989), *Führer durch das Waldmuseum - im Schwarzwälder Freilichtmuseum «Vogtsbauernhof» in Gutach,* Freiburg.

FOURNIER M. (1998), « Les dynamiques industrielles d'une moyenne montagne », in *Innovations et initiatives en Auvergne et Velay*, PUBP, Clermont-Ferrand.

FREMDENVERKEHRSVERBAND LAUTERBACH (1984), *100 Jahre Luftkurort Lauterbach 1884-1984, Beginn der Lauterbach-Kur mit Dr. Ludwig Stemmer (1828-1908)*, Lauterbach.

FREMDENVERKEHRSVEREIN LAUTERBACH (1932), *Lauterbach, Am Fuße des Föhrenbühls, württembergischer Schwarzwald*, Führer durch den Kurort, seine nähere und weitere Umgebung, Lauterbach.

FUCHS G., KÜMMERLE U., RICHTER H. et al. (1992), *Deutschland, SII Länder und Regionen*, Klett, Stuttgart.

FÜTTERER P. (1979), *Tennenbronn, Geschichte des Dorfes Tennenbronn - von den Waldbauernhöfen der drei Tennenbronner Stäbe zum modernen Luftkurort*, Selbstverlag der Gemeinde Tennenbronn.

GEMEINDE SCHONACH (, 1981), *Chronik der Gemeinde Schonach.*

Gemengelagen - Pilotstudie zur Standortsicherung von Gewerbebetrieben und Stabilisierung von Gemengelagen, Im Auftrag des Innenministeriums Baden-Württemberg, Stuttgart, Dez. 1990.

GLASER H. (1994), *Industriekultur und Alltagsleben, Vom Biedermeier zur Postmoderne*, Fischer Taschenbuch Verlag, Frankfurt am Main.

GROßE KREISSTADT SCHRAMBERG (1992), *Momentaufnahmen Schramberg, ein Lesebuch 1867-1992, 125 Jahre Stadtrecht, Schramberg die Fünftälerstadt, Schramberg.*

HAUBRICH H., HUG W., LANGE H. (1991), *Das große Buch vom Schwarzwald*, Theiss, Stuttgart.

HENNINGSEN D. (1976), *Einführung in die Geologie in der Bundesrepublik Deutschland*, dtv wissenschaftliche Reihe, Stuttgart, (chap. 2.1. Schwarzwald, pp. 10-15).

HOGGENMÜLLER K., HUG W. (1987), *Die Leute auf dem Wald, Alltagsgeschichte des Schwarzwaldes zwischen bäuerlicher Tradition und industrieller Entwicklung*, Theiss, Stuttgart.

HOMBURGER W. (1988), « Regionalplanung und Landschaftsplanung », *Breisgau-Hochschwarzwald*, Freiburg.

HOTTES K. (ed) (1976), *Industriegeographie*, Darmstadt.

HOUSSEL J.P. (1978), « Aménagement officiel et devenir du milieu rural en France », *Revue de Géographie de Lyon.*

HOUSSEL J.P. (1980), « Les industries autochtones en milieu rural », *Revue de Géographie de Lyon*, pp. 305-341.

HOUSSEL J.P. (1984), « L'industrialisation spontanée face à la crise de 1973 en Europe occidentale », *Revue de Géographie de Lyon.*

HOUSSEL J.P. (1993), « Districts industriels et milieux intermédiaires », *l'Information géographique*, n°3, pp. 86-91.

IHK SCHWARZWALD-BAAR-HEUBERG (ed) (1989), *Wirtschaftsraum Schwarzwald-Baar-Heuberg / Monographien deutscher Wirtschaftsgebiete*, Verlag Kommunikation und Wirtschaft, Oldenburg.

INSTITUT FÜR ORTS-,REGIONAL- UND LANDESPLANUNG (1977), *Der Ländliche Raum - eine Aufgabe der Raumplanung*, Festschrift für Theo Weidmann und Ernst Winkler, Schriftenreihe zur Orts-, Regional- und Landesplanung, n° 28, September 1977, ETH Zürich, St. Gallen.

KAYSER B., BRUN A., CAVAIHÈS J. et al. (1994), *Pour une ruralité choisie*, Datar, Editions de l'aube, La Tour d'Aigues.
KLOKER M. (1989), « Der Schwarzwald-Baar-Kreis: Arbeiten, wo andere Urlaub machen », *Der Schwarzwälder Bote* – Sonderbeilage, 12 octobre 1989, n° 236.
Landesentwicklungsplan Baden-Wurtemberg, vom 12. Dez.1983, Teil 1-3.
LANDESKREDITBANK (1988), *LKB-Rundschreiben über die finanzielle Gewerbeförderung, Regionalförderung*, Karlsruhe.
LANDKREIS BREISGAU-HOCHSCHWARZWALD (ed) (1988), *Breisgau-Hochschwarzwald - Land vom Rhein über den Schwarzwald zur Baar*, Freiburg.
LEBEAU R. (1991), *L'Allemagne fédérale : géographie économique*, Masson, Collection Géographie, Paris.
LIEHL E. (1940), *Rumpfflächen und Rumpftreppen im Schwarzwald*, Oberrheinische geologische Abh. II.
LIEHL E. (1988), « Der Hochschwarzwald », in Landkreis Breisgau-Hochschwarzwald, *Breisgau-Hochschwarzwald*, Freiburg, pp. 471-494.
MAIER W., LIENHARD K. (1964), *Geschichte der Stadt Triberg im Schwarzwald*, Heimat- und Gewerbeverein Triberg e.V.,Triberg.
MAILLAT D. (1995), « Les milieux innovateurs », *Sciences Humaines* - Hors Série, n°8, Févr.-Mars, pp. 4-42.
MARQUARDT J. (1989), « Elektrotechnik und Elektronik geben der Region viele Impulse », *Der Schwarzwälder Bote*, Sonderbeilage zum Wirtschaftstag der IHK Schwarzwald-Baar-Heuberg, 12. Okt. 1989, n° 236.
MARQUARDT J. (1989), « Wirtschaftsstruktur des Kammerbezirks Schwarzwald-Baar-Heuberg », *Wirtschaft im Südwesten*, 11/89, pp. 8-10.
MASCHKE E., SYDOW J. (1977), *Zur Geschichte der Industrialisierung in südwestdeutschen Städten*, Jan Thorbecke, Sigmaringen.
MÉRENNE-SCHOUMAKER B. (1991), *La localisation des industries - Mutations récentes et méthodes d'analyses*, Nathan Université, Paris.
MILTENBERGER K., SPITZNAGEL E., HANSON G., « Eine vielfältige Landwirtschaft im Wandel », in Landkreis Breisgau-Hochschwarzwald, 1988, *Breisgau-Hochschwarzwald*, Freiburg, pp. 298-314
MINISTERIUM FÜR WIRTSCHAFT, MITTELSTAND UND TECHNOLOGIE DES LANDES BADEN-WÜRTTEMBERG (1987), *Wirtschaftsförderung - Existenzgründung, Existenzfestigung, Technologieorientierte Unterneh-mungsführung*, Stuttgart.
MINISTERIUM FÜR WIRTSCHAFT, MITTELSTAND UND TECHNOLOGIE DES LANDES BADEN-WÜRTTEMBERG (1984), *Wirtschaftsförderung - Technologieförderung* Stuttgart.
MINISTERIUM FÜR WIRTSCHAFT, MITTELSTAND UND TECHNOLOGIE DES LANDES BADEN-WÜRTTEMBERG (1990), *Wirtschaftsnahe Forschungseinrichtungen in Baden-Württemberg*, Stuttgart.
MOHR B. (1980), « Grundzüge und regionale Aspekte des Verarbeitenden Gewerbes », Landkreis Breisgau-Hochschwarzwald , 1988, *Breisgau-Hochschwarzwald*, Freiburg.
MOHR B. (1983), « Der Schwarzwald », in Borcherdt Ch., *geographische Landeskunde von Baden-Württemberg*, Stuttgart, pp. 155-191.
MOHR B. (1973), « Wirtschaftsgeographische Skizze des Wiesentals / Südschwarzwald unter besonderer Berücksichtigung des oberen Talabschnittes », *Freiburger geographische Mitteilungen*, Jahrgang 1973/2, pp. 39-99.

MOHR B. (1978,), « Industrie im Schwarzwald, Aspekte regionaler und sektoraler Entwicklungen, Strukturen und Probleme », in Liehl E., Sick W.D., 1981, *der Schwarzwald*, Konkordia, Bühl/Baden, pp. 427-457.

MOHR B., LEIER K. (1988), « Wirtschaftsräume unter Anpassungsdruck - erläutert am Beispiel des Schwarzwaäder Uhrengebietes », *Regio Basiliensis*, XXIX, pp. 179-194.

MONOD J., CASTELBAJAC P. (1971), *L'aménagement du territoire*, Que sais-je, PUF, Paris.

MOOSMANN B. (1986), *Mittelbetriebe und Entwicklungsländer - Zur Auslandstätigkeit mittelständischer Unternehmen aus Baden-Württemberg im Bereich der Entwicklungsländer*, Peter Lang, Frankfurt.

MROHS E., ZUREK E.C. (1984), *Entwicklung ländlicher Räume - Genese und Gestaltung struktureller Ungleichgewichte*, Schriftenreihe des Bundesministeriums für Ernährung, Landwirtschaft und Forsten, Reihe A, Angewandte Wissenschaft, Heft 297, Münster-Hiltrup.

MÜHE R., KAHLER H. (1987), « Uhren und Pendeluhren des Schwarzwaldes », in Deutsches Uhrenmuseum Furtwangen, *Die Geschichte der Uhr*, Furtwangen.

MÜHE, KAHLERT (1983), *Die Geschichte der Uhr*, Deutsches Uhrenmuseum, Furtwangen.

NEUMARK F. (1985), « Historische Prozesse und wirtschaftspolitische Lösungsversuche 1929/1983 », in H.-R. Hemmer, S. Quandt (eds), *Deutsche Wirtschaft 1929/1983, Konjunkturen, Krisen, Perspektiven*, Gießener Texte - Fachjournalismus, Bd. 2, Wilhelm Schmitz Verlag, Gießen.

Nördlicher Schwarzwald, Merian, Heft 5, XXXII/C.

OESCHGER B., WEEGER E. (1989), *Schwarzwaldleben anno dazumal*, DRW-Verlag, Stuttgart.

OTT A.E (ed) (1983), *Die Wirtschaft des Landes Baden-Württemberg*, Schriften zur politischen Landeskunde Baden-Württembergs, Band 7, Landeszentrale für politische Bildung Baden-Württemberg, Kohlhammer Verlag, Stuttgart.

OTT H. (1978), « Der Schwarzwald. Die wirtschaftliche Entwicklung seit dem ausgehenden 18.Jahrhundert », in Liehl E., Sick W.D., 1981, *Der Schwarzwald*, Konkordia,, Bühl/Baden, p. 390-404.

OTT H. (1980), « Wirtschafts- und Verkehrsgeschichte », in Landkreis Breisgau-Hochschwarzwald, 1988, *Breisgau-Hochschwarzwald*, Freiburg.

PASSARGE S. (1919), *Die Vorzeitformen der deutschen Mittelgebirgslandschaft*, Petermann geographische Mitteilungen, n° 65.

PAULINYI A. (1989), *Industrielle Revolution, Vom Ursprung der modernen Technik*, Deutsches Museum, Rowohlt Verlag, Reinbek bei Hamburg.

PECQUEUR B. (1995), « La logique de la proximité », *Sciences Humaines* - Hors Série, N° 8, Févr.-Mars, pp. 43-44.

PLANKENHORN U. (1988,), *Innovation aus Tradition, Südbaden - vielseitige Wirtschaft im Herzen Europas*, Freiburg.

PLANKENHORN U. (1990), « Industrielle Entwicklung im Regierungsbezirk », *Wirtschaft im Südwesten*, 5/90, pp. 4-7.

RAUSCHEDER W. (1994), *Wirtschaftsstandort Deutschland*, Heyne, München.

REGIERUNGSBEZIRK FREIBURG (1982), » Der Landkreis Breisgau-Hochschwarzwald », *Das Land Baden-Württemberg*, Bd VI, Stuttgart, pp. 53-64.

REGIERUNGSBEZIRK FREIBURG, « Der Schwarzwald », *Das Land Baden-Würtemberg*, Bd.VI/1982, Stuttgart, pp. 917-932.

REGIONALVERBAND SCHWARZWALD-BAAR-HEUBERG (1982), *Analyse des Gefährdungspotentials der Region Schwarzwald-Baar-Heuberg*, Kurzfassung, Villingen-Schwenningen.

REGIONALVERBAND SCHWARZWALD-BAAR-HEUBERG (1985), *Landschaftsrahmenplan für die Region Schwarzwald-Baar-Heuberg*, Entwurf, Stand nach der Anhörung , Okt. 1985, Villingen-Schwenningen.

REGIONALVERBAND SCHWARZWALD-BAAR-HEUBERG (1988), *Regionale Wirtschaftsförderung auf neuer Grundlage*, Beilage 16/88, Villingen-Schwenningen.

REGIONALVERBAND SCHWARZWALD-BAAR-HEUBERG (1992), *Fortschreibung des Regionalplanes*, Kapitel 2 «Regionale Siedlungsstruktur», Anlage 1 zu Beilage 6/91, Villingen-Schwenningen.

REGIONALVERBAND SCHWARZWALD-BAAR-HEUBERG (1992), *Fortschreibung des Regionalplanes*, Kapitel 3 «Regionale Freiraumstruktur», Beilage 8/92, Villingen-Schwenningen.

REGIONALVERBAND SCHWARZWALD-BAAR-HEUBERG (1992), *Struktur-und Entwicklungsdaten der Region Schwarzwald-Baar-Heuberg*, Villingen-Schwenningen.

REGIONALVERBAND SCHWARZWALD-BAAR-HEUBERG (1977), *Regionalplan für die Region Schwarzwald-Baar-Heuberg*, vom 9.Dez.1977, Villingen-Schwenningen.

REGIONALVERBAND SCHWARZWALD-BAAR-HEUBERG (2003), *Regionalplan für die Region Scharzwald-Baar-Heuberg*, Villingen-Schwenningen.

REGIONALVERBAND SÜDLICHER OBERRHEIN (1989), *Erste Planungsvorstellungen zur Fortschreibung des Regionalplans*, Freiburg.

REIMER W. (1988), « Platzt das Rastatter Paket - umstrittene Daimler Pläne », *Süddeutsche Zeitung* vom 1.9.88.

SCHÄTZLE L. (1981), *Wirtschaftsgeographie 1 - Theorie*, Schöningh, Paderborn.

SCHLEICHER-TAPPESER R., ROSENBERGER-BALZ Ch., HEY Ch. (1990), *Perspektiven ökologischer Regionalentwicklung in Südbaden*, EURES Report, n°1, Freiburg.

SCHMIDT R. (1965), *Schwarzwald*, München.

SCHNEEWEIß Ch. (1987), *Einführung in die Produktionswirtschaft*, Springer, Berlin.

SCHNEIDER H., « Eine Autobahn durch den Schwarzwald », *Merian - Südlicher Schwarzwald*, N° 11/XXXI, pp. 160-161.

SCHNEILIN G., SCHUMACHER H. (1992), *Économie de l'Allemagne depuis 1945*, Armand Colin, Paris.

SCHUHHOLZ A. (1994), *Deutsche Uhrenstraße, Eine Reise durch den Schwarzwald*, Arbeitsgemeinschaft Deutsche Uhrenstraße, Theiss Verlag, Stuttgart.

Schwarzwald, Merian Heft 11. Nov. 89.

SEDLACEK P. (1988), *Wirtschaftsgeographie - eine Einführung*, Wissenschaftliche Buchgesellschaft, Darmstadt.

SICK W.D. (1981), « Der Schwarzwald.Landeskundlicher Überblick », in Liehl E., Sick W.D., 1981, *Der Schwarzwald*, Konkordia,, Bühl/Baden, pp. 529-546.

SPECK K., coll. LALLEMENT R. (1994), « Cohésion et aménagement du territoire en Allemagne », *Regards sur l'économie Allemande*, Bulletin économique du CIRAC, n° 19, Paris, pp. 22-52.

STADT ST. GEORGEN IM SCHWARZWALD (1991), *100 Jahre Stadterhebung St. Georgen im Schwarzwald,* Festschrift 1891-1991, St. Georgen.

STARK J. (1978), *Regionalpolitik im ländlichen Raum - Untersuchungen über die Neuansiedlung von Gewerbebetrieben in strukturschwachen Gebieten Baden-Würtembergs,* Hohenheimer Arbeiten, Heft 96, Stuttgart.

STEINBEIS-STIFTUNG (1993), *Bericht 1993*, Steinbeis-Stiftung für Wirtschaftsförderung, Stuttgart.

Südlicher Schwarzwald, Merian, Heft 11/XXXI.

THOMAS A. (1971), « L'industrie dans le cercle de Villingen (Forêt-Noire) », *Annales de Géographie*, n° 440, LXXXe année, Armand Colin, Paris.

TILLY R.H. (1990), *Vom Zollverein zum Industriestaat, Die wirtschaftlich-soziale Entwicklung Deutschlands 1834 bis 1914,* DTV, München.

VERKEHRSAMT DER STADT SCHILTACH (1984), *Einladung zum Kennenlernen, Stadt Schiltach im Schwarzwald.*

VOPPEL G. (1970), *Wirtschaftsgeographie,* Stuttgart.

WAHL K. (1989), « Die deutsche Uhrenindustrie im Wandel der Zeit », *Der Schwarzwälder Bote,* Sonderbeilage Wirtschaftstag, 12. Okt. 89, n° 236.

WISE O. (1967), *Reliefgenerationen am Ostrand des Schwarzwaldes,* Würzburger geographische Arbeiten 21, Würzburg.

ZAHRADNIK W. (1989), « Wirtschaftsnahe Ausbildung von Ingenieuren und Informatikern », *Der Schwarzwälder Bote*, Sonderbeilage, 12. Okt.1989, n° 236.

ZINN K.G. (1994.), *Die Wirtschaftskrise,Wachstum oder Stagnation, zum ökonomischen Grundproblem reifer Volkswirtschaften*, Meyers Forum, Mannheim.

Données statistiques

• *Baden-Württemberg und die EG* (réalisé par Statistisches Landesamt Baden-Württemberg, im Auftrag des Europabeauftragten der Landesregierung), Statistisches Landesamt Baden-Württemberg, Stuttgart, 1988 (7. überarbeitete Auflage).

• *Der Kammerbezirk in Zahlen '89*, (réalisé par Industrie-und Handelskammer Schwarzwald-Baar-Heuberg), Villingen-Schwenningen, 1989.

• *Deutschland, Arbeitsbedingungen/Pendler,* Mikrozensus, April 1991, Statistisches Bundesamt Deutschland, Bonn, 1991.

• *IHK-Atlas Industrie-Ansiedlung* (dir. par Arbeitskreis der Industrie- und Handelskammern in Baden-Württemberg), Daten und Fakten aus den 12 Kammerbezirken Baden-Württembergs, Stuttgart, 1/89.

• *Jahresbericht 1988*, (réalisé par Industrie-und Handelskammer Südlicher Oberrhein), Freiburg, 5 April 1989.

• *Jahresbericht 1989,* (réalisé par Industrie-und Handelskammer Südlicher Oberrhein), Freiburg, 7 April 1990.

• *Jahresbericht 1990* (réalisé par la IHK Schwarzwald-Baar-Heuberg), in *Wirtschaft im Sudwesten* 6/91.

• *Statistik von Baden-Württemberg* (réalisé par le Statistisches Landesamt Baden-Württemberg), *Regionalstruktur Baden-Württemberg 1987, Gemeinde-und Kreisdaten der Arbeitsstättenzählung 1961, 1970 und 1987,* Band 420, Statistisches Landesamt Baden-Württemberg, Stuttgart, 1990.

• *Statistik von Baden-Württemberg* (réalisé par le Statistisches Landesamt Baden-Württemberg), *Struktur-und Regionaldatenbank 1995-2004*, site internet (www.statistik.baden-wuerttemberg.de).
• *Statistik von Baden-Württemberg* (réalisé par le Statistisches Landesamt Baden-Württemberg), Volks-, Berufs-, Gebäude-, Wohnungs-und Arbeitsstättenzählung 1987, Band Regionalergebnisse der Arbeitsstättenzählung : 404, Heft 3, *Arbeitsstätten und Beschäftigung im Regierungsbezirk Karlsruhe, Kreis und Gemeindeergebnisse ;* Band 404, Heft 4, *Arbeitsstätten und Beschäftigung im Regierungsbezirk Freiburg, Kreis und Gemeindeergebnisse*, Statistisches Landesamt Baden-Württemberg, Stuttgart, 1989.
• *Statistische Berichte Baden-Württemberg, Bevölkerung und Erwerbstätigkeit, jährliche Fortschreibungen*, Statistisches Landesamt Baden-Württemberg, Stuttgart, 1987-1993.
• *Strukturdatenblätter, Die Kreisgemeinden im statistischen Überblick,* Landratsamt Breisgau-Hochschwarzwald, Dezernat 3, Amt für Strukturplanung und Wirtschaftsförderung, Freiburg, 1991.
• *Wirtschaftsstatistik für Baden-Württemberg 1987 et 1988* (réalisé par Industrie- und Handelskammer, Mittlerer Neckar, Sitz Stuttgart), Klett, Stuttgart, April 1988 et 1989.
• *Wirtschaftsstruktur und Standortbedingungen im Landkreis Breisgau-Hochschwarzwald: Stärken - Schwächen - Profil,* Landkreis Breisgau-Hochschwarzwald, Strukturplanung und Wirtschafts-förderung, Landratsamt Breisgau-Hochschwarzwald, Freiburg, August 1991.
• *Wirtschaftszahlen IHK '90*, Industrie- und Handelskammer Südlicher Oberrhein, Freiburg, 1990.
• *Zahlen zur wirtschaftlichen Entwicklung der Bundesrepublik Deutschland 1989* (réalisé par Institut der Deutschen Wirtschaft), Ausgabe 1989, Deutscher Instituts Verlag, Köln, 1989.
• *Zahlenkompass 1988* (réalisé par Statistisches Bundesamt), Kohlhammer, Mainz, 1988.

Dictionnaires

BAUD P., BOURGEAT S., BRAS C. (1995), *Dictionnaire de géographie*, Hatier initial, Paris.

BOELCKE J., STRAUB B., THIELE P. (1989), *Dictionnaire de l'allemand économique, commercial et financier,* Presses Pocket, Paris.

CAPUL J.Y., GARNIER O. (1994), *Dictionnaire d'économie et de sciences sociales*, Hatier initial, Paris.

ERNST R. (1986), *Wörterbuch der industriellen Technik*, (Deutsch-Französisch, Französisch-Deutsch), Brandtstetter, Wiesbaden.

LESER H., HAAS H.D. et al. (1984), *Wörterbuch der Allgemeinen Geographie*, Band 1, 2, Diercke,, Westermann, Braunschweig.

SACHS K., VILLATTE C. (1979), *Langenscheidts Großwörterbuch*, (Französisch-Deutsch, Deutsch-Französisch), München.

LISTE DES FIGURES

LISTE DES GRAPHIQUES

LISTE DES TABLEAUX

LISTE DES PHOTOS
(Entreprises et communes)

TABLE DES MATIERES

www.ingramcontent.com/pod-product-compliance
Lightning Source LLC
LaVergne TN
LVHW011434061026
849535LV00004BA/801
* 9 7 8 2 2 9 6 0 0 0 7 1 1 *